NCS 직업기초능력평가

2025
고시넷
금융권

최신 금융권
출제 경향
완벽 반영

유형연습
+
모의고사

고시넷 WWW.GOSINET.CO.KR

은행·금융 공기업
NCS
실제유형 + 실전모의고사

gosinet
(주)고시넷

PREFACE

정오표 및 학습 질의 안내

정오표 확인 방법

고시넷은 오류 없는 책을 만들기 위해 최선을 다합니다. 그러나 편집 과정에서 미처 잡지 못한 실수가 뒤늦게 나오는 경우가 있습니다. 고시넷은 이런 잘못을 바로잡기 위해 정오표를 실시간으로 제공합니다. 감사하는 마음으로 끝까지 책임을 다하겠습니다.

고시넷 홈페이지 접속 > 고시넷 출판-커뮤니티 > 정오표

www.gosinet.co.kr

모바일폰에서 QR코드로 실시간 정오표를 확인할 수 있습니다.

학습 질의 안내

학습과 교재선택 관련 문의를 받습니다. 적절한 교재선택에 관한 조언이나 고시넷 교재 학습 중 의문 사항은 아래 주소로 메일을 주시면 성실히 답변드리겠습니다.

이메일주소 **qna@gosinet.co.kr**

contents 차례

파트 5 조직이해능력 · 상황판단

파트 6 정보능력 · 알고리즘설계

파트 7 실전모의고사

책 속의 책 정답과 해설

구성과 활용

은행·금융 공기업 알아두기

주요 은행·금융 공기업의 소개와 미션, 비전과 함께 인재상, 최신 채용절차 및 시험영역까지를 한눈에 파악할 수 있도록 구성하였습니다.

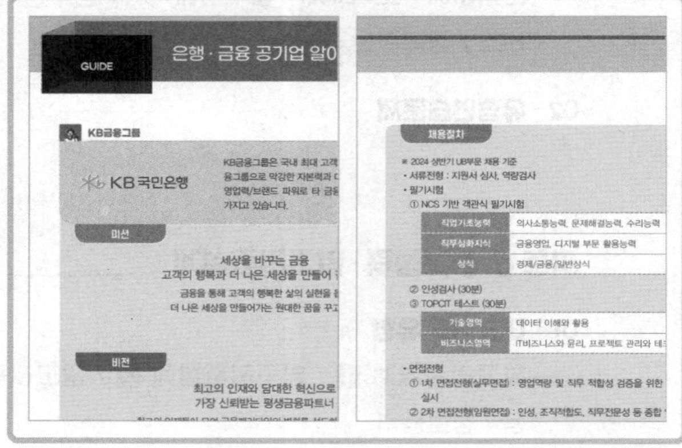

은행·금융 공기업 대표기출 유형

직업기초능력평가 과목과 상황판단, 알고리즘의 은행·금융 공기업 대표기출 유형을 정리하고 관련 문제를 통해 은행·금융 공기업에서 선호하는 문제의 유형을 집중적으로 학습할 수 있도록 구성하였습니다.

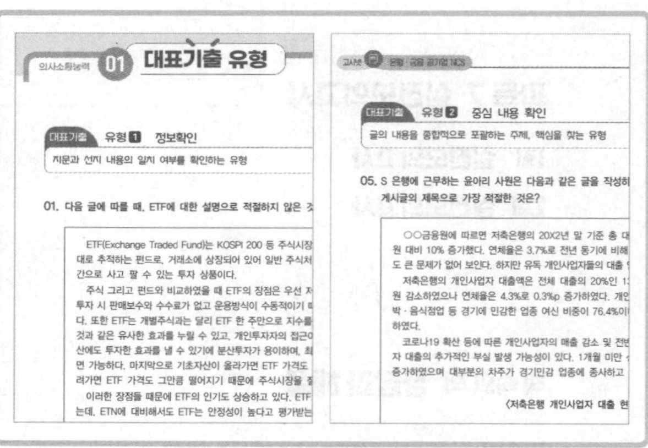

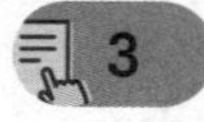

유형연습문제

은행·금융 공기업 대표기출 유형의 과목별 기출동형문제를 통해 실제 은행·금융 공기업 필기시험에서의 문제풀이를 학습할 수 있도록 구성하였습니다.

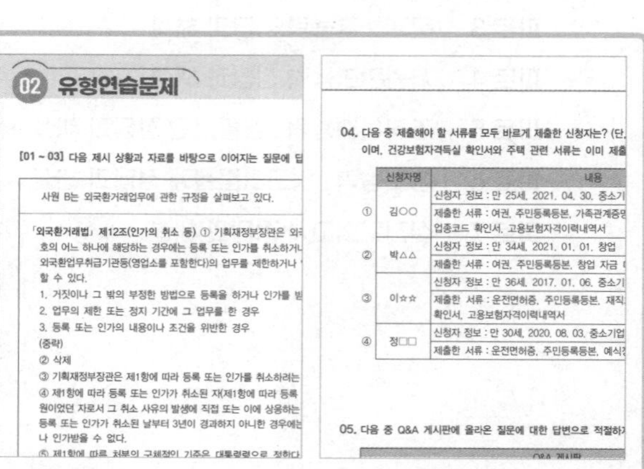

4

실전모의고사

은행·금융 공기업 직업기초능력평가 기출복원 문제를 기반으로 구성한 2회분의 실전모의고사를 통해 실제 시험에 바로 대비할 수 있도록 구성하였습니다.

5

정답과 해설

대표기출 유형과 유형연습문제, 실전모의고사의 상세한 해설과 오답풀이를 수록하여 문제풀이 이후의 학습효과를 극대화할 수 있도록 구성하였습니다.

KB금융그룹

KB금융그룹은 국내 최대 고객 기반 및 지점망을 갖춘 종합금융그룹으로 막강한 자본력과 대규모 영업점 네트워크, 탄탄한 영업력/브랜드 파워로 타 금융그룹과 다른 막강한 경쟁력을 가지고 있습니다.

미션

세상을 바꾸는 금융
고객의 행복과 더 나은 세상을 만들어 갑니다.

금융을 통해 고객의 행복한 삶의 실현을 돕고
더 나은 세상을 만들어가는 원대한 꿈을 꾸고 실천

비전

최고의 인재와 담대한 혁신으로
가장 신뢰받는 평생금융파트너

최고의 인재들이 모여 금융패러다임의 변화를 선도하는 혁신을 통해
고객과 평생 함께 하는 금융그룹을 지향

인재상

창의적인 사고와 행동으로 변화를 선도하며
고객가치를 향상시키는 프로금융인

고객우선주의	자율과 책임	적극적 사고와 행동	다양한 가치의 존중
• 고객지향적인 마인드와 적극적인 서비스 개선노력 • 프로의식으로 고객의 가치 창출	• 위임된 권한에 따라 스스로 판단 • 결과와 성과에 대한 책임	• 혁신적인 사고방식으로 변화를 선도 • 최고 전문가로 성장하기 위한 끊임없는 자기개발 노력	• 다양한 사고와 가치를 존중하고 포용할 수 있는 개방적 사고 • 미래가치에 대한 확신과 지속적인 창출 노력

채용절차

※ 2024 상반기 UB부문 채용 기준

- 서류전형 : 지원서 심사, 역량검사
- 필기시험

① NCS 기반 객관식 필기시험

직업기초능력	의사소통능력, 문제해결능력, 수리능력	100문항 / 100분
직무심화지식	금융영업, 디지털 부문 활용능력	
상식	경제/금융/일반상식	

② 인성검사 (30분)

③ TOPCIT 테스트 (30분)

기술영역	데이터 이해와 활용
비즈니스영역	IT비즈니스와 윤리, 프로젝트 관리와 테크니컬 커뮤니케이션

- 면접전형

① 1차 면접전형(실무면접) : 영업역량 및 직무 적합성 검증을 위한 심층면접, 세일즈면접, PT면접 실시

② 2차 면접전형(임원면접) : 인성, 조직적합도, 직무전문성 등 종합 역량 검증을 위한 심층면접

- 최종합격자 선정 및 발표 : 최종합격자 발표 후 입행 전 개인별 건강검진 실시

하나금융그룹

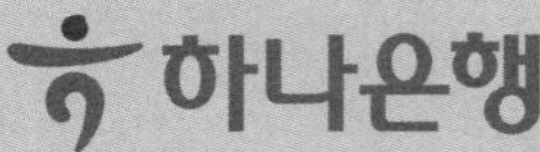

1971년 한국투자금융에서 출발하여, 1991년 하나은행으로의 전환을 거쳐 2005년 종합금융그룹으로 발돋움한 하나금융그룹은 손님 중심 미래형 혁신 사업모델을 기반으로 가치 중심 도약을 추구하여 대한민국을 넘어 아시아 No.1 금융그룹으로 도약하고 있습니다.

미션

〈함께 성장하고 행복을 나누는 금융〉

일하기 좋은 직장 실현	사회적 책임 이행	행복한 성장 추구
하나금융그룹은 손님, 직원, 주주, 사회와 함께 발전하고 지속 가능한 성장 및 사회적 책임 이행을 균형적으로 추구합니다.		
공유 가치 추구	**성장과 사회 기여**	**모든 구성원의 행복 추구**
하나금융그룹은 금융업 본연의 역할을 다하면서 모든 이해관계자의 행복 추구에 동참할 것입니다.		

2030 비전

〈하나로 연결된 모두의 금융〉

하나로			
편한 누구나 다가가기 쉽고 편리한	특별한 가장 손님 중심적이고 새롭고 다양한	믿을 수 있는 올바르고 믿음직하여 안정적이고 안전한	도전적인 빠르고 과감하게 변화를 주도하고 실패를 두려워하지 않는

연결된		
시공을 언제 어디서나 모두가 이용할 수 있는	미래를 현재를 관리하고 미래를 준비하는	가치를 다양한 아이디어를 최적의 솔루션으로

모두의 금융	
모든 이해관계자의 서비스를 잇는 융합 생태계	금융을 넘어 모두가 필요로 하는 세상

인재상

- 사람에 대한 온기(Humanity) : 직원은 동료와 도움을 함께 주고받습니다. 리더는 서로를 이해하며 협업을 조율합니다.
- 성장에 대한 동기(Growth Mind) : 직원은 성장을 계획하고 실천합니다. 리더는 성장을 이끌고 지원합니다.
- 미래에 대한 용기(First Mover) : 직원은 빠르게 실행하고 변화를 시도합니다. 리더는 변화 방향을 가이드하며 먼저 행동합니다.

채용절차

※ 2024 상반기 정규직 채용 기준

- 서류전형 : 개인별 온라인 지원서 접수
- 필기전형

일반	• NCS, 디지털 상식 • 개인별 온라인 인성검사
디지털/ICT	• 온라인 코딩테스트 • 개인별 온라인 인성검사

- 면접전형

① 실무진 면접전형 : 기초직무, 문화적합성 면접

※ 일반/지역인재는 세일즈 면접, 디지털/ICT는 PT면접, 디자인 크리에이터는 포트폴리오 제출 포함

② 최종 면접전형 : 인성 및 역량 중심 종합 면접

– 건강검진 및 신입연수 : 개인별 건강검진, 신입행원 연수 후 수습행원으로 채용

신한금융그룹

신한금융그룹은 1982년 신한은행을 모태로 출범하여 2001년 설립된 국내 최초의 민간금융지주회사로, 금융위기 속에서도 철저한 리스크 관리와 자산건전성이 부각되는 국내 대표금융그룹으로 자리하고 있습니다.

그룹미션

금융으로 세상을 이롭게 한다

미래를 함께하는 따뜻한 금융

핵심가치

바르게	빠르게	다르게
고객과 미래를 기준으로 바른 길을 선택한다	빠르게 실행하고 배우며 성장한다	다름을 존중하고 남다른 결과를 만든다

비전

〈더 쉽고 편안한, 더 새로운 금융〉

더 쉬운 금융	쉽고 편리한 고객이 금융을 더 쉽고 편하게 이용할 수 있도록 온 · 오프라인 금융서비스를 개선하며 디지털 생태계를 통해 고객의 일상과 비즈니스에 금융을 더욱 가깝게 연결하겠습니다.
더 편안한 금융	안전하고 신뢰할 수 있는 고객이 꿈을 실현할 수 있도록 안전하고, 신뢰할 수 있는 올바른 금융을 제공함으로써 고객의 마음을 더 편안하게 하겠습니다.
더 새로운 금융	참신하고 독창적인 신한만의 전문성과 혁신적인 디지털 기술을 융합한 참신하고 독창적인 일류 금융서비스를 통해 고객에게 더 새로운 가치를 제공하겠습니다.

인재상

〈따뜻한 가슴을 지닌 창의적인 열정가〉

따뜻한 가슴	창의적인	열정가
고객과 사회의 따뜻한 미래를 생각하며 정직과 신뢰로 언제나 바르게 행동하는 사람	자신의 꿈을 위해 유연하고 열린 사고로 남들과는 다르게 시도하는 사람	실패를 두려워하지 않는 열정으로 도전적 목표를 향해 누구보다 빠르게 실행하는 사람

채용절차

※ 2024 상반기 일반직 신입행원 채용 기준

- 지원서 접수 : 신한은행 채용 홈페이지에서 온라인 접수
- 필기시험(Shinhan Literacy Test)

NCS/금융상식	의사소통능력, 수리능력, 문제해결능력, 금융상식
디지털 리터러시 평가	논리적 사고, 알고리즘설계, 상황판단평가

- 온라인 역량검사
- 1차 면접(직무적합도 중심) : 심층면접, 직무 PT, 토론면접
- 2차 면접(인성 중심)
- 합격자 발표 및 채용검진

우리금융그룹

우리금융그룹은 1899년 설립된 국내 유일의 민족 정통 은행인 대한천일은행(상업은행)을 계승하고 있습니다. 대한민국 금융의 든든한 버팀목이 되기 위해 우리금융그룹이 오늘의 혁신으로 내일의 가치를 만듭니다.

비전

오늘의 혁신으로 내일의 가치를 만드는 금융그룹

시장을 선도하는 전문 역량으로 미래를 향한 혁신에 집중하여
고객에게 더 나은 가치를 제공합니다.

슬로건

우리 마음속 첫 번째 금융

'하늘 아래 첫 번째 은행' 헤리티지를 계승하여
고객에게 가장 신뢰받고 사랑받는 금융이 되겠다는 의지를 담았습니다.

핵심가치

고객	신뢰	전문성	혁신
우리는 고객과 이웃을 먼저 생각합니다.	우리는 원칙을 통해 믿음을 만들어갑니다.	우리는 시장을 선도하는 금융전문가입니다.	우리는 혁신을 통해 미래를 만들어갑니다.

인재상

올바른 품성을 가진, 도전적이고 창의적인 최고의 금융전문가

채용절차

※ 2024 상반기 신입행원 채용 기준

• 채용 내용

구분	내용
기업금융	• 기업고객 대상 금융서비스 제공 • 신규고객 발굴, 상담, 및 금융상품 판매 • 전담 기업 관리 및 영업지원 업무 수행 등
개인금융	• 개인고객 대상 금융서비스 제공 • 신규고객 발굴, 상담 및 금융상품 판매 • 고객 종합자산관리 컨설팅 제공 등
지역인재	• 지원하고자 하는 해당 지역 소재 고등학교 또는 대학교 졸업자 지원 가능, 해당 지역에서 계속 근무를 원칙으로 함 • 해당 지역을 기반으로 하는 개인 및 기업고객 대상 금융서비스 제공 • 신규고객 발굴, 상담 및 금융상품 판매 • 고객 종합자산관리 컨설팅 제공 등

※ 기업금융/개인금융 지원자는 입행 후 차세대RM 사전양성과정 Fast-Track (입행 2년 후) 지원 가능하며 공모 지원 시 가점 부여 예정

※ 지역인재 지원자는 입행지원 시 작성한 Fast-Track 희망분야에 따라 Fast-Track 적용

• 지원서 접수 : 우리은행 채용 사이트를 통한 인터넷 접수
• 서류전형
• 1차 면접 : 기본역량면접
• 2차 면접 및 인성검사 : 인사이트 면접(PT, 세일즈), 직무/인성면접 등
• 최종면접
• 합격자 발표 및 건강검진

IBK기업은행

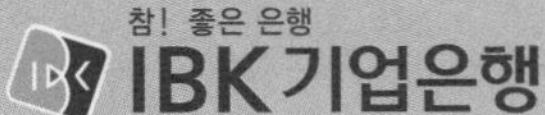

IBK는 중소기업을 보호, 육성하고 중소기업의 경제적 지위 향상을 위해 1961년에 설립된 중소기업 전문 정책금융기관으로, 한국은행과 함께 특별 단행 법령인 「중소기업은행법」의 적용을 받는 특수은행에 해당합니다.

비전

최고의 서비스를 혁신적으로 제공하는

글로벌 초일류 금융그룹

경영방향

가치금융 관련된 모두의 가치를 높임			
튼튼한 은행		반듯한 금융	
시장선도	내실경영	고객신뢰	사회책임
中企 성장지원 강화 미래성장동력 확보 기술 생태계 활성화 그룹 시너지 제고	선제적 리스크 관리 지속적 균형성장 최고의 디지털 경쟁력 실질적 글로벌 성과	고객 최우선 경영 금융소비자 보호 내부통제 고도화 금융사고 제로	포용적 금융 금융접근 편의성 제고 기업시민 역할 수행 글로벌 ESG 실천

행복하고 보람있는 조직		
공정한 인사	균등한 기회	역량있는 인재
일과 삶의 균형	신뢰와 화합	활기찬 조직

핵심가치

고객과 함께 늘 고객과 함께 성장하겠다는 IBK의 약속		
신뢰와 책임 신뢰와 책임으로 언제나 바른 길을 가겠다는 IBK의 마음가짐	열정과 혁신 열정과 창의적 사고로 혁신을 추구하는 IBK의 일하는 방식	소통과 팀워크 서로 소통하며 팀워크를 중요하게 생각하는 IBK문화 구현

채용절차

※ 2024 상반기 신입행원 공개채용 기준

- 서류심사 : 채용분야별 입행지원서 내용의 불량, 불성실을 검증하는 적부심사
- 필기시험 : 분야별 고득점 순으로 8배수 선발

분야	직업기초 객관식 40문항	직무수행 객관식 30문항, 주관식 5문항
금융일반	의사소통능력 문제해결능력 조직이해능력 자원관리능력 수리능력 정보능력	경제 · 경영 관련 직무상식, 시사
디지털		데이터베이스, 빅데이터, AI, 블록체인, 시사
IT		전산학, 시사

※ 만점의 40% 미만 득점자는 합격 제외

- AI역량검사 및 인성검사 : 온라인으로 실시
- 실기시험
  ① 공통 프로그램 : 토론, 발표, 인터뷰
  ② 개별 프로그램 : (금융일반) 팀 프로젝트 / (디지털, IT) 코딩테스트
- 면접시험 : 다대다 질의응답을 통해 인성, 윤리의식, 직무 · 조직적합도 등의 평가항목을 기준으로 종합평가

지역농협

농협은 전국 1,111개 농 · 축협, 3,705개 지점(2024년 2월 기준)을 보유하여, 농어촌과 산간 · 도서 등 금융소외지역에도 양질의 금융서비스를 지속적으로 제공하고 있습니다. 농협은 농업인 조합원에 대한 차별화된 금융서비스를 통해 영농자금과 가계자금을 제공함으로써 농업인이 안정적으로 농업활동을 할 수 있도록 지원합니다.

비전 2030

변화와 혁신을 통한 새로운 대한민국 농협

희망농업, 행복농촌 농협이 만들어갑니다.

핵심가치

국민에게 사랑받는 농협	농업인을 위한 농협
지역 농축협과 함께하는 농협	경쟁력 있는 글로벌 농협

혁신전략

1. 농업인 · 국민과 함께 농사같이(農四價値)운동 전개
2. 중앙회 지배구조 혁신과 지원체계 고도화로 농축협 중심의 농협 구현
3. 디지털 기반 생산 · 유통 혁신으로 미래 농산업 선도, 농업소득 향상
4. 금융부분 혁신과 디지털 경쟁력을 통해 농축협 성장 지원
5. 미래 경영과 조직문화혁신을 통해 새로운 농협으로 도약

인재상

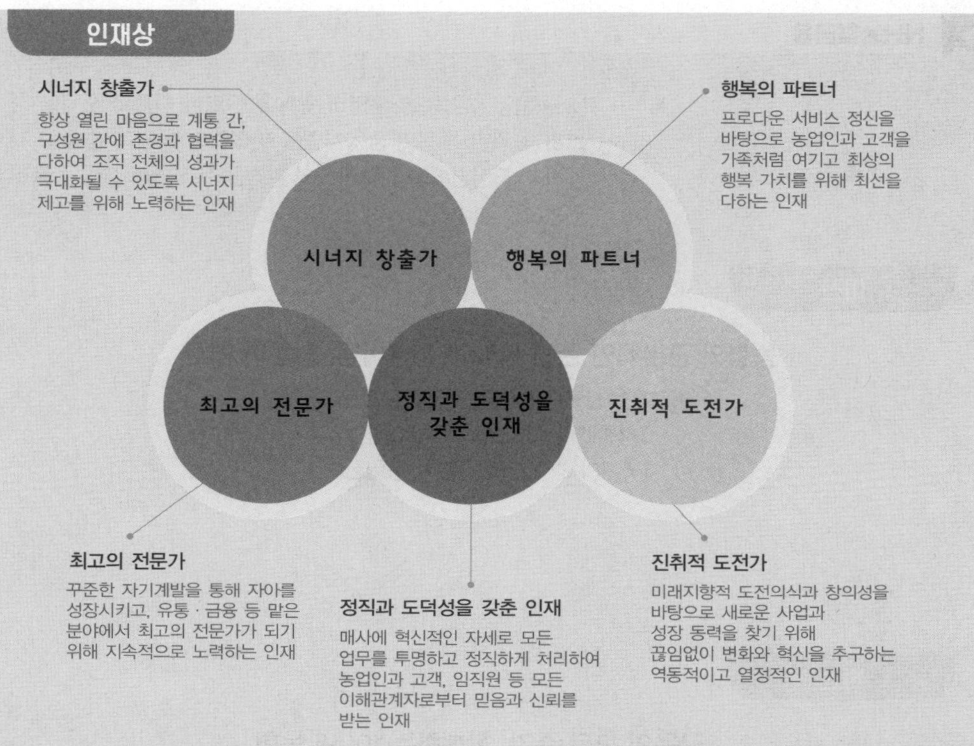

시너지 창출가
항상 열린 마음으로 계통 간, 구성원 간에 존경과 협력을 다하여 조직 전체의 성과가 극대화될 수 있도록 시너지 제고를 위해 노력하는 인재
행복의 파트너
프로다운 서비스 정신을 바탕으로 농업인과 고객을 가족처럼 여기고 최상의 행복 가치를 위해 최선을 다하는 인재
시너지 창출가
행복의 파트너
최고의 전문가
정직과 도덕성을 갖춘 인재
진취적 도전가
최고의 전문가
꾸준한 자기계발을 통해 자아를 성장시키고, 유통 · 금융 등 맡은 분야에서 최고의 전문가가 되기 위해 지속적으로 노력하는 인재
정직과 도덕성을 갖춘 인재
매사에 혁신적인 자세로 모든 업무를 투명하고 정직하게 처리하여 농업인과 고객, 임직원 등 모든 이해관계자로부터 믿음과 신뢰를 받는 인재
진취적 도전가
미래지향적 도전의식과 창의성을 바탕으로 새로운 사업과 성장 동력을 찾기 위해 끊임없이 변화와 혁신을 추구하는 역동적이고 열정적인 인재

채용절차

※ 2024 신규직원 채용 기준

- 서류전형
  - 응시지역별 채용직렬 확인 후 응시
  - 전공, 학점, 어학능력, 자격증, 봉사활동, 자기소개서 등을 통해 지원자의 기본 자질을 심사
- 필기시험
  - 인 · 적성 및 직무능력평가
  - NCS 직업기초능력+농협상식 출제 : 의사소통능력, 수리능력, 문제해결능력, 자원관리능력, 조직이해능력
  - 문항 수와 시험시간은 응시지역에 따라 60문항/60분, 60문항/70분, 70문항/70분으로 상이함.
- 면접시험 및 신체검사

NH농협금융

NH농협금융은 농협 본연의 활동에 필요한 자금과 수익을 확보하기 위한 농협의 금융사업을 분리하여 농업과 농촌을 지원하고 국민경제와 지역사회의 발전을 목적으로 설립된 종합금융그룹입니다.

미션

농협의 근본적인 존립 목적과 경영이념, 협동과 혁신

협동과 혁신으로 농업인에게 풍요로운 미래를,
고객에게는 최고의 가치를 제공하여
국가와 지역사회 발전에 공헌한다.

비전

금융의 모든 순간, 함께하는 100년 농협

언제나 고객과 함께하는 생활금융생태계를 구현하여
미래형 금융서비스를 선도하고,
범농협 시너지 경쟁력을 기반으로 영속적 생존력을 갖춘 금융기업으로 도약

NH농협은행 인재상

- 최고의 금융전문가 : 최고의 금융서비스를 제공하기 위해 필요한 금융전문지식을 갖추고 부단히 노력하는 사람
- 소통하고 협력하는 사람 : 고객 및 조직구성원을 존중하고 소통과 협력에 앞장서는 사람
- 사회적 책임을 실천하는 사람 : 도덕성과 정직성을 근간으로 고객과의 약속을 끝까지 책임지는 사람
- 변화를 선도하는 사람 : 다양성과 변화를 적극 수용하여 독창적 아이디어와 혁신을 창출하는 사람
- 고객을 먼저 생각하는 사람 : 항상 고객의 입장에서 고객을 먼저 생각하고 고객만족에 앞장서는 사람

채용절차

※ 2024 상반기 6급 신규인원 채용 기준

• 서류전형 : 개인별 입사지원서 및 자기소개서 작성

• 온라인 필기 전형

① 온라인 코딩테스트(IT분야 지원자)

구분	문항구성	사용가능 언어
알고리즘	3문항	C, C++, C#, Go, Java, JavaScript, Kotlin, Python3, Ruby, Scala, Swift
IT	2문항	MySQL, Oracle

② 온라인 필기시험(일반/IT 공통)

구분	출제범위		문항수 / 시간
인·적성검사	직업윤리, 대인관계능력		325문항 / 45분
직무능력평가	의사소통능력, 문제해결능력, 수리능력, 정보능력, 농업·농촌 관련 상식, 디지털 상식 등		직무능력평가 45문항 직무상식평가 25문항 / 85분
직무상식평가	일반	금융·경제분야 용어·상식 등	
	IT	소프트웨어 설계·개발, 데이터베이스 구축, 프로그래밍 언어 활용, 정보시스템 구축관리 등	

• 실무자면접 전형 : 심층면접(인성과 문화적합도 검증), 실무자면접(업무수행 관련 비즈니스 통찰력, 의사결정능력, 관리능력 및 소통능력 등 검증)

• 적합성면접 전형 : 문화적합성면접(인성과 문화적합도 검증)

GUIDE

은행 · 금융 공기업 알아두기

새마을금고

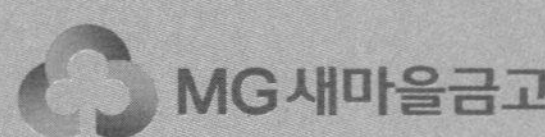

새마을금고는 금융협동조합으로서 한국 고유의 자율적 협동조직인 계, 향약, 두레 등의 상부상조 정신을 계승하고 협동조합의 원리에 의한 신용사업, 공제사업 등 경제적 기능과 회원복지사업, 지역공헌사업 등 사회적 기능을 동시에 수행해 오고 있습니다.

이념과 비전

- 참여와 협동으로 풍요로운 생활공동체 창조 : 지역공동체와 더불어 개인의 삶의 풍요를 이루어 이웃과 더불어 잘사는 생활공동체를 만들자라는 의미입니다.
- 21C 선진종합금융 협동조합 : 새마을금고의 회원들에게 차원 높은 금융서비스를 제공하고 회원들이 새마을금고의 복지사업혜택을 누리면서 보다 안정되고 풍요로운 삶을 누릴 수 있도록 하고자 하는 의미입니다.

새마을금고중앙회 인재상

- 따뜻한 중앙회인(Coexistence)
  - 고객가치를 최우선으로 생각하는 행동하는 인재
  - 고객의 동반성장을 지원하고 상생을 실천하는 인재
- 신뢰받은 중앙회인(Confidence)
  - 정직함과 성실함을 갖추고 윤리의식을 지닌 인재
  - 사명감과 책임의식을 가지고 솔선수범하는 인재
- 창조적인 중앙회인(Creativity)
  - 적극적이고 진취적인 자세로 변화를 선도하는 인재
  - 창의와 열정을 바탕으로 전문역량을 갖춘 인재
- 협력하는 중앙회인(Cooperation)
  - 존중과 배려를 통해 화합하는 인재
  - 열린 마음과 생각으로 소통하는 인재

새마을금고 인재상

- 자조정신을 갖춘 인재, 창의와 도전
  - 자신의 역량을 최대한 발휘할 수 있는 전문적이고 창의적인 인재
  - 어려운 상황에 맞서 끝까지 포기하지 않는 도전적인 인재
- 호혜정신을 갖춘 인재, 사랑과 봉사
  - 이타심을 바탕으로 타인을 존중하고 배려하는 인재
  - 새마을금고 정신을 실천하고 지역사회에 공헌할 수 있는 인재
- 공동체정신을 갖춘 인재, 성실 · 책임
  - 금고인으로서 긍지와 자부심을 가지고 정직하고 성실한 자세를 견지하는 인재
  - 법과 규정을 준수하고 공정한 태도로 업무를 수행하는 인재

새마을금고중앙회 채용절차

※ 2024년 새마을금고 일반직 공채 기준

- 서류전형 : 입사지원서 서류심사
- 필기전형 : 지정된 시간에 온라인 페이지 동시접속 후 응시
  - NCS 직업기초능력 : 의사소통능력, 수리능력, 문제해결능력
  - 금융 · 경제상식
  - 직무전공 : (일반) 경영, 경제, 민법 / (IT) 전산이론
- 면접전형 : 1차 면접, 2차 면접, 최종면접으로 구성
- 합격자 발표 및 신체검사 : 합격자 예비소집 시 신체검사 실시

새마을금고 채용절차

※ 2024년 상반기 일반직 6급 신입 채용 기준

- 지원서 접수 : 1개의 새마을금고를 선택하여 새마을금고 홈페이지를 통한 온라인 입사지원
- 필기전형 : 인성검사, NCS 직업기초능력평가(의사소통, 수리, 문제해결, 조직이해, 대인관계)
- 면접전형 : 지원한 새마을금고에서 지원한 일자와 장소에서 진행
- 추가채용
  - 공채 이후 새마을금고에서 인력 충원이 필요한 경우, 해당 지역의 '신입직원 인재풀'에 등록된 지원자를 대상으로 면접전형만을 실시하여 신입직원으로 선발
  - 면접전형에 불합격한 지원자(불참자 제외)는 다음 공채시험 채용 공고 전까지 신입직원 인재풀에 자동 등재

KDB산업은행

KDB산업은행은 우리나라의 산업개발과 국민경제의 발전을 위해 1954년 설립되어 전후 경제재건 주도, 국가 성장동력 확보, 시장안전판 역할 수행 등 시대적 요구에 부응하는 역할을 통해 산업과 국민경제 발전을 선도하였습니다.

미션

대한민국 경제의 1%를 책임지는 정책금융기관

비전

〈대한민국과 함께 성장하는 글로벌 금융리더, '더 큰 KDB'〉

KDB산업은행의 정책금융	
혁신성장금융 혁신 · 벤처기업에 대한 모험 · 성장자본 공급 및 혁신창업 생태계 조성을 통해 미래 신성장 산업을 육성하고 기업 경쟁력을 제고합니다.	투자금융 회사채 주선, 구조화 금융, M&A, PE 등 다양한 자본시장의 Tool을 활용하여 기업의 원활한 자금조달을 지원합니다.
글로벌금융 국내기업의 해외新시장 개척을 지원하고 해외 PF금융, Cross-border 금융 등 글로벌 금융시장의 선도적 개척을 통해 대한민국 대표차주 역할을 수행합니다.	사회적금융 기업의 일자리창출, 국가 균형발전, 대 · 중소기업 동반성장 등 포용적 금융을 강화하고, 기후 · 환경금융을 주도합니다. 남북경협, 북한개발에 대한 연구 · 조사 기능을 강화하고, 한반도 협력시대를 체계적으로 준비합니다.

인재상 : KDB Way

비전 달성을 위해 공유해야 할 전 임직원의 행동규범	
고객의 니즈를 최우선으로 생각한다.	열린 마음으로 변화를 수용하자.
익숙함에서 벗어나 계산된 도전을 하자.	소통하며 주도적으로 일하자.
외부와 협력하여 더 나은 길을 찾는다.	현장에서 답을 찾자.
미래를 생각하고 행동하자.	책임을 완수하여 사회적 신뢰를 얻는다.
전문가로서 대안을 제시한다.	디지털 마인드를 갖자.

채용절차

※ 2024 하반기 5급 신입행원 채용공고 기준

- 서류심사 : 어학성적 충족여부 평가(TOEIC 750, New TEPS 358, TOEPL 72, HSK 5급, JPT 800)
  ※ 기준점수를 충족하지 못하는 경우에도 '미충족'을 선택하여 지원 가능
- 필기시험

평가항목		시험과목
직무수행능력	직무지식	경영, 경제, 빅데이터, IT 중 택1
	논리적 사고력	일반시사논술 (빅데이터, IT 직렬은 일반시사논술 미실시)
직업기초능력		NCS 직업기초능력평가 의사소통능력, 수리능력, 문제해결능력, 정보능력

- 온라인 인성검사 : 필기시험 합격자 대상 실시, 면접 참고자료로 활용
- 1차 면접
  - 경영, 경제 : 직무능력면접, PT면접, 심층과제면접
  - 빅데이터, IT : 직무능력면접, PT면접, 코딩역량평가
- 2차 면접 : 조별 인터뷰

은행 · 금융 공기업 알아두기

한국은행

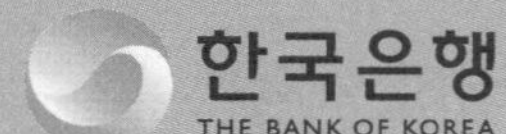

한국은행은 효율적인 통화신용정책의 수립과 집행을 통해 물가안정을 도모함으로써 나라경제의 건전한 발전에 이바지하며, 그 과정에서 금융안정에도 유의하여야 합니다.

한국은행은 물가안정 목표를 정하여 이를 국민에게 공표하고 이를 달성하기 위해 최선을 다하고 있으며, 통화신용정책을 수립함에 있어 금융안정을 도모하는 데 적극 노력하고 있습니다.

비전 및 전략

<table>
<tr><th colspan="4">국가경제의 안정과 발전을 이끄는 한국은행</th></tr>
<tr><td>Agility
유연하고 신속한 대응</td><td colspan="2">Collaboration
협업과 시너지, 대내외 협력</td><td>Expertise
전문성, 준비된 정책역량</td></tr>
<tr><td>정책영역 확대 및
정책수단 확충</td><td>조사연구의
질적 고도화</td><td>디지털 혁신의
적극 추진</td><td>단계적
경영인사 혁신</td></tr>
<tr><td>• 통화정책 운영체계 개선 추진
• 금융안정 역할 강화
• 중앙은행 디지털 화폐 개발 연구 및 준비
• 경제통계 서비스 고도화
• 새로운 금융 · 경제 이슈 대응</td><td>• 조사연구위원회 설치
• 특별연구원 제도 신설
• 경제연구원 역할 확대</td><td>• 디지털혁신실 신설
• 최고 디지털 혁신 책임자 임명
• 업무프로세스 및 환경 개선</td><td>• 순환근무 제도의 탄력적 운영
• 평가 · 보상 체계 개선
• 의사결정 구조 효율화
• 건강한 조직문화 확산
• 중장기 경영인사 혁신</td></tr>
</table>

조직가치

- 공익 : 국민 전체의 이익을 추구하고 공정하게 책무를 수행함.
- 중립 : 독립적이고 자율적인 의사결정에 따라 정책을 효과적으로 수행함.
- 책임 : 주인의식과 열정을 가지고 책무를 투명하게 수행함으로써 국민의 신뢰를 얻음.
- 소통 : 임직원 간 서로 존중하고 배려하며, 국민과 원활하게 소통함.
- 전문성 : 높은 수준의 전문성과 통찰력을 갖추어 책무 수행에 탁월한 역량을 발휘함.

채용절차

※ 2024 종합기획직원(G5) 정기채용 기준

- 서류전형
  - 한국은행 채용홈페이지를 통한 인터넷 접수
  - 자기소개서 및 영어성적(TOEIC, TOEFL, New TEPS)을 종합평가하여 선발하되, 일부는 자기소개서만으로 선발
- 필기시험

전공학술 (300점, 5개 응시과목 중 택일)	논술 (100점)
• 경제학 : 미시경제학, 거시경제학, 계량경제학, 화폐금융론, 국제경제학 • 경영학 : 인사관리, 재무관리, 마케팅, MIS, 회계학(고급회계 제외), 경영전략, 경영과학 • 법학 : 헌법, 민법, 형법, 상법, 행정법, 민사소송법, 형사소송법 • 통계학 : 기초통계학, 수리통계학, 회귀분석, 실험계획법, 표본조사론, 시계열분석 • 컴퓨터공학 : 소프트웨어공학, 데이터베이스, 컴퓨터구조, 데이터통신, 정보보호, 운영체제, 자료구조, 인공지능, 기계학습	주요 경제 · 금융 이슈, 인문학 등

※ 전공학술은 분석형, 약술형, 서술형으로 출제

- 면접전형
  - 1차 실무면접 : 집단토론, 심층면접 등
  - 2차 집행간부 면접
- 합격자 발표 및 신체검사
  - 잠정합격자 발표 후 신체검사 실시, 신원조사 이후 최종합격자 발표

파트 1

의사소통능력

▸ 정답과 해설 2쪽

대표기출 유형 1 정보확인

지문과 선지 내용의 일치 여부를 확인하는 유형

01. 다음 글에 따를 때, ETF에 대한 설명으로 적절하지 않은 것은?

> ETF(Exchange Traded Fund)는 KOSPI 200 등 주식시장을 대표하는 지수의 수익률을 그대로 추적하는 펀드로, 거래소에 상장되어 있어 일반 주식처럼 투자자가 원하는 가격에 실시간으로 사고 팔 수 있는 투자 상품이다.
>
> 주식 그리고 펀드와 비교하였을 때 ETF의 장점은 우선 저렴한 투자비용이다. ETF는 직접 투자 시 판매보수와 수수료가 없고 운용방식이 수동적이기 때문에 매매비용이 상대적으로 적다. 또한 ETF는 개별주식과는 달리 ETF 한 주만으로 지수를 구성하는 모든 종목에 투자하는 것과 같은 유사한 효과를 누릴 수 있고, 개인투자자의 접근이 힘든 채권이나 원자재 등의 자산에도 투자한 효과를 낼 수 있기에 분산투자가 용이하며, 최소 투자금액은 ETF 10주 이상이면 가능하다. 마지막으로 기초자산이 올라가면 ETF 가격도 그만큼 올라가고, 기초자산이 내려가면 ETF 가격도 그만큼 떨어지기 때문에 주식시장을 잘 몰라도 쉽게 접근할 수 있다.
>
> 이러한 장점들 때문에 ETF의 인기도 상승하고 있다. ETF와 유사한 상품으로는 ETN이 있는데, ETN에 대비해서도 ETF는 안정성이 높다고 평가받는다.

① 일반펀드보다 상대적으로 수수료가 높다.

② 소액으로도 분산투자가 가능하다.

③ 주식처럼 거래소에서 거래가 가능하다.

④ 기초자산의 가격이 오르면 ETF의 가격도 상승한다.

02. 다음 글을 읽고 이해한 내용으로 옳은 것은?

과거에는 보안이 필요한 특정 자원이나 정보에 접근하는 사람의 제한이 인감, 신분증 확인 등의 방식으로만 이루어졌으나, 정보화 시대에는 이러한 절차 없이도 접근한 사람의 신원을 확인하기 위한 다양한 절차들이 통용되고 있다. 아이디와 패스워드를 통해 인증하는 방식은 우리에게 가장 익숙한 방식이지만, 고정된 문자열을 단순 조합하는 방식이기 때문에 보안에 취약하며, 개인정보 유출이나 계정도용으로 이어질 위험이 있다. 이와 같은 문제를 보완할 수 있는 방식으로서 등장한 것이 OTP(One-Time Password) 시스템이다.

OTP는 무작위의 번호약속 알고리즘에 따라 매번 변경되는, 추정 불가한 일회용 비밀번호 생성을 이용한 보안 시스템이다. 쉽게 말하자면 인증 서버와 사용자 상호 간에 필요할 때마다 미리 약속된 알고리즘을 따라 새로운 값을 생성하고, 사용자가 입력한 값이 인증 서버에서 계산한 값과 일치하는지를 확인하는 것이다. 즉, 보안의 주안점을 암호화 알고리즘 자체를 방어하는 데 두기보다는 암호 자체의 기동성 · 변화성에 둔 체계이다. 암호화 알고리즘 방어에 주안을 둔 체계는 암호를 푸는 시간이 오래 걸리게 만드는 반면, OTP는 암호를 금방 알아내더라도 쓸모없게 만들어 버리는 체계라고 할 수 있다.

그러나 이러한 이점에도 불구하고 OTP는 실제 구현 및 서비스 과정에서 일부 한계를 드러내기도 했다. 일회성 패스워드를 생성하고 정합성을 유지하기 위해 가장 많이 사용되는 방식은 시간동기화 방식인데, 이는 OTP 값이 생성되고 인증 서버에 입력되는 시간차에 제한을 두는 것으로, 유효시간을 짧게 설정할수록 기밀성은 그만큼 높아진다고 할 수 있다. 그러나 유효시간이 짧을수록 사용자의 인증 실패 빈도는 그만큼 증가할 수밖에 없으며, 이는 고객응대 비용 상승으로 이어진다. 따라서 충분한 유효시간은 물론, 어느 정도의 시간 오차는 자동 보정하는 기능까지도 활용할 수밖에 없는 실정이다. 그밖에도 데이터가 오가는 접속 경로 중간에서 정보를 탈취하거나, 사용자가 주요 정보를 입력하는 피싱 사이트를 만들어 놓고 사용자의 입력값을 도용하는 등 다수의 해킹 시나리오 역시 알려져 있다. 따라서 사용자들은 OTP 생성값이 노출되지 않도록 주의해야 하며, 금융사 등 OTP 방식 활용 기관의 차원에서는 OTP와 다른 인증방식을 병행 사용하여 상호 보완할 수 있도록 하는 것이 최선책이라고 할 수 있다.

① OTP는 정보화 시대 이전에 활용되던 인감, 신분증 확인과 같은 절차를 대신하고 있다.

② OTP 인증 시 시간 오차 자동 보정 기능은 사용자의 OTP 인증 실패율을 줄이기 위한 현실적인 방편이다.

③ OTP는 기존의 아이디/패스워드 인증방식에 비해 암호화 알고리즘 보안이 강화된 방식이다.

④ OTP는 아이디/패스워드 인증방식과 달리 피싱 등의 해킹 수법으로부터 안전하다고 할 수 있다.

[03 ~ 04] 다음 제시 상황과 자료를 보고 이어지는 질문에 답하시오.

●●은행 직원 K는 다음의 금융분야 마이데이터 관련 금융감독원의 보도자료를 확인하고 있다.

〈새해부터 흩어진 내 금융정보를 더욱 안전하고 빠르고 편리하게 관리할 수 있게 됩니다〉

– 안전한 API 방식의 본인신용정보관리업(금융 마이데이터) 전면 시행 –

1. 주요내용

■ (마이데이터 사업자) 20X2년 1월 5일부터 스크래핑이 금지되고, 마이데이터 사업자는 모든 이용자에게 API 방식으로만 마이데이터 서비스를 제공할 수 있습니다.

– 20X2년 1월 5일에 참여하지 않는 마이데이터 사업자 21개사는 관련 시스템과 앱 개발 등을 거쳐 20X2년 상반기 중 참여할 예정

■ (정보제공자) 일부 대부업체 등을 제외한 대부분의 제도권 금융회사 등의 417개사 정보는 20X2년 1월 5일부터 정보제공이 가능합니다.

– 국세청 국세 납세증명(20X2년 1월 5일 제공 가능)을 제외한 국세·지방세·관세 납세내역 및 건강보험, 공무원연금·국민연금 보험료 납부내역 등 공공정보는 20X2년 상반기 중 제공토록 협의 중

– 공공정보의 경우 마이데이터 사업자는 추가 API 개발 등을 통해 국세청 납세증명 외 모든 공공정보가 제공 가능한 시점에 맞춰 패키지 형태로 서비스를 제공할 계획

■ (데이터 정합성 제고) 일부 정보제공자의 표준 API 규격과 다른 API 개발, 추가적인 규칙 마련이 필요한 사항* 등을 신속하게 수정·보완하는 등 데이터 정합성을 한층 제고합니다.

* 이용자가 요구한 전송대상 정보 미보유 시 해당 정보제공자는 공란으로 회신해야 하나 임의 값(예 000)을 회신하여 오류가 발생함. 따라서 공란으로 회신토록 수정

■ (이용편의 개선) 마이데이터 사업자별 연결되는 정보제공자를 확대하고 인증수단 추가 등을 통해 더 많은 정보를 손쉽게 통합 관리합니다.

– 마이데이터 사업자별로 연결되는 금융기관, 통신업체 등 정보제공자 수를 지속적으로 확대(20X1. 12. 1. 기준 사업자별 평균 20개 내외 → 20X2. 1. 4. 기준 평균 100개 내외)

– 공인인증서가 아닌 사설인증서*를 통해서도 모든 정보제공자에게 정보전송요구가 가능하도록 본인인증절차도 획기적으로 개선

* 공인인증서 외에 「전자서명법」에 따라 과학기술정보통신부에서 인정한 전자서명인증수단

2. 기대효과

■ (정보보호·보안 강화) 종전보다 엄격한 정보보호·보안체계 심사, 스크래핑 금지, 기능 적합성 심사 및 보안취약점 점검 의무화 등을 통해 종전보다 안전한 통합 조회와 관리가 가능합니다.

– 광범위한 정보수집이 제한되고 소비자가 원하는 정보만 선택하여 전송 요구가 가능해지며, 유출 등 사고 발생 시 책임소재가 명확해짐(손해배상 책임도 강화).

- 마이데이터 서비스 프로그램의 신용정보법령상 행위규칙 준수 여부, 표준 API 규격 적합성 등을 서비스 출시 및 주요 기능 변경 전 금융보안원에서 사전심사
- 마이데이터 서비스 관련 시스템과 앱 일체에 대해 금융보안원 점검기준에 따라 전금법상 평가전문기관이 연 1회 이상 보안취약점 점검 수행

■ (이용편의 제고) 더 많은 정보를 빠르고 편리하게 통합 조회할 수 있는 안전한 시스템을 구축하여 효과적 맞춤형 자산 · 재무관리가 가능합니다.
- (종전) 일부 대형 금융권 정보 → (개선) 전 금융권+통신 · 공공 · 전자상거래내역
- 스크래핑 방식 대비 통합조회 속도가 약 10배 수준으로 증가
- 공인인증서 외 다양한 사설인증서를 통해 여러 금융회사에 원스톱(One-stop)으로 전송요구 가능

03. 다음 중 직원 K가 위 자료를 이해한 내용으로 적절하지 않은 것은?

① 국세청 국세 납세증명 관련 공공정보는 20X2년 하반기가 되어야 API 방식으로 제공받을 수 있겠구나.
② 마이데이터 사업자별로 연결되는 통신업체의 수가 증가하겠구나.
③ API 방식을 사용하면 스크래핑 방식보다 통합조회 속도가 약 10배 빨라지는구나.
④ 이용자가 요구한 정보가 없으면 정보제공자가 임의의 값으로 회신하는 경우가 있었구나.

04. 다음 〈보기〉는 위 자료를 읽고 직원 K와 동료들이 나눈 대화이다. 빈칸에 들어갈 말로 적절하지 않은 것은?

보기

직원 K : 방금 게시된 금융감독원 보도자료 보셨어요?
직원 S : 네, 본인신용정보관리업이 API 방식으로 전면 시행된다는 보도 말씀하시는 거죠?
직원 U : 저는 아직 못 봤어요. 마이데이터 서비스가 API 방식으로 변화하게 되면 소비자 입장에서 어떤 긍정적인 변화를 기대할 수 있다고 하나요?
직원 K : ( )

① 여러 정보들 중에서 선택하여 전송을 요구할 수 있게 된다고 해요.
② 정보 전송 요구를 여러 금융회사에 일일이 하지 않아도 된다고 해요.
③ 마이데이터 서비스의 주 기능이 변경되기 전에 금융감독원이 사전심사를 실시하게 된다고 하네요.
④ 금융권 정보 외에도 다양한 정보를 얻을 수 있게 된대요.

대표기출 유형 2 중심 내용 확인

글의 내용을 종합적으로 포괄하는 주제, 핵심을 찾는 유형

05. S 은행에 근무하는 윤아리 사원은 다음과 같은 글을 작성하여 사내 게시판에 올리려고 한다. 게시글의 제목으로 가장 적절한 것은?

○○금융원에 따르면 저축은행의 20X2년 말 기준 총 대출액은 65조 원으로 전년 59조 원 대비 10% 증가했다. 연체율은 3.7%로 전년 동기에 비해 0.6%p 감소하여 대출금 회수에도 큰 문제가 없어 보인다. 하지만 유독 개인사업자들의 대출 연체율은 증가한 것으로 나타났다.

저축은행의 개인사업자 대출액은 전체 대출의 20%인 13조 원으로 전년 말 대비 0.7조 원 감소하였으나 연체율은 4.3%로 0.3%p 증가하였다. 개인사업자 대출 중 도 · 소매업, 숙박 · 음식점업 등 경기에 민감한 업종 여신 비중이 76.4%이며 주로 부동산담보 형태로 취급하였다.

코로나19 확산 등에 따른 개인사업자의 매출 감소 및 전반적인 경기침체로 인해 개인사업자 대출의 추가적인 부실 발생 가능성이 있다. 1개월 미만 신규 연체율이 20X3년 2월 들어 증가하였으며 대부분의 차주가 경기민감 업종에 종사하고 있다.

〈저축은행 개인사업자 대출 현황〉

(단위 : 조 원, %, %p)

구분	20X1년 말(A)	20X2년 말(B)	증감(B-A)
개인사업자 대출액	13.7	13.0	△0.7
총 대출액	59.1	65.0	5.9
개인사업자 대출 비중	23.2	20.0	△3.2
개인사업자 연체율	4.0	4.3	0.3

또한 최근 동남 · 전라권의 개인사업자 연체율이 각 8.6%, 10.0%로 전국 평균을 상회하고 있으며, 동 지역의 20X3년 2월 말 경기민감업종의 폐업률이 전년 말 대비 증가하는 등 향후 연체 심화 가능성이 있다.

부동산 담보대출 중 LTV 70% 초과 비중 및 후순위 대출 비중도 다소 높고 해당 지역의 평균 낙찰가율을 고려하면 원금 손실 가능성도 존재한다. 따라서 개인사업자 대출 취급 비중이 높고 동 대출의 연체율이 높은 저축은행은 경기 침체 장기화에 대비하여 건전성 관리를 강화할 필요가 있다.

〈저축은행 지역별 개인사업자 대출 연체율 현황〉

(단위 : %, %p)

구분	20X2년 12월 말(A)	20X3년 2월 말(B)	증감(B－A)
수도권	3.9	4.5	0.6
동남권	7.9	8.6	0.7
전라권	8.3	10.0	1.7
충청권	4.4	8.6	4.2
전국 평균	4.3	5.0	0.7

① 경기 침체에 따른 저축은행의 대출액 감소

② 저축은행 개인사업자 대출 비중

③ 개인사업자 상환능력 저하 요인

④ 저축은행 개인사업자 대출 연체율 현황

06. 다음 글의 주제로 가장 적절한 것은?

어느 날, 스페인의 어느 변호사가 자신의 이름을 인터넷에 검색해 보았더니 기억하고 싶지 않은 과거가 결과로 나왔다. 그가 어렵게 살던 시절에 연금을 내지 않아 집이 경매로 넘어갔던 내용의 신문기사였다. 그는 이제 빚도 다 갚았고 과거의 일이니 기사와 검색 결과를 삭제해 달라고 스페인 개인정보보호원에 요청하였다. 이에 스페인 개인정보보호원은 기사는 삭제하지 않지만 검색 결과와 관련된 링크는 삭제하라는 결정을 내렸다. 최근 이 사건에 대해 유럽연합 최고법원인 유럽사법재판소는 "인터넷 검색 결과에 링크된 해당 웹페이지의 정보가 합법적일지라도 그 링크를 삭제할 의무가 있다."라고 최종 결정을 내렸다. 즉, '잊혀질 권리'를 인정한 것이다.

'잊혀질 권리'란 인터넷상에서 저장되거나 유통되는 개인정보에 대해 소유권을 강화하고 이를 삭제 · 수정 및 영구적 파기를 요청할 수 있는 권리, 즉 '개인정보 삭제 청구권'이다. 오늘날은 개인정보뿐 아니라 수많은 정보들이 데이터베이스화되어 저장 및 보관되고 누구든지 인터넷 검색만으로 쉽게 정보를 얻을 수 있다. 특히 언론 기사로 인해 생성된 정보는 그 유효기간이 무한대이므로 누구든지 먼 과거의 정보까지도 쉽게 얻을 수 있다. 더군다나 최근에는 온라인에 자신의 사생활을 직접 올려 네트워크를 형성하여 이를 통해 개인정보가 쉽게 공유되고 있어 '잊혀질 권리'를 요구하는 목소리가 더 커지고 있다. 그래서 새롭게 생산되는 모든 정보에 '정보 만료일'을 부여할 필요가 있다는 주장도 나오고 있다.

'잊혀질 권리'를 반대하는 사람들은 역사의 기록이 원활하게 지속되지 않을 수도 있고, 기록 삭제에 투입되는 인력과 비용에서 문제가 발생할 수 있다고 말한다. 또 이를 적극적으로 나서서 진행할 기업을 찾는 일도 쉽지 않을 것이며, 본질적으로 인터넷의 개방성이라는 정체성이 불분명해질 것이라고 주장한다.

반대로 상당한 시간이 지났음에도 과거에 있었던 일들이나 정보, 기사를 언제든지 검색할 수 있고 유포할 수 있는 소위 '신상 털기'가 가능해짐을 우려하는 목소리 또한 높다. 개인정보가 불특정 다수에게 공개되어 본인도 모르게 누군가에 의해 신원 파악이 이루어질 수 있는데, 이는 범죄에 악용될 가능성이 매우 높기 때문이다. '신상 털기'는 본인은 물론 제3자에게까지 영향이 미쳐 사회적으로 큰 문제를 일으킬 수 있다.

① '잊혀질 권리'로 발생하는 비용 처리 문제

② '잊혀질 권리'의 해결책, '정보 만료일'

③ 인터넷의 본질을 무너트리는 '잊혀질 권리'

④ 현대의 새로운 권리, 인터넷상의 '잊혀질 권리'

07. 다음 글에서 나타난 우리나라의 가계 대출 증가가 문제시되는 가장 근본적인 이유는 무엇인가?

> 크고 작은 금융위기가 우리나라에 닥칠 때마다 거론되는 문제 중 하나는 가계대출 문제이다. 미국발 금융위기 이후 가계대출 증가 규모가 조정되지 않고 지속적으로 증가하고 있어 우리나라 경제의 치명적 뇌관으로 급부상하고 있다.
>
> 가계대출 규모의 지속적 증가가 문제시되는 이유는 가계의 대출규모가 증가할수록 개별 가계가 향후 금리변동위험에 취약해지기 때문이다. 현재 우리나라는 세계적인 금융위기를 몇 차례 겪으면서 저금리 기조에 접어들게 되었고, 가계대출이 증가함에도 불구하고 이자지급부담은 크게 부각되지 않은 상태이다. 그러나 앞으로 금리하락의 여력보다는 상승의 가능성이 훨씬 크기 때문에 가계부채 상환부담은 크게 확대될 수 있다. 금리 상승으로 인해 채무상환능력이 떨어지고 파산 가계가 증가하면 금융기관의 부실채권 양성 및 경기 침체로 이어질 것이다. 부채상환 부담이 증가하면 소비여력도 크게 줄어들어 경기침체를 더욱 가속화하는 원인이 된다. 특히 우리나라 가계대출 비중의 절반 이상이 장기적인 고정금리가 아닌 중단기적 변동금리대출이기 때문에 금리변동 위험에 크게 노출되어 있다. 금리상승의 여력이 큰 상황에서 이러한 구조적 취약성이 향후 경제위기를 불러오는 주요원인이 될 수 있다.
>
> 제2금융권의 무분별한 가계대출의 증가도 가계대출 규모 확대의 원인이 되고 있다. 제1금융권 규제로 인해 풍선효과가 발생하였고 가계는 제2금융권을 찾게 되었다. 제2금융권의 가계대출구조가 제1금융권의 대부분을 차지하는 주택담보대출보다 가계신용대출의 비중이 훨씬 큰 것도 역시, 가처분소득이 절대적으로 부족한 영세시민층들의 주택담보대출 외 가계대출이 제2금융권으로 많이 편중되었기 때문이다.
>
> 가계대출 증가의 위험요인들이 지금 당장은 큰 문제로 보이지 않더라도 잠재적인 경기침체의 원인이 된다. 따라서 주택담보대출이 한 가계대출의 절반 이상을 차지하고 있는 것을 고려하여 국가적 차원에서 가계부채를 관리할 필요가 있다.

① 주택담보대출　　② 소비여력의 감소

③ 금리변동에 취약한 구조　　④ 제2금융권으로의 편중 증가

대표기출 유형 3 글 수정

상품설명서, 계약서 등의 작성 요령, 맞춤법 등 국어지식을 묻는 유형

08. 다음은 ○○은행의 경영기획팀에 근무 중인 A 대리가 작성한 예금상품설명서 초안이다. 이를 상품설명서 작성 요령에 따라 수정할 때 가장 적절한 내용은?

〈행복이음 정기적금〉

- 예금자보호 적용, 모바일 전용
- 가입금 : 최소 가입금액 1만 원 이상(불입 한도 없음)
- 가입대상 : 개인
- 상품정보

상품개요	○○은행의 공식 앱을 통해 가입하면 0.1%p의 우대금리를 적용하는 상품
가입대상	개인
가입기간	1년 이상 3년 이내 연 단위(계약기간 연장 불가)
예금자보호 안내	이 예금은 예금자보호법에 따라 예금보험공사가 보호하되, 보호 한도는 본 ○○은행에 있는 귀하의 모든 예금보호대상 금융상품의 원금과 소정의 이자를 합하여 1인당 최고 5천만 원이며, 5천만 원을 초과하는 나머지 금액은 보호하지 않습니다.
가입절차	○○은행 공식 앱을 다운로드 받아 회원가입을 한 후 행복이음 정기적금에 가입하거나 영업점에 방문하여 직원의 안내를 통해 앱을 설치하고 가입
구비서류	실명확인증표
기타 추가정보	보다 자세한 약관은 서식 및 약관안내에서 확인하십시오.

〈상품 금리정보〉

- 적용금리 : 고시이율+최대 0.1%p
- 중도해지이율 : 가입할 당시 영업점에 고시된 일반정기적금 중도해지율
- 만기 후 이율 : 보통 예금이율
- 세제관련 : 관련 세법 개정 시 세율이 변경되거나 세금이 부과될 수 있음.

① 설명서의 서술어를 '~ 하십시오'의 명령형 어조로 표현하면 안된다.

② 상품 정보에 관한 설명이 길어 실제 내용을 알기 어려우므로 간결하게 수정하도록 한다.

③ 상품에 대한 전문용어를 사용하면 이해하기 어려우므로 절대 사용하지 않도록 주의해야 한다.

④ 해당 상품이 고객의 목돈을 마련하는 상품인지 목돈을 굴리는 상품인지를 명시하고 적용이율의 정확한 수치를 밝힌다.

09. 다음 밑줄 친 ㉠～㉦ 중 흐름상 적절하게 사용되지 않은 것은 모두 몇 개인가?

금융 제도나 금융 상품과 관련된 정보는 전문 용어들이 많을 뿐 아니라 관련 제도나 법이 수시로 변하기 때문에 일반인들이 모든 정보를 이해하기가 쉽지 않다. 그러다 보니 금융기관의 종사자로부터 얻는 금융 관련 정보에 의존하거나 투자 권유를 받는 경우가 종종 있다.

하지만 다른 사람의 말만 믿고 ㉠<u>투자 의사 결정</u>을 내렸다가 손실이 발생했다고 해서 그 사람이 손실을 보상해 주는 것은 아니며 모든 책임은 전적으로 자신에게 ㉡<u>존속된다</u>는 점을 명심할 필요가 있다.

투자 의사 결정의 기본은 '㉢<u>자기 책임</u>의 원칙'이다. 이 원칙은 투자와 관련한 정보나 조언은 누구에게서나 얻을 수 있지만, 최종적인 판단은 반드시 자신의 책임하에 이루어져야 하며, 그 결과 또한 자신이 책임져야 한다는 원칙이다. 이 원칙은 개인의 선택을 기초로 하는 ㉣<u>계획 경제</u>의 운용 원칙이며, 근대 민법의 기본 원리이기도 하다.

금융 상품 판매 실적을 올려야 하는 금융기관 종사자의 말만 믿고 예금자 ㉤<u>보호 대상</u>이 아닌 상품을 구매한다거나, 재무 상태가 건전하지 못한 금융기관에 예금자 보호 한도를 초과하는 과도한 금액을 ㉥<u>집중 배치</u>하는 것은 바람직한 금융 의사 결정이 아니다. 금융기관에 종사하는 사람들이 제시하는 원금 보장, 수익 보장, 손실 보전의 약속 등은 자본시장법상 엄격히 금지하는 행위이며, 아무런 효력이 인정되지 않는다는 것을 ㉦<u>유념할</u> 필요가 있다.

① 2개 ② 3개

③ 4개 ④ 5개

대표기출 유형 4 문단배열

단락 간의 관계를 파악하고 이를 구조화하는 방법에 관한 유형

10. 다음 글에 이어서 〈보기〉의 ㉠ ~ ㉤을 문맥에 맞게 나열한 것은?

> 음료 판매점 등에서 사용되고 버려지는 일회용 컵은 우리나라에서만 130억 개 이상이라고 한다. 그래서 최근 들어 환경보호 차원에서 '텀블러'로 불리는 휴대용 물통에 대한 관심이 높아지고 있으며, 그에 따라 휴대용 물통의 판매도 증가 추세에 있다고 한다.

보기

㉠ 다음으로 휴대용 물통의 안전성에 대한 소비자들의 우려도 그 원인으로 볼 수 있다.
㉡ 휴대용 물통을 계속 들고 다녀야 하는 번거로움과 사용 후 세척의 어려움 때문에 사람들이 휴대용 물통 사용을 주저하는 것이다.
㉢ 그러나 여전히 휴대용 물통을 들고 다니는 사람은 그리 많지 않다.
㉣ 휴대용 물통에 뜨거운 물이나 음료를 넣으면 환경호르몬 물질이 배출되어 건강을 해칠 수 있다고 생각하기 때문에 잘 사용하지 않는다는 것이다.
㉤ 그 원인으로 먼저 사용상의 불편을 들 수 있다.

① ㉢-㉤-㉡-㉠-㉣　② ㉢-㉤-㉣-㉠-㉡
③ ㉤-㉡-㉢-㉠-㉣　④ ㉤-㉢-㉣-㉠-㉡

11. 다음 (가) ~ (라)를 글의 흐름에 따라 순서대로 나열한 것은?

(가) H 커피는 자신들이 커피와 감동을 파는 제3의 공간을 제공한다고 말한다. 다시 말해 가정도, 직장도, 학교도 아닌 제3의 장소에서 느긋하게 자신만의 시간을 보낼 수 있는 공간을 제공한다는 것이다. 확실히 H 커피 매장 안에 들어서면 지금까지와는 전혀 다르게 공간이 주는 신선함과 해방감을 맛볼 수 있으며, 그 시간 동안만은 한껏 사치를 누리는 기분을 느낄 수 있다. 이러한 전략은 현재 한국의 상황과 잘 맞아떨어졌다.

(나) H 커피는 원래 질 좋은 원두를 제공하던 원두 판매 회사였기 때문에 커피 맛이 일품이었다. 그러나 커피만 놓고 본다면 더 질 좋고, 맛있는 커피를 제공할 수 있는 커피 체인점은 H 커피 말고도 얼마든지 더 있었다.

(다) 이런 H 커피가 성공할 수 있었던 것은 경영전략 덕분이었다. H 커피는 자기 매장에서 커피를 마시면 행복과 만족을 얻을 수 있다는 인식을 심어 주기 위해 노력했다. 향기롭고 맛있는 커피, 세심한 배려와 온화한 미소를 띤 직원, 마음 편히 즐길 수 있는 자신만의 공간 등의 체험을 상품으로 내세웠다. 이는 사람들의 뇌리에 자리 잡았으며, H 커피는 사람들에게 특별한 공간으로 인식되었다.

(라) 한국의 주택 사정은 열악하다. 도시에서 방 3개짜리 집에 개인용 서재라도 두려면 상당한 투자를 해야 한다. 이렇게 좁은 집에서 가족들의 눈을 피해 자신만의 공간을 확보하고 시간을 보내기란 쉬운 일이 아니다. 그러나 H 커피에서 커피 한 잔만 시키면 자신만의 여유로운 공간과 시간을 가질 수 있다. 그러니 빠져들 수밖에 없는 것이다.

주위에서도 자신만의 공간을 확보하기 어려운 학생이나 직장인들이 마음 편히 공부할 장소로 H 커피를 선택하곤 한다. 가격이 비싸더라도 그만큼의 만족감만 느낄 수 있다면 H 커피를 선택하겠다는 사람들의 생각이 지금의 H 커피를 만든 추진력이 되었다.

① (가)－(나)－(다)－(라) ② (가)－(라)－(다)－(나)

③ (나)－(가)－(다)－(라) ④ (나)－(다)－(가)－(라)

대표기출 **유형 5 지문에서 추론하기**

지문의 내용을 바탕으로 타당한 추론을 찾는 유형

12. 다음 글을 읽고 추론할 수 있는 내용으로 적절한 것은?

2014년 8월부터 개인정보보호법 개정안이 시행되면서 공공기관이나 개인사업자 모두 인터넷상에서 이용자의 주민등록번호를 수집하지 못하게 되었다. 개정안 시행 이전에는 정보통신 제공자가 이용자의 동의를 얻으면 주민등록번호를 수집·이용하거나 제3자 등에게 제공이 가능해 개인정보 유출의 우려가 컸고, 실제로 보이스 피싱 등 각종 범죄에 악용된 사례도 적지 않았다. 반면 외국에서는 인터넷 사이트 가입 시 이메일 주소와 이름, 생년월일 등의 기본 정보만으로 사용자를 구분할 수 있으며, 사이트가 해킹돼 이들의 정보가 유출된다 하더라도 이로 인한 2차 피해는 크지 않은 편이다. 개정안 시행 후에는 본인 확인 기관으로 지정되어 있거나 법령에서 이용자의 주민등록번호 수집을 허용했을 경우를 제외하고는 이용자의 주민등록번호를 수집·이용할 수 없다. 이에 따라 기업 및 단체들은 실명 확인 방법으로 아이핀(I－PIN), 휴대전화번호, 공동인증서(구 공인인증서) 등 대체 인증 수단을 도입했다.

아이핀(I－PIN)은 'Internet Personal Identification Number'의 앞 글자를 따서 만든 말로, 대면 확인이 불가능한 인터넷상에서 주민등록번호를 대신해 아이디와 패스워드로 본인임을 확인받을 수 있는 안전한 본인 확인 서비스이다. 2005년 7월 가이드라인 제정 이후 2006년 개정을 거쳐 시행되고 있으며, 제도 및 서비스 품질의 지속적인 개선을 통해 안전한 사이버 세상을 만들기 위해 노력하고 있다.

아이핀 인증을 받기 위해서는 주민등록번호 실명 확인이 필요하지만 한번 신원 확인을 하고 난 뒤에는 발급받은 아이디와 패스워드로 여러 사이트에서 신원 확인이 가능하다. 또 하나의 아이디와 비밀번호를 외워야 하는 번거로움이 있어 다른 인증에 비해 편의성이 떨어지지만 휴대전화로 본인인증을 할 수 없는 상황이거나 공동인증서가 없을 경우 등에서는 유용한 인증 수단이다. 아이핀을 발급받기 위해서는 본인 명의의 휴대전화 또는 범용 공동인증서가 필요하며, 신규 발급란에 이름과 주민등록번호, 아이핀 아이디와 비밀번호를 기입해 공동인증서나 휴대전화로 본인인증을 완료하면 된다. 생성이 완료된 아이핀은 해당 날짜로부터 1년 동안 유효하며, 2차 비밀번호, 키패턴, 지문 등의 2차 인증 수단을 지정하면 더욱 원활하게 사용할 수 있다.

휴대전화 인증은 본인 명의의 휴대전화 문자메시지로 수신된 인증번호를 입력하여 본인 확인을 하는 방법이다. 공동인증서 방식에는 발급 비용이 발생하는 범용 공동인증서와 은행에서 무료로 발급되는 용도 제한용 공동인증서가 있다. 은행에서 발급된 공동인증서의 경우 금융거래, 은행, 보험, 공공서비스 등 일부 영역에서만 사용 가능하다.

다만 대체 인증 수단 역시 개인정보 유출의 위험이 존재하며, 휴대전화 인증과 달리 아이핀은 보안 문제로 5회 이상 잘못 입력할 시 IP가 차단되는 등의 번거로움이 있다. 하지만 개인정보 유출 및 도용으로 발생되는 피해를 줄이기 위해 보안 의식을 강화하는 것은 중요하기 때문에 개인정보 동의에 수동적으로 대응하기보다 사용자 스스로 더욱 세심한 주의를 기울일 필요가 있다.

① 개인정보보호법 개정안 시행 후 모든 사이트에서 아이핀만을 사용하게 되었다.
② 아이핀과 무료로 발급 받은 공동인증서의 사용 목적 및 이용 가능한 사이트는 모두 같다.
③ 아이핀은 개인정보 유출을 막기 위해 개인정보보호법 개정안 시행 후에 개발되었다.
④ 주민등록번호 유출 사고로 발생할 수 있는 2차 피해는 계속해서 발생하고 있다.

13. 다음 글을 통해 추론할 수 있는 내용으로 적절하지 않은 것은?

ㅁ 사업목적 : 코로나19 발생에 따른 국내 소비위축으로 피해를 입은 또는 피해가 예상되는 소상공인에게 직접대출을 지원하여 경영 안정화 유도

ㅁ 신청서류 접수 시기 : 20X2년 3월 25일 ~ 예산 소진 시까지

ㅁ 융자절차 : 공단이 신청 · 접수와 함께 지원대상 확인을 통해 지원대상자를 결정한 후 직접대출(신용대출)

ㅁ 신청대상 : 코로나19 관련 피해 소상공인으로 다음 사항을 모두 만족하는 자

1) 개인신용평가 4 ~ 10등급*인 업체(1 ~ 3등급은 지원 제외)
  * 대출신청 시점 시 조회한 NICE평가정보(NCB) 적용

2) 코로나19 관련 피해 기업일 것(아래 가 ~ 다 중 하나에 해당하는 경우)
(단, 사업장이 특별재난지역*에 소재한 소상공인은 2) 적용 제외)
  * 특별재난지역 : 대구광역시, 경북 경산시 · 청도군 · 봉화군

가. 자금 신청일을 기준으로, 전년 동기간의 매출액이 10% 이상 감소되었음이 입증되는 경우 : 매출액 감소 확인서 제출

(예시) 자금 신청일이 20X2. 03. 25.인 경우 매출액 비교
- 20X2년도 : 20X2. 01. 01.(시작일/고정) ~ 20X2. 03. 24.(신청일에 따라 달라짐)
- 20X1년도 : 20X1. 01. 01.(시작일/고정) ~ 20X1. 03. 24.(신청일에 따라 달라짐)

※ 단, 신청일 기준으로 반드시 전일까지의 매출액을 입증해야하는 것은 아니나, 가능한 최신일자의 자료를 제출

※ 입증서류 : 다음 중에서 해당하는 서류를 선택하여 제출(20X1년 및 20X2년)
(1) 매출 (전자)세금계산서 합계표 / 매출 (전자)계산서(면세) 합계표
(2) VAN사 또는 카드사를 통한 신용(직불 · 현금)카드 매출액 확인
(3) 현금영수증 매출 내역(국세청 홈텍스)
(4) 매출액 입금내역 확인 가능한 사업자통장(또는 은행계좌) 거래내역 사본
(5) POS로 확인된 매출액 내역(핸드폰 사진, 화면 캡처, 인쇄물 등)
(6) 세무대리인(세무사 · 회계사)이 확인한 매출관련 서류
(7) 수출실적증명서 등

나. 코로나19로 인해 피해를 입었거나 피해가 예상되는 경우 : 경영애로 사실 확인서 제출 〈별표8〉
㉠ 중국과의 수출입 거래 차질로 향후 피해가 예상되는 경우
업력 1년 미만으로 매출액 입증서류 제출이 어려운 경우 등

다. 학원 · 교습소 휴원 증명서(교육청 발행)를 제출한 경우
※ 국세청에 휴업신고한 경우 지원 불가

3) 소상공인 기준(연평균 매출액+월평균 상시근로자수)에 해당할 것
※ '[붙임2] 소상공인 확인 기준', '[붙임3] 업종구분 방법' 준용

4) 사업자등록증을 소지한 개인 또는 법인 사업자로 사업자등록증(명)상 개업일이 20X2년 2월 13일 전일 것

① 제시된 대출 사업의 지원 대상은 코로나19로 피해를 본 소상공인이다.
② 개인신용등급이 3등급이면서 인천광역시에서 정육점을 운영하는 소상공인 A 씨는 경영애로 사실확인서를 제출하면 대출을 받을 수 있다.
③ 경북 경산시에서 옷가게를 운영하는 C 씨는 코로나19 관련 피해를 본 소상공인으로, 피해를 입증할 관련 서류를 제출하지 않아도 된다.
④ 광주광역시에서 음식점을 운영하는 소상공인 P 씨가 위 사업에 선정하려면 신청일을 기준으로 전년 동기 대비 매출액이 10% 이상 감소된 것을 입증하는 확인서 또는 경영애로 사실 확인서를 제출해야 한다.

14. 다음 공모주 청약 안내문을 읽고 추론할 수 있는 내용으로 적절하지 않은 것은?

1 청약자격

1. 청약개시일 직전일까지 개설된 청약 가능 계좌 보유 고객
2. 청약 초일이 속한 달의 직전 3개월(이하 직전 3개월) 동안 평균자산이 3천만 원 미만, 직전 3개월 주식거래 약정이 1억 원 미만 및 직전 3개월 내 신규 또는 휴면 후 재유입 고객 중 직전월말 평균자산 1억 원 미만의 요건에 모두 해당되는 고객께서는 인터넷/HTS/ARS로만 청약이 가능합니다. 인터넷, HTS로 청약을 할 경우에는 지점에 내방하시어 온라인약정신청서를 작성하신 후 가능합니다.

2 청약한도 및 우대기준

청약한도	자격요건	지점/콜센터	인터넷/HTS
150%	1. 장기연금형상품 : 직전월말 3개월 평잔 매수잔고 400만 원 이상 보유 2. 장기연금형(적립식펀드) : 직전 6개월 중 3회 이상 월 30만 원 이상 납입 3. 적립식펀드 : 직전 8개월 중 6회 이상 월 50만 원 이상 납입 4. 임의/거치식 펀드 : 직전월말 3개월 평균잔액 매수잔고 1천만 원 이상 보유 5. 직전 3개월간 수익기여도 50만 원 이상 ※ 상기 요건 중 1개 이상 충족하는 경우	가능	가능
100%	1. 직전 3개월간 총자산 평균잔액 3천만 원 이상 2. 직전 3개월간 주식거래 약정 1억 원 이상 3. 직전 3개월 내 당사 최초 신규 고객 또는 직전월 중 재유입 고객으로 직전월말 1억 원 이상 ※ 상기 요건 중 1개 이상 충족하는 경우	가능	가능
50%	청약개시일 직전일까지 개설된 청약 가능 계좌 보유 고객(당일 개설계좌는 청약 불가)	불가	가능

① 청약신청을 하기 위해서 청약개시일 전날까지는 청약 가능 계좌를 개설해야 한다.

② 지난 1년간 장기연금형 적립식펀드에 총 8회 월 30만 원씩 납입한 사람은 한도 150%까지 우대받을 수 있다.

③ 직전 3개월간 총자산 평균잔액이 5천만 원이고 수익기여도가 100만 원인 사람은 한도 150%까지 우대받을 수 있다.

④ 직전 3개월간 주식거래 약정이 약 2억 원 이상인 사람은 콜센터로 청약이 가능하다.

대표기출 유형 6 빈칸 채우기

지문의 논리적 흐름을 이해하고 빈칸 앞뒤 문장을 연결할 말을 찾는 유형

15. 다음 글을 읽고 ㉠ ~ ㉣에 들어갈 말을 바르게 연결한 것은?

영국의 경제학자 알프레드 마샬은 어떤 상품을 구매함으로써 소비자가 얻는 이익을 소비자잉여라는 개념으로 설명했다. 소비자잉여는 소비자가 얻고 싶은 재화를 낮은 가격에 살 경우 실제 구입 가격과 최대한 지불할 수 있다고 생각했던 가격 간의 차이에서 소비자가 얻는 이득 부분, 즉 지불용의가격에서 실제로 지불한 가격을 뺀 금액으로 정의한다.

예를 들어, 과일 가게에서 사과를 사려고 하는 소비자에게 사과 하나에 얼마까지 돈을 낼 용의가 있느냐고 묻는다고 가정해 보자. A 소비자는 1,500원까지 지불할 수 있다고 마음속으로 생각하고, B 소비자는 1,000원까지는 낼 수 있다고 생각할 때, A와 B 소비자의 지불용의가격은 각각 1,500원과 1,000원이다. 그런데 상인이 사과의 가격이 한 개에 500원이라고 말한다면, A 소비자는 1,000원에 해당하는 만큼의 이득을 얻게 되고, B 소비자는 500원에 해당하는 만큼의 이득을 얻게 된다. 왜냐하면 A 소비자는 사과 한 개를 사 먹기 위해서 1,500원까지는 돈을 낼 용의가 있었는데 실제로는 500원만 지불했고, B 소비자는 1,000원까지는 돈을 낼 용의가 있었는데 실제로는 500원만 지불했기 때문이다. 이때, 각각 1,000원과 500원의 답을 경제이론에서 소비자잉여라고 말하며, A와 B 소비자 중 소비자잉여가 큰 A 소비자가 시장을 이용하여 좀 더 많은 혜택을 보았다고 말할 수 있다.

지불용의가격이란 소비자가 상품 구입을 위해 지불하겠다고 생각한 금액 중 가장 (㉠) 금액을 뜻한다. 또한 소비자잉여란 지불용의가격에서 (㉡)을 뺀 금액이다. 따라서 이런 경제 원리에 따르면 지불용의가격이 (㉢) 사람일수록 (㉣) 소비자잉여를 누린다고 볼 수 있다.

	㉠	㉡	㉢	㉣
①	낮은	구매 가능 가격	높은	큰
②	낮은	실제 구입 가격	낮은	낮은
③	높은	구매 가능 가격	낮은	낮은
④	높은	실제 구입 가격	높은	큰

16. 다음은 신문 기사와 이를 본 △△회사 직원들끼리 나눈 대화이다. 문맥상 빈칸에 들어가야 할 문장으로 알맞은 것은?

> 은행권에 '시간 파괴' 바람이 거세게 불고 있다. 오랫동안 굳어진 오전 9시부터 오후 4시까지라는 영업시간을 탄력적으로 조정하는 점포가 늘고 있는 것이다. 탄력 운영의 방식은 오전 7시 30분부터 오후 3시까지 영업하는 '얼리 뱅크(Early Bank)', 12시부터 오후 7시까지 고객을 받는 '애프터 뱅크(After Bank)' 등 매우 다양하다. 심지어는 주말에 영업을 하는 점포들도 나타나기 시작했다.
>
> 이에 더해 무인자동화기기를 도입해 간단한 은행 업무를 영업시간 외에도 볼 수 있도록 하는 은행도 늘어나고 있는 추세다. A 은행은 복합쇼핑몰에 오후 9 ~ 10시에 영업을 하는 소형점포를 설치하여 운영하고 있다. B 은행은 무인자동화기기 디지털 키오스크를 통해 계좌 개설, 체크카드 발급 등 107가지 은행 서비스가 가능한 무인 탄력점포 26곳을 운영 중이다.
>
> 은행들이 영업시간을 탄력적으로 운영하는 데는 현실적인 이유가 있다. 이미 상당수 업무가 비대면 채널을 통해 이뤄지는 상황이라 지역별 수요에 맞춰 점포 운영시간을 조절하는 것이 합리적이라는 판단이다. 24시간 영업하는 인터넷전문은행의 돌풍도 기존 은행들의 시간 파괴를 부추긴다.

> 이 사원 : 좋은 변화인 것 같아. 기존의 영업시간으로는 대부분의 직장인들이 은행 업무를 보는 데 어려움을 느꼈으니까 말이야.
>
> 정 사원 : 인터넷전문은행이 각광받은 이유도 24시간 영업이라는 점이 컸을 거야.
>
> 박 사원 : 하지만 이런 변화는 (   ).
>
> 김 사원 : 그런 인력 배치와 관련한 문제도 흐름에 따라 변화가 필요하겠군.

① 무인자동화기기가 더 널리 보급될 수 있는 기회가 될 거야

② 기존의 은행 영업시간에 익숙한 사람들에게 혼란을 야기할 수도 있어

③ 비대면 은행 업무에 익숙하지 않은 고령층에게 불편을 발생시킬 수도 있어

④ 직원들이 줄어들고 구조조정이 되는 등 부정적인 결과를 야기할 수도 있어

대표기출 유형 7 논지 전개

글의 논지를 전개하는 방법을 묻는 유형

17. 다음 글의 논지 전개 방식에 대한 설명 중 옳지 않은 것은?

키케로가 이미 갈파했듯이 철학자의 책 속에서 찾을 수 있는 것은 오직 어리석음 뿐이다. 확실히 철학자들은 상식을 거부하고 온갖 지혜를 추구한다. 그리고 대부분의 철학적 비상(飛翔)은 희박한 공기의 상승력에 의존하고 있다. 그래서 과학은 항상 진보하고 있는 것처럼 보이는 반면에, 철학은 언제나 근거를 잃고 있는 것처럼 보인다. 그러나 이와 같이 보이는 것은 철학이 과학적 방법으로는 해결하지 못하는 선과 악, 아름다움과 추함, 질서와 자유, 삶과 죽음 등과 같은 어렵고 위험한 문제들을 다루고 있기 때문이다.

어떤 탐구 분야든지 정확한 공식화가 가능한 지식을 산출하면 곧 과학이라고 일컫는다. 과학은 철학에서 시작하여 기술(技術)로 끝나고, 또한 과학은 가설의 샘에서 발원(發源)하여 성취의 바다로 흘러간다. 철학은 미지의 것 또는 부정확한 것에 대한 가설적 해석이다. 철학이 진리의 세계를 탐구하는 최전선이고, 과학이 점령 지대라고 한다면, 우리의 삶은 지식과 기술로 건설된 후방의 안전지대라고 할 수 있다. 철학은 어쩔 줄 몰라 우두커니 서 있는 것 같다. 그러나 철학은 승리의 열매를 과학에게 넘겨주고 나서, 거룩한 불만을 간직한 채 아직도 탐구되지 않은 불확실한 지역으로 나아가고 있다.

좀 더 전문적으로 말하기로 하자. 과학은 분석적 기술(記述)이고 철학은 종합적 해석이다. 과학은 전체를 부분으로, 모호한 것을 확실한 것으로 분해하려고 한다. 과학은 사물의 가치나 이상적 가능성을 탐구하지 않으며, 사물의 전체적인 궁극적 의미를 묻지 않는다. 과학은 사물의 현상과 작용을 밝히는 데 만족하고, 현존하는 사물의 성질과 과정에만 시야를 국한한다. 과학자는 천재의 창조적 진통뿐만 아니라 벼룩의 다리에도 흥미를 느낀다.

그러나 철학자는 사실의 기술만으로는 만족하지 못한다. 철학자는 사실과 경험의 관계를 확정함으로써 그 의미와 가치를 찾아내려고 한다. 철학자는 사물을 종합적으로 해석한다. 호기심 많은 과학자가 우주라는 거대한 시계를 분해해 놓으면, 철학자는 그 시계를 이전보다 더 훌륭하게 조립하려고 애쓴다. 과정을 관찰하고 수단을 고안해 내는 지식이 과학이라면, 여러 가지 목적을 비판하고 조절하는 지혜가 철학이다. 사실이 목적과 관련되지 않는 경우에는 아무 의미가 없다. 철학이 없는 과학, 지혜가 없는 지식은 우리들을 절망으로부터 구해내지 못한다. 과학은 인간에게 지식을 주지만, 철학은 인간에게 지혜를 제공한다.

① 특정 영역을 옹호하고 있다.
② 특정 이론을 소개하고 있다.
③ 다양한 비유를 활용하고 있다.
④ 대조적 방법을 활용하고 있다.

18. 다음 글의 전개 방식으로 가장 적절한 것은?

> 바위와 달은 서로 다른 존재인가? 달이라는 것은 결국 바윗덩어리가 아니었던가? 그렇다면 우리가 바위의 성질을 모두 이해한다면 달의 성질도 이해하게 될 수 있지 않을까? 공기 속에서 부는 바람을 바다에 이는 파도와 비슷한 원리로 이해할 수 있을까? 서로 다른 것으로 보이는 여러 움직임의 공통점은 무엇인가? 이런 질문들에 대한 올바른 답을 구하려면 우리는 언뜻 보기에 전혀 다른 듯한 대상들을 순차적으로 분석하여 다른 점이 별로 없는 근본까지 파고들어 가야 한다. 계속 파고들어 가다 보면 공통점이 발견되리라는 희망을 가지고 모든 물질과 자연 현상을 낱낱이 분석해야 한다. 이러한 노력 속에서 우리의 이해는 한층 더 깊어지게 된다.
>
> 무언가를 이해한다는 것의 진정한 의미는 무엇인가? 이 우주의 진행 방식을 하나의 체스 게임에 비유해 보자. 그렇다면 이 체스 게임의 규칙은 신이 정한 것이며, 우리는 규칙을 제대로 이해하지 못한 채로 게임을 관람하는 관객에 불과하다. 우리에게 허락된 것은 오로지 게임을 지켜보는 것뿐이다. 물론 충분한 시간을 두고 지켜본다면 몇 가지 규칙 정도는 알아낼 수도 있다. 체스 게임이 성립되기 위해 반드시 요구되는 기본 규칙들, 이것이 바로 기초 물리학이다. 그런데 체스에 사용되는 말의 움직임이 워낙 복잡한 데다가 인간의 지성에는 명백한 한계가 있기 때문에 모든 규칙을 다 알고 있다 해도 특정한 움직임이 왜 행해졌는지를 전혀 이해하지 못할 수도 있다. 체스 게임의 규칙은 비교적 쉽게 배울 수 있지만, 매 순간 말이 갈 수 있는 최선의 길을 찾아내는 것은 결코 쉬운 일이 아니기 때문이다.

① 대상의 변화 과정을 살펴본 뒤 전망을 제시하고 있다.
② 새로운 이론을 소개한 뒤에 이를 구체적인 현상에 적용하고 있다.
③ 개념에 대한 정의를 분명하게 제시하여 대상의 본질을 나타내고 있다.
④ 낯설고 익숙하지 않은 개념을 쉽고 친숙한 대상에 빗대어 설명하고 있다.

대표기출 유형 8 직무와 관련 내용 파악

회사의 직무와 관련된 자료를 이해하는 유형

[19 ~ 21] 다음 제시 상황을 보고 이어지는 질문에 답하시오.

상황		
업무 수행자	이름	박◇◇
	소속	S 은행 M 지점
	직급	1년차 주임
업무배경	• 박 주임은 작년 하반기 공채를 통해 S 은행 신입사원으로 입사했으며 M 지점으로 발령받았다. • M 지점은 근처에 복지시설이 많아 디지털 금융소외계층의 방문이 잦은 편이다.	

박 주임은 최근 다음의 기사를 읽고 주간회의에 참여하였다.

금융권의 디지털화, 디지털 금융소외계층에 대한 해법은?

★★뉴스 입력 20□2.09.10. 09:27 정 20□2.09.10. 12:00

금융권에서 디지털 전환이 가속화되면서 고령층, 장애인 등의 디지털 금융소외계층 보호가 금융권의 새로운 과제로 떠오르고 있다. 비대면 거래가 대중화되면서 비용 감축을 위해 영업점의 수가 줄어들어 디지털 금융소외계층의 불편이 야기된다는 지적이 나온다.

(중략)

최근 ○○금융사에서 비대면 거래 중심으로 변화하겠다는 계획을 발표한 뒤 디지털 금융소외계층이 불편할 수 있을 것이라는 우려가 있었다. ○○금융사는 이러한 고객들의 의견을 수렴하여 기존 고객들을 대상으로 디지털 금융 교육 프로그램을 실시하여 큰 호응을 얻었다.

정△△ 기자 / pak@★★news.co.kr 저작권자 © ★★뉴스 무단전재 및 재배포금지

〈주간 회의〉

김 점장 : 디지털 금융소외계층 문제가 큰 이슈가 되고 있어요. 우리 지점은 특히 고령층과 장애인 고객의 접근성이 높은 만큼 적극적으로 해결방안을 모색할 필요가 있어 보입니다.

이 선임 : 저도 동의합니다. 실제로 우리 지점 고객 중에도 금융상품 이해와 가입에 어려움을 겪는 분들이 많고, 고객당 상담소요 시간도 다른 지점보다 긴 편입니다.

박 주임 : 디지털 금융소외계층을 위한 교육 프로그램을 진행하는 건 어떨까요? 최근 디지털화되는 은행 업무에 고령층이 적응할 수 있도록 다양한 교육을 시행하고 있다는 기사를 보았습니다. 금융소외계층을 대상으로 교육을 실시하면 충성고객을 확보하는 효과도 있다고 합니다.

김 점장 : 좋은 생각이네요. 교육과정에 우리 지점 직원들도 직접 참여하여 고객 맞춤형 서비스를 제공하면 좋겠어요. 이번에 박 주임이 교육 프로그램을 담당해보면 어때요?

박 주임 : 네. 처음이지만 열심히 해보겠습니다.

김 점장 : 그래요. 디지털 금융소외계층의 교육목적도 달성하고 박 주임이 말한 충성고객을 확보하는 효과도 얻을 수 있는 방향으로 기획해 봅시다.

19. **박 주임은 다음과 같이 교육기획안을 제출하고, 김 점장에게 피드백을 받았다. 박 주임은 교육 프로그램의 방향성을 고려할 때 적은 인원으로 교육을 진행하는 것이 효과적일 것이라고 생각한다. 이때, 박 주임이 할 행동으로 가장 적절한 것은?**

디지털 금융 교육 기획안(초안)	
대상	지역 복지시설 이용자(회차당 최대 12명)
장소	복지시설 방문 또는 지점 회의실
목적	안전한 디지털 금융 활용법 교육 및 자사 스마트뱅킹 홍보
진행방법	전문 강사의 강의 진행 후 보조강사(은행 직원)와 소그룹 실습형 수업
교육 내용	1) 디지털 금융사기 예방교육 • 금융사기 사례와 유형 • 금융사기 대처 및 예방법 2) 스마트뱅킹 활용 교육 • 스마트뱅킹 앱 설치, 활용법 • 맞춤형 Q&A 3) ATM 사용 교육 • ATM 금융거래 실습

김 점장
 박 주임, 올려준 기획안을 살펴봤어요. 다른 부분은 괜찮은데 한 교육당 최대 참여 인원수가 너무 적네요. 시간이나 비용을 생각해보았을 때 좀 더 많은 인원이 참여할 수 있게 기획하는 것이 효율적이지 않을까요? 가능한 빠르게 수정해서 교육을 진행할 수 있도록 합시다.

① 회의에서 점장이 이야기한 교육의 목적은 효율성 추구와는 거리가 멀다는 점을 지적하며 점장의 피드백을 반박한다.

② 교육을 통해 기대하는 효과를 얻기 위해서는 인원수가 많은 대규모 교육보다는 대상자 맞춤형 교육을 실시할 수 있는 소규모 교육이 적합하다며 점장을 설득한다.

③ 점장의 의견에 동의하며 많은 인원이 참여할 수 있도록 교육 프로그램을 수정하고 교육 장소도 새로 섭외하여 보고한다.

④ 이 사안에 대하여 다른 직원들이 어떻게 생각하는지 의견을 모두 들어본 후, 다수의 의견에 따라 방향을 다시 정한다.

20. **다음은 박 주임이 교육을 진행하기 위해 마련한 복지관으로부터 받은 메일이다. 아직 교육 프로그램의 구체적인 내용은 확정되지 않았다고 할 때, 박 주임이 우선적으로 취해야 할 행동으로 가장 적절한 것은?**

《 이전메일 | 다음메일 》			회신 | 전달 | 삭제
S 은행 디지털 금융 교육 관련 문의드립니다.			
받는사람	박 주임	보내는사람	M 종합복지관
박 주임님 안녕하세요. M 종합복지관입니다. 다름이 아니라, 교육 참여 인원 모집을 위한 홍보자료를 요청드립니다. 구체적인 내용에 대한 설명과 교육 방식 등에 대한 설명이 포함되면 좋을 것 같습니다. (중략) 감사합니다. M 종합복지관 유○○ 드림			

① 팀원들에게 메일 내용을 공유하고 최대한 빠르게 교육 내용을 확정해달라고 요청한다.

② 교육 프로그램 기획안을 기준으로 홍보자료를 작성하여 복지관에 전달한다.

③ 점장에게 복지관의 요청사항을 전달하고 어떻게 대처할지 묻는다.

④ 복지관 측에 현재까지 확정된 내용을 전달하며 언제까지 홍보자료가 필요한지 문의한다.

21. 박 주임이 교육을 진행하는 중 고객이 다음과 같은 내용으로 박 주임에게 문의했다. 이 상황에서 박 주임의 응대로 가장 바람직한 것은?

> 고객 : 번거롭게 은행에 가지 않아도 모바일로 카드 발급할 수 있겠네요? 마침 지금 새로운 카드 발급이 필요했었는데……
>
> 박 주임 : 네, 맞습니다. 어떤 카드를 발급할지는 정하셨나요?
>
> 고객 : 아니요. 아직 고민 중이에요.
>
> 박 주임 : 모바일 어플리케이션에는 소비내역과 금융현황을 분석하여 고객에게 가장 적합한 상품을 추천해주는 카드 추천 기능이 있습니다. 카드 추천 기능은 L 카드를 추천하네요.
>
> 고객 : 저는 그 카드가 맘에 안 들어요…. U 카드가 더 좋아보여요. 이걸로 발급하고 싶은데요?

① 추천된 카드를 발급하는 것이 고객에게 더 유리함을 언급하며 추천된 카드를 발급받도록 고객을 설득한다.

② 고객이 원하는 카드와 추천된 카드의 혜택을 비교하여 설명한 뒤 고객이 선택한 카드 신청방법을 추가로 교육한다.

③ 고객의 소비내역과 금융현황 분석내역을 보여주고 이에 맞는 카드를 발급할 것을 권유한다.

④ 고객의 의향에 따라 자유롭게 선택하시라고 답변한 후 다른 고객에 대한 교육을 진행한다.

대표기출 유형 9 정확한 어휘의 의미

문맥에 맞는 정확한 어휘를 구사할 수 있는지 묻는 유형

22. 다음 중 ㉠과 ㉡이 의미하는 어휘를 바르게 추론한 것은?

> 소비의 시대인 오늘날에는 상품의 논리가 일반화되어 노동과정이나 물질적 생산품뿐만 아니라 문화, 섹슈얼리티, 인간관계, 심지어 환상과 개인적인 욕망까지도 지배하고 있다. 모든 것이 이 논리에 종속되어 있다. 그것은 단순히 모든 기능과 욕구가 이윤에 의해 대상화되고 조작된다고 하는 의미에서뿐만 아니라 모든 것이 진열되어 구경거리가 된다는, 즉 이미지, 기호, 소비 가능한 모델로 환기되고 유발되고 편성된다는, 보다 깊은 의미에서이다.
>
> 소비의 과정은 기호를 흡수하고 기호에 의해 흡수되는 과정이다. 기호의 발신과 수신만이 있을 뿐이며 개인으로서의 존재는 기호의 조작과 계산 속에서 소멸한다. 소비 시대의 인간은 자기 노동의 생산물뿐만 아니라 자기 욕구조차도 직시하는 일이 없으며 자신의 모습과 마주대하는 일도 없다. 그는 자신이 늘어놓은 기호들 속에 내재할 뿐이다. 초월성도 궁극성도 목적성도 더 이상 존재하지 않게 된 이 사회의 특징은 '반성'의 부재, 자신에 대한 시각의 부재이다. 현대의 질서에서는 인간이 ㉠ <u>자신의 모습</u>과 마주하는 장소였던 거울은 사라지고, 대신 쇼윈도만이 존재한다. 거기에서 개인은 자신을 비춰보는 것이 아니라 대량의 ㉡ <u>기호화된 사물</u>을 응시할 따름이며, 사회적 지위 등을 의미하는 기호의 질서 속으로 흡수되어 버린다. 소비의 주체는 기호의 질서이다.
>
> 소비의 가장 아름다운 대상은 육체이다. 오늘날 육체는 광고, 패션, 대중문화 등 모든 곳에 범람하고 있다. 육체를 둘러싼 위생, 영양, 의료와 관련한 숭배 의식, 젊음, 우아함, 남자다움 혹은 여자다움에 대한 강박 관념, 미용, 건강, 날씬함을 위한 식이 요법, 이것들 모두는 육체가 구원의 대상이 되었다는 사실을 증명한다. 육체는 영혼이 담당했던 도덕적, 이데올로기적 기능을 문자 그대로 넘겨받았다. 오늘날 육체는 주체의 자율적인 목적에 따라서가 아니라, 소비 사회의 규범인 향락과 쾌락주의적 이윤 창출의 원리에 따라서 다시금 만들어진다. 이제 육체는 관리의 대상이 된다. 육체는 투자를 위한 자산처럼 다루어지고, 사회적 지위를 표시하는 여러 기호 중의 하나로서 조작된다.

	㉠	㉡		㉠	㉡
①	실체	허상	②	욕망	실체
③	대상화	기호화	④	기호화	대상화

대표기출 유형 10 사자성어

제시된 사례에 맞는 사자성어를 찾는 유형

23. 다음 기사와 가장 관련이 깊은 사자성어는?

○○체육회가 19일 '스포츠 폭력 추방을 위한 특별 조치 방안'을 내놨다. 가혹행위를 폭로하고 스스로 세상을 떠난 고(故) A 선수 사건에 대한 후속 대책이다.

체육회는 이날 "이번 사건을 통해 체육 현장에서의 심각한 폭력 · 성폭력이 재확인돼 특별 대책 추진의 필요성을 절감했다"라며 지난 13일 개최된 '스포츠 폭력 추방 비상대책 회의' 등에서 나온 의견 수렴을 거쳐 방안을 발표했다.

우선 폭력이나 성폭력 사건이 신고되면 피해자 분리 · 보호 조치를 시행하고 심리 치료와 법률 상담 등 제도적 지원을 강구하기로 했다. 가해자는 즉각 직무 정지하고 가해 사실이 확인되면 '원 스트라이크 아웃' 등 엄정히 조치할 계획이다.

비정상적 · 반인권적 가혹행위나 훈련은 익명 또는 제3자 신고도 가능하도록 '모바일 신문고'와 '스포츠 폭력 신고 포상제'를 도입할 방침이다. 일정 수준 이상 비위나 불공정 행위가 발생한 단체에 불이익을 주는 '비리 총량제'도 실시된다.

폭력 발생 요인을 사전차단하기 위해 인권전문가와 학부모가 참여하는 '스포츠 인권 관리관', 지역 주민으로 구성되는 '시민감시관(암행어사)'도 운영한다. 체육회는 합숙 훈련 허가제를 도입해 원칙적으로 출퇴근 훈련으로의 전환을 유도한다는 방침이다. 또 훈련 기간 선수와 지도자 간 숙소 구분, 여성 선수 상담 시 2인 이상 동석 등 세부지침도 마련하기로 했다.

한편 ○○체육회는 오는 29일 스포츠공정위원회를 열고 피해자 A 선수가 가해자로 지목한 △△팀 K 감독과 J 선수의 징계 수위를 확정할 예정이다.

① 맥수지탄(麥秀之嘆)　　② 풍수지탄(風樹之歎)

③ 비육지탄(髀肉之歎)　　④ 만시지탄(晩時之歎)

02 유형연습문제

▸ 정답과 해설 6쪽

[01 ~ 03] 다음 제시 상황과 자료를 바탕으로 이어지는 질문에 답하시오.

사원 B는 외국환거래업무에 관한 규정을 살펴보고 있다.

「외국환거래법」 제12조(인가의 취소 등) ① 기획재정부장관은 외국환업무취급기관등이 다음 각 호의 어느 하나에 해당하는 경우에는 등록 또는 인가를 취소하거나 6개월 이내의 기간을 정하여 외국환업무취급기관등(영업소를 포함한다)의 업무를 제한하거나 업무의 전부 또는 일부를 정지할 수 있다.

1. 거짓이나 그 밖의 부정한 방법으로 등록을 하거나 인가를 받은 경우
2. 업무의 제한 또는 정지 기간에 그 업무를 한 경우
3. 등록 또는 인가의 내용이나 조건을 위반한 경우

(중략)

② 삭제

③ 기획재정부장관은 제1항에 따라 등록 또는 인가를 취소하려는 경우에는 청문을 하여야 한다.

④ 제1항에 따라 등록 또는 인가가 취소된 자(제1항에 따라 등록 또는 인가가 취소된 자의 임직원이었던 자로서 그 취소 사유의 발생에 직접 또는 이에 상응하는 책임이 있는 자를 포함한다)는 등록 또는 인가가 취소된 날부터 3년이 경과하지 아니한 경우에는 해당 외국환업무를 등록하거나 인가받을 수 없다.

⑤ 제1항에 따른 처분의 구체적인 기준은 대통령령으로 정한다.

「외국환거래법」 제12조의2(과징금) ① 기획재정부장관은 제12조 제1항 각 호의 어느 하나에 해당하는 위반행위를 한 자에 대하여 업무를 제한하거나 업무의 전부 또는 일부를 정지할 수 있는 경우에는 이를 갈음하여 그 위반행위로 취득한 이익의 범위에서 과징금을 부과할 수 있다.

② 제1항에 따라 과징금을 부과하는 경우에는 대통령령으로 정하는 기준에 따라 다음 각 호의 사항을 고려하여야 한다.

1. 위반행위의 내용 및 정도
2. 위반행위의 기간 및 횟수
3. 위반행위로 취득한 이익의 규모

③ 과징금의 부과, 과징금 납부기한의 연장, 분할납부, 담보, 그 밖에 과징금의 징수에 필요한 사항은 대통령령으로 정한다.

④ 기획재정부장관은 과징금 납부 의무자가 납부기한까지 과징금을 납부하지 아니한 경우에는 국세 체납처분의 예에 따라 징수할 수 있다.

「외국환거래법」 시행령 제23조(과징금의 부과기준 등) 법 제12조의2 제1항에 따른 과징금의 부과기준은 별표 3과 같다.

[별표 3] 과징금의 부과기준(제23조 관련)

1. 기획재정부장관은 업무정지처분을 갈음하여 과징금을 부과할 수 있으며, 위반행위로 취득한 이익에 다음 각 목의 부과 비율을 곱한 금액을 상한으로 한다.
   가. 업무정지 1개월에 해당하는 경우 : 100분의 20
   나. 업무정지 2개월에 해당하는 경우 : 100분의 40
   다. 업무정지 3개월에 해당하는 경우 : 100분의 50
   라. 업무정지 4개월에 해당하는 경우 : 100분의 70
2. 제1호에도 불구하고 다음 각 목의 어느 하나에 해당하는 경우에는 위반행위로 인하여 취득한 이익의 100분의 50 이상을 과징금으로 부과하여야 한다.
   가. 위반행위가 1년 이상 지속되거나 최근 1년간 3회 이상 반복적으로 이루어진 경우
   나. 위반행위로 인하여 취득한 이익의 규모가 1억 원 이상인 경우

01. 다음 중 사원 B가 위 자료를 이해한 내용으로 적절하지 않은 것은?

① 인가를 취소하려는 경우 기획재정부장관은 청문을 하여야 한다.

② 업무 제한 또는 정지 처분을 받은 외국환업무취급기관이 해당 기간 내에 외국환업무를 한 경우 인가 취소를 받을 수 있다.

③ 인가가 취소된 자는 취소된 날로부터 3년 이내에 외국환업무를 다시 등록하거나 인가받을 수 없다.

④ 기획재정부장관은 외국환업무취급기관등의 등록 또는 인가의 취소에 갈음하여 과징금을 부과할 수 있다.

02. 다음 중 위 자료에서 대통령령으로 규정하고 있지 않는 것은?

① 과징금 납부기한의 연장 등 과징금 징수에 필요한 사항

② 외국환업무취급기관등의 인가 취소 처분의 구체적인 기간

③ 과징금을 기한 내 납부하지 않은 경우의 징수 근거

④ 외국환업무취급기관등의 업무 제한에 따른 과징금 부과 기준

03. 다음은 위 자료를 읽고 사원 E가 동료들과 나눈 대화이다. 규정을 고려할 때, 빈칸 (A)에 들어갈 내용으로 가장 적절한 것은?

> 사원 E : 과징금을 부과할 때는 기준이 어떻게 되나요?
> 사원 F : 내용 및 정도, 기간 및 횟수, 취득한 이익의 규모를 고려하는데, 구체적인 부과기준은 대통령령으로 정하고 있습니다.
> 사원 G : 그렇다면 제12조 위반으로 1개월의 업무정지처분에 갈음한 과징금을 부과할 때 외국환업무취득기관의 부당이익이 1억 3천만 원이면 과징금은 얼마가 부과될까요?
> 사원 H : (　　　　　　　　A　　　　　　　)

① 과징금은 제12조의2 제1항에 따라 위반행위를 한 자에게 업무제한 대신에 부과할 수 있습니다.

② 취소 사유에 책임이 없는 자가 등록 또는 인가가 취소된 자의 임직원이라면 과징금을 납부하지 않습니다.

③ 업무정지 1개월에 해당하기 때문에 취득한 이익의 최대 20%를 부과하게 됩니다.

④ 취득한 이익의 규모가 1억 원 이상이므로 이익의 50% 이상을 부과해야 합니다.

[04 ~ 05] 다음 자료를 읽고 이어지는 질문에 답하시오(단, 자료 내에서 자산 항목을 제외한 모든 사항은 항상 변동 없이 시행한다고 가정한다).

〈중소기업 취업 청년 전월세 보증금 대출〉

【대출 대상】

■ 아래의 요건을 모두 충족하는 자

1. (계약) 주택 임대차 계약을 체결하고 임차 보증금의 5% 이상을 지불한 자
2. (세대주) 대출 접수일 현재 민법상 성년(만 19세가 되는 해의 1월 1일을 맞이한 미성년자 포함)인 만 34세 이하 세대주 및 세대주 예정자(병역 의무를 이행한 경우 병역 복무 기간에 비례하여 자격 기간을 연장하며, 최대 만 39세까지 연장 가능)로서, 생애 1회만 이용 가능
3. (무주택) 세대주를 포함한 세대원 전원이 무주택인 자
4. (중복대출 금지) 주택도시기금 대출, 은행재원 전세자금 대출 및 주택담보 대출 미이용자
5. (소득) 최초 가입 시에만 심사하며, 연소득 5천만 원(외벌이 가구 또는 단독 세대주인 경우 3천 5백만 원) 이하인 자
6. (자산) 대출 신청인 및 배우자의 합산 순자산 가액이 통계청에서 발표하는 최근연도 가계금융 복지 조사의 '소득 5분위별 자산 및 부채 현황' 중 소득 3분위 전체 가구 평균값 이하(십만 원 단위에서 반올림)인 자 : 2022년도 기준 3.25억 원
7. (신용도) 아래 요건을 모두 충족하는 자
   - 신청인이 한국신용정보원 "신용정보관리규약"에서 정하는 신용정보 및 해체 정보가 남아 있는 경우 대출 불가능
   - 그 외, 부부에 대하여 대출 취급 기관 내규로 대출을 제한하고 있는 경우 대출 불가능
8. (공공임대주택) 대출 접수일 현재 공공임대주택에 입주하고 있는 경우 불가
   - 대출 신청 물건지가 해당 목적물일 경우 또는 대출 신청인 및 배우자가 퇴거하는 경우 대출 가능
9. (중소기업) 아래 중 하나에 해당하는 경우
   ① 중소기업 취업자 : 대출 접수일 기준 중소 · 중견 기업 재직자(단, 소속 기업이 대기업, 사행성 업종, 공기업 등에 해당하거나 대출 신청인이 공무원인 경우 대출 제외)
   ② 청년 창업자 : 중소기업진흥공단의 '청년 전용 창업 자금', 기술보증기금의 '청년 창업 기업 우대 프로그램', 신용보증기금의 '유망 창업 기업 성장 지원 프로그램', '혁신 스타트업 성장 지원 프로그램' 지원을 받고 있는 자

【신청 시기】

■ 임대차 계약서상 잔금 지급일과 주민등록등본상 전입일 중 빠른 날로부터 3개월 이내까지 신청
■ 계약 갱신의 경우에는 계약 갱신일(월세에서 전세로 전환 계약한 경우에는 전환일)로부터 3개월 이내에 신청

【대상 주택】

■ 아래의 요건을 모두 충족하는 주택

1. 임차 전용 면적 : 임차 전용 면적 85m^2 이하 주택(주거용 오피스텔은 85m^2 이하 포함)
2. 임차 보증금 : 2억 원 이하

【 대출 한도】

■ 최대 1억 원 이내

【 대출 기간】

■ 최초 2년(4회 연장, 최장 10년 이용 가능)

【 대출 금리】

■ 1.2%(단, 1회 연장까지 동일 금리를 유지하나, 1회 연장 시 대출 조건 미충족자로 확인되거나 1회 연장 포함 대출 기간 4년이 종료된 2회 연장부터 2.3%로 적용)

【 대출금 지급 방식】

■ 임대인 계좌에 입금함을 원칙으로 하되, 임대인에게 이미 임차 보증금을 지급한 사실이 확인될 경우에는 임차인 계좌로 입금 가능

【 준비 서류】

■ 본인 확인 : 주민등록증, 운전면허증, 여권 중 택 1

■ 대상자 확인 : 주민등록등본(단, 단독 세대주 또는 배우자 분리 세대는 가족관계증명원을 추가 제출하며, 결혼 예정자의 경우 예식장 계약서 또는 청첩장 추가 제출), 만 35세 이상의 병역의무 이행자의 경우 병적증명서 제출(단, 병적증명서상 군복무를 마친 사람에 체크되어 있고, 병역 사항에 예비역으로 기재되어 있어야 함)

■ 재직 및 사업 영위 확인 : 건강보험자격득실 확인서

■ 주택 관련 : 확정일자부 임대차(전세)계약서 사본, 임차주택 건물 등기사항전부증명서, 임차주택 보증금 5% 이상 납입 영수증

■ 중소기업 재직 확인

1. 중소기업 재직자의 경우 재직회사 사업자등록증, 주업종코드 확인서, 고용보험자격이력내역서(발급이 불가한 경우 건강보험자격득실 확인서로 대체 가능)
   (단, 1년 미만 재직 시 회사 직인이 있는 급여명세표, 갑종근로소득원천징수영수증(최근 1년), 급여통장(급여입금내역), 은행 직인이 있는 통장거래내역을 추가 제출)
2. 청년 창업자의 경우 관련 보증 또는 대출을 지원받은 내역서

04. 다음 중 제출해야 할 서류를 모두 바르게 제출한 신청자는? (단, 오늘 날짜는 2022년 4월 23일이며, 건강보험자격득실 확인서와 주택 관련 서류는 이미 제출했다고 가정한다)

	신청자명	내용
①	김○○	신청자 정보 : 만 25세, 2021. 04. 30. 중소기업 입사, 단독 세대주
		제출한 서류 : 여권, 주민등록등본, 가족관계증명원, 재직회사 사업자등록증, 주업종코드 확인서, 고용보험자격이력내역서
②	박△△	신청자 정보 : 만 34세, 2021. 01. 01. 창업
		제출한 서류 : 여권, 주민등록등본, 창업 자금 대출 내역서
③	이☆☆	신청자 정보 : 만 36세, 2017. 01. 06. 중소기업 입사, 병역의무 이행자
		제출한 서류 : 운전면허증, 주민등록등본, 재직회사 사업자등록증, 주업종코드 확인서, 고용보험자격이력내역서
④	정□□	신청자 정보 : 만 30세, 2020. 08. 03. 중소기업 입사, 2022. 09. 24. 결혼 예정
		제출한 서류 : 운전면허증, 주민등록등본, 예식장 계약서

05. 다음 중 Q&A 게시판에 올라온 질문에 대한 답변으로 적절하지 않은 것은?

Q&A 게시판
Q. 전세자금 대출 기간 최초 2년이 끝나가서 연장하려고 합니다. 다른 기준은 모두 충족하는데, 현재 중소기업을 퇴사하여 직장을 다니지 않고 있습니다. 연장이 가능할까요?
A. ① 연장이 가능합니다. 다만 연장 시 금리는 중소기업 재직 기준을 충족하지 못하기 때문에 2.3%로 적용됩니다.
Q. 임대인에게 올해 10월 25일에 잔금을 지급하기로 했고, 같은 달 31일에 전입신고를 할 예정입니다. 대출 신청은 언제까지 가능할까요?
A. ② 잔금 지급일과 전입일 중 빠른 날로부터 3개월 이내까지 신청이 가능합니다. 귀하의 경우 잔금 지급일이 더 빠르므로 잔금 지급일 기준으로 계산하시면 됩니다.
Q. 남편과 함께 중소기업에 재직 중인 33살 동갑내기 신혼부부입니다. 자산을 따져보니 남편 1억 9천만 원, 제가 1억 4천만 원인데, 신청이 가능할까요?
A. ③ 작성하신 정보만으로 판단했을 때, 연령과 중소기업 조건은 충족하지만 2022년 기준 자산 요건을 초과해 신청이 불가합니다.
Q. 가입 기간 동안 납부한 이자 내역을 확인하고 싶습니다. 해당 상품을 2회 연장하여 6년 동안 이용했습니다. 대출 금액은 8,000만 원으로, 가입 내내 조건 변동은 없었습니다. 6년간 납부한 이자는 총 얼마인가요?
A. ④ 귀하께서 납부하신 이자는 총 376만 원입니다.

[06 ~ 07] 다음 제시 상황과 자료를 보고 이어지는 질문에 답하시오.

□□은행 직원 L은 금융위원회 보도자료를 확인하고 있다.

〈2022년도 금융정책 추진방향〉

1. 견고한 금융안전 유지

금융위원회는 가계부채의 연착륙을 유도하면서, 개인사업자대출 등에 대한 맞춤형 대책을 통해 부채리스크를 선제관리할 것이라고 밝혔다. 가계부채에 관하여는 차주단위DSR의 적용 확대, 분할상환전세대출 주신보출연료 인하 및 우수실적 추가 우대 등을 통한 가계대출의 질적구조 개선, 공적보증부 전세대출 구조의 적정성 점검 등을 통한 건전성관리 강화 조치를 이행할 것이며, 이 과정에서 특히 서민 · 취약계층의 어려움이 커지지 않도록 중 · 저신용자 대출 및 서민금융상품에 대한 충분한 한도와 인센티브를 부여할 계획이다. 그리고 소상공인 및 기업 부채에 관하여는 개인사업자대출의 가파른 증가세를 감안하여 부채리스크를 세밀히 점검하며 개인사업자대출 현황, 업황, 매출규모 등을 분석하여 맞춤형 대책을 강구하고, 사업구조혁신펀드 등을 통한 시장 중심의 기업구조조정을 활성화할 방침이다.

또한 175조 원 규모의 코로나19 금융대응조치의 정상화를 점진적으로 추진할 것이라고 밝혔다. 시장안정 및 기업자금조달 지원프로그램은 점진적으로 정상화해나가면서, 금지 · 제한 · 경영위기업종 소상공인을 대상으로 하는 초저금리대출 등 취약부문에 대한 지원은 코로나19 위기극복 때까지 지속해 나갈 계획이다.

2. 금융역동성 제고 및 금융발전 유도

금융위원회는 금융여건 변화를 감안한 금융업권별 제도 정비와 금융회사의 건전경영 유도를 통한 금융산업 역동성을 강화해 나갈 계획이다. 또한 금융부분의 디지털 전환, 플랫폼화를 촉진하기 위한 인프라 및 제도 혁신을 추진하면서, 동시에 금융소비자보호 및 공정경쟁 기반 마련에 나설 것이라고 밝혔다. 금융분야에서의 AI 가이드라인 세부지침을 마련하여 AI · 데이터 활용을 촉진하고, 빅테크그룹 감독체계 도입을 통한 잠재위협 점검, 디지털금융에 익숙하지 않은 금융소비자에 대한 설명의무 이행 가이드라인 마련 등의 보호체계를 강화해 나갈 계획이다.

여기에 금융규제의 선진화를 위한 금융규제샌드박스 제도를 내실화하고, 금융보안 규제체계를 합리화하여 금융회사가 자율적으로 실효성 있는 내부통제체제를 구출하도록 유도할 방침이다.

3. 실물지원 강화를 통한 경제성장 견인

금융위원회는 산업은행 · 기업은행 · 신용보증기금에 작년대비 약 4.7% 증가한 약 204조 원 규모의 정책금융을 공급할 것이라고 밝혔다. 여기에 정책금융 지원 강화 및 제도기반 정비를 통해 디지털 진전, 탄소중립 이행 등으로 실물경제의 구조적 전환을 적극 뒷받침해 나갈 방침이다. 구체적으로는 약 4조 원 규모의 정책형 뉴딜펀드 조성을 지속하고, 탄소배출권 선물시장 도입과 ESG 평가기관 가이던스를 통한 녹색금융 및 탄소배출권 거래 활성화 및 ESG 공시 촉진을 통한 제도인프라 구축, 사업재편 우수기업을 선별하고 이들을 대상으로 정책금융기관의 M&A 주선 및 인수금융 강화를 통한 자금지원을 강화할 방침이다.

또한 기업자금 지원체계를 고도화하여 창업 · 벤처 등 자금이 필요한 적재적소에 자금이 흘러가도록 하여 기업경쟁력 제고를 지원하며, 코넥스시장이 혁신기업의 자금조달 및 성장사다리로서의 기능을 회복하도록 관련제도를 개선하며, 투자자의 주식투자 접근성 확대 및 공모펀드 경쟁력 강화, 감사품질 관리 강화를 통해 실물부문에 더 많은 모험자본이 공급되도록 유도할 방침이다.

4. (가)

금융위원회는 약 10조 원 규모의 정책서민금융을 공급하고 청년, 취약계층 등에 대한 맞춤형 금융지원을 강화할 방침이다. 세부적으로는 햇살론뱅크 및 근로자햇살론의 대출한도 일시증액 및 지원대상 확대, 신용복원위원회의 채무조정 대상범위 및 컨설팅 지원대상 확대, 청년희망적금 및 청년형 소득공제 장기펀드 시행, 취약계층 주택금융상품 특례 강화 등이 포함된다.

또한 고금리 · 불법추심 등 불법사금융 예방조치 및 최고금리규제 위반 등에 대한 제재수준 강화를 통해 불법 · 부당한 금융피해자 피해를 근절하고, 금융소비자 후생증진을 위한 규제 및 금융관행을 개선하는 한편, 취약고령층 대상 우대형 주택연금 지원범위 및 혜택 확대 등을 통해 고령화 대비 노후자산 축적과 노후소득 확대를 지원해나갈 계획이다. 그리고 자본시장 공정성 및 투명한 금융질서 확립을 위해 자본시장 불건전거래에 대한 과징금 등 다양한 제재수단을 도입하고 가상자산 등을 통한 자금세탁방지 관리 역시 강화해 나갈 예정이다.

06. 위 보도자료의 (가)에 들어갈 소제목으로 적절한 것은?

① 디지털금융 활성화 방안 마련

② 포용금융과 금융신뢰 확산

③ 금융불균형 선제관리를 통한 금융안정

④ 금융불안 요인에 대한 선제대처

07. 다음 중 직원 L이 위 보도자료를 이해한 내용으로 적절하지 않은 것은?

① 금융위원회는 ESG 공시 촉진을 위한 제도적 인프라를 구축할 예정이다.

② 금융위원회는 중 · 저신용자 대출 및 서민금융상품을 통해 취약계층을 지원할 예정이다.

③ 금융위원회는 실물지원 강화를 통해 부채리스크를 선제관리할 예정이다.

④ 금융위원회는 자본시장 혁신을 통해 실물부문에 더 많은 모험자본이 공급될 수 있게 할 예정이다.

08. 다음은 IT 관련 기사와 이를 본 소프트웨어 개발 회사의 기획팀원들이 나눈 대화이다. 빈칸에 들어갈 문장으로 적절한 것은?

> 소프트웨어를 배우는 사람이라면 '애자일(Agile)'이라는 단어가 익숙할 것이다. 애자일은 '날렵한', '민첩한'이란 뜻으로, 기존의 문서 기반 개발 방식에서 벗어나 변화에 신속하게 반응하고 위험을 최소화하기 위한 단기 반복적인 프로젝트 개발 방법이다. 즉 애자일 개발 방식은 정해진 계획만 따르기보다 개발 주기 혹은 소프트웨어 개발 환경에 따라 유연하게 대처하는 방식을 뜻한다.
>
> ---
>
> O : 애자일 개발 방식이 처음 대두된 건 2000년대 초였어. 1990년대에는 주로 많은 인원의 개발자가 오랜 기간 동안 소프트웨어를 개발하곤 했지.
>
> C : 철저히 계획을 세우고, 해당 계획을 구체적으로 명시한 방대한 문서작업도 뒤따랐어. 멀리 떨어져 있는 사람이 오랜 기간 동안 함께 개발 작업을 하려면 언제 어디서나 일관된 기준을 볼 수 있어야 했기 때문이지.
>
> Y : 그러나 이 같은 과거의 개발 방식은 (   )
>
> Z : 우리 회사의 경우에도 좀 더 빠르고 유연한 개발 방식을 채택하기 위해 애자일 소프트웨어 개발을 장려하고 있지.

① 소규모 프로젝트엔 적합할지 몰라도, 대형 프로젝트에는 오히려 걸림돌로 작용해.

② 개발 주기가 긴 현대의 소프트웨어 개발에는 적절한 방법이 아니야.

③ 완벽한 기획이나 분석을 추구하는 현재의 추세에는 맞지 않아.

④ 변화가 많은 환경에 적합한 개발 방식은 아니야.

09. 다음 중 글을 읽고 유추한 내용으로 적절한 것은?

> '공시'란 사업내용이나 재무상황, 영업실적 등 기업의 경영 내용을 투자자 등 이해관계자에게 알리는 제도로, 주식시장에서 가격과 거래에 영향을 줄 수 있는 중요사항에 관한 정보를 알림으로써 공정한 가격 형성을 목적으로 하는 것이다. 즉, 공시는 기업으로 하여금 주주, 채권자, 투자자 등 이해관계자의 권리 행사나 투자판단에 필요한 자료를 알리도록 의무화한 제도이다.
>
> 투자대상인 회사에 대한 정보가 일부에게 집중되어 있으면 불공정한 경쟁이 된다. 또한 정보의 투명성이 기반이 되어야 기업에 대한 제대로 된 평가가 가능하다. 전자공시제도는 정보의 비대칭성과 불투명성을 해결하여 투자자에게는 다양한 투자기회를 제공하고, 기업에는 양질의 자금조달 기회를 제공함으로써 공정한 경쟁 환경을 구축하기 위해 등장하였다.
>
> 상장법인 등이 감사보고서, 영업보고서 등 기업공시서류를 인터넷을 통해 제출하면, 금융감독원은 이를 금융감독원 전자공시시스템(DART)에 공개하여 누구나 조회할 수 있도록 한다. 이를 통해 공시의무자가 한국거래소, 공인회계사회 등에 각각 제출하던 서류에 대하여 접수창구를 일원화하고 접수처리 과정 일체를 전산화하여 행정의 투명성 및 효율성을 제고하였으며, 공시자료의 전자문서화를 통해 사회적 비용 절감 효과까지 가져오게 되었다. 또한, 용이한 정보접근과 신속한 정보 제공을 통해 자본시장의 건전성을 지향하고 기업경영에 대한 시장의 모니터링을 강화할 수 있게 되었다.

① A : 공시자료의 정확성과 투명성을 위해 공시서류의 접수는 엄격하고 까다로운 절차를 걸치는구나.
② B : 기업이 전자공시시스템에 서류를 제출하면 금융감독원은 이를 한국거래소, 공인회계사회 등 각 기관과 개인투자자에게 실시간으로 전송하는구나.
③ C : 전자공시시스템의 정보는 인증 받은 기관 및 해당 기업의 실제 투자자들만 접근할 수 있군.
④ D : 전자공시제도가 도입되기 이전에는 필요한 정보가 모든 투자자에게 균등히 제공되지 않았겠군.

[10 ~ 11] 다음 글을 읽고 이어지는 질문에 답하시오.

(가) ★★은행은 예금자보호법이 처음 제정된 1995년보다 이른 1983년부터 협동조합권 최초로 예금자보호제도를 법률로 제정하고, 예금자보호준비금을 설치하여 예금자를 보호하는 제도를 운영하고 있다. ★★은행에서 고객이 가입한 예 · 적금 상품에 대한 원금을 지급하지 못하게 될 경우 은행과 동일하게 고객 1인당 5천만 원까지의 원금과 소정의 이자를 지급한다.

(나) 미국의 실리콘밸리은행(SVB) 사태를 계기로 기존 국내 금융기관의 예금자보호한도인 5천만 원을 상향해야 한다는 목소리가 다시 커지고 있다. ㉠ 현행 예금자보호법에 따르면 은행 · 저축은행 · 보험사 등의 금융기관이 파산하면 고객 예금은 예금보험공사로부터 1인당 최대 5천만 원까지 돌려받을 수 있다. 이 보호한도는 2001년 국내총생산(GDP) 등을 근거로 책정된 후 23년째 제자리인데, 미국 실리콘밸리은행 파산 사태 때문에 현 제도를 개선하자는 목소리에 힘이 실리는 모양새다. 지난해 한국의 1인당 GDP(국제통화기금 기준)는 2001년 대비 3배가량 증가했으나, 1인당 GDP 대비 예금보호한도 비율은 1.2배로 일본(2.3배), 영국(2.3배), 미국(3.3배) 등에 견주었을 때 낮은 편이다. 현재 국회에는 예금보험한도를 1억 원으로 상향하자는 예금자보호법 개정안이 여러 건 발의된 상태이다.

금융당국도 3분기에 예금자보호제도의 전반적인 개선책을 발표할 예정이다. 그러나 제도 개선을 위해서는 금융권 간의 이권이 잘 조율돼야 한다. 대표적인 게 예금 보험료율이다. 예금보호한도를 높이면 예금 보험료율도 상승해 금융기관이 부담해야 하는 예금 보험료가 증가한다. 금융기관들은 보험료가 늘어날 경우 이를 대출금리를 높이는 등의 방식으로 소비자에게 전가할 수밖에 없다는 입장이다. 시중은행의 예금 보험료율은 0.08%, 보험사의 경우에는 0.15%인데, 2011년 저축은행 사태 이후 저축은행의 보험료율은 0.4%다. 그래서 저축은행에서는 오히려 보험료율을 낮춰야 한다고 주장하고 있다. 시중은행의 경우는 부실 위험이 높지 않은 상황인데도 보험료가 늘어나는 데 불만스러워 하는 한편, 예금자보호한도가 늘어나면 금리가 높은 저축은행으로 예금이 쏠릴 것을 우려하고 있다. 보험사에서는 예금자보험보다는 계약 이전을 통해 이를 해결하는 게 더 낫다고 판단하고 있다.

10. 다음 중 밑줄 친 ㉠과 (가) 문단과의 관계에 대한 설명으로 옳은 것은?

① ㉠을 개선하여 (가) 문단과 같은 제도를 시행하고 있다.
② ㉠을 근거로 (가) 문단과 같은 제도를 시행하고 있다.
③ ㉠은 (가) 문단과 같은 제도를 근거로 시행하고 있다.
④ ㉠이 있기 전에 이미 (가) 문단과 같은 제도를 시행하고 있었다.

11. 다음 중 (나) 문단에서 설명하고 있는 제도를 개정하려는 근거를 모두 고르면?

a. 미국의 실리콘밸리은행(SVB) 사태 b. 한국, 일본, 영국, 미국의 1인당 GDP 대비 예금보호한도 비율 c. 금융기관이 부담해야 하는 예금 보험료율 상승

① a　　② b
③ a, b　　④ b, c

[12 ~ 13] 다음 제시 상황과 자료를 보고 이어지는 질문에 답하시오.

최민영 대리는 G사에서 고객제안서를 접수 및 관리하는 업무를 담당하고 있다.

〈고객제안 심사 절차〉

제안서 접수 ➔ 해당 업무 관련부서 (주말 포함 14일 이내) ➔ 우수 고객제안 실무위원회 ➔ 최우수 고객제안 실무위원회

〈고객제안 선정 및 포상 규정〉

고객 여러분의 제안은 자사의 '우수 고객제안 실무위원회', '최우수 고객 제안심사위원회' 등에서 「고객제안 심의표」에 따라 효과성(30%), 실용성(30%), 창의성(20%), 노력도(20%)를 기준으로 평가 · 심사 후 선정됩니다.

고객제안 포상기준과 포상(상금)은 다음과 같습니다.

– 해당 업무부서(수시)

내용	기념품
채택제안 선정	1만 원 상품권(1인당, 1개월, 1회 한함)

※ 1개월(1일 ~ 말일) 이내 1인이 여러 건을 제안하여 복수의 건이 채택되었는데, 그중 1건이 우수 고객제안 포상대상에 해당되는 경우 다른 채택 제안에 대해서는 상품권을 지급하지 않습니다.

– 우수 고객제안 실무위원회(분기당 1회, 연 4회)

내용	기념품
분기별 우수 고객제안 선정	10만 원 상품권

– 최우수 고객제안 심사위원회(연 1회)

내용	기념품
금상(90점 이상)	공단이사장표창 및 포상금 100만 원
은상(80점 이상 90점 미만)	공단이사장표창 및 포상금 50만 원
동상(70점 이상 80점 미만)	공단이사장표창 및 포상금 30만 원

※ 채택된 제안에 관한 권리는 채택일로부터 G사에 귀속됩니다.

※ 제출하신 개인정보는 업무와 관련하여 일부 활용될 수 있음을 알려 드립니다.

12. 다음 중 문의 사항에 대한 최민영 대리의 답변이 가장 상세하고 올바른 것은?

Q. 지난 3월 15일과 3월 31일에 귀사에 고객제안서를 제출했습니다. 그렇다면 수시 채택제안 선정 시 두 번째 제안 건에 대해서는 상품권을 받을 수 없는 건가요?
A. ① 고객제안 제도는 고객의 다양한 의견을 수렴하여 정책으로 반영하는 것에 취지가 있으므로 기념품 지급은 인당 1회까지로 한정하고 있습니다.
Q. 고객제안을 접수했는데, 채택 여부는 언제 알 수 있을까요?
A. ② 고객제안은 접수 후 해당 부서에서 주말 제외 최대 14일까지 검토기간을 거친 후에 결과를 통지합니다.
Q. 최우수 고객제안으로 선정되었을 경우에 포상 내용은 어떻게 되나요?
A. ③ 10만 원 상품권이 지급됩니다.
Q. 8월 10일에 제출하여 8월 18일에 해당 제안이 채택되었다고 통지받았습니다. 제출한 제안에 대한 지적재산권이 G사 측으로 이전되는 시점이 언제인가요?
A. ④ 채택된 제안에 대한 모든 권리는 채택 일자인 8월 18일부터 G사에 귀속됩니다.

13. 다음은 최민영 대리가 정리한 2023년 최우수 고객제안 심사 결과이다. 이 중 수정되어야 하는 것은? (단, 각 항목별 점수는 100점 만점이다)

〈2023년 최우수 고객제안 심사위원회 심사 결과〉

(단위 : 점)

이름	효과성	실용성	창의성	노력도	심사 결과
이철민	38	40	90	80	① 포상 없음.
윤정숙	40	60	85	70	② 동상
이명훈	89	85	55	45	③ 동상
김정수	95	80	72	80	④ 은상

14. 다음은 금융기관에서 상품을 홍보하기 위해 작성된 자료이다. 이를 참고하여 도움을 받을 수 있는 사람은?

○ 연금계좌의 세액공제 한도는 연금저축과 IRP를 합쳐 연간 700만 원(단, 연금저축은 총 급여 1억 2천만 원보다 이하인 경우 연간 400만 원, 초과할 경우 연간 300만 원까지 공제 가능)

㉮ '연금저축 400만 원+IRP 300만 원(총 급여 1억 2천만 원 초과 시 연금저축 300만 원+IRP 400만 원)' 또는 'IRP에만 700만 원' 납입(아래 〈표〉 참고)

- (세액공제율) 총 급여가 5,500만 원 이하인 경우 16.5%, 총 급여가 5,500만 원 초과하는 경우 13.2%
- (초과납입액) 과거 연간 세액공제 한도를 초과하여 납입했거나 누락된 금액은 금융기관에 요청하여 올해 납입금으로 전환하여 세액공제 신청 가능
- (IRP 가입자격) 20○○년 7월부터 자영업자, 퇴직연금 미가입 근로자 · 공무원 · 군인 등 특수직역연금 가입자까지 대상 확대
- 가입 시 자격요건 증빙 필요

㉮ 자영업자 : 사업자등록증 등 / 근로자 : 재직증명서 등

〈연금계좌(연급저축 · IRP) 세액공제 한도 및 세액공제율〉

연간 소득 구간		세액공제 한도(만 원)			세액 공제율(%)
총 급여(근로자)	종합소득금액	전체	연금저축	IRP	
5,500만 원 이하	4,000만 원 이하	700	400	700	16.5
5,500만~1억 2,000만 원 이하	4,000만~1억 원 이하	700	400	700	13.2
1억 2,000만 원 초과	1억 원 초과	700	300	700	13.2

※ 20○○년 귀속 근로소득 연말정산부터 기존 400만 원에서 300만 원으로 한도 축소

① 연금자산의 실질수익률을 높이려는 김 씨
② 퇴직연금 적립금의 예금 보호 한도를 확인하려는 이 씨
③ IRP 수수료 할인혜택을 받으려는 박 씨
④ 연금계좌 추가 납입으로 연말정산을 미리 준비하려는 최 씨

15. 다음은 ○○금융원에 접수된 민원이다. 빈칸에 들어갈 답변 내용으로 적절하지 않은 것은?

제목	상식에 반하는 렌터카 업체의 자동차보험 적용 관련 문의
질의 내용	A가 렌터카를 임차한 후, 해당 렌터카를 임차하지 않은 B가 렌터카를 운전하였습니다. 그리고 교통사고가 발생하였습니다. 렌터카 업체는 차량 수리비에 대한 청구를 할 때는 렌터카를 빌린 A를 '렌터카 임차인'이라고 명시한 후, 법원에 손해배상을 청구하였습니다. 그리고 보험회사에는 B를 '렌터카 임차인'이라고 명시한 후, 보험회사에 차량 내에 타고 있었던 C에게 상해보험금을 지불하도록 하였습니다. 렌터카 업체가 마음대로 렌터카 임차인을 바꾸어가며 보험금 및 차량 수리비 등을 청구하였습니다. 결론적으로 말하면 문서상에 렌터카 임차인을 허위의 사실로 아무나 명시하여 보험금 및 수리비를 청구할 수 있는 건지 묻고 싶습니다. 상식에 반하는 렌터카 업체의 '렌터카 임차인 교체수법'을 알았습니다. 적법한가요?
답변 내용	( )

① ○○금융원에 질의해 주셔서 감사합니다. 귀하의 질문에 대한 답변은 귀하께서 적시하신 사항만을 기초로 함을 알려드립니다.

② 귀하는 렌터카를 임차한 사람이 발생시킨 교통사고와 관련하여 렌터카 회사의 보험금 및 수리비 청구에 대해 질의를 제기하였습니다.

③ 렌터카 업체가 보험회사에 렌터카 임차인을 다르게 보고하고 보험금을 수령하였다면, 보험사기에 해당할 소지가 있는 것으로 판단됩니다.

④ 보험회사의 업무처리가 부당하여 이의가 있을 경우 해당 보험회사를 특정하고 구체적인 사실관계를 적시하시어 정식으로 민원을 신청할 수 있음을 알려드리니 참고하시기 바랍니다.

파트 2

수리능력

▸정답과 해설 9쪽

대표기출 유형 1 금융수리

이자율, 금융 상품과 관련된 기초연산 유형

01. 5,000만 원을 월이율 0.6%로 15개월간 저축을 하였을 때, 얻게 되는 이자소득은? (단, 단리법으로 계산한다)

① 450만 원 ② 480만 원
③ 500만 원 ④ 530만 원

02. K 씨는 3년 만기 예금상품에 가입하려고 한다. 이자는 1년마다 복리로 지급되며 연이율은 처음 1년 동안은 2.0%, 다음 1년 동안은 2.2%, 마지막 1년 동안은 2.5%가 적용된다고 한다면, 3년 만기가 되었을 때 K 씨의 통장 잔액이 1,000만 원 이상이 되기 위해 예금해야 할 최소금액은 얼마인가? (단, 예금하는 금액은 만 원 단위로 계산한다)

① 933만 원 ② 934만 원
③ 935만 원 ④ 936만 원

03. 다음은 ○○은행의 예금 상품 중 A 씨가 단리대박상품에 퇴직금을 예치하고자 한다. 신용카드를 개설할 경우, 기본이율에 비해 만기 시 얼마의 이득을 얻을 수 있는가?

A 씨는 올해 퇴직금(8,000만 원)을 받아 은행에 예금을 넣고자 한다.

〈○○은행 예금상품〉

상품 구분	기간	기본 이율	신용카드 계열사 이율
복리희망상품	2년	연 5%	연 8%
단리대박상품	2년	연 9%	연 11%

① 280만 원 ② 300만 원 ③ 320만 원 ④ 340만 원

04. 다음 빈칸 ㉠에 들어갈 식은?

> 이자율을 적용하는 방식에는 단리 방식과 복리 방식이 있다. 단리 방식은 고정된 원금에 지속적으로 동일한 이자율을 더하는 것이다. 예를 들어, 원금 100만 원을 10년 동안 예금해 두고, 이자율이 5%라고 하자. 10년 뒤의 잔고는 1년 동안의 이자인 5만 원에 10(년)을 곱하여 50만 원의 이자에 원금 100만 원을 더한, 150만 원이 된다.
>
> 반면에, 복리 방식은 매해 더해지는 이자가 새로운 원금이 되어 새로운 원금에 이자율을 적용하게 된다. 마찬가지로, 원금 100만 원을 10년 동안 예금해 두고, 이자율이 5%라고 하자. 1년 후의 잔고는 단리 방식의 1년 후 잔고와 동일하다. 100만 원에 1년 동안의 이자인 5만 원을 더하면 된다. 그러나 2년 후에는 105만 원에 이자율 5%를 적용하여 이자가 5만 원이 아닌, 5만 2,500원이 된다.
>
> 이런 방식으로 10년 후의 잔고를 계산하면 (㉠)만 원이 된다.

① $100\times(1+0.05)\times10$ ② $100\times0.05\times10$

③ $100\times(1-0.05)\times10$ ④ $100\times(1+0.05)^{10}$

05. 사회초년생 홍 대리는 신혼집 구입자금 마련을 위해 L 은행, K 은행, H 은행의 적금 상품을 비교하고 있다. 홍 대리는 세 상품 중 만기환급금이 가장 큰 적금 상품에 가입한다고 할 때, 홍 대리가 가입할 적금 상품과 해당 상품의 만기환급금을 바르게 연결한 것은?

〈은행별 적금 상품 정보〉

구분	L 은행 내집마련적금	K 은행 보금자리적금	H 은행 든든적금
가입기간	24개월	45개월	12개월
가입금액	매달 15일 200만 원 납입	매달 15일 100만 원 납입	매달 15일 350만 원 납입
적용금리	연 2.5%	연 3%	연 2%
저축방법	정기적립식, 단리식	정기적립식, 단리식	정기적립식, 단리식
이자지급방식	만기일시지급	만기일시지급	만기일시지급

① 내집마련적금－4,758만 7,500원 ② 내집마련적금－4,925만 원

③ 보금자리적금－4,418만 7,500원 ④ 든든적금－4,758만 7,500원

대표기출 유형 2 응용수리

금융 업무에 필요한 기초연산 유형

06. H사 A 제품의 작년 매출 이익은 4,000만 원으로 매출의 20% 정도에 그쳤다. 올해는 A 제품의 매출 원가를 작년보다 10% 줄였지만, 오히려 매출은 20% 감소하였다. A 제품의 올해 매출 이익은 얼마인가? (단, 매출 원가=매출−매출 이익)

① 1,400만 원 ② 1,600만 원
③ 1,800만 원 ④ 2,000만 원

07. 다음 글의 정보를 토대로 판단하였을 때, ⓐ와 ⓑ에 해당하는 수로 적절한 것은?

> A 기관의 (가) 지점은 이번에 신규 출시된 상품의 매출 분석을 진행하고 있다. 이번 달에 (가) 지점에서 신규 상품을 구입한 연령대는 20대부터 30대까지이며 총 800명이 구입하였다. 20대는 ⓐ명, 30대는 ⓑ명이 구입하였다. 또한 이번 달의 신규 상품 매출 총액은 1억 6,000만 원이며, 이들 가운데 20대는 15만 원짜리 상품, 30대는 25만 원짜리 상품을 구입하였다.

① ⓐ : 300 / ⓑ : 500 ② ⓐ : 350 / ⓑ : 450
③ ⓐ : 400 / ⓑ : 400 ④ ⓐ : 450 / ⓑ : 350

08. 한 교실에서 공기 중 산소 농도를 측정한 결과 21%가 나왔다. 교실을 환기하지 않고 10분 간격으로 산소 농도를 측정하면, 10분 전 산소 농도의 2%만큼 감소하며 농도가 18% 이하면 산소결핍상태가 일어난다고 한다. 현재로부터 10분 뒤에 첫 번째 측정을 할 때, 산소결핍상태가 일어나지 않으려면 적어도 몇 번째 측정 전에는 환기를 시켜야 하는가? (단, log6=0.78, log7=0.85, log9.8=0.99로 계산한다)

① 6번째 ② 7번째
③ 8번째 ④ 9번째

09. 직원 A ~ F의 사내 업무 평가 점수 평균을 구하여 편차를 계산하였더니 결과가 다음과 같았다. 이들의 분산과 표준편차는 각각 얼마인가?

직원	A	B	C	D	E	F
편차	3	−1	x	2	0	−3

	분산	표준편차		분산	표준편차
①	4	1	②	9	3
③	9	2	④	4	2

10. A 인형뽑기 가게에 있는 기계는 인형을 잡는 힘의 세기가 다음 1 ~ 4 단계 중 한 단계로 정해지며, 각 단계로 선택될 확률과 해당 단계에서 인형을 뽑을 확률은 다음과 같다고 한다. 인형뽑기를 두 번 시도했을 때, 인형을 뽑지 못할 확률은 몇 %인가?

힘의 세기	단계 선택 확률	해당 단계에서 인형 뽑을 확률
1단계	20%	80%
2단계	20%	50%
3단계	40%	20%
4단계	20%	90%

① 20.84%　　② 23.04%

③ 25.16%　　④ 27.46%

대표기출 유형 3 **자료계산**

제시된 〈표〉를 참고하여 계산식을 통해 수치를 파악하는 유형

11. 청년 장 씨는 개인사업자이며 2년 뒤 상환조건으로 4,500만 원을 대출받으려 한다. 이자부담이 가장 적은 상품을 고를 때, 장 씨가 부담할 총이자는? (단, 제공되지 않은 다른 조건들은 모두 무시하며, 가입일은 X월 1일이다)

〈대출상품〉

상품명	대출한도(최대)	적용금리(연)	이자납입 관련	특징
B	4,000만 원	변동, 5.5%	납입일 : 매달 1일 납입방법 : 만기일시상환	청년고객 연 0.1%p 금리 우대
F	5,000만 원	고정, 7.2%		법인사업자 연 0.7%p 금리 우대
G	5,800만 원	변동, 7%		개인사업자 연 0.5%p 금리 우대
T	6,000만 원	고정, 8%		-

※ 만기일시상환 : 원금은 만기일에 전액 일시상환하고, 원금에 대하여 매월 납입일에 균등한 이자를 납부한다.
※ 변동금리 상품의 경우, 적용금리가 가입일 기준 12개월마다 (연)1%p씩 상승한다고 가정한다(예 가입일이 7월인 경우, 다음 해 7월(1일)에 적용금리 +1%p).

① 531만 원　　② 630만 원
③ 648만 원　　④ 720만 원

12. 박○○ 씨가 X월 3일에 은행을 방문했을 때, 환율 정보는 다음과 같았다. 그리고 X월 10일에 은행에 방문하였더니, 파운드－유로－위안의 현찰을 살 때의 환율은 같았으나 매매기준율은 모두 5% 상승했다. 박○○ 씨가 X월 10일에 3,000위안과 520파운드를 유로화로 환전한다면, 환전을 통해 얻는 액수는? (단, 외화에서 외화로 환전 시 중간에 반드시 원화 환전 단계를 거친다)

〈A 은행 환율정보(X월 3일)〉

구분	매매기준율	현찰 살 때
유로(EUR)	1,400원	1,500원
위안(CNY)	180원	193원
파운드(GBP)	1,600원	1,710원

※매매기준율＝$\frac{\text{현찰 살 때의 환율}+\text{현찰 팔 때의 환율}}{2}$

① 935유로　② 942유로
③ 958유로　④ 966유로

13. 다음 △△업체가 운영하는 A, B, C 점포의 공헌이익손익계산서에 대한 분석으로 옳지 않은 것은?

〈공헌이익손익계산서〉

(단위 : 억 원)

구분	A 점포	B 점포	C 점포
매출액	200	100	150
변동비	160	50	90
고정비	10	30	40
영업이익	30	20	20

① 손익분기점 매출액은 A 점포가 가장 크다.
② A 점포의 변동비율이 C 점포의 변동비율보다 크다.
③ 공헌이익은 C 점포가 가장 크다.
④ 공헌이익률은 B 점포가 가장 크다.

대표기출 유형 4 자료읽기

제시된 <표>의 수치 변화, 수치 계산을 묻는 유형

[14 ~ 16] 다음 제시 상황과 자료를 보고 이어지는 질문에 답하시오.

직원 K는 환율조회 결과표를 보고 있다.

〈20X3년 6월 23일 통화별 환율〉

ㅁ 기준별 환율

구분	매매기준율(원)	송금 받을 때(원)	송금 보낼 때(원)	대미환산율
미국 달러	1,332.50	1,319.80	1,345.20	1.0000
유럽 유로	1,331.83	1,318.78	1,344.88	0.9995
스위스 프랑	1,381.54	1,368.01	1,395.07	1.0368
중국 위안	194.03	192.09	195.97	0.1456
덴마크 크로네	179.20	177.41	180.86	0.1344

ㅁ 현찰 기준 환율

구분	팔 때(원)	팔 때 스프레드(%)	살 때(원)	살 때 스프레드(%)
미국 달러	1,309,19	1.75	1,355.81	1.75
유럽 유로	1,305.46	1.98	1,358.20	1.98
스위스 프랑	1,354.19	1.98	1,408.89	1.98
중국 위안	184.33	5.00	203.73	5.00
덴마크 크로네	174.72	(㉠)	183.68	(㉠)

※ 환율 스프레드 : 외환을 살 때와 팔 때의 수수료 비율
- 현찰 살 때의 환율=매매기준율+(매매기준율×환율 스프레드)
- 현찰 팔 때의 환율=매매기준율-(매매기준율×환율 스프레드)

14. 다음 중 직원 K가 제시된 자료를 이해한 내용으로 적절하지 않은 것은? (단, 환율 차이는 절댓값으로 계산한다)

① 현찰을 살 때와 팔 때의 환율 차이가 가장 큰 통화는 유로이다.
② 모든 통화에서 현찰을 살 때의 환율이 송금 받을 때의 환율보다 높다.
③ 유럽 유로를 송금할 때 환율보다 스위스 프랑을 송금 받을 때 환율이 더 높다.
④ 매매기준율을 기준으로 할 때, 스위스 프랑, 미국 달러, 유럽 유로 순으로 환율이 높다.

15. 다음 중 제시된 자료의 빈칸 ㉠에 들어갈 값으로 옳은 것은?

① 1.75　　② 2.25
③ 2.50　　④ 2.75

16. 다음 중 6달러를 송금하고 14위안을 현찰로 살 때 지출되는 총비용으로 옳은 것은? (단, 지출비용은 원화 기준으로 한다)

① 10,651.82원　　② 10,781.52원
③ 10,847.22원　　④ 10,923.42원

대표기출 유형 5 자료추론

제시된 <표>나 <그림>을 분석하여 수치의 크기, 증감 등을 묻는 유형

[17 ~ 18] 다음 제시 상황과 자료를 보고 이어지는 질문에 답하시오.

직원 A는 채권거래 실적 통계를 열람하고 있다.

〈20X4년 하반기 채권거래 실적〉

구분	거래구분별		20X4. 07	20X4. 08	20X4. 09	20X4. 10	20X4. 11	20X4. 12
매매일수 (일)	소계		22	22	21	19	19	22
거래량 (액면금액) (억 원)	국채전문 유통시장		1,306,000	1,221,000	1,110,000	955,050	859,000	973,000
	채권 시장	일반	3,800	2,600	1,600	1,900	1,700	1,400
		소액	43,000	47,000	43,000	41,000	40,000	44,000
	신고매매		30,000	23,000	24,000	20,000	20,000	19,000
	합계		1,382,800	1,293,600	1,178,600	1,017,950	920,700	1,037,400
거래대금 (억 원)	국채전문 유통시장		1,284,000	1,209,000	1,104,000	965,000	839,000	952,000
	채권 시장	일반	4,000	3,000	3,000	2,000	2,000	2,000
		소액	41,000	45,000	41,000	39,000	38,000	41,000
	신고매매		29,000	22,000	23,000	19,000	19,000	18,000
	합계		1,358,000	1,279,000	1,171,000	1,025,000	898,000	1,013,000

※ 매매일 평균 금액(=거래량 혹은 거래대금)= $\frac{\text{금액}}{\text{매매일수}}$

17. 다음 중 자료에 대한 분석으로 적절한 것은?

① 신고매매의 경우 매월 액면금액과 거래대금이 동일한 차이를 보인다.
② 20X4년 4분기 소액 채권시장의 거래대금은 이전 분기 대비 증가했다.
③ 20X4년 8 ~ 12월 동안 매매일 평균 거래량은 전월 대비 증가하는 추세를 보인다.
④ 20X4년 8 ~ 12월 전체 채권시장 거래량은 전월 대비 동일한 증감추이를 보인다.

18. 직원 A는 제시된 자료를 바탕으로 매매일 평균 거래대금을 구하려고 한다. 다음 중 매매일 평균 거래대금이 바르게 작성되지 못한 시기는? (단, 백억 원 이하는 버린다)

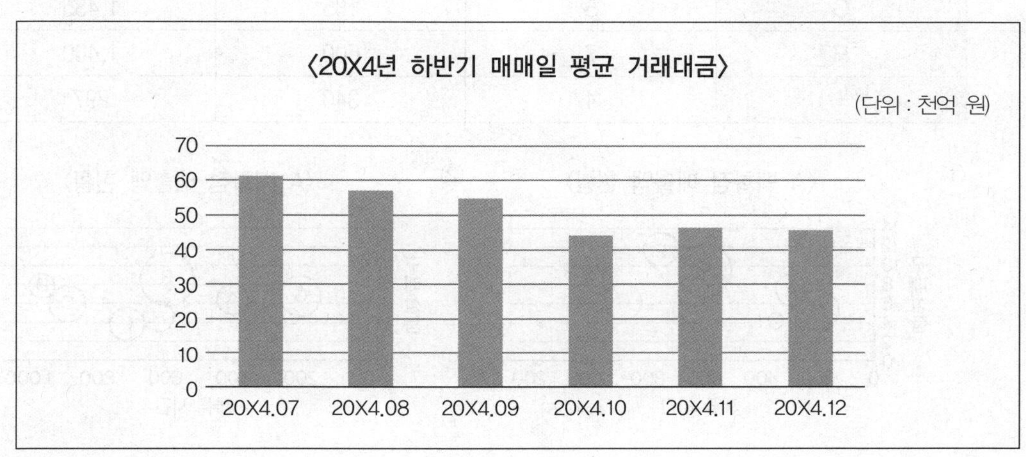

① 20X4. 8　　② 20X4. 9
③ 20X4. 10　　④ 20X4. 11

대표기출 유형 6 자료변환

제시된 <표>나 <그림>의 수치를 별도로 계산하여 그래프로 전환하는 유형

19. A 백화점에서 근무하는 이 씨는 아래의 자료를 활용하여 체류 시간 및 구매 상품 수에 따른 매출액을 한눈에 비교할 수 있도록 그래프를 작성하고자 한다. 그 결과로 가장 적절한 것은?

〈고객별 구매 상품 수, 체류시간, 매출액 분석〉

고객명	구매 상품 수(개)	체류시간(분)	매출액
A	7	270	1,350
B	9	560	1,415
C	6	840	1,500
D	8	915	640
E	5	225	490
F	11	690	1,570
G	5	185	1,435
H	7	600	1,400
I	4	340	297

〈A 백화점 매출액 현황〉

구매상품 / 체류 시간

②

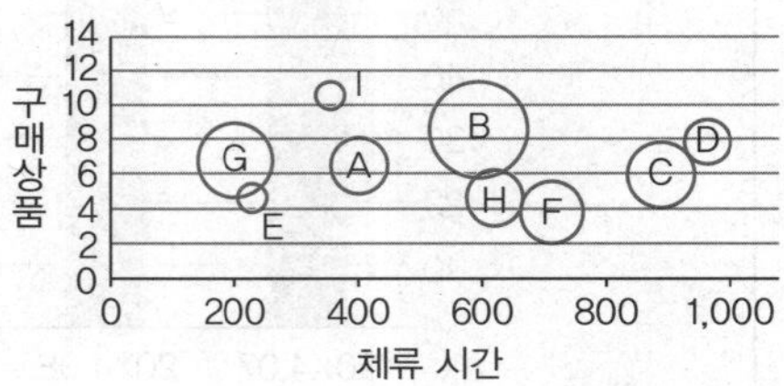

③ 〈A 백화점 매출액 현황〉

체류시간 / 구매상품

④

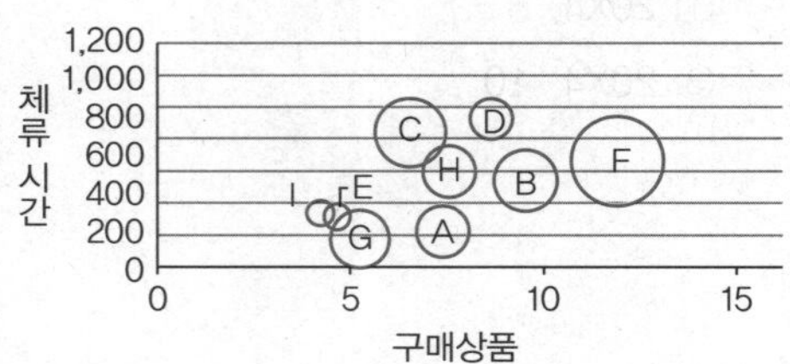

20. 다음 자료를 바탕으로 작성한 그래프로 적절한 것은?

> 1997년까지만 해도 마블링이 뛰어난 1+등급 도매시장 경락가격은 kg당 5,092원, 1등급은 5,276원으로 1등급이 1+등급보다 더 높은 가격을 받았고, 2등급은 9,367원으로 근내 지방이 적은 2등급 쇠고기가 1등급 이상 쇠고기보다 더 높은 가격을 기록했다.
>
> 1999년 전국한우협회가 출범하고, 높은 등급의 쇠고기에 대한 수요가 조금씩 늘어나면서 등급 간 가격 서열 역전현상이 나타나기 시작했다. 1+ 등급 쇠고기가 10,403원, 1등급 9,775원, 2등급 9,029원이 형성됐다.
>
> 10년 뒤인 2008년에는 1++등급이 17,298원, 1+등급 15,532원, 1등급 14,041원, 2등급 12,229원으로 등급 간 가격 서열이 완전히 정착되었다. 20년 뒤인 2018년에는 1++등급 20,958원, 1+등급 19,416원, 1등급 17,967원, 2등급 14,965원이 형성되었다.
>
> 쇠고기의 가격은 높아졌고 등급 간 가격 서열은 더욱 공고해졌다. 등급 간 가격 편차가 커지면서 한우농민들의 한우고기 품질 고급화를 위한 대응도 달라지기 시작하였다.
>
> 1999년 한우협회 출범 당시 1등급 이상 출현율은 18.8%(1+등급 4.4%, 1등급 14.4%)에 불과하였으나 10년 뒤인 2008년에는 1등급 이상 출현율은 54%(1++등급 7.5%, 1+등급 19.5%, 1등급 27%)로, 전체 생산되는 한우고기의 절반 이상 1등급 이상 쇠고기가 생산되기 시작했다. 2018년에는 1등급 이상 출현율은 73%(1++등급 12.2%, 1+등급 30.4%, 1등급 30.4%)로 10마리가 출하되면 7마리 이상이 1등급으로 판정받기 시작했다.

① 〈2018년 한우 등급별 출현율〉

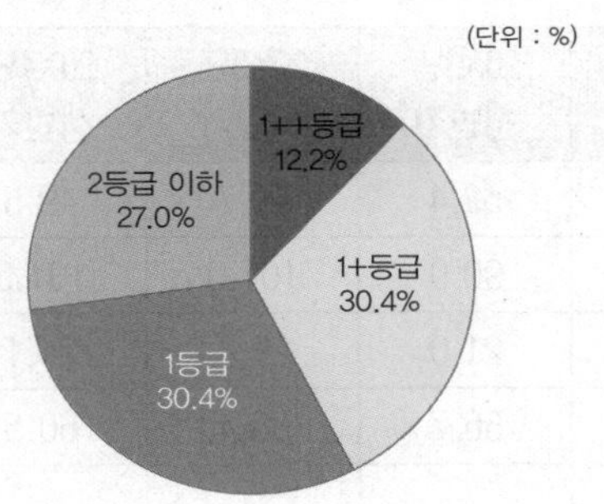

② 〈1++ 등급 한우고기의 가격 변동〉

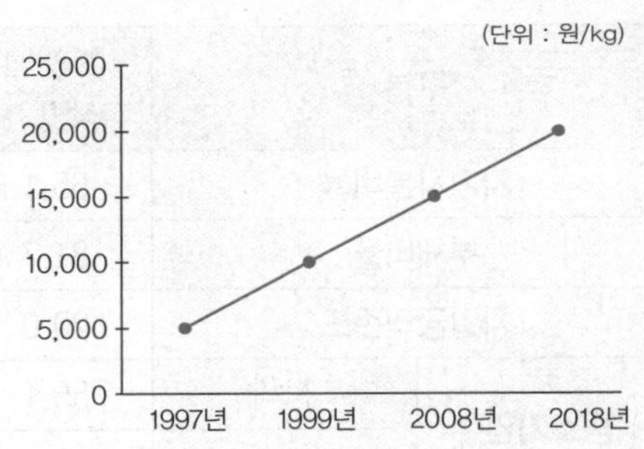

③ 〈1997년 한우 등급별 가격〉

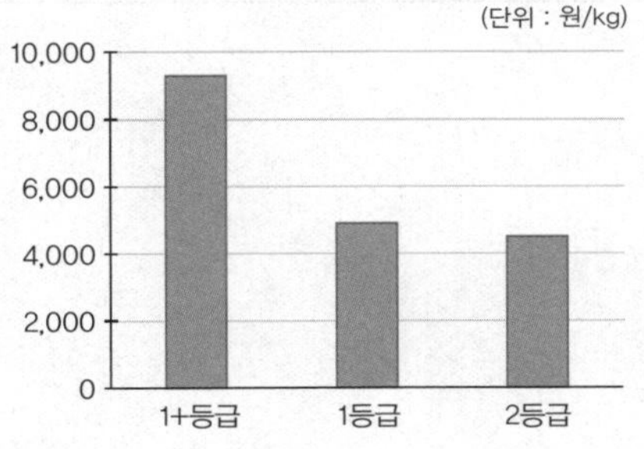

④ 〈연도별 1+등급 한우고기 출현율〉

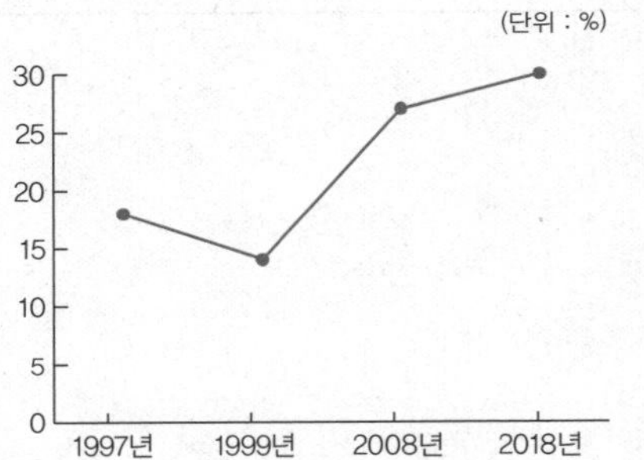

대표기출 유형 7 자료 매칭

제시된 자료 분석을 통해 알맞은 항목끼리 찾는 유형

[21 ~ 22] 다음은 기업의 자산 건전성에 관한 자료이다. 이어지는 질문에 답하시오.

〈은행의 대출 잔액 및 연체율〉

(단위 : 조 원, %)

구분			20X2년 상반기	20X2년 하반기	20X3년 상반기	20X3년 하반기	20X4년 상반기
대출 잔액	총 가계대출		363.5	367.5	376.8	388.5	399.5
	기업	대기업	50.4	59.0	64.8	80.7	77.7
		중소기업	363.0	378.8	398.5	411.0	427.5
연체율	총 가계대출		0.55	0.63	0.52	0.60	0.59
	기업	대기업	0.37	0.36	0.30	0.34	0.82
		중소기업	1.00	1.29	1.14	1.70	1.86

〈기업의 채무상환능력 관련지표〉

(단위 : %)

구분		20X2년 상반기	20X2년 하반기	20X3년 상반기	20X3년 하반기	20X4년 상반기
자기자본비율		55.1	55.2	52.4	49.7	49.5
부채비율		81.7	81.2	90.9	101.0	101.9
차입금의존도		20.0	19.2	21.0	22.4	24.1
중소기업 단기차입금 비중	전체	55.1	53.7	56.7	58.4	60.5
	순이자보상비율 100% 미만	52.6	50.6	49.5	56.3	59.0

21. 자료의 내용과 일치하지 않는 것은?

① 중소기업의 단기차입금 비중이 20X2년 하반기부터 20X4년 상반기까지 평균 약 2%p씩 계속 증가하고 있다.

② 중소기업 대출 잔액은 20X2년 하반기부터 총 가계대출 잔액을 추월하였으며, 20X4년 상반기에는 427.5조 원으로 20X2년 하반기보다 48.7조 원이 증가하였다.

③ 20X3년 상반기부터 전체기업의 자기자본비율이 계속 하락하고 있으며, 차입금의 의존도가 높아지는 등 기업의 재무건전성이 크게 회복되고 있지 않음을 알 수 있다.

④ 대기업과 중소기업의 부채비율이 높아지고 있지만, 20X4년 상반기 대기업의 대출 잔액은 직전 반기에 비해 줄어들어 기업의 재무건전성이 회복되고 있음을 확인할 수 있다.

22. 자료를 참고하여 ㉠, ㉡, ㉢, ㉣의 값이 큰 순서대로 나열된 것은?

㉠ 20X2년 상반기부터 20X3년 상반기까지 총 가계대출 대출 잔액 증가량의 평균
㉡ 대기업과 중소기업의 20X3년 상반기부터 20X4년 상반기까지 연체율의 합
㉢ 20X3년 상반기부터 20X4년 상반기까지 부채비율 증가량의 평균
㉣ 20X2년 하반기부터 20X4년 상반기까지 전체 중소기업 단기차입금 비중 증가량의 합

① ㉠, ㉢, ㉡, ㉣
② ㉡, ㉠, ㉣, ㉢
③ ㉢, ㉠, ㉡, ㉣
④ ㉣, ㉠, ㉡, ㉢

02 유형연습문제

01. 김은행 씨는 연초에 연 3%의 복리 이자를 주는 예금에 가입하였다. 원금 8,000만 원이 2배로 불어나는 데 걸리는 기간은? (단, 과세는 고려하지 않는다)

① 18년　② 21년　③ 24년　④ 27년

02. 202X년 10월 31일부터 P 은행은 대출 계약을 한 후 14일 내에 계약을 취소할 경우 대출금 중도상환 수수료를 면제해 준다. A 씨는 202X년 11월 27일 P 은행에서 1억 원의 주택 담보 대출을 받고 12월 13일에 대출금을 갚았다. A 씨가 낸 중도상환 수수료는 얼마인가? (단, 윤년은 고려하지 않으며 만 원 미만의 금액은 버린다)

주택 담보 대출 금액	기간	수수료율
1억 원	2년	1.5%

※ 중도상환 수수료 = 중도상환 원금 × 수수료율 × $\frac{\text{잔존일수}}{\text{대출기간(일)}}$

예 2024년 1월 1일에 2년 기간으로 대출을 받고 2024년 1월 20일에 대출금을 갚았다면 잔존일수는 711일이다.

① 116만 원　② 126만 원
③ 136만 원　④ 146만 원

03. 다음 상황에서 K 사원이 최종적으로 투사한 화면의 면적으로 가장 가까운 것은?

K 사원은 도형의 크기는 다르지만 서로 닮음의 관계에 있을 때, 두 도형의 특정 변의 길이 비율이 a : b의 관계에 있다면, 두 도형의 면적 비는 $a^2 : b^2$이라는 것을 알고 있다. 그런데 어느 날, 직원 워크숍을 준비하면서 프로젝터의 위치를 조정하던 중에 처음 설치한 프로젝터가 가로 길이가 3m이며, 전체 면적이 12m^{2}인 화면을 투사하는 것을 알게 되었다. 이 모습을 확인한 상사가 워크숍에 예정보다 많은 인원이 참석할 것이라며 화면을 더 늘릴 것을 지시하였다. 그래서 K 사원은 가로 길이가 5m인 화면을 투사하기로 하고, 프로젝터의 위치를 조정하였다.

① 약 20m^2　② 약 25m^2
③ 약 33m^2　④ 약 38m^2

04. 다음 조건에 따라 A 기업 B 부서의 직원들이 단합대회 장소로 이동할 때, B 부서 직원이 차량에 나누어 타는 경우의 수는?

> B 부서의 직원 수는 8명이다. 부장과 과장이 각각 한 명이고, 부하 직원이 여섯 명이다. 직원 단합대회 장소로 이동하기 위하여 두 대의 차량에 4명씩 나누어 타기로 하였다. 차량은 서로 다르며, 부장과 과장은 같은 차량에 탑승할 수 없다.

① 28가지 ② 32가지
③ 36가지 ④ 40가지

05. 다음 자료를 보고 △△연금 사원들이 분석한 내용 중 가장 적절한 내용은?

〈△△연금 자산군별 투자규모 추이〉

(단위 : 천억 원)

구분	20X0년	20X1년	20X2년	20X3년	20X4년
국내주식	1,210	1,380	1,750	1,670	1,320
해외주식	1,190	1,650	1,910	2,550	2,350
국내채권	3,110	3,200	3,260	3,390	3,090
해외채권	260	310	450	630	640
가상자산	760	840	920	1,190	1,350
단기자금	210	170	200	240	310
기타	40	40	40	40	140
전체	6,780	7,590	8,530	9,710	9,200

① K 사원 : 제시된 기간 내내 국내채권 투자규모는 해외채권 투자규모보다 5배 이상 많아.
② J 사원 : 20X1년부터 20X4년까지 자산 투자규모 순위는 변동 없이 쭉 유지되는구나.
③ Y 사원 : 20X1년부터 20X3년까지 전체 투자규모는 계속 전년 대비 10% 이상 증가했어.
④ S 사원 : 20X4년에 주식 전체의 투자규모는 전년 대비 20% 이상 감소했어.

[06 ~ 07] 다음은 202X년 개인 신용평점별 대출보유자 수에 대한 자료이다. 이어지는 질문에 답하시오.

〈개인 신용평점별 대출 통계〉

신용평점	전체 인원수(명)	대출보유자 수(명)
900점 이상	(㉠)	8,530,246
800 ~ 899점	11,864,489	(㉡)
700 ~ 799점	12,595,487	2,687,916
고신용자 합계	44,818,057	17,856,718
600 ~ 699점	729,594	640,997
500 ~ 599점	110,631	103,659
400 ~ 499점	46,037	44,607
중신용자 합계	886,262	(㉢)
300 ~ 399점	(㉣)	866,123
200 ~ 299점	112,709	108,259
200점 미만	3,164	3,144
저신용자 합계	1,988,492	977,526

06. 제시된 자료의 ㉠ ~ ㉣에 들어갈 수치로 적절하지 않은 것은?

① ㉠－20,358,081　　② ㉡－7,976,556

③ ㉢－789,263　　④ ㉣－1,872,619

07. 다음은 제시된 자료를 바탕으로 작성한 기사이다. 밑줄 친 ㉠~㉣ 중 잘못된 것은? (단, 비율은 소수점 아래 셋째 자리에서 반올림하여 구한다)

202X년 기준 신용점수평가 데이터가 있는 ㉠ 47,692,811명 중 약 41.15%에 해당하는 19,623,507명이 금융사에 대출을 보유 중인 것으로 집계됐다. 특히 신용도가 다소 우려되나 기존 거래를 유지할 수 있는 차주로 분류되는 중신용자의 대출 보유 비중이 두드러지게 높았다. 금융당국의 중금리대출 확대 정책에 힘입어 ㉡ 중신용자 10명 중 약 9명이 대출 채무를 지고 있는 것으로 나타났다. 반면 ㉢ 금융사고 위험이 적은 고신용자는 전체의 39.84%가 대출을 갖고 있었고, ㉣ 신용도가 우려되는 수준으로 부실화가 진행 중이거나 이미 신용거래에 문제가 생긴 저신용자의 대출 보유 비중은 69.11%로 집계됐다.

중신용자의 대출 보유가 기하급수적으로 치달은 건 금융당국이 가계대출 총량 관리에서 중신용자 대상 대출 상품 취급 시 인센티브를 제공하는 등 적극적인 시장 확대 정책을 펼친 영향이 크다. 금융권의 한 관계자는 "고신용자 대상 대출의 경우 정부 규제와 금리 상승으로 수요가 줄어든 반면, 인터넷은행들이 집중하고 있는 중금리 대출 수요는 꾸준히 늘고 있다"고 말했다.

① ㉠　　② ㉡

③ ㉢　　④ ㉣

[08 ~ 09] 다음은 각 연도별 채권금리에 관한 자료이다. 이어지는 질문에 답하시오.

〈주요 금리 추이〉

(단위 : %)

구분	20X1년	20X2년	20X3년	20X4년	20X5년
기준금리	1.50	1.75	1.25	0.50	1.00
국고채 3년	1.80	2.10	1.53	0.99	1.39
국고채 5년	2.00	2.31	1.59	1.23	1.72
국고채 10년	2.28	2.50	1.70	1.50	2.07
회사채 3년	2.33	2.65	2.02	2.13	2.08
CD 91물	1.44	1.68	1.69	0.92	0.85
콜금리(무담보 1일물)	1.26	1.52	1.59	0.70	0.61

08. 다음 중 제시된 자료를 분석한 내용으로 적절한 것은?

① 자료에서 제시된 모든 채권금리는 20X4년에 각각 최저치를 기록하였다.

② 자료에서 제시된 모든 연도 내에서 기준금리는 다른 모든 유형의 채권금리보다 항상 낮은 수치를 기록하였다.

③ 기준금리의 증감 흐름은 다른 모든 유형의 채권금리의 증감 흐름과 동일하다.

④ 자료에서 제시된 채권금리들 중 회사채 3년 금리는 제시된 모든 연도 내에서 가장 높은 금리를 유지하였다.

09. 다음 중 제시된 자료를 바탕으로 작성한 그래프로 잘못된 것은?

① 〈기준금리 변동 추이〉

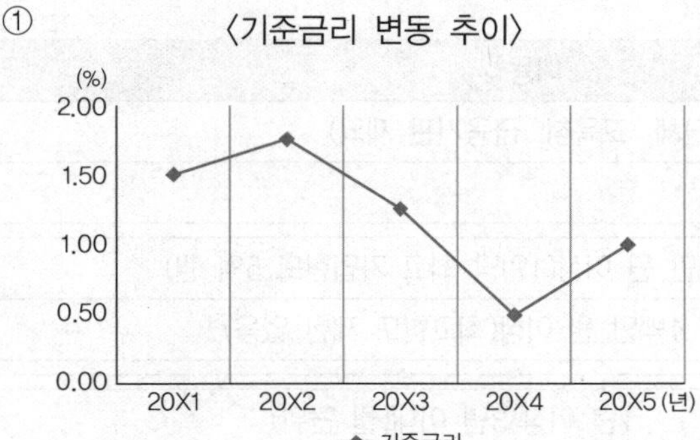

② 〈회사채 3년 금리 변동 추이〉

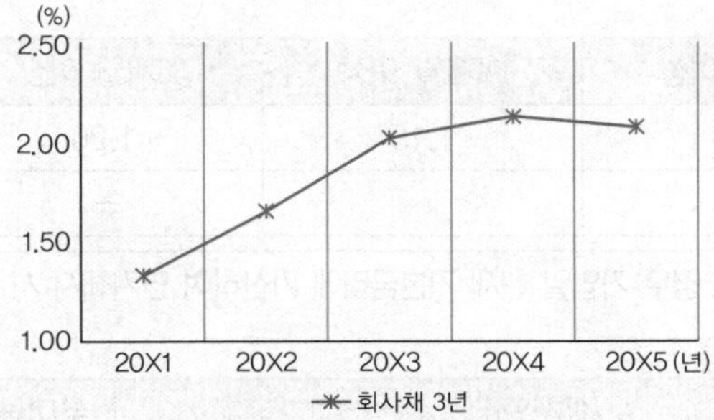

③ 〈국고채 만기기간별 금리 변동 추이〉

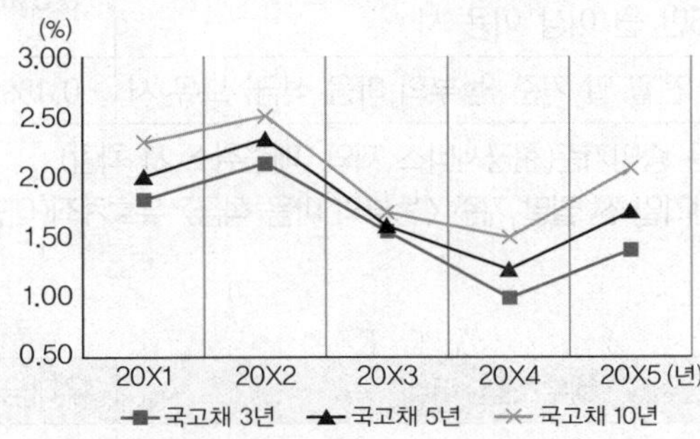

④ 〈국고채 3년과 회사채 3년의 금리 차이 변동 추이〉

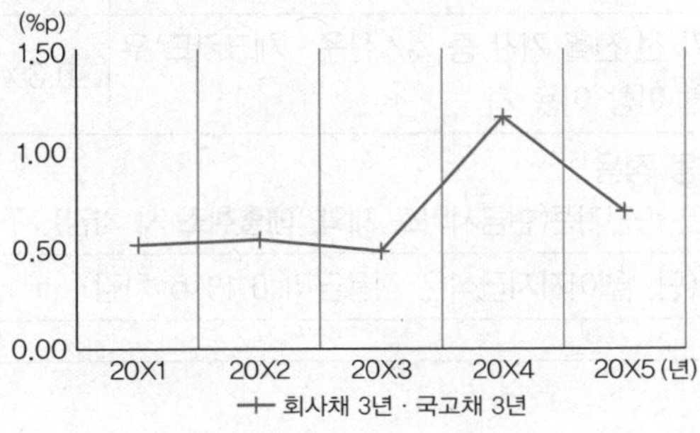

[10 ~ 11] 다음은 '농부의 마음 정기예금'에 대한 설명이다. 이어지는 질문에 답하시오.

<table>
<tr><th>구분</th><th>내용</th></tr>
<tr><td>가입대상</td><td>개인, 법인(국가 및 지방자치단체, 교육청, 금융기관 제외)</td></tr>
<tr><td>예금종류</td><td>정기예금</td></tr>
<tr><td>가입금액</td><td><table><tr><td>개인</td><td>1백만 원 이상(1인당 최고 가입한도 5억 원)</td></tr><tr><td>법인</td><td>1백만 원 이상(최고한도 제한 없음)</td></tr></table></td></tr>
<tr><td>가입기간</td><td><table><tr><td>개인</td><td>1년 이상 3년 이내(월 단위)</td></tr><tr><td>법인</td><td>1년</td></tr></table></td></tr>
<tr><td>기본금리
(연%, 세전)</td><td>• 계약기간별 기본금리<table><tr><th>구분</th><th>12개월 이상</th><th>24개월 이상</th><th>36개월 이상</th></tr><tr><td>개인</td><td>1.10</td><td>1.15</td><td>1.20</td></tr><tr><td>법인</td><td>1.05</td><td>-</td><td>-</td></tr></table></td></tr>
<tr><td>우대금리
(연%p, 세전)</td><td>아래 우대금리 기준을 만족하는 경우 가입일 현재 기본금리에 가산하여 만기해지 시 적용
• 개인 우대금리 : 최대 0.4%p<table><tr><th>구분</th><th>세부조건</th><th>우대금리</th></tr><tr><td rowspan="2">개인</td><td>1. 가입 월부터 만기 전 전월 기간 중 △△신용·체크카드 우대조건 월평균 15만 원 이상 이용 시</td><td>0.3%p</td></tr><tr><td>2. 이 예금 만기일 전월 말 기준 '농부의 마음 적금' 보유 시</td><td>0.1%p</td></tr></table>1) △△신용/체크 사용실적은 승인기준(현금서비스 제외, 매출취소 시 차감)
2) 〈농부의 마음 정기예금〉 만기일 전 월말 기준 〈농부의 마음 적금〉 유효계좌(대면·비대면 포함) 보유고객
• 법인 우대금리 : 최대 0.3%p<table><tr><th>구분</th><th>세부조건</th><th>우대금리</th></tr><tr><td rowspan="2">법인</td><td>* 가입 월부터 만기 전 전월 기간 중 △△신용·체크카드 우대조건 300만 원 이상 500만 원 미만 이용 시</td><td>0.2%p</td></tr><tr><td>* 가입 월부터 만기 전 전월 기간 중 △△신용·체크카드 우대조건 500만 원 이상 이용 시</td><td>0.3%p</td></tr></table>- 구매실적별로 우대금리 차등 적용
1) △△신용/체크 사용실적은 승인기준(현금서비스 제외, 매출취소 시 차감)</td></tr>
<tr><td>이자지급방식</td><td>만기일시지급식, 월이자지급식(단, 월이자지급식은 적용금리 0.1%p 차감)</td></tr>
</table>

10. 제시된 상품에 가입하려는 개인고객의 질문에 대한 올바른 답변에 해당하는 금액은? (단, 세후금액을 구하고, 이자소득세는 15.4%이다)

> 개인고객 : 제가 이번에 여유 자금이 생겨서 '농부의 마음 정기예금'에 가입하려고 합니다. 3천만 원을 16개월간 맡기면 얼마를 받을 수 있을까요? 이자는 만기일시지급식을 원합니다.

① 30,279,180원　② 30,330,000원
③ 30,372,240원　④ 30,440,000원

11. 원금 50,000,000원으로 2년의 기간 동안 제시된 상품에 가입한 개인고객이 만기일이 되었다. 개인 우대금리 세부조건 1번 항목의 조건은 충족, 2번 항목의 조건은 충족되지 않을 경우 이 고객이 받을 수 있는 만기일시지급식 이자는 얼마인가? (단, 세후금액을 구하고, 이자소득세는 15.4%이며 단리로 계산한다)

① 725,000원　② 972,900원
③ 1,150,000원　④ 1,226,700원

파트1 의사소통
파트2 수리
파트3 문제해결
파트4 자원관리
파트5 조직이해/상황판단
파트6 정보/알고리즘
파트7 실전모의

12. 다음은 국내 은퇴연령 신용불량자에 관한 자료이다. 이를 이해한 내용으로 적절한 것을 〈보기〉에서 모두 고르면?

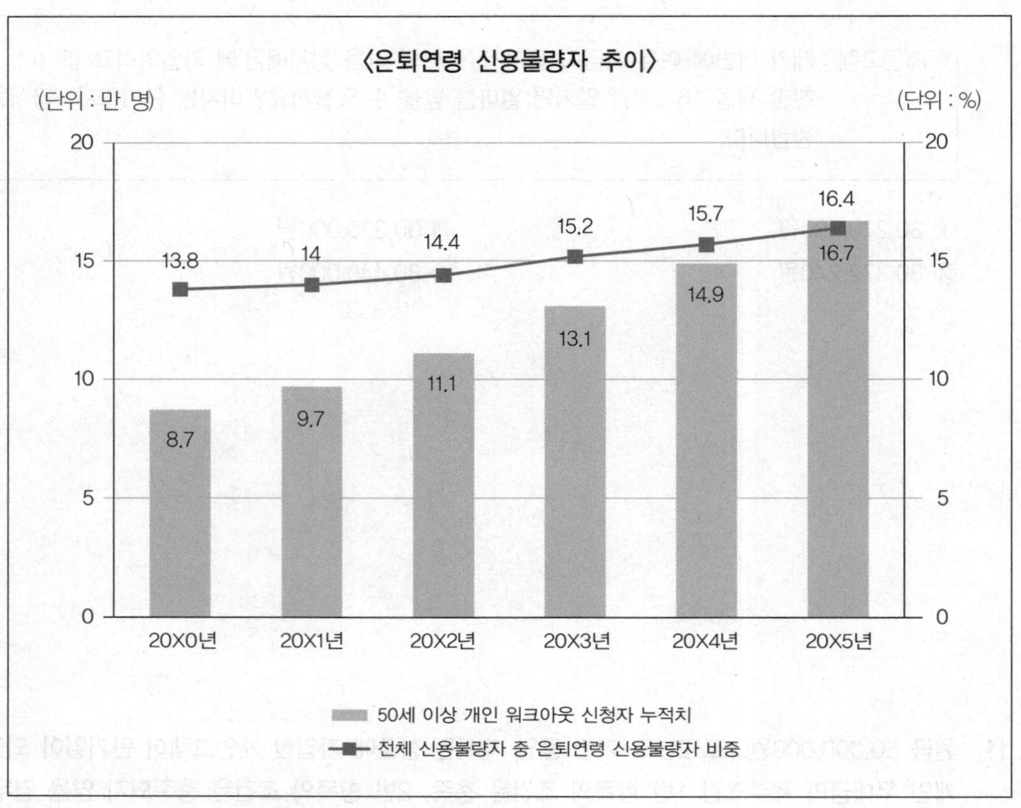

보기

ㄱ. 20X5년에 50세 이상 개인 워크아웃 신청자는 20X0년 대비 8만 명이 늘어났다.

ㄴ. 전체 신용불량자 중 은퇴연령 신용불량자 비중과 50세 이상 개인 워크아웃 신청자의 증감폭이 가장 큰 시기는 20X3년과 20X4년 사이이다.

ㄷ. 50세 이상 개인 워크아웃 신청자 누적치의 전년 대비 증가율은 20X1 ~ 20X5년 동안 지속적으로 늘어나고 있다.

ㄹ. 20X5년의 전체 신용불량자 중 은퇴연령 신용불량자 비중은 20X0년 대비 2.6%p가 증가하였다.

① ㄱ, ㄷ ② ㄱ, ㄹ

③ ㄴ, ㄷ ④ ㄷ, ㄹ

13. 제시된 자료를 근거로 회사채 금리와 회사 신용등급 간의 관계를 다음과 같이 표현할 수 있다. 빈칸에 들어갈 단어로 적절한 것은?

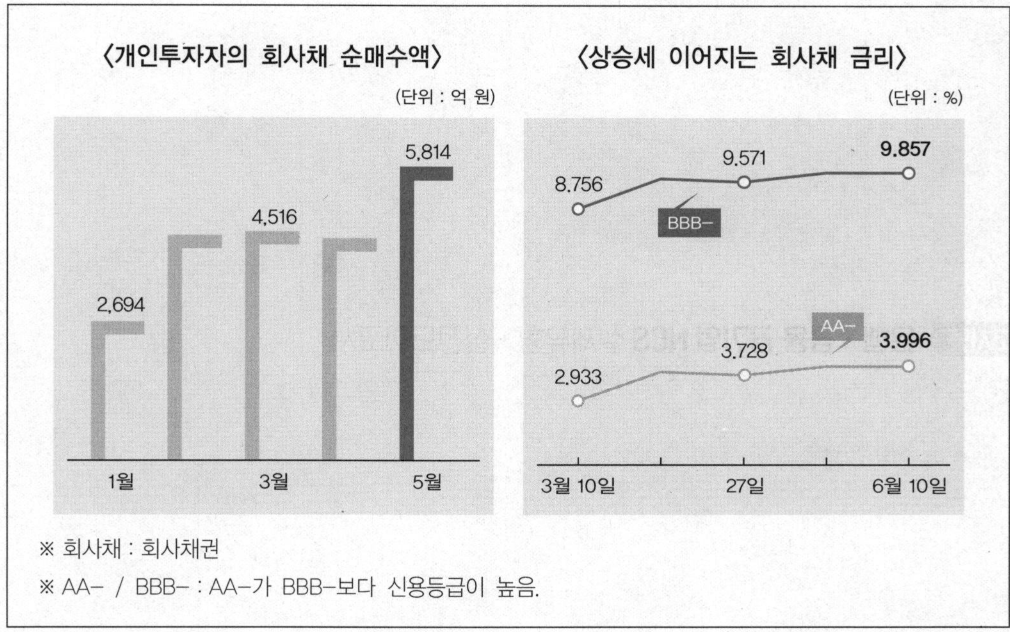

※ 회사채 : 회사채권

※ AA- / BBB- : AA-가 BBB-보다 신용등급이 높음.

회사의 신용등급과 회사채 금리는 (　　　) 관계에 있다.

① 무형　② 독립

③ 비례　④ 반비례

파트 3

문제해결능력

▸정답과 해설 17쪽

대표기출 유형 1 언어추리형

명제에서 진위를 추론하는 유형

01. 다음은 ○○그룹의 계열사인 A사, B사, C사, D사의 하반기 매출성과에 대한 자료이다. 매출 증대의 원인이 점심시간 연장, 적극적 홍보, 상여금 수여 중 하나라고 할 때, 반드시 참인 것은?

- A사는 점심시간을 연장하고 적극적인 홍보를 펼쳤으며, 상여금을 수여했지만 매출이 증가하지 않았다.
- B사는 점심시간을 연장하지는 않았지만 적극적인 홍보와 상여금 수여를 하여 매출이 증가하였다.
- C사는 상여금을 수여하지는 않았지만 점심시간을 연장하고 적극적인 홍보를 펼쳐 매출이 증가하였다.
- D사는 점심시간을 연장하고 적극적인 홍보와 상여금 수여를 하여 매출이 증가하였다.

① C사와 D사만 고려한다면 상여금 수여가 매출 증대의 원인이다.
② B사와 C사만 고려한다면 적극적 홍보가 매출 증대의 원인이다.
③ A사와 B사만 고려한다면 점심시간 연장이 매출 증대의 원인이다.
④ 4개의 계열사를 모두 고려한다면 점심시간 연장이 매출 증대의 원인이다.

02. A, B, C, D, E에게 누가 신입사원인지 물어보았더니 〈보기〉와 같이 진술하였다. 다섯 명 중 2명은 거짓을, 나머지는 진실을 말했을 때, 다음 중 거짓말을 한 사람들의 조합은?

보기

A : C는 거짓말을 하고 있습니다.
B : D와 E 중에 한 명만 진실을 말하고 있습니다.
C : B는 진실을 말하고 있습니다.
D : 신입사원은 E입니다.
E : 신입사원은 D입니다.

① A, D
② B, D
③ C, E
④ D, E

03. ○○은행은 직원들에게 다음 〈명제〉에 따라 직무교육을 제공하고 있다. ○○은행 직원 P가 인포그래픽 교육을 받았다면 이를 통해 추론할 수 있는 내용으로 적절하지 않은 것은?

명제

- 엑셀 교육을 받은 사람은 세일즈 교육과 CS 교육을 받지 않는다.
- 회계 교육을 받거나 세무 교육을 받은 사람은 인포그래픽 교육은 받지 않는다.
- 인포그래픽 교육을 받은 사람은 CS 교육을 받는다.
- 세일즈 교육을 받은 사람은 회계 교육이나 세무 교육을 받는다.

① 직원 P는 회계 교육과 엑셀 교육을 받지 않았다.
② 직원 P는 엑셀 교육과 세일즈 교육을 받지 않았다.
③ 직원 P는 CS 교육은 받고 세무 교육은 받지 않았다.
④ 직원 P는 회계 교육, 세일즈 교육 중 하나를 받지 않았다.

대표기출 유형 2 제시문형 분석 추론

주어진 조건, 정보를 바탕으로 결과, 문제점을 추론하는 유형

04. 다음 글의 내용을 통해 추론할 수 있는 사실로 옳은 것은?

○○회사는 사내 팀별 봉사활동을 적극적으로 권장하는 차원에서 그에 대한 보상으로 휴가를 주기로 하였다. 단, 한 팀당 한 달에 두 번의 봉사활동을 해야만 한 달에 1일의 휴가를 받을 수 있다. 이번 달 첫째 주에 제출한 보고서에 의하면 홍보팀과 경영팀은 이번 달에 벌써 1일의 휴가를 얻었고, 인사팀은 한 번의 봉사활동을 하였다. 영업팀과 회계팀은 이번 주인 둘째 주 토요일에 함께 봉사활동을 갈 계획이다. 특히 회계팀은 다음 주에도 인사팀과 함께 봉사활동 계획을 세워 놓았다.

① 인사팀은 이번 달에 휴가를 못 얻을 것이다.
② 경영팀과 홍보팀은 같이 두 번의 봉사활동을 다녀왔다.
③ 영업팀은 더 이상 봉사활동을 하지 않아도 1일의 휴가를 얻을 수 있다.
④ 회계팀은 인사팀과 봉사활동을 다녀온 후에는 1일의 휴가를 얻을 수 있다.

05. 다음에 제시된 현상을 종합하여 추론한 내용으로 적절하지 않은 것은?

- 은행의 대출 금리는 차입자의 재무상태가 취약하여 부실 위험이 클수록 높아진다.
- 시장금리의 흐름을 보여주는 3년 만기 국채 금리가 지난해 말에 비해 0.2% 포인트 하락했다.
- 주요 은행의 지난달 신용대출 평균 금리는 연 4.07%로, 지난해 말 연 3.91%에 비해 0.16% 포인트 상승했다.
- 주요 은행의 주택 담보 대출 금리 흐름도 신용대출처럼 지난해 말 연 2.98%에 비해 0.18% 포인트가 상승했다.

① 국채 금리와 주요 은행의 금리 흐름이 다를 수 있다.
② 은행의 대출 금리를 높이면 신용이 낮은 차입자의 이탈을 유도할 수 있다.
③ 신용이 낮은 차입자들이 은행 금리를 적용 받는 빈도수가 줄어들 것이다.
④ 은행 금리가 높아지는 건 은행의 금리 결정권이 커진다는 의미일 수 있다.

06. 다음 중 ㉠, ㉡에 대하여 옳은 설명을 한 사람을 모두 고른 것은?

㉠ 개인형 퇴직연금(IRP)과 ㉡ 연금저축은 모두 노후 대비 저축상품이다. 구체적으로 노후를 위해 미리 저축을 해서 퇴직 이후에 연금의 형태로 사용하기 위한 계좌이다. 두 상품은 모두 연말정산 때 세액공제를 받을 수 있다. IRP와 연금저축은 노후자금 마련과 세액공제 혜택이라는 공통점이 있지만 다른 상품이다.

보기

갑 : ㉠은 근로소득자가 주요 가입대상이다.
을 : ㉡은 연간 받을 수 있는 최대 세액공제 한도가 1,000만 원이다.
병 : ㉠은 위험자산에 대한 투자가 적립금의 70%까지 가능하다.
정 : ㉡은 특별한 사유(요양, 파산, 천재지변 등) 외에는 일부 인출이 불가능하다.

① 갑, 을　　② 갑, 병
③ 을, 병　　④ 병, 정

대표기출 유형 3 퍼즐형 논리퀴즈

제시된 규칙, 조건을 토대로 상황, 결과를 도출해 내는 유형

07. ○○기업 영업관리팀 소속인 4명의 직원은 지점장들의 지점 관리에 관한 매뉴얼을 효율적으로 지도하기 위하여 〈조건〉에 따라 각 지점에 직접 방문하기로 하였다. 최강인 사원이 방문할 지점으로 알맞은 것은?

조건

- 정승원 사원은 가 지점을 방문하지 않고, 최강인 사원은 나 지점을 방문하지 않는다.
- 박동경 사원은 가 지점을 방문하지 않고, 김기제 사원은 다 지점을 방문하지 않는다.
- 박동경 사원은 라 지점을 방문하고, 정승원 사원은 다 지점을 방문하지 않는다.
- 4명의 직원은 서로 겹치지 않게 1개 지점에만 방문한다.

① 가 지점　② 나 지점
③ 다 지점　④ 라 지점

08. ○○농협 직원 A ~ D는 〈조건〉에 따라 사각형 탁자에 둘러 앉아 조합원 E ~ H를 대상으로 안전교육을 진행하고 있다. 직원들이 각자 E ~ H를 한 명씩 맡아 교육할 때, 다음 중 함께 앉아 있는 직원과 조합원을 알맞게 짝지은 것은?

조건

- 조합원 H를 맡고 있는 직원은 직원 C의 왼편에 앉아 있다.
- 조합원 E를 맡고 있는 직원 맞은편에는 조합원 H를 맡고 있는 직원이 앉아 있다.
- 직원 B는 직원 C 옆에 앉아 있지 않으나, 조합원인 E를 맡고 있는 직원 옆에 앉아 있다.
- 직원 A는 직원 D의 맞은편에 앉아 있고, 직원 D의 오른편에는 직원 B가 앉아 있다.
- 시계 6시 방향에는 직원 C가 앉아 있고, 맞은편에는 조합원인 F를 맡고 있는 직원이 있다.

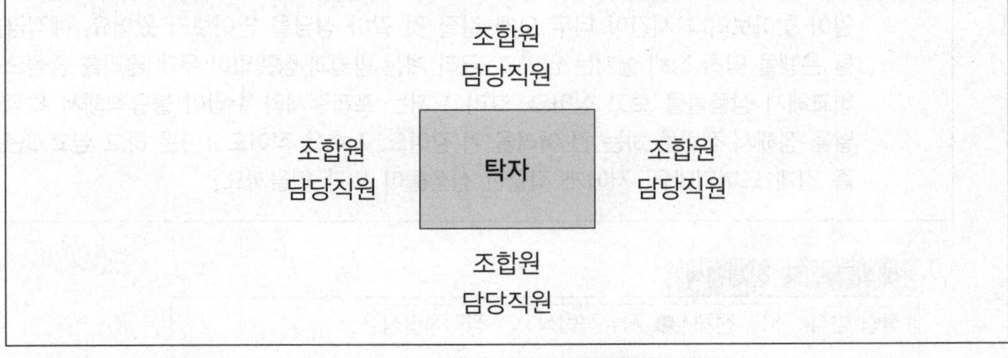

① 직원 A－조합원 F
② 직원 B－조합원 E
③ 직원 C－조합원 G
④ 직원 D－조합원 H

대표기출 유형 4 제시문형 정보 확인

제시된 금융상품 정보를 바탕으로 내용을 판단하는 유형

09. H는 예적금 상품 온라인 중개 플랫폼을 활용하여 여러 금융회사의 상품을 비교하고 고객에게 상품을 신속하게 추천하려 한다. 다음 고객의 요구사항을 반영하여 H가 상품 검색 조건을 선택할 때, 상세검색 화면으로 가장 올바른 것은?

> 고객 : 안녕하세요. 예금이나 적금을 들려고 하는데, 은행이나 상품들이 워낙 많아서 직접 일일이 찾아보려니 시간이 너무 오래 걸릴 것 같아 상담을 받아보러 왔어요. 예적금을 들 은행을 딱히 정해 놓지는 않았고, 금리 계산 방법과 상관없이 우대 금리를 중심으로 비교해서 상품들을 보고 싶어요. 그리고 저는 프리랜서라 수입이 불규칙해서 특정한 날을 정해서 적립을 하는 건 어려울 거 같아요. 저축은 적어도 1년은 하고 싶고 3년은 좀 길게 느껴지네요. 저에게 적절한 상품들이 뭐가 있을까요?

①

예적금 상품 상세검색

적립 방식	○ 전체	● 자유적립식	○ 정액적립식	
이자계산 방식	● 전체	○ 단리	○ 복리	
저축 기간	● 전체	○ 12개월	○ 24개월	○ 36개월
은행	● 전체	○ A 은행	○ K 은행	○ R 은행
정렬 조건	최대 우대 금리 ☑	오름차순 ☑		

②

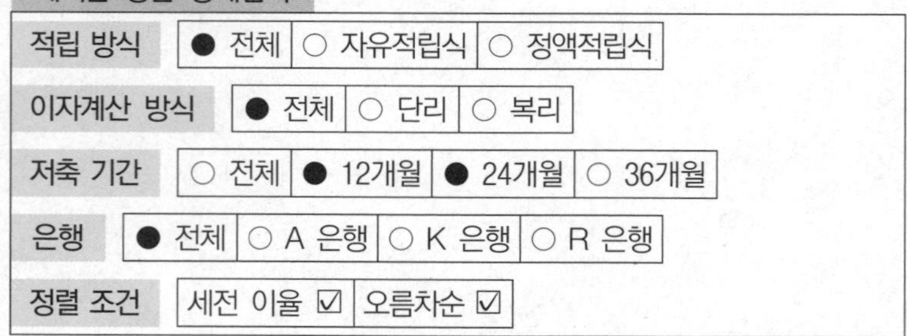

예적금 상품 상세검색

적립 방식	● 전체	○ 자유적립식	○ 정액적립식	
이자계산 방식	● 전체	○ 단리	○ 복리	
저축 기간	○ 전체	● 12개월	● 24개월	○ 36개월
은행	● 전체	○ A 은행	○ K 은행	○ R 은행
정렬 조건	세전 이율 ☑	오름차순 ☑		

③ 예적금 상품 상세검색

적립 방식	○ 전체	● 자유적립식	○ 정액적립식	
이자계산 방식	○ 전체	● 단리	○ 복리	
저축 기간	○ 전체	● 12개월	● 24개월	○ 36개월
은행	● 전체	○ A 은행	○ K 은행	○ R 은행
정렬 조건	최대 우대 금리 ☑	내림차순 ☑		

④ 예적금 상품 상세검색

적립 방식	○ 전체	● 자유적립식	○ 정액적립식	
이자계산 방식	● 전체	○ 단리	○ 복리	
저축 기간	○ 전체	● 12개월	● 24개월	○ 36개월
은행	● 전체	○ A 은행	○ K 은행	○ R 은행
정렬 조건	최대 우대 금리 ☑	오름차순 ☑		

대표기출 유형 5 제시문형 사고력

제시된 정보를 바탕으로 환경을 분석하는 유형

10. '유행'에 관한 다음 글을 읽고 네 명의 마케터들이 나눈 대화에서 문맥상 빈칸에 들어갈 말로 가장 적절한 것은?

유행은 다소 짧은 시간 내에 일시적으로 사회 구성원들에게 전파되는 사회적 동조현상을 말한다. 즉, 어떤 사회집단 속에서 사람들이 일정 기간 동안 유사한 행동양식과 문화양식을 공유하는 것이다. 통상적으로 유행은 빠르게 보급되었다가 비교적 단기간에 소멸되는 경향을 보인다. 사회학자인 짐멜은 상반된 두 욕구인 동조심리와 차별화심리를 동시에 만족시키는 것이 곧 유행이라고 정의한다. 유행에 편승함으로써 자신도 주변 사람들과 동일한 행동을 하고 있다는 안도감을 얻으려는 동조심리와, 유행에 편승하지 않은 다른 사람들과 구별되는 만족감인 차별화심리가 복합적으로 작용한다는 의미이다. 결국 유행을 잘 따르는 사람일수록 타인의 시선이나 남들에게 동조해야 한다는 심리적 압박에 민감한 부류라 할 수 있다.

〈대화〉

J : 사람들의 공통된 행동패턴을 따라하려는 심리가 유행으로 나타나는구나. 이렇게 유행에 편승하려는 심리를 마케팅에도 이용할 수 있겠어.

B : 그렇지. 예를 들면 '이미 많은 사람들이 우리 회사의 제품을 사용하고 있다'라는 내용을 강조하면 소비자들의 구매욕을 자극할 수 있을 거야.

S : (   )

P : 결국 고객층에 따라 상이한 전략을 구사해야 하는구나.

① 구매하는 사람이 늘어날수록 구매하지 않은 소비자들은 유행을 따라야 한다는 심리적 압박을 느끼게 되겠지.

② 반면에 남들과 다른 개성을 추구하는 소비자들에게는 소수만 가질 수 있는 제품임을 어필하여 그들 내에 구매에 관한 심리적 자극을 주는 것이 효과적일 거야.

③ 이미 유행하고 있는 타사 제품들의 마케팅 문구를 분석해서 벤치마킹하는 것도 좋은 전략이 될 수 있지.

④ 그렇지만 유행에 민감하지 않은 소비자들에게는 효과가 떨어진다는 것을 고려해야 하지 않을까?

대표기출 유형 6 금융자료형 추론하기

제시된 금융 자료를 분석하여 주어진 조건, 상황에서 결괏값을 구하는 유형

[11 ~ 12] 다음 제시 상황과 자료를 보고 이어지는 질문에 답하시오.

◇◇은행 직원 S는 당행 홈페이지에 있는 창업기업 관련 안내자료를 보고 있다.

〈창업 길라잡이 : 창업기업 세제혜택〉

창업활성화 및 사업 초기 안정화 지원 등을 위해 다음과 같은 세제혜택을 부여하고 있으므로, 창업기업은 해당 사항을 참고하여 절세에 활용할 필요가 있다.

■ 창업기업 요건
중소기업을 새로 설립하거나, 중소벤처기업부령에 따른 사업 분리 기업

■ 지역별 · 세목별 감면 제도(연 단위로 적용)

감면 세제		수도권		수도권 이외 지역
		과밀억제권역	기타	
		서울 전체, 인천 및 경기 일부*	과밀억제권역 이외 수도권 지역	수도권 외
법인세/소득세	창업 후 5년간 50% 감면	창업 후 1년 이상 5년 미만 기업에 한하여 감면 적용	• 청년 기업 : 5년간 면제 • 에너지/신기술 기업 : 3년간 75%+2년간 50% 감면 • 그 외 : 5년간 50% 감면	감면 세제 모든 기업 적용
취득세	창업 후 4년간 75% 감면	창업 후 3년 이하 기업에 한하여 감면 적용	• 청년 기업 : 4년간 면제 • 지식기반 기업 : 2년간 80%+2년간 75% 감면 • 그 외 : 4년간 75% 감면	

재산세	창업 후 3년간 면제+2년간 50% 감면		창업 후 2년 이하 기업에 한하여 면제	감면 세제 모든 기업 적용	
중소특별 세액	소득세 또는 법인세액의 5 ~ 30% 감면	소기업	• 의료업, 도·소매업 : 10% • 그 외 : 20%		• 의료업, 도·소매업 : 10% • 기타 : 30%
		중기업	• 지식기반 : 10% • 그 외 : 적용 제외		• 에너지/신기술 : 5% • 기타 : 15%

* 고양시, 구리시, 남양주시, 의정부시, 부천시, 성남시, 하남시, 광명시, 안양시, 수원시, 과천시, 의왕시, 군포시, 시흥시

※ 단, 동일 세목에서 2개 이상의 세제 혜택에 해당할 경우 감면 비율이 더 높은 세제 혜택을 적용함.

11. 다음 〈정보〉를 바탕으로 해당 기업이 감면 제도 적용 후 납부할 세액은 모두 얼마인가? (단, 제시된 정보만을 고려한다)

정보

▶기업정보
- 창업 1년 미만의 신규 창업 기업
- 도매업(소기업)
- 주소지 : 인천

▶감면 전 부과된 연간 세금 내역
- 법인세 : 10,000,000원
- 취득세 : 6,000,000원
- 재산세 : 8,000,000원

① 9,500,000원　　② 10,500,000원

③ 11,500,000원　　④ 12,500,000원

12. 다음은 직원 S가 창업 길라잡이를 통해 상담한 기업들의 정보를 정리한 내용이다. ㉠~㉤ 중 각 기업에 적용되는 감면 사항을 올바르게 정리한 것을 모두 고르면? (단, 세제 감면 기간은 창업 후 기간을 의미하며, 제시된 정보만을 고려한다)

㉠ 소기업 A
- 창업 3년의 지식기반 청년 기업
- 주소지 : 경기도 용인

- 법인세 5년간 면제
- 재산세 3년간 면제+2년간 50% 감면
- 취득세 2년간 80%+2년간 75% 감면

㉡ 소기업 B
- 창업 3년의 에너지 분야 청년 기업
- 주소지 : 서울

- 취득세 4년간 면제
- 재산세 감면 없음.
- 법인세 5년간 50% 감면

㉢ 중기업 C
- 창업 2년의 신기술 의료업 기업
- 주소지 : 경기도 안산

- 취득세 4년간 75% 감면
- 법인세 3년간 75%+2년간 50% 감면
- 중소 특별세액 감면 없음.

㉣ 중기업 D
- 창업 18개월의 휴게음식업 기업
- 주소지 : 충청북도 청주

- 소득세 5년간 50% 감면
- 취득세 4년간 75% 감면
- 중소특별세액으로 소득세 30% 추가 감면

㉤ 소기업 E
- 창업 1년 미만의 지식기반 의료업 기업
- 주소지 : 경기도 수원

- 재산세 2년간 면제
- 취득세 4년간 75% 감면
- 중소특별세액으로 소득세 10% 추가 감면

① ㉠, ㉢　　② ㉡, ㉢

③ ㉡, ㉣　　④ ㉢, ㉤

대표기출 유형 7 금융자료연계형 문제처리

주어진 조건, 정보를 금융 업무에 적용, 비교할 수 있는지를 묻는 유형

[13 ~ 17] 다음 제시 상황과 자료를 보고 이어지는 질문에 답하시오.

◇◇카드사의 민아 대리는 다음 자료를 활용하여 카드 검색 및 추천 업무를 진행하려고 한다.

〈2024년 7월 기준 ◇◇카드 리스트〉

구분	카드명	출시일	주요 혜택	최소 전월이용실적	연회비	비고
1	A	22.01.20	온라인 쇼핑몰 적립	40만 원	1만 원	Q 쇼핑몰 제휴
2	B	21.03.11	– 항공권 할인 – 공항 라운지 연 2회 무료	없음.	20만 원	
3	C	18.11.12	마트/외식 할인	30만 원	없음.	P 마트 제휴
4	D	20.03.30	모든 가맹점 S 항공 마일리지 적립	없음.	5만 원	S 항공 제휴
5	E	16.09.30	– 통신 할인 – 공과금 할인	없음.	1만 원	
6	F	21.02.28	대중교통 및 주유 할인	없음.	10만 원	
7	G	22.08.01	영화/공연/서점 할인	30만 원	3만 원	
8	H	23.08.11	편의점/마트 할인	40만 원	3만 원	M 마트 제휴
9	I	24.02.01	– 백화점 할인 – 학원/육아 할인	없음.	10만 원	L 백화점 제휴
10	J	23.07.12	해외사용수수료 할인	없음.	1만 원	

※ 카드에 제휴사가 있는 경우, 관련 주요 혜택은 해당 제휴사에서만 사용 가능함.

13. 다음은 민아 대리가 〈보기〉와 같은 유형으로 카드를 분류하고자 단계별로 적용한 기준이다. 수정이 필요한 부분은 무엇인가?

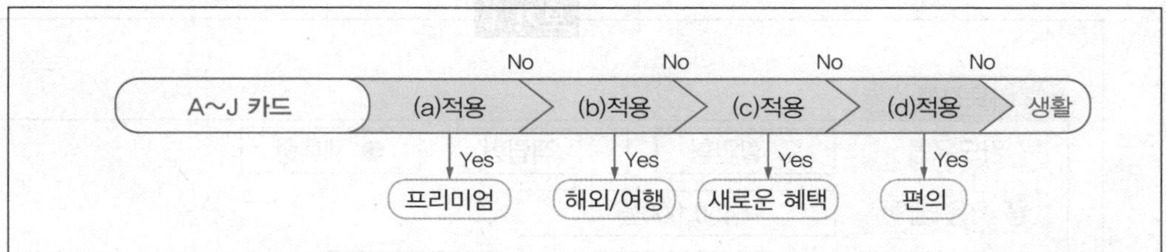

보기

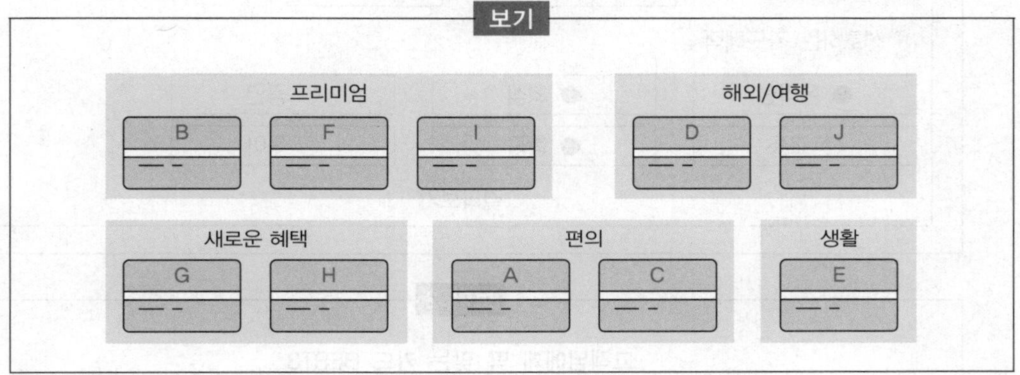

	단계	적용 기준
①	(a)	10만 원 이상의 연회비
②	(b)	'해외', '항공'이 주요 혜택 항목에 포함
③	(c)	출시일로부터 현재 기준 36개월 이내
④	(d)	최소 전월이용실적이 있음.

14. 민아 대리가 카드검색 기능에 오류가 없는지 확인하기 위해 〈보기 1〉과 같이 검색하자, 〈보기 2〉와 같이 화면이 나왔다. 현재 카드검색에 오류가 있는 기능은?

보기 1

카드검색

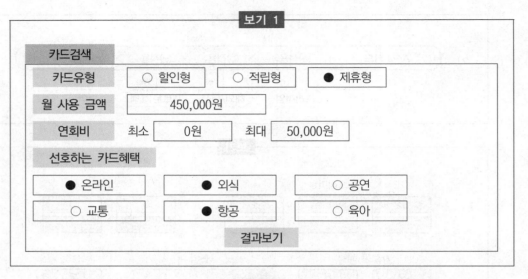

카드유형	○ 할인형	○ 적립형	● 제휴형
월 사용 금액	450,000원		
연회비	최소 0원	최대 50,000원	

선호하는 카드혜택

● 온라인	● 외식	○ 공연
○ 교통	● 항공	○ 육아

결과보기

보기 2

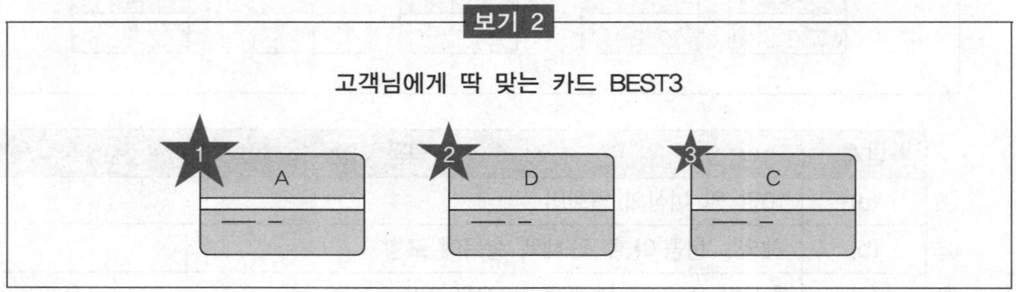

	기능
①	'선호하는 카드혜택' 선택 항목 중 하나 이상이 주요 혜택에 포함된 카드만 선택
②	비고 항목에 '제휴'가 포함된 카드만 선택
③	연회비 항목의 범위 제한
④	최소 전월이용실적이 높은 순으로 정렬

15. 민아 대리는 이번에 고객 소비 분석에 기반한 맞춤형 카드 추천 프로그램을 개발하였다. 고객 X와 고객 Y 각각의 소비분석 자료를 입력하자 I 카드 또는 H 카드를 1순위로 프로그램이 추천했을 때, 민아 대리가 개발한 카드 추천 알고리즘으로 가장 적절한 것은?

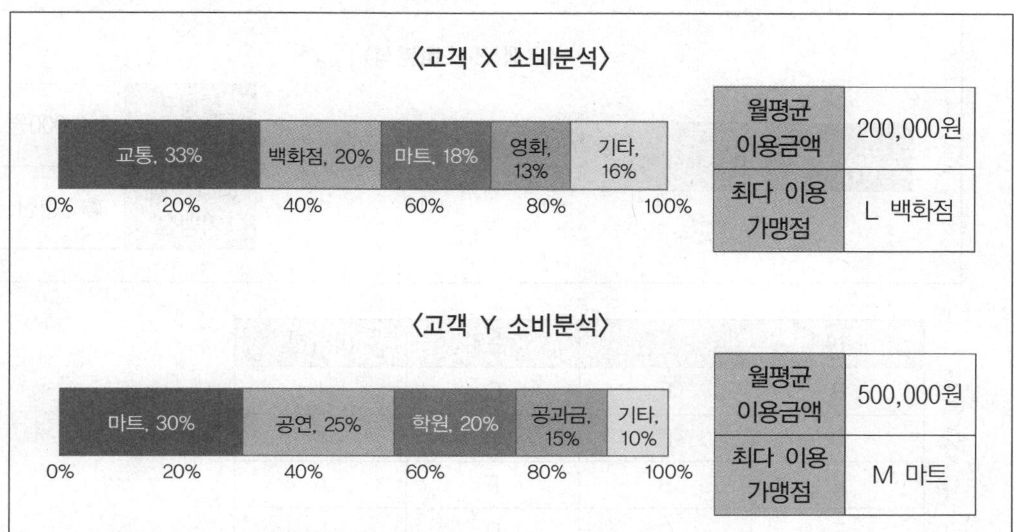

①

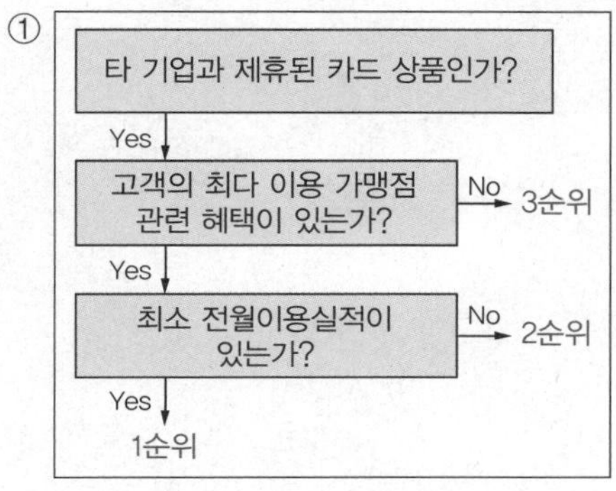

②

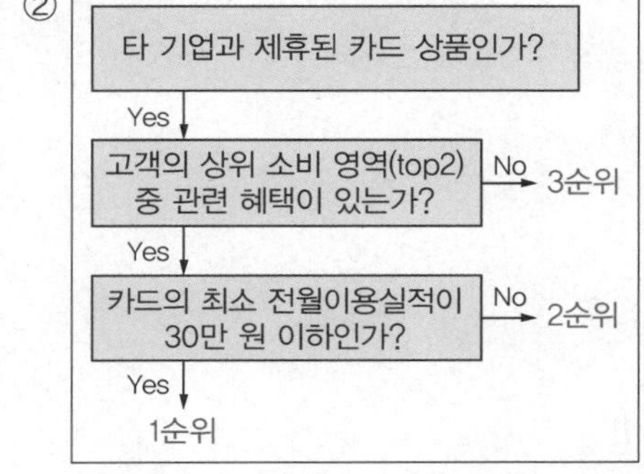

③

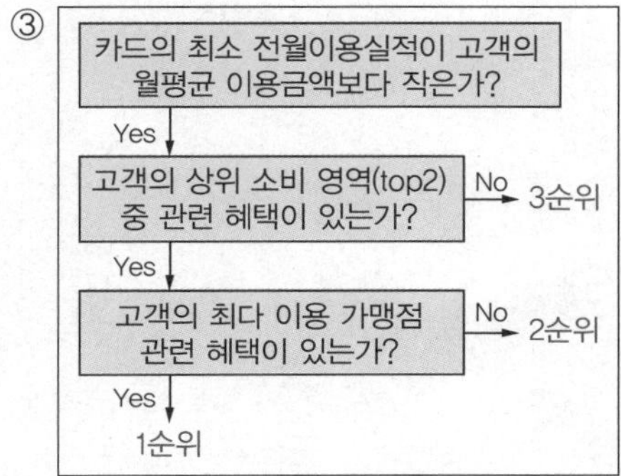

④

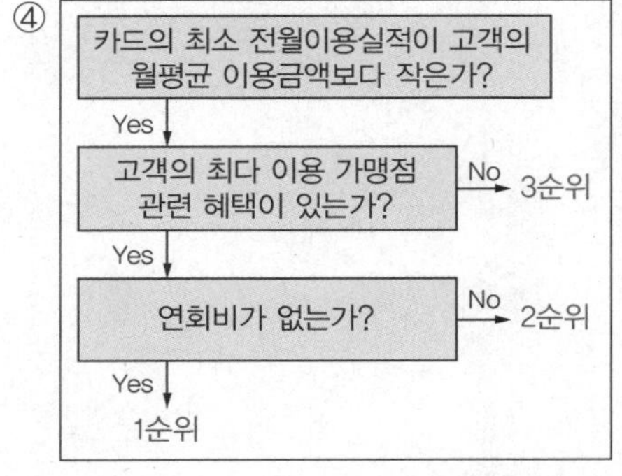

16. (15와 이어짐) 민아 대리가 고객 X, Y에게 적용한 것과 동일한 알고리즘을 고객 Z에게도 적용해 보았다. 알고리즘에 따라 1 ~ 3순위에 들지 않는 카드는 추천하지 않는다고 할 때, 1 ~ 3순위 및 추천하지 않는 카드가 올바르게 짝지어진 것은?

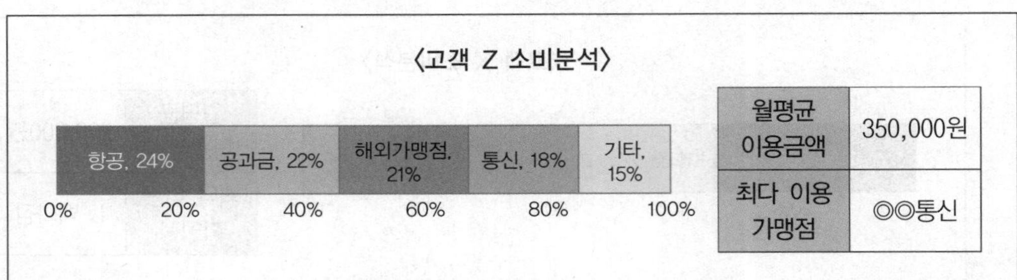

	1순위	2순위	3순위	비추천
①	B	F	G	I
②	D	E	C	A
③	E	B	F	A
④	E	C	D	F

17. (16과 이어짐) 고객 Z에게 1순위로 추천할 카드를 J가 되도록 알고리즘을 새로 작성하려 할 때, 그 알고리즘으로 적절한 것은?

①
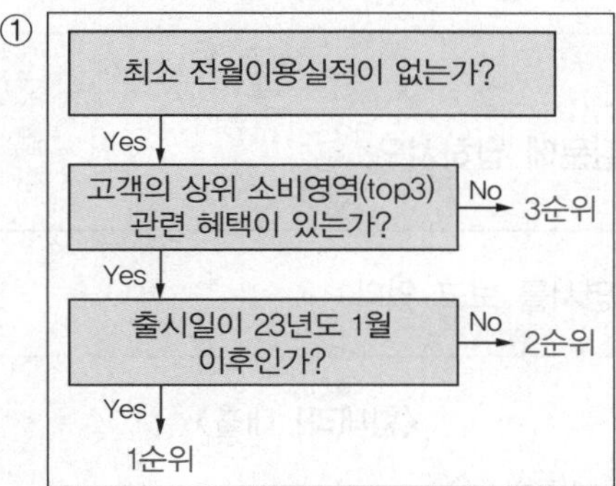

②
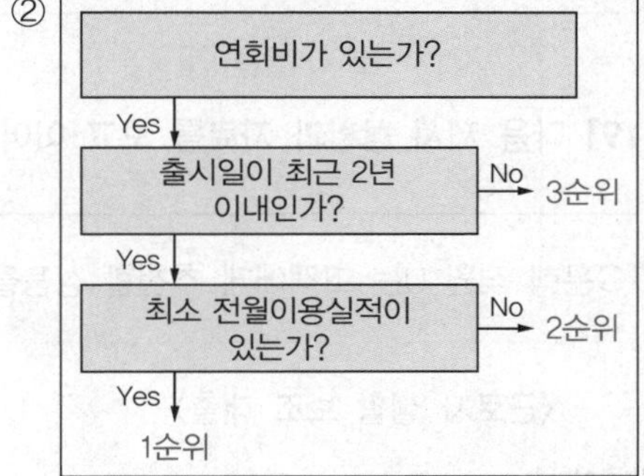

③
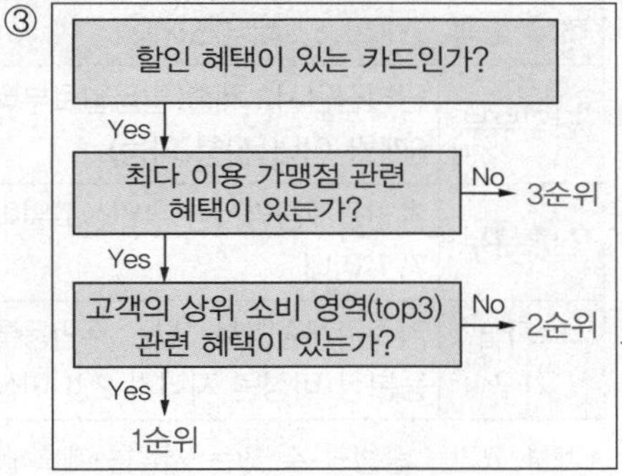

④
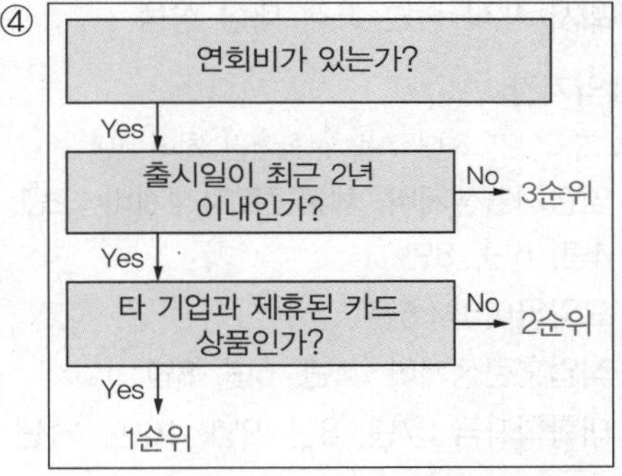

대표기출 유형 8 금융자료형 규정적용

제시된 규정, 조건을 바탕으로 금융 사례와 상황을 해결하는 유형

[18 ~ 19] 다음 제시 상황과 자료를 보고 이어지는 질문에 답하시오.

○○은행 직원 U는 고객에게 추천할 상품들의 설명서를 보고 있다.

〈근로자 생활 보조 대출〉

■ 대출대상
- 회사 재직 중인 고객 대상 상품

■ 계약기간

※ 거치기간 최대 7년, 상환기간 최대 4년
- 임금체불생계비, 체불근로자생계비 : 2년, 4년, 6년, 8년
- 요양급여비 : 5년
- 직업훈련생계비 : 4년, 6년, 8년
- 대학학자금 : 7년, 8년, 9년, 10년, 11년

■ 대출한도
- 요양급여비 : 최대 10백만 원
- 임금체불생계비, 체불근로자생계비, 대학학자금 : 최대 20백만 원
- 직업훈련생계비 : 최대 1,250만 원

■ 대출금리

구분	금리
임금체불생계비, 체불근로자생계비	연 1.5%
요양급여비	거치기간 연 0.6% 상환기간 연 2.6%
직업훈련생계비	연 1.0%
대학학자금	연 2.3%

■ 상환방식
- 매월 원리금균등분할상환

〈힘내라! 대출〉

■ 대출대상

대상 고객	세부 요건*
난임부부	난임진단서 제출(발급일로부터 6개월 이내 신청 가능)
신혼부부	혼인관계증명서상 혼인신고일이 7년 이내
다자녀 가구	가족관계증명서 또는 주민등록등본상 미성년 자녀가 2인 이상

* 세부 요건을 증빙할 수 있는 서류를 제출해야 인정됨.

■ 계약기간 및 대출한도
- 최장 15년 이내 연 단위 계약
- 1인당 최고 15백만 원(단, 다자녀 가구는 1인당 최고 50백만 원)

■ 대출금리
- 5년 이하 : 연 2.2%, 5년 초과 시 연 2.5%

■ 상환방식
- 매월 원리금균등분할상환

18. 직원 U는 위 자료를 〈보기〉와 같이 정리하였다. 다음 ⓐ～ⓓ 중 적절하지 않은 내용은?

보기

● '근로자 생활 보조 대출'의 특징
- ⓐ 대출 목적에 따라 대출한도가 달라짐.
- ⓑ 거치기간과 상환기간의 대출금리가 다른 경우가 있음.

● '힘내라! 대출'의 특징
- ⓒ 거치 및 상환기간을 설정할 수 있음.
- ⓓ 신청할 때 별도 서류를 제출해야 하는 경우가 있음.

① ⓐ　② ⓑ
③ ⓒ　④ ⓓ

19. 다음 〈정보〉는 ○○은행에 상담을 요청한 고객 정보이다. 직원 U가 해당 고객을 응대한 내용으로 적절하지 않은 것은?

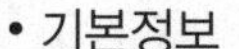
정보

• 기본정보
- 기혼(12년 전 혼인신고), 미성년 자녀 2인(주민등록등본상 확인 완료)
- △△기업 재직 중(풀타임 근무)

• 대출 관련 정보
- 본인 대학교 등록금
- 직업훈련 시 파트타임 근무 전환으로 인한 생계비 보완

① '힘내라! 대출'과 '근로자 생활 보조 대출' 중 어느 상품을 계약하시더라도 상환기간과 상환방식은 동일해요.
② '근로자 생활 보조 대출'을 통해 대학 등록금을 마련할 경우 상환기간은 0～4년 사이로 설정할 수 있어요.
③ '힘내라! 대출'을 하실 경우 30백만 원을 초과한 금액도 대출받으실 수 있어요.
④ '힘내라! 대출' 상품은 계약기간에 따라 대출금리가 달라질 수 있으니 잘 확인하셔야 해요.

▸ 정답과 해설 22쪽

02 유형연습문제

01. 다음 대화에서 선우 팀장이 선택할 수 있는 방안으로 옳은 것을 모두 고르면?

> 선우 팀장 : 최근 출시된 신제품에 대한 반응은 어떠한가요?
> 구 대리 : 출시된 신제품에 대한 고객들의 구매 행동을 분석한 결과, 대부분 습관적으로 반복 구매하는 것으로 나타나고 있습니다.
> 선우 팀장 : 아, 그렇군요. 그럼 이번을 계기로 좀 더 큰 매출증진 효과를 위해 추가적인 마케팅 방안을 고려해야겠군요.

> ㄱ. 상품과 기능에 대한 노출 증대
> ㄴ. 기존 상품의 새로운 기능을 추가로 광고
> ㄷ. 진열이나 선반 위치의 변경 및 POP 광고 강화
> ㄹ. 기존 소비자에 대한 서비스의 확대와 인적 판매 전략의 강화

① ㄱ, ㄴ　　② ㄱ, ㄷ
③ ㄴ, ㄹ　　④ ㄷ, ㄹ

02. 다음 조건을 만족할 때 대출이 없는 ○○회사 김 사원에 대한 설명으로 항상 옳은 것은?

> • 자동차가 있는 사람은 대출이 있다.
> • 아파트에 살면서 자동차가 없는 직원은 모두 여자다.
> • 아파트에 살면서 자동차가 있는 직원은 모두 기혼이다.
> • 오피스텔에 살면서 자동차가 없는 직원은 미혼이다.
> • 모든 ○○회사 직원은 오피스텔과 아파트 중 한 곳에서만 산다.

① 김 사원은 기혼이다.
② 김 사원이 여자라면 아파트에 산다.
③ 김 사원이 오피스텔에 산다면 미혼이다.
④ 김 사원은 자동차를 가지고 있다.

03. 다음 글이 타당한 논증이 되기 위해 반드시 보충해야 할 전제는?

> A 시의 농산물 가공공장 B는 C 시에 위치한 다른 공장 전체보다 더 많은 비정규직 노동자를 고용하고 있다. C 시의 주민들 중 비정규직 노동자들은 대부분 농산물 가공공장에 근무한다. 그러므로 B 공장이 경영난으로 문을 닫는다면 절반이 넘는 C 시의 비정규직 노동자는 직장을 잃게 될 것이다.

① B 공장 노동자의 절반 이상이 정규직 직원이다.
② B 공장의 직원은 모두 C 시의 주민이다.
③ B 공장은 유일한 농산물 가공공장이다.
④ C 시의 다른 공장은 B 공장 출신 직원을 고용하는 것을 선호한다.

04. 다음에 제시된 현상을 종합하여 추론한 내용으로 가장 적절하지 않은 것은?

> • OECD의 발표에 따르면 2013년 기준 한국의 시간당 소득은 33개국 가운데 중하위권인 22위로 나타났다.
> • 사기업에 재직 중인 한국 직장인을 대상으로 조사한 결과, 주 5일 근무 기준으로 평일 3.5일을 야근했으며 '칼퇴근'한 날은 1.5일이었다.
> • 인사혁신처는 주당 40시간 범위에서 자율적으로 근무일과 근무 시간을 조정할 수 있는 '공무원 근무 혁신 지침'을 시행했다(적용 대상 : 공무원, 공공기관).

① 한국 사기업 직장인들의 시간당 소득은 낮은 반면에 하는 일은 많은 것 같아.
② 한국 사기업 직장인들 중 일주일에 2일 이상 '칼퇴근'하는 사람은 많지 않을 거야.
③ 사기업과 공공기관의 업무 시간 격차를 줄일 수 있는 정책이 필요하겠군.
④ 근무 환경에 비해 공무원보다 적은 보수를 받는 사기업 직장인 대부분의 처우를 개선해야지.

05. 다음 자료를 바탕으로 영업부서의 부서 교육 일정을 계획하려고 한다. 교육이 진행될 수 있는 요일과 시간으로 적절한 것은? (단, 부서 인원 전체가 교육에 참여해야 한다)

〈영업부서 11월 첫째 주 주간 일정〉

- 신입사원 교육(월 09:00 ~ 17:00)
- 이 팀장, 조대리 협력사 미팅(수 14:00 ~ 16:00)
- 점심시간(월 ~ 금 12:00 ~ 13:00)
- 센터장 회의(목 13:00 ~ 15:00)

〈영업부서 조직도〉

<table>
<tr><th colspan="3">영업부서</th></tr>
<tr><td colspan="3">이 센터장</td></tr>
<tr><th>영업팀</th><td rowspan="2"></td><th>영업지원팀</th></tr>
<tr><td>이 팀장
조 대리
김 사원</td><td>김 팀장
정 과정
박 사원(신입)</td></tr>
</table>

〈회의실 대여 현황표〉

구분	월	화	수	목	금
09:00 ~ 10:00		×	×		
10:00 ~ 11:00		×			×
11:00 ~ 12:00	×				
12:00 ~ 13:00	×		×	×	
13:00 ~ 14:00				×	×
14:00 ~ 15:00		×		×	
15:00 ~ 16:00	×	×		×	
16:00 ~ 17:00					×

- × 표시는 회의실 예약이 불가능한 시간이다.
- 영업부서 교육은 11월 첫째 주에 진행된다.
- 교육 진행 시간은 2시간이고 교육 준비를 위해 10분 전부터 회의실과 참여 인원들의 일정이 비워져 있어야 한다.

① 화요일 – 15:00 ~ 17:00 ② 수요일 – 15:00 ~ 17:00

③ 목요일 – 10:00 ~ 12:00 ④ 금요일 – 14:00 ~ 16:00

06. ○○은행 김 대리는 중소기업 운영자금 대출을 받으러 온 고객기업들에게 대출상품을 추천하려고 한다. 다음과 같은 상황에서 각 고객기업에게 추천해야 할 상품을 바르게 연결한 것은?

> 고객기업들이 대출상품을 고려할 때 가장 중시하는 항목은 대출금액, 대출기간, 이자율, 중도상환수수료 4가지이다. 전체를 100%로 할 때 고객기업들은 일반적으로 대출금액이 50%, 대출기간이 25%, 이자율이 15%, 중도상환수수료 10%의 중요성을 가진다는 조사결과가 있다. 각 상품의 항목별 평가는 10점을 만점으로 점수가 높을수록 평가가 좋은 것이다. 각 상품의 항목별 평가는 다음과 같다.

〈○○은행 대출상품〉

(단위 : 점)

구분	채움 대출	안심 대출	드림 대출
대출금액	5	9	9
대출기간	7	5	8
이자율	8	6	5
중도상환수수료	5	4	4

〈기업별 대출상품 선호 기준〉

구분	대출상품 선호 기준
A 기업	중요성이 가장 높은 항목 순으로 가장 좋게 평가된 상품 선호
B 기업	모든 항목들의 점수 합에 따른 종합적인 평가가 가장 좋은 상품 선호
C 기업	모든 항목의 평가점수가 허용수준(5점 이상)을 충족하는 상품 선호

※ 중요성 판단은 조사결과를 기준으로 %가 높을수록 중요성이 높다고 본다.

	A 기업	B 기업	C 기업
①	드림 대출	안심 대출	채움 대출
②	드림 대출	드림 대출	채움 대출
③	채움 대출	채움 대출	안심 대출
④	안심 대출	드림 대출	채움 대출

[07 ~ 08] 다음 제시 상황과 자료를 보고 이어지는 질문에 답하시오.

○○호텔 프론트에서 근무하는 김 씨는 고객의 객실 예약 및 비용 청구 업무를 하고 있다.

〈객실 안내〉

구분	트윈룸	더블룸	킹룸	패밀리룸
기본정보	싱글베드 2개 객실 크기 : 21m^2 전망 : 스트리트뷰	더블베드 1개 객실 크기 : 21m^2 전망 : 시티뷰	더블베드 1개 객실 크기 : 31m^2 전망 : 시티뷰	더블베드 2개 객실 크기 : 40m^2 전망 : 오션뷰
내부시설	샤워실, 냉장고	욕조 및 샤워실, 냉장고, 커피/티 메이커	욕조 및 샤워실, 냉장고, 전자레인지, 커피/티 메이커	욕조 및 샤워실, 냉장고, 전자레인지, 커피/티 메이커
무료제공 서비스	주차 1대	주차 1대 1인 조식	주차 1대	주차 1대 2인 조식
수용인원	2명	2명	3명	4명
숙박요금 (1박당)	75,000원	80,000원	100,000원	150,000원

※ 무료제공 서비스는 숙박기간 내 지속 적용

※ 수용인원에서 인원 추가 시 1박 기준 1인당 3만 원 추가(단, 5세 미만 아동은 무료)

※ ○○계열사 직원 숙박요금 20% 할인 : 체크인 후 7/1 ~ 8/31에 해당하는 일자는 할인 제외, 추가서비스 요금 별도

〈추가서비스 요금 안내〉

구분	조식 추가	주차차량 추가	간이침대 추가
요금(1박당)	인당 2만 원	대당 1만 원	개당 5천 원

07. 김 씨는 다음과 같은 고객의 문의전화를 받았다. 제시된 자료만을 고려했을 때, 고객의 요청사항을 만족하는 객실의 개수는? (단, 고객이 언급하지 않은 조건은 고려하지 않는다)

8월 둘째 주에 성인 2명이 2박 3일 동안 사용할 객실을 예약하려고 해요. 차량 2대를 주차할 공간이 필요하고, 2명 모두 이틀 내내 조식을 먹을 생각입니다. 객실 전망은 스트리트뷰만 아니면 상관없고, 내부에 욕조는 꼭 있으면 좋겠어요. 총비용은 30만 원을 초과하지 않아야 하는데, 이 조건들을 모두 충족하는 객실이 있을까요?

① 1개 ② 2개
③ 3개 ④ 4개

08. 김 씨는 체크아웃하려는 고객의 결제를 진행하려고 한다. 다음의 청구서에 따라 결제되는 총금액은 얼마인가? (단, 호텔 이용 서비스는 숙박기간 동안 계속 이용했다)

〈청구서〉

체크인 ··········· 토, 08/31, 202X (14:30)
체크아웃 ··········· 월, 09/02, 202X (10:30)
사용인원 ··········· 3인(성인 2명, 4세 아동 1명)
숙박 기간 및 객실 수 ··········· 2박, 트윈룸 1개
이용 서비스 ··········· 조식 2인, 주차 1대
특이사항 ··········· ○○계열사 직원
총요금 ··········· ________₩

① 195,000원 ② 215,000원
③ 245,000원 ④ 250,000원

[09 ~ 10] 다음 제시 상황과 자료를 보고 이어지는 질문에 답하시오.

△△은행 직원 Q는 고객에게 추천할 상품 안내문을 보고 있다.

△△은행 스마트지원대출

- 개요 : 소상공인이 스마트화할 때 필요한 자금을 우대 지원하는 대출상품입니다.

지원대상	중소 개인, 법인 사업자
대출한도	제한 없음.
계약기간*	- 운전자금 : 최대 5년 - 시설자금 : 최대 15년
이자부과	매년
대출대상	아래 대상 중 하나 이상 충족 시 대출대상에 해당함. - 스마트 상점 : AR/VR, 키오스크, 스마트 오더(배달 앱 등), IoT 등 스마트 기술을 이용하여 상품·서비스를 판매하는 소상공인 - 스마트 공방 : □□공단의 '스마트 공방 사업'에 선정된 소상공인 - 전자상거래업 영위기업 : 온라인 스토어를 통한 물품 판매 실적 보유 소상공인 - 온라인 교육 수료기업 : △△은행이 운영하는 소상공인 온라인 교육을 수료한 기업
상환방식**	- 만기일시상환, 원금균등분할상환(매년 말 연 단위로 상환) - 계산식 : 이자=이자부과시기별 '(원금)×(대출금리)'의 합(단, 단리 적용)
대출금리	기준금리(연 1.4%)+가산금리(연 2.5%p)-감면금리(연 0.3%p) ※ 온라인 교육 수료기업은 온라인 교육 수료월로부터 6개월 이내 대출 신규 시 금리 0.1%p 추가 감면
중도상환 수수료	- 대출의 상환기일이 도래하기 전에 대출금을 상환할 경우 부담하는 금액 - 계산식 : 수수료=중도상환금액×중도상환수수료 요율× $\frac{\text{대출잔여기간}}{\text{대출기간}}$ ※ 대출잔여기간과 대출기간은 월 단위로 함. ※ 단, 대출기간이 3년을 초과하는 경우, 대출일로부터 3년째 되는 날을 만기일로 간주 중도상환수수료 요율 - 부동산 담보 : 1.4% / 부동산 담보 외 : 0.9%

* 보증서 담보대출의 경우, 계약기간은 보증서상의 보증기한 이내여야 함.

** 만기일시상환 : 약정 기간 동안 대출원금에 대한 상환 없이 이자만 부담하는 방식

원금균등상환 : 대출원금을 매년 동일한 금액으로 갚아가는 방식

09. 〈보기〉는 직원 Q가 △△은행 스마트지원대출 가입 고객들의 정보를 정리한 내용이다. ㉠ ~ ㉤ 중 고객 정보를 올바르게 정리한 내용을 모두 고른 것은?

보기

㉠ 소상공인 A
- 키오스크를 활용하여 햄버거 판매
- 보증서 담보(보증기한 2022. 5. 1. ~ 2026. 5. 1.)
- 운전자금 3억 원 대출(2022. 7. 1. ~ 2026. 7. 1.)
- 만기일시상환
- 총이자 : 4,320만 원

㉡ 소상공인 B
- 온라인 교육 수료기업(2022. 11. 1. 수료)
- 부동산 담보
- 시설자금 8억 원 대출(2022. 2. 1. ~ 2032. 2. 1.)
- 만기일시상환
- 총이자 : 28,800만 원

㉢ 소상공인 C
- □□공단 '스마트 공방 사업' 선정 기업
- 부동산 담보
- 시설자금 5억 원 대출(2020. 10. 1. ~ 2025. 10. 1.)
- 원금균등분할상환
- 총이자 : 5,400만 원

㉣ 소상공인 D
- 온라인 스토어 물품 판매 실적 보유
- 보증서 담보(보증기한 2021. 6. 21. ~ 2028. 6. 21.)
- 운전자금 10억 원 대출(2021. 10. 15. ~ 2026. 10. 15.)
- 원금균등분할상환
- 총이자 : 2,160만 원

㉤ 소상공인 E
- VR게임 판매, 온라인 교육 수료기업(2021. 2. 16.)
- 부동산담보
- 운전자금 7억 원 대출(2021. 5. 11. ~ 2028. 5. 11.)
- 만기일시상환
- 총이자 : 17,150만 원

① ㉠, ㉢　　② ㉡, ㉣
③ ㉢, ㉤　　④ ㉣, ㉤

10. 다음 〈보기〉의 △△은행 스마트지원대출 이용 고객의 정보를 참고할 때, 직원 Q가 고객에게 안내해야 할 중도상환수수료 금액은? (단, $\frac{\text{대출잔여기간}}{\text{대출기간}}$의 값은 소수점 아래 둘째 자리에서 반올림하여 계산한다)

보기

〈배달 앱을 통한 상품 판매업 소상공인〉

- 운전자금 12억 원(2019년 9월 ~ 2023년 9월)
- 부동산 담보
- 만기일시상환
- 대출받고 21개월 후 7억 원 중도상환하려고 함.

① 3,920,000원
② 5,880,000원
③ 6,720,000원
④ 10,080,000원

11. 다음 글을 근거로 판단할 때, 다음 중 유통이력 신고의무자는?

甲국의 유통이력 관리 제도는 사회 안전 및 국민 보건을 위해 관세청장이 지정하는 수입 물품(이하 "지정 물품"이라 한다)에 대해 유통단계별 물품 거래 내역(이하 "유통이력"이라 한다)을 추적 · 관리하는 제도이다. 유통이력에 대한 신고 의무가 있는 사람은 수입자와 유통업자이며, 이들이 지정 물품을 양도(판매, 재판매 등)한 경우 유통이력을 관세청장에게 신고하여야 한다. 지정 물품의 유통이력 신고 의무는 아래 〈유통이력 신고 대상 물품〉의 시행 일자부터 발생한다.

- 수입자 : 지정 물품을 수입하여 세관에 신고하는 자
- 유통업자 : 수입자로부터 지정 물품을 양도받아 소매업자 또는 최종 소비자에게 양도하는 자(도매상 등)
- 소매업자 : 지정 물품을 최종 소비자에게 판매하는 자
- 최종 소비자 : 지정 물품의 형체를 변형해서 사용하는 자를 포함하는 최종 단계 소비자(개인, 식당, 제조 공장 등)

〈유통이력 신고 대상 물품〉

시행 일자	지정 물품
2009. 8. 1.	공업용 천일염, 냉동 복어, 안경테
2010. 2. 1.	황기, 백삼, 냉동 고추, 뱀장어, 선글라스
2010. 8. 1.	구기자, 당귀, 곶감, 냉동 송어, 냉동 조기
2011. 3. 1.	건고추, 향어, 활낙지, 지황, 천궁, 설탕
2012. 5. 1.	산수유, 오미자
2013. 2. 1.	냉동 옥돔, 작약, 황금

※ 위의 표에서 제시되지 않은 물품은 신고 의무가 없는 것으로 간주한다.

① 수입한 선글라스를 2009년 10월 안경 전문점에 판매한 안경테 도매상 A
② 당귀를 수입하여 2010년 5월 동네 한약방에 판매한 한약재 전문 수입자 B
③ 구기자를 수입하여 2012년 2월 건강 음료 제조 공장에 판매한 식품 수입자 C
④ 도매상에서 구입한 수입 냉동 복어로 만든 매운탕을 2011년 1월 소비자에게 판매한 음식점 주인 D

[12 ~ 13] 다음 ○○은행의 전자금융사기 피해예방 교육 자료를 읽고 이어지는 질문에 답하시오.

〈전자금융사기 피해 예방법〉

1. 전화로 정부기관이라며 자금이체를 요구하면?
   ▸이러한 전화를 받는 경우 전화를 끊고 검찰청(1301)이나 경찰(112), 또는 금감원(1332)으로 전화하여 사실 여부를 반드시 확인하시기 바랍니다.
2. 전화 · 문자로 대출을 권유받는 경우에는?
   ▸반드시 금융회사의 실제 존재 여부를 우선 확인한 후 대출을 권유하는 자가 금융회사 직원인지 또는 정식 등록된 대출 모집인지 여부를 확인하시기 바랍니다.
3. 대출 처리비용 등의 이유로 선입금을 요구하면?
   ▸어떠한 명목으로도 대출과 관련하여 선입금을 하라고 요구하지 않으므로 절대로 응해서는 안 됩니다.
4. 저금리 대출을 위한 고금리 대출을 권유하면?
   ▸정상적인 금융회사는 저금리 대출을 받기 위해서 고금리 대출을 먼저 받으라고 요구하지 않습니다. 또한, 대출금 상환 시에는 해당 금융회사의 계좌가 맞는지 여부를 반드시 확인하시기 바랍니다.
5. 자녀 납치 · 협박 전화를 받는 경우에는?
   ▸사기범의 요구대로 급하게 금전을 입금하기 보다는 먼저 준비해 둔 지인들의 연락처를 이용하여 자녀의 안전 여부부터 확인하시기 바랍니다.
6. 채용을 이유로 계좌 비밀번호 등을 요구하면?
   ▸정상적인 기업의 정식 채용 절차에서는 급여계좌 개설 또는 보안관련 출입증 등에 필요하다면서 체크카드 및 금융거래정보(비밀번호, 공인인증서, OTP 등)를 절대 요구하지 않습니다.
7. 가족 등을 사칭하여 금전을 요구하면?
   ▸반드시 유선으로 한 번 더 본인임을 확인하시기 바랍니다. 만약 상대방이 통화할 수 없는 상황 등을 들어 본인확인을 회피하고자 하는 경우 직접 신분을 확인할 때까지는 금전 요구에 응하지 말아야 합니다.
8. 출처불명 파일이나 이메일, 문자는?
   ▸악성코드에 감염되어 개인정보가 유통될 수 있습니다. 악성코드 감염은 금융거래 시 파밍 등을 일으키는 주요 원인이므로 이러한 파일이나 문자는 즉시 삭제하시기 바랍니다.
9. 금감원 팝업창이 뜨고 금융거래정보 입력을 요구하면?
   ▸인터넷 포털사이트에 접속 시, 보안관련 인증절차를 진행한다는 내용의 금감원 팝업창이 뜨고 이를 클릭하였는데 보안승인을 위해서라며 계좌번호, 비밀번호, 보안카드번호 등 금융거래정보를 입력하라고 요구하면 보이스피싱(파밍)이니 절대 응해서는 안 됩니다.

10. 보이스피싱 피해가 발생하면 즉시 신고 후 피해금 환급을 신청

▸사기범에게 속아 자금을 이체한 경우, 사기범이 예금을 인출하지 못하도록 신속히 경찰 또는 해당 금융회사에 전화하여 계좌에 대한 지급정지 조치를 하시기 바랍니다. 지급정지 조치 후 경찰서에 방문하여 피해 신고를 하고 금융회사에 피해금 환급을 신청하시면 해당 계좌에 피해금이 인출되지 않고 남아 있는 경우 피해금 환급제도에 따라 별도의 소송 절차 없이 피해금을 되찾을 수 있습니다.

12. 다음 중 전자금융사기 피해 예방법을 잘못 이해한 사람은?

김신욱 : 대출 여부는 대출 당시 고객의 신용등급, 채무내역, 연체이력 등을 고려해서 금융회사가 결정하니, 전화나 문자를 통한 대출 광고는 연락하지 않는 게 좋아.

조현우 : 정부기관이라고 전화가 온다면 발신인이 주는 사이트로 확인을 하는 게 좋아.

손흥민 : 보안 앱과 백신 프로그램을 항상 최신 상태로 업데이트하고 금융거래정보는 컴퓨터나 스마트폰에 사진이나 문서로 저장해 두면 안 돼.

이강인 : 보이스피싱으로 인해 잘못 이체한 경우, 지급정지 조치 후 경찰에 신고를 하고 금융회사에 피해금 환급을 신청하기만 하면 해당 계좌에 피해금이 인출되지 않고 남아 있는 경우 별도의 소송절차 없이 즉시 피해금을 되찾을 수 있어.

① 김신욱　　② 조현우

③ 손흥민　　④ 이강인

13. 전자금융사기 피해예방 교육을 받은 한 고객이 교육이 끝난 후 다음과 같이 질문했을 때, 이에 대해 답변할 내용으로 잘못된 것은?

고객 : 금융사기 예방을 위한 금융생활 습관은 어떠한 것이 있나요?

① 컴퓨터나 스마트폰에 저장된 계좌비밀번호나 보안카드 번호 등의 사용 시 주의하세요.

② 보안카드보다 안정성이 높은 보안매체인 OTP를 적극 이용하세요.

③ 타인에게 절대 개인정보와 금융거래정보를 알려 주지 마세요.

④ 공공기관 또는 금융회사는 이체를 요구하거나 금융거래정보를 수집하지 않음을 명심하세요.

파트 4

자원관리능력

▸ 정답과 해설 26쪽

대표기출 유형 1 자원관리 개념

제시문을 바탕으로 자원관리의 개념과 방법을 이해하는 유형

01. 경영기획팀에서 근무하고 있는 A 씨는 요즘 재무에 관심이 생겨 재무팀 사원들과 종종 어울리며 기초 지식을 배우고 있는 중이다. 어느 날 재무팀 사원들이 예산관리에 대해 이야기하는 것을 듣게 되었다. 다음 대화에서 빈칸 ㉠에 들어갈 내용으로 적절한 것은?

> 김 사원 : 예산을 사전적 의미로 이해했을 때, 예산은 필요한 비용을 미리 헤아려 계산하는 행위 또는 그 비용 자체를 의미하죠. 넓은 범위에서는 민간기업 · 공공단체 및 기타 조직체는 물론이고 개인의 수익 · 지출에 관한 것도 포함돼요.
>
> 정 사원 : 예산관리는 활동이나 사업에 소요되는 비용을 산정하고, 예산을 편성하는 것뿐만 아니라 통제하는 것까지 모두를 포함해요. 다시 말해, 예산을 수립하고 집행하는 모든 일을 예산관리라고 말할 수 있는 거죠.
>
> 이 사원 : 우리가 예산관리를 해야 하는 이유는 예산의 유한성에서 비롯된다고 볼 수 있어요. 하나의 사업이나 활동을 하기 위해 필요한 비용을 미리 계산하는 것을 예산이라고 할 수 있지만 대부분은 정해진 예산 범위 내에서 그 계획을 세우게 되는 것이 아닐까요?
>
> 박 사원 : 그렇죠. 어떤 활동을 하건 간에 활동에 지불할 수 있는 비용은 제한되기 마련이죠. 그래서 적은 비용으로 최대의 효과를 내는 게 중요하다고 생각해요.
>
> 최 사원 : (㉠)

① 예산은 유한하기 때문에 해를 넘기기 전에 소진하는 것이 좋아요.

② 따라서 개발 책정 비용을 실제 비용보다 낮게 잡아서 예산이 항상 남을 수 있도록 하는 것이 중요합니다.

③ 여기서 중요한 것은 무조건 비용을 적게 들이는 것이 좋은 것만은 아니라는 것입니다.

④ 최대의 효과를 내기 위해선 필연적으로 초과 예산이 발생할 수밖에 없습니다.

02. ○○기업은 최근 신규 사업을 추진하고 있는 A 사업장에 대한 대책을 수립하고자 한다. 다음 중 A 사업장 현황에 맞는 자원관리 대책방안으로 적절하지 않은 것은?

〈○○기업 A 사업장 현황〉

- ○○기업 A 사업장은 최근의 AI, 로봇 사업을 중심으로 급격한 성장을 이루고 있습니다. 따라서 기존에 배정된 예산으로는 사업을 충실하게 진행하기 어려운 일이 발생하고 있습니다.
- 물적자원에 대해서는 물품, 비품, 사무기기 등은 현재의 물적자원으로 충분히 활용 가능하여 지금 당장 추가적인 지원은 필요하지 않은 것으로 파악되고 있습니다. 다만, 내년도 3분기에는 추가적인 공장 건설에 대한 계획이 필요할 것으로 보입니다.
- 인력 부문에서는 지금 당장 AI, 로봇 분야에 일정 경력을 갖춘 신규 인력이 최소 3명 더 필요하며, 사업의 성장성을 고려할 때 장기적으로는 매년 5명 수준의 인력 수요가 지속적으로 발생할 것으로 예상하고 있습니다. 하지만 지금 당장 필요한 경력 인력은 회사 내부에서는 찾기 어렵고 재교육을 통한 인력 재배치는 시간이 최소 6개월 이상 소요되는 것으로 확인되어 있어 당장 시급한 대책이 필요합니다.
- 현재 A 사업장에서 근무하는 직원들은 예상하지 못하는 초과근무가 많아지고 초과근무에 대한 추가적인 보상에 대한 명확한 대책이 필요하다고 주장하고 있습니다.

① 전사적으로 예산을 재점검하고 A 사업장에 추가적으로 예산 배정을 할 수 있는 방안을 고려한다.

② 사업 성장으로 인한 물품, 비품 등의 물적자원 부족 문제가 발생하고 있으므로 이에 관한 추가적인 지원을 실시해야 한다.

③ 지금 당장 필요한 인력에 대해서는 회사 내 재교육을 통한 재배치보다는 경력직 채용을 우선 고려한다.

④ AI, 로봇 사업에 대해서는 매년 필요한 인력 규모를 정확히 예측하고 신규채용 또는 재교육을 통한 인력 재배치를 실시한다.

대표기출 유형 2 물적자원관리

제시된 자료를 분석하여 상품 재고량 등 물적자원을 관리하는 사례형 유형

[03 ~ 04] 다음은 ○○마트의 상품 재고관리 관련 자료이다. 이어지는 질문에 답하시오.

(1) 전기(20X1년) 상품 재고 정보

• 매출액

상품 A	7,200,000원	상품 B	3,280,000원

• 기말상품 재고액

상품 A	30단위×3,800원	상품 B	10단위×1,500원

(2) 상품 단위당 판매가격

상품 A	9,000원	상품 B	8,000원

(3) 계산방법

• 매출액＝매출량×단위당 판매가격
• 매출원가＝매출량×단위당 원가
• 기말재고 수량＝기초재고 수량＋당기 매입량－당기 매출량
 ※ 기초재고 수량은 전기로부터 이월된 상품 수량으로, 전기 기말재고 수량과 같다.
• 기말재고액＝기초재고액＋당기 매입액－당기 매출원가

03. 전기 매출을 참고하여 그다음 해인 당기(20X2년)에 상품 A의 매입량을 정하려고 한다. 당기 매출량은 전기와 동일할 것으로 예상하며, 상품 A에 대하여 기말재고를 남기지 않고자 한다. 이에 따라 산출한 상품 A의 당기 매입량은?

① 730단위　② 770단위
③ 800단위　④ 830단위

04. 상품 B에 대하여 당기 상품 매입내역은 아래와 같다. 당기 상품 B의 매출량은 350단위이며, 상품 B는 선입선출법으로 재고를 관리하여 매입한 순서대로 판매된다면, 다음 중 상품 B의 당기 기말재고액은? (단, 각 상품의 원가는 매입당시 원가를 따른다)

〈당기 상품 매입내역〉

날짜	구분	수량(단위)	단위당 원가(원)
20X2. 3. 14.	상품 B	320	1,800
20X2. 8. 26.	상품 B	180	2,000

① 285,000원　② 305,000원
③ 320,000원　④ 360,000원

대표기출 유형 3 예산관리

제시된 예산 관련 자료를 확인하고 예산관리를 활용하는 유형

[05 ~ 06] 다음은 ○○농협 워크숍 예산안에 대한 내용이다. 다음 자료를 보고 이어지는 질문에 답하시오.

<table>
<tr><td colspan="4">E-mail</td></tr>
<tr><td>발신인</td><td>○○농협 황인범 대리</td><td>발신일</td><td>20X1년 09월 05일</td></tr>
<tr><td>수신인</td><td colspan="3">○○농협지역본부 백승호 차장</td></tr>
<tr><td>제목</td><td colspan="3">○○농협 워크숍 예산안</td></tr>
<tr><td colspan="4">안녕하십니까, 백승호 차장님.
지난달에 있었던 워크숍 정산서입니다.
일전에 보고했던 예산안 금액인 320만 원을 초과하였습니다.
이 점 참고해 주시기 바랍니다.</td></tr>
</table>

▸ 정산서

<table>
<tr><td>조합명</td><td>○○농협</td><td>담당자</td><td>황인범 대리</td><td>대상자</td><td>조합원</td></tr>
<tr><td colspan="2">과정명</td><td colspan="2">워크숍</td><td>인원</td><td>20명</td></tr>
<tr><td colspan="2">예산금액</td><td colspan="4">삼백이십만 원 (₩ 3,200,000)</td></tr>
<tr><td>내역</td><td>세부내역</td><td>수량</td><td colspan="2">공급가액(원)</td><td>비고</td></tr>
<tr><td rowspan="2">강의 수업</td><td>강사료</td><td>4회</td><td>800,000</td><td rowspan="2">970,000</td><td rowspan="2">-</td></tr>
<tr><td>교재비</td><td>20인</td><td>170,000</td></tr>
<tr><td rowspan="2">생활비</td><td>식비</td><td>20인</td><td>640,000</td><td rowspan="2">1,265,000</td><td rowspan="2">1일차 석식
2일차 조식</td></tr>
<tr><td>숙박비</td><td>콘도 5실</td><td>625,000</td></tr>
<tr><td rowspan="2">현장활동
(농촌일손체험)</td><td>활동비1)</td><td>20인</td><td>200,000</td><td rowspan="2">224,000</td><td rowspan="2">-</td></tr>
<tr><td>우비</td><td>20인</td><td>24,000</td></tr>
<tr><td rowspan="2">교통비</td><td>렌트비</td><td>1대</td><td>800,000</td><td rowspan="2">880,000</td><td>25인승 버스</td></tr>
<tr><td>여행자보험</td><td>20인</td><td>80,000</td><td>국내여행자 보험</td></tr>
<tr><td colspan="2">계</td><td colspan="2"></td><td>3,339,000</td><td>천 원 이하 버림</td></tr>
</table>

1) 활동비는 식음료 등 기타 비용입니다.

05. 위 정산서에 대한 설명으로 적절한 것은?

① 간접비와 직접비의 구분이 잘 정리되어 있다.
② 예산안보다 적게 지출된 것은 상관없으나 많게 지출된 것은 큰 문제이다.
③ 활동내역별로 정리되어 있어서 필요한 활동과 과업을 예산과 연결 지어 확인할 수 있다.
④ 실 사용금액이 예산금액의 10% 이내 오차이므로 적절한 예산안이었다고 할 수 있다.

06. 위의 ○○농협 워크숍 정산서를 기준으로 □□농협의 워크숍 예산안을 작성했다. 이에 대한 설명으로 적절한 것은?

조합명	□□농협	담당자	남태희 계장		대상자	조합원
과정명		워크숍			인원	10명
예산금액		일백육십만 원 (₩ 1,600,000)				
내역	세부내역	수량	공급가액(원)			비고
강의 수업	강사료	3회	600,000	650,000		-
	교재비	10인	50,000			
생활비	식비	10인	320,000	520,000		1일차 석식 2일차 조식
	숙박비	5인실	200,000			
현장활동 (과수원일손체험)	활동비	10인	70,000	80,000		-
	우비	10인	10,000			
교통비	렌트비	1대	280,000	320,000		15인승 승합차
	여행자보험	10인	50,000			국내여행자 보험
계				1,570,000		천 원 이하 버림

① □□농협의 워크숍에는 ○○농협 인원의 절반이 참석하므로 교통비도 절반이다.
② 강사료는 인원에 관계없이 회차당 비용으로 설정되었다.
③ ○○농협과 같은 장소에서 워크숍을 실시한 것을 알 수 있다.
④ 예산금액보다 지출비용이 적게 산출되었으니 적절한 예산이라고 할 수 있다.

대표기출 유형 4 예산관리응용

제시된 조건을 기반으로 수익률을 계산하는 유형

[07 ~ 08] 다음의 제시 상황을 보고 이어지는 질문에 답하시오.

화학 회사 전략팀에 근무하는 M은 비료 제품별 생산을 관리하고 있다.

• 제품 A ~ E 생산표

구분	A	B	C	D	E
황산암모늄	50%	20%	30%	40%	30%
과인산석회	50%	40%	–	20%	30%
염화칼륨	–	40%	70%	40%	40%

• 원료 10kg당 단가

황산암모늄	과인산석회	염화칼륨
3,000원	5,000원	4,000원

• 제품 100kg당 판매가

A	B	C	D	E
45,000원	50,000원	42,000원	35,000원	41,000원

※ 제품 100kg을 만드는 데에는 100kg의 원료를 생산표 해당 비율로 배합하여야 한다.

※ 제품은 모두 100kg 단위로 생산하고 판매한다.

07. M이 판매가에서 원가를 뺀 결과 적자가 나는 상품의 생산 중단을 건의하려고 할 때, 건의 대상이 되는 제품은?

① A ② B
③ C ④ D

08. M의 회사는 이번 달 황산암모늄 100톤, 과인산석회 200톤, 염화칼륨 200톤을 구입하기로 정하였다. 주어진 원료로 수익을 최대화할 때 이번 달 수익은 얼마인가? (단, 생산한 제품은 모두 팔린다)

① 30,000,000원 ② 45,000,000원
③ 40,000,000원 ④ 50,000,000원

대표기출 유형 5 인적자원관리

제시된 직무 평가 기준에 따라 업무 효율성을 평가하는 유형

[09 ~ 11] ○○기업 직원 E는 이번에 ○○기업에 새로 도입할 직무복지 프로그램에 대한 선호도 조사에 의견을 제출하기 위해 다음의 평가기준을 설정하였다. 이어지는 질문에 답하시오.

▷ 평가기준

- 기준 1 : 비용절감, 접근성을 각각 5점 만점으로 평가하고 그 합에 선호도의 가중치를 적용하여 산출한 합산점수가 가장 높은 프로그램을 선택한다.
- 기준 2 : 경쟁사인 A사와 B사가 해당 직무복지 프로그램을 도입하였는지 여부를 추가로 검토한다. 만일 두 회사가 모두 도입한 프로그램이라면 기준 1에서 산출한 합산점수의 1.2배, 둘 중 한 회사가 도입한 프로그램이라면 합산점수의 0.8배, 두 회사 모두 도입하지 않은 프로그램이라면 합산점수의 0.5배로 계산하여 산출한 최종점수가 가장 높은 프로그램을 선택한다.

▷ 평가결과

분류	비용절감	접근성	선호도	경쟁사 도입 여부	
				A사	B사
자기개발 프로그램	2	3	0.4	O	O
장기근속자 휴가비 지원	3	3	0.5	X	X
주택자금 대출	5	2	0.5	O	X
가족사랑의 날 조기퇴근	2	5	0.6	X	X

09. 기준 1만을 고려했을 때 직원 E가 선택할 직무복지 프로그램은?

① 자기개발 프로그램 ② 장기근속자 휴가비 지원
③ 주택자금 대출 ④ 가족사랑의 날 조기퇴근

10. 기준 2까지를 모두 적용했을 때 직원 E가 선택할 직무복지 프로그램은?

① 자기개발 프로그램
② 장기근속자 휴가비 지원
③ 주택자금 대출
④ 가족사랑의 날 조기퇴근

11. 직무복지 프로그램 선택에서 다음 기준 3과 새 프로그램이 추가되었다. 이를 모두 반영하였을 때 직원 E가 선택할 직무복지 프로그램은?

- 기준 3 : 프로그램 선택에 순차적 제거식 대안평가방법을 적용한다. 비용 절감과 접근성 항목의 각 항목별 최소 수용기준인 2점을 초과하지 못하는 프로그램은 합산점수와 관계없이 선택지에서 제외한다.
- 평가결과에 다음 항목을 추가한다.

분류	비용절감	접근성	선호도	경쟁사 도입 여부	
				A사	B사
자녀 장학금 지원	4	3	0.2	X	O
가맹점포 할인 혜택	3	5	0.3	O	X

① 장기근속자 휴가비 지원
② 주택자금 대출
③ 자녀 장학금 지원
④ 가맹점포 할인 혜택

파트1 의사소통
파트2 수리
파트3 문제해결
파트4 자원관리
파트5 조직이해/상황판단
파트6 정보/알고리즘
파트7 실전모의

대표기출 유형 6 인적자원관리 + 예산관리 복합형

업무량, 소요시간 등을 계산하여 성과달성률을 따지는 문제 유형

[12 ~ 13] 다음은 ○○공장 생산직의 분기별 성과급 지급 기준과 직원들의 상반기 성과달성률에 관한 자료이다. 이어지는 질문에 답하시오.

〈○○공장 생산직 분기별 성과급 지급 기준〉

1. 개인별 성과급 : 개인별 성과달성률(%)을 측정하여 다음을 기준으로 개인별 성과급을 지급한다.

83% 미만	83% 이상	100% 이상	110% 이상
미지급	20,000원	60,000원	90,000원

2. 라인별 성과급 : 각 라인 내 직원들의 성과달성률 평균(%p)을 계산하여 다음을 기준으로 성과급을 각 라인별 직원들에게 똑같이 나누어 지급된다(단, 성과달성률 평균은 소수점 아래 첫째 자리에서 반올림하여 구한다).

90%p 미만	90%p 이상	95%p 이상	100%p 이상
미지급	80,000원	160,000원	220,000원

〈2/4분기 ○○공장 생산라인별 성과달성률〉

제1생산라인		제2생산라인		제3생산라인	
이름	달성률	이름	달성률	이름	달성률
A	92%	E	82%	I	70%
B	84%	F	96%	J	94%
C	106%	G	117%	K	122%
D	79%	H	95%	L	89%

12. 위 기준에 따라 ○○공장 생산직에 지급될 상반기 성과급에 대한 설명으로 옳지 않은 것은?

① 2/4분기 개인별 성과급을 지급받지 못하는 직원은 세 명이다.

② 제2생산라인의 모든 직원들은 최소 40,000원 이상의 성과급을 지급받는다.

③ 2/4분기 성과급이 100,000원 이상인 직원은 두 명이다.

④ 2/4분기 성과급을 가장 많이 받는 직원의 성과급은 150,000원 이상이다.

13. 다음 중 위 반기별 성과급 지급 기준의 차기 개선안을 검토한 것으로 옳지 않은 것은?

① 개인 성과달성률의 차이가 12%p임에도 불구하고 같은 개인별 성과급을 받는 경우가 발생하였으므로, 차기에는 개인별 성과급 지급 기준을 세분화한다.

② 개인 성과달성률 120%를 초과하는 직원을 위해 차기에는 성과급 지급 범위의 확대를 검토한다.

③ 2% 차이로 개인별 성과급 지급 액수가 달라진 경우가 발생하였으므로 차기에는 개인별 성과급에 대해 단계별 성과급이 아닌 성과급 산출식에 따라 지급하는 방안을 검토한다.

④ 이번 분기 성과급을 받지 못한 직원을 위해 차기에는 개인별 성과급 지급의 하한을 내리는 방안을 검토한다.

대표기출 유형 7 시간관리 + 예산관리 복합형

업무 수행 시 필요한 소요 시간과 일정을 계산하는 유형

[14 ~ 15] 다음의 제시 상황을 보고 이어지는 질문에 답하시오.

△△은행에서 근무하는 M은 전국 지점에 명절 선물을 배송하기 위해 우체국 배송 일정을 확인하고 있다.

• 우체국 명절 기간 택배 배송 안내

– 금년도 설 명절 연휴(2/10 ~ 2/12)를 맞아 아래와 같이 배송 안내를 드립니다.

	8(월)	9(화)	10(수)	11(목) 설날	12(금)	13(토)	14(일)
집하일	○	●	●	●	●	●	●
배송일	○	○	●	●	●	○	●

※ ○ : 가능, ● : 불가능

※ 일반적으로 집하는 주말 제외 주 5일(월 ~ 금) 가능, 배송은 일요일 제외 주 6일(월 ~ 토) 가능

– 배송 소요일 및 배송 금액 안내

택배 구분	집하 시간 기준 배송 소요일				배송 금액 (건당)
	정오 이전		정오 이후		
	수도권	지방	수도권	지방	
특급	1일	2일	2일	3일	7,000원
일반	2일	3일	3일	4일	5,000원

※ 배송일은 집하일 기준 최대 소요기간을 표기(단, 집하당일은 배송 소요일에 포함되지 않음)

※ 배송 금액은 지방일 경우 수도권보다 500원 추가 부과

※ 수도권은 서울, 인천 및 경기도, 지방은 수도권 이외 지역에 해당

• 전국 지점별 명절 선물 배송 리스트

구분	지점명	주소
1	서여의도점	서울시 영등포구 국회대로 780
2	여수웅천점	전남 여수시 예울마루로 35
3	대구동천점	대구광역시 북구 동천동 908-10
4	양산신도시점	경남 양산시 물금읍 가촌리 120
5	일산점	경기 고양시 일산 동구 장항동 855
6	동탄리점	경기 화성시 동탄지동천로3길
7	동해묵호점	강원도 동해시 해안로 368
8	배명사거리점	서울시 송파구 석촌동 14
9	계양점	인천광역시 계양구 작전동 907-9
10	천안점	충남 천안시 신부동 354-2

14. M은 각 지점별 담당자가 설 연휴 전에 명절 선물을 받아 볼 수 있도록 최소 비용을 들여 택배를 발송하려고 한다. M은 늦어도 언제까지 택배를 우체국에 집하시켜야 하는가?

① 2월 5일 정오 이전 ② 2월 5일 정오 이후
③ 2월 6일 정오 이후 ④ 2월 8일 정오 이전

15. M은 명절 선물로 주문한 제품을 2월 6일에 수령한다는 것을 확인했다. 이를 각 지점으로 늦어도 2월 14일까지 배송해야 할 때, 배송에 필요한 최소 비용은 얼마인가?

① 60,000원 ② 61,500원
③ 62,000원 ④ 62,500원

02 유형연습문제

01. 다음 자료를 통해 판단한 내용으로 옳지 않은 것은?

〈BIS 자기자본비율 산정 정보〉

- BIS 자기자본비율={은행의 자기자본÷('은행이 보유한 대출금×그 유형에 따른 위험가중치'의 총합)}×100
- 자기자본=자본금+순이익 잉여금
- 위험가중치는 중앙정부대출은 0%, 주택담보대출은 50%, 일반대출은 100%를 적용한다.
- BIS 자기자본비율이 높을수록 은행의 재무건전성이 높다.

〈각 은행의 정보〉

(단위 : 억 원)

구분	A 은행	B 은행	C 은행	D 은행
자기자본	30,000	18,000	60,000	20,000
자본금	20,000	15,000	30,000	17,000
중앙정부대출	15,000	10,400	11,000	13,000
주택담보대출	60,000	20,000	90,000	30,000
일반대출	50,000	20,000	70,000	40,000

① 재무건전성이 가장 낮은 은행의 일반대출금 규모가 타 은행과 비교하여 가장 작은 것은 아니다.
② 자본금이 많은 은행일수록 해당 은행의 주택담보대출금도 많다.
③ 순이익 잉여금이 가장 많은 은행과 자본금을 가장 많이 가지고 있는 은행이 같다.
④ BIS 자기자본비율이 가장 높은 은행은 C 은행이다.

02. 직장 초년생인 H 씨는 전세대출을 알아보다가 신용등급에 대한 다음과 같은 자료를 보고 이에 놀라 자신의 주거래 은행의 담당자와 상담을 하게 되었다. 상담의 내용으로 가장 적절하지 않은 것은?

> 사회초년생 신용점수 관리 꿀팁
>
> 1 내 신용등급 확인하기
> K 뱅크, 뱅크 S, T 앱 등 이용하면 1분 안에 확인 가능
>
> 2 신용등급 올려줄 자료 제출하기
> 통신료, 건강보험, 국민연금 등 납부 기록과 소득금액 증빙서류 제출하기, 핀테크 앱 이용하면 1분 내 제출 가능
>
> 3 주거래은행 만들기
>
> 4 신용카드 적당히 사용하기
> 카드 사용한도 50% 이하로, 오랫동안 이용하기(단, 연체는 금물)
>
> 5 제2금융권, 대부업체는 되도록 이용하지 않기
>
> 6 현금서비스는 되도록 받지 않기
>
> 7 보증 서지 않기
>
> 8 통신료, 카드 대금 등 연체하지 않기
> 정기적인 결제 항목은 자동이체로 해 두기. 만약 연체했다면 최대한 빠른 기간 내에 갚기. 연체 일수가 길어질수록 불이익

① 자신의 신용등급을 파악하고 기초적인 증빙서류를 제출하는 것이 가장 먼저 해야 할 일이다.

② 제2금융권에서든 카드사에서든 단기대출을 하면 신용등급에 악영향을 미친다.

③ 여러 은행에 계좌를 만들고 거래를 해 성실성을 인정받는 것이 좋다.

④ 신용카드 연체를 방지하기 위해 체크카드를 사용하는 습관을 가지는 것이 좋다.

03. ○○은행은 본점 사무실 이전을 추진 중이다. 후보지는 1 ~ 4까지 존재하고 각 평가기준별 평가 점수는 아래 표와 같다. 평가기준별 비중을 고려하여 총점이 가장 높은 후보지를 선정한다고 할 때, 다음 중 사무실로 선정될 후보지는?

평가기준	비중	후보지 1	후보지 2	후보지 3	후보지 4
임대료 및 관리비	40%	50점	40점	40점	40점
교통	40%	40점	50점	20점	50점
편의시설	20%	30점	20점	50점	40점

① 후보지 1
② 후보지 2
③ 후보지 3
④ 후보지 4

04. 다음 자료를 참고할 때, 20X1년 ○○은행의 경영관리팀 인사고과에서 가장 높은 점수를 받은 직원은 누구인가?

> 20X1년 인사고과에 대한 ○○은행의 방침은 직급이 높을수록 조직의 성과에 대한 역할과 책임이 중요한 만큼 〈표 1〉과 같이 업적평가의 비중을 높인다는 것이다. 이 방침은 승진 대상자나 성과연봉조정에 막대한 영향을 미칠 것이다.

〈표 1〉 ○○은행 인사고과 평가 요인별 비중

구분	본부장	팀장	파트장	팀원
업적평가	70%	65%	60%	50%
역량평가	30%	35%	40%	50%

※ 차장 이하 직급의 직원은 모두 '팀원' 기준을 적용하여 평가한다.

〈표 2〉 20X1년 ○○은행 경영관리팀 직원별 업적 및 역량 평가 점수

(단위 : 점)

구분	A 본부장	B 팀장	C 파트장	D 팀원
업적평가	80	70	90	80
역량평가	70	90	80	70

① A 본부장
② B 팀장
③ C 파트장
④ D 팀원

[05 ~ 06] 다음 ★★은행의 휴가제도에 관한 내용을 살펴보고 이어지는 질문에 답하시오.

- 회사에 특별한 사정이 없는 한 휴가는 본인이 원하는 날짜에 신청하여 자유롭게 사용할 수 있다.
- 휴가는 1년 근속의 80% 이상을 출근하였을 경우 기본 15일이 주어진다.
- 최초 1년을 초과한 2년 근속마다 하루씩 휴가가 추가된다.
- 남은 휴가는 연말에 정산되어 하루당 200,000원씩 계산해서 지급한다.

05. ★★은행 P 과장은 올해로 근속 9년째이다. P 과장이 최근 1년간 80% 이상 정상 출근하였을 때, 올해 쓸 수 있는 휴가 일수와 만일 올해 9일의 휴가를 사용한다면 연말에 회사로부터 정산 받는 액수를 순서대로 바르게 나열한 것은?

① 18일, 1,800,000원　　② 19일, 1,800,000원
③ 19일, 2,000,000원　　④ 20일, 2,000,000원

06. ★★은행 P 과장은 가정의 달을 맞이하여 모처럼 가족들과의 해외여행을 계획하고 있다. 5월 6일 월요일(어린이날 대체 휴무일) 오전에 출국하여 5월 20일 오전에 귀국하고 다음 날 5월 21일 화요일에 사무실에 정상 출근할 예정이라면, P 과장이 회사에 신청해야 하는 휴가는 총 며칠인가? (단, ★★은행은 주 5일 근무를 시행하고 있고 P 과장의 휴가 동안 회사에 특별한 사정은 없다고 가정한다)

① 10일　　② 11일
③ 13일　　④ 15일

[07 ~ 08] 다음 제시 상황과 자료를 보고 이어지는 질문에 답하시오.

직원 K는 부서 단체휴가 장소를 정하려고 한다.

〈단체휴가 장소 목록〉

구분	선정 기준					환산점수
	회사와의 거리	선호도	가격	방 개수	최대 인원	
A	10km	★★★	45,000원	10개	8명	
B	8km	★★★★	32,000원	12개	5명	
C	12km	★★★	40,000원	7개	4명	
D	9km	★★	47,000원	6개	6명	
E	6km	★★★★★	52,000원	5개	7명	

〈순위-점수 환산표〉

순위	1위	2위	3위	4위	5위
점수	5	4	3	2	1

- 5개 선정 기준(회사와의 거리, 선호도, 가격, 방 개수, 최대 인원)별로 휴가 장소 간 순위를 비교하여 점수를 부여한다.
- 회사와의 거리가 가까울수록, 선호도의 ★ 개수가 많을수록, 가격이 낮을수록, 방 개수가 많을수록, 최대 인원이 적을수록 높은 순위를 부여한다.
- 가격은 방 1개의 1박 숙박비용을 의미하며, 최대 인원은 방 1개에 숙박할 수 있는 최대 수용 인원을 의미한다.
- 순위는 높은 순위부터 순서대로 부여하며, 순위가 0에 수렴할수록 높은 순위를 의미한다.
- 각 선정 기준에서 장소 순위가 같을 경우에는 같은 점수를 부여한다(단, 만약 두 곳의 순위가 1위일 경우 그다음 순위는 3위가 되는 식으로 점수 부여).
- 모든 선정 기준에 따른 환산점수의 합이 가장 높은 장소를 선택한다(단, 합산점수가 같을 때에는 방 개수가 더 많은 장소를 선정).

07. 제시된 모든 선정 기준을 고려하였을 때, 다음 중 직원 K가 최종 선정할 휴가 장소는?

① A ② B
③ C ④ D

08. 직원 K의 부서는 총 35명이고, 단체휴가는 2박 3일이다. 장소별 휴가기간 동안 소요되는 전체 가격을 제시된 조건에 따라 산출하고 그 전체 가격을 선정 기준에 추가하여 모든 순위를 다시 부여할 때, 다음 중 직원 K가 최종 선정할 휴가 장소는? (단, 부서 인원을 수용할 수 없는 장소는 순위 선정에서 제외하며, 전체 가격이 낮을수록 높은 순위를 부여한다)

① A ② B
③ D ④ E

[09 ~ 10] 다음은 최 사원이 K 본부에서 J 본부까지 이동하기 위한 운송수단에 관한 자료이다. 이어지는 질문에 답하시오(단, 한번 지나간 길은 다시 지나지 않는다).

- 최 사원은 K 본부에서 X, Y, Z 지부를 거쳐 J 본부에 도착해야 한다.
- 본부와 역, 역과 역 사이를 연결하는 철로는 지정된 방향으로 일방통행만 가능하며, 역과 지부, 지부와 지부를 연결하는 도로는 양방향으로 통행할 수 있다.

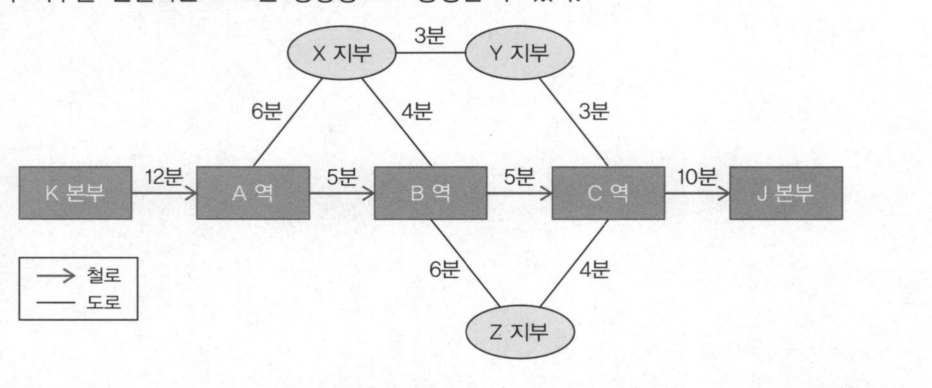

09. 최 사원이 K 본부에서 J 본부까지 최단 시간으로 이동하는 데 필요한 이동시간은?

① 49분 ② 52분
③ 55분 ④ 58분

10. K 본부에서 J 본부로 가는 철로의 각 구간별 이용요금표가 다음과 같을 때, 최 사원이 K 본부에서 J 본부까지 최단 시간으로 이동하는 데 필요한 요금은?

철로 이용 요금은 철로를 이용할 때마다 기본요금 1,200원을 기준으로 각 구간별 추가요금이 할증된다. 예를 들어, 각 이동 구간별 추가요금이 200원, 100원인 경우 기본요금과 구간별 추가요금을 합하여 총 1,500원이 이용요금이 된다.

이동구간	K 본부 → A 역	A 역 → B 역	B 역 → C 역	C 역 → J 본부
추가요금	+400원	+100원	+100원	+300원

① 1,900원 ② 3,100원
③ 3,200원 ④ 4,400원

[11 ~ 12] 다음은 경쟁관계인 A 항공사와 B 항공사의 신규 취항 가능 노선을 도시별로 나누었을 때, 벌어들일 수 있는 수익체계를 정리한 표이다. 이어지는 질문에 답하시오.

(단위 : 천만 원)

		B 항공사			
		방콕	세부	교토	삿포로
A 항공사	방콕	(−2, 4)	(4, 8)	(7, −1)	(0, 2)
	세부	(6, 5)	(0, 3)	(2, 6)	(−1, −3)
	교토	(7, 0)	(3, −2)	(4, −1)	(−1, 7)
	삿포로	(3, 1)	(2, 2)	(−4, 3)	(6, 2)

※ 괄호 안의 숫자는 A 항공사와 B 항공사가 각 도시에 신규 취항한다고 하였을 때 얻을 수 있는 월간 부가수익을 의미한다(A 항공사 월간 부가수익, B 항공사 월간 부가수익).

㉮ A 항공사와 B 항공사가 각각 세부, 교토에 취항하는 경우 A 항공사는 2천만 원, B 항공사는 6천만 원의 월간 부가수익을 얻게 된다.

※ 표에 나타난 수익 이외의 수익은 고려하지 않는다.

11. 다음 중 B 항공사가 가장 큰 부가수익을 기대할 수 있는 신규 취항 도시는 어디인가?

① 방콕
② 세부
③ 교토
④ 삿포로

12. 각 항공사가 경쟁사와의 수익 격차를 최대화할 수 있는 신규 취항지를 정할 때, 선택할 가능성이 가장 높은 도시를 순서대로 짝지은 것은? (단, 경쟁 항공사의 취항 선택 확률은 각 도시마다 동일하다고 가정한다)

① A 항공사－교토, B 항공사－세부
② A 항공사－교토, B 항공사－삿포로
③ A 항공사－삿포로, B 항공사－교토
④ A 항공사－방콕, B 항공사－삿포로

[13 ~ 14] 다음의 제시 상황과 자료를 보고 이어지는 질문에 답하시오.

공공기관 정보팀 사원 K는 이달 말에 있을 세미나 기획 과정에서 연수원까지 이동할 교통수단을 조사하는 업무를 맡았다.

- 세미나 일정 안내
  - 일시 : 20XX. 9. 20.(금) 11:00 ~ 9. 21.(토) 17:30
  - 장소 : 경기도 일산 B 연수원 대강당
- 회사에서 이동수단 출발지까지 소요시간

출발지	도착지	소요시간(도보)
회사	서울고속터미널	25분
	매봉역	16분

- 이동수단별 소요시간

이동수단	출발지	도착지	소요시간	운행간격
시외버스	서울고속터미널	고양종합터미널	52분	8시부터 20시까지 2시간 간격
지하철	매봉역	백석역	87분	6시부터 22시까지 10분 간격
택시	회사	B 연수원	40분	–
승용차				

- B 연수원까지 이동방법

출발지	도착지	소요시간(도보)
고양종합터미널	B 연수원	17분
백석역		22분

- 전체 교통비

이동수단	금액
시외버스	21,500원
지하철	5,100원
택시	44,200원
승용차	25,000원

• 유의사항
 – 시작 2시간 전부터 등록 가능하며 시작 1시간 후로는 입장이 제한됨.
 – 거주지에 관계없이 참석하는 모든 사원의 출발지는 회사임.
 – 전체 교통비는 편도 금액임.

13. 지하철을 타고 세미나에 참석하는 사원들을 위하여 회사에서 매봉역까지, 백석역에서 B 연수원까지 셔틀버스를 운행한다고 한다. 이에 따라 사원 A가 8시 30분에 회사를 출발하여 지하철을 타고 B 연수원까지 간다면 도착하는 시간은 몇 시인가? (단, 셔틀버스 소요시간은 도보 소요시간의 절반이며 셔틀버스 운행 간격과 환승 시간은 고려하지 않는다)

① 10시 16분 ② 10시 18분
③ 10시 28분 ④ 10시 32분

14. 시내에서 시외버스를 타고 세미나에 참석하려던 사원 35명이 모여 버스를 대절하기로 하였다. 버스 대절에 든 총비용이 665,000원이라면, 버스를 대절함으로 사원들이 절약한 총비용은?

① 87,500원 ② 105,000원
③ 125,000원 ④ 140,500원

파트 5

조직이해능력·상황판단

01 대표기출 유형

▸ 정답과 해설 33쪽

대표기출 유형 1 조직이해

조직도를 통해 각 부서의 소관업무를 분별하는 유형

[01 ~ 02] 다음은 ○○기업의 조직도이다. 이어지는 질문에 답하시오.

본부	부서	업무
영업	직영관리	본사에서 직접 운영하는 점포 운영 및 매출, 원가, 인원 관리
	가맹관리	슈퍼바이저로서 가맹점포를 관리하며 본사의 경영방침, 브랜드 및 이미지 관리, 마케팅 전략 등을 관리 지도 및 지원
	점포개발	주변 상권분석, 손익분석 등 사업 타당성 분석을 통한 신규 점포 개설 입점 가능 물건 조사 분석 및 임대차 계약 체결
경영지원	기획	전략수립에 필요한 조사분석 업무 및 중장기 사업계획 수립 · 진행 · 관리, 각 부문별 목표 설정, 매출현황 관리, 예산관리, 경쟁사 분석
	인사	인력운용, 인사제도 연구, 우수 인력 확보, 임직원 역량개발을 위한 교육과정 설계 및 운영, 핵심인재 육성
	총무	사내 자산관리, 문서관리, 지적 재산권 관리, 의전, 대관공서 업무, 임직원 복리후생 등 다양한 행정지원 업무
	재무	경영활동에 필요한 자금의 확보 및 운영
	구매	생산에 필요한 국내외 원재료 수급 계획 수립, 시세 및 시장동향 파악, 원재료 구입, 점포 판매에 필요한 원부자재 및 상품의 입고 및 출하, 자재수급 및 재고관리
	영업지원	영업전략 및 목표 수립, 영업 데이터 분석, 실적관리, 거래처 마스터 관리, 영업사원 평가관리, 프로모션 지원
	법무 및 내부감사	각종 법정분쟁 및 법률행위에 대한 법률 자문 정책 및 방침, 규정 등의 준수 여부 및 적정성 점검
마케팅	상품기획	신제품 기획 이벤트 기획, 중장기 마케팅 전략 수립, 시장조사
	광고/홍보	제품 및 회사 브랜드 가치 향상을 위한 광고 홍보 전략 수립, 판촉물 및 카탈로그 제작, CRM, 사보 제작 등
	리서치	소비자 및 시장 조사를 통한 시장 트렌드와 소비자 행동 진단, 소비자 모니터 그룹 및 패널 운영, 정기적인 소비자 만족도 조사

생산	생산관리	장단기 생산계획 수립 및 원가 관리, 설비투자 계획 수립, 생산팀 관리, 생산연원 관리, 생산설비 도입 및 산업안전 관리, 장비 관리 등
	제조	생산계획 및 작업 지시 시에 제품 생산
	공무	설비의 신규투자계획 수립, 기계 관리를 위한 재고관리 Ic 고장분석 시행, 돌발고장 방지 및 점검 실시 등을 통해 설비 최대 효율 유지
연구	연구개발	기초원료 실험 및 제품개선, 현장적용실험, 제조공정서 작성, 미생물 검사, 원재료 분석 등의 기초연구를 통해 신제품 개발
	품질관리	생산현장의 제품 및 공정의 표준 규격관리, 국가 규격 및 법규에 따른 식품 안전정책 수립 및 관리, 사용원료의 입고 및 출하 검사, 공정점검, 온도 및 위생점검
전문	인테리어	신규점 개설 및 점포 리뉴얼 시 브랜드 이미지 전략에 따른 점포 인테리어 설계
	디자인	신제품 및 매입상품의 패키지 디자인 각종 광고 홍보 및 판촉행사에 필요한 판촉물 디자인
	홍보관리	전사적 자원관리 시스템에 의거하여 인사, 회계, 영어, 구매/자재, 판매, 생산 등 각 파트별 전산업무 운영 및 관리

01. 홍보팀 S 사원은 상사로부터 아래와 같은 지시를 받았다. 다음 중 S가 인터뷰를 위해 연락을 취해야 할 부서로 적절하지 않은 것은?

창립 10주년을 맞이해서 우리 기업이 지나온 10년을 다룬 특집 기사를 구성하려고 합니다. 어떻게 성장해 왔는지 수치에 근거해 설명하고, 우리 가맹점포의 강점을 소개해 성장 전략과 비전을 소개하는 코너가 필요해 보입니다.

① 기획　　② 가맹관리
③ 점포개발　　④ 광고/홍보

02. 홍보팀 S 사원은 상사에게 다음 달 발행할 사보의 계획안을 전달 받은 뒤 기사별로 자문을 구하는 데 가장 적절한 부서를 고민해 보았다. 다음 중 기사와 자문 부서가 잘못 짝지어진 것은?

〈20XX년 10월 호 사보 계획안〉

- 기업 이야기
  - "지나온 10년, 걸어갈 10년" : 기업의 지난 역사를 돌아보고 성장 전략 검토
  - "열정 넘치는 인재들의 힘찬 시작" : 새로 입사한 신입사원들의 연수 현장 및 소개
- 현장 인터뷰
  - ㉠ "현장 속으로-겨울이 두렵지 않아요" : 부산공장 제빵 생산라인의 현장 이야기
  - ㉡ "안녕하세요-울산 동구 직영점 새 오픈" : 새로 개점한 점포 소식, 오픈 프로모션 안내
- 뉴스
  - ㉢ "가맹점주 자녀를 위한 행복한 장학금 전달식" : 장학금 취지 및 현장 취재
  - ㉣ "축산물 HACCP(안전관리인증) 취득" : 운영 목장의 안전관리 시설, 식약청 인증 소식
  - "신제품 출시" : 가을 제철 재료를 활용한 새로운 신제품 출시 소식, 특·장점 소개
  - "TV CF 방영" : 신규 광고 모델 계약 소식 및 향후 전개 채널과 효과 예측

① ㉠-제조　　② ㉡-직영관리
③ ㉢-총무　　④ ㉣-생산관리

03. 다음 A 은행 직원들의 대화 내용을 통해 직원과 소속 부서가 바르게 연결된 것은?

김 대리 : 차장님, 안녕하세요.
이 차장 : 김 대리, 오랜만이네. 새로운 부서에서 잘 적응하고 있나?
김 대리 : 그럼요. 박 차장님이 잘 챙겨 주셔서 덕분에 잘 적응하고 있습니다.
이 차장 : 그렇군. 박 차장이 구매처 관리며 배울 점이 많은 사람이니까 옆에서 잘 보고 배우도록 해 봐.
김 대리 : 네. 감사합니다. 그런데 신입 사원들 부서 배치는 모두 끝났나요?
이 차장 : 아, 이제 마무리 단계야. 대부분은 희망 부서에 배치될 것 같네.
김 대리 : 다행이네요. 혹시 저희 부서에 지원한 이지호 씨는 어떻게 되었나요?
이 차장 : 그 친구는 안타깝게도 영업관리 부서로 발령이 날거야. 이번에 그쪽에 사람이 많이 빠져서 아무래도 힘든 모양이더라고.
김 대리 : 안타깝네요. 면접 때 구매팀에 대해 적극적인 관심을 보여 기억에 남았거든요.
이 차장 : 아무래도 인턴 경험이 있는 한지희 씨가 구매 부서에 더 적합할 것 같아 어쩔 수 없게 되었네. 장 차장이 이지호 씨를 워낙 좋게 봤는지 적극적으로 데려가겠다고 나서더라고. 구매팀은 자네같이 유능한 사원도 있으니까 문제없을 것 같은데, 괜찮겠나?
김 대리 : 그렇군요. 그분도 워낙 차분하게 잘 대답하셔서 기억에 남아요. 이번 신입 사원들 모두 기대가 됩니다.
이 차장 : 그럼. 임 사원도 이제 대리로 진급할 거란 얘기 들었나?
김 대리 : 제가 기획팀 소식은 못 들었는데, 벌써 그렇게 됐군요. 축하 인사라도 해야겠어요.
이 차장 : 그래. 김 대리도 지금처럼 열심히 하면 곧 좋은 소식이 들릴 거야.
김 대리 : 네, 감사합니다. 차장님.

① 김 대리－인사
② 임 사원－인사
③ 장 차장－영업관리
④ 이지호－구매

대표기출 유형 2 조직체제

조직도를 통해 업무 분장을 파악하는 유형

[04 ~ 05] 다음 제시상황과 자료를 보고 이어지는 질문에 답하시오.

○○기업의 직원들이 조직 구성도와 결재 관련 매뉴얼을 보며 업무를 처리하고 있다.

◈ 조직 구성도

본부	팀	역할
기금사업본부	보증팀	– 보증 기획 – 기금운용계획 수립
	리스크관리팀	– 사업 전반 사고 관리 및 분석
경영지원본부	업무지원팀	– 운영지원 총괄 및 기획 – 업무용 비품 및 차량 관리
	재무팀	– 회계관리 – 세무지원
사업지원본부	ICT전략팀	– 데이터 작업 계획 및 예산 – 사이버안전업무 총괄
	ICT운영팀	– 전산원장 시스템 관리 – 서버 관리
	안전관리팀	– 시설물 건설 및 운영 안전관리

◈ 결재 관련 매뉴얼

1. 담당자(직원)의 담당 팀장과 담당 본부장, 업무 관련 팀장의 결재를 모두 득하는 것을 표준으로 한다.
2. 관련 팀장의 부재 시 관련 팀이 속한 본부장의 결재로 대신할 수 있다.
3. 같은 본부 내에서는 관련 팀장의 결재를 생략한다(단, 사업지원본부는 예외).
4. 결재 순서는 담당 팀장, 관련 팀장(본부장), 담당 본부장의 순으로 진행한다.

04. 보증팀 직원 A가 아래의 업무에 대하여 결재를 받으려 할 때, 다음 중 결재를 받아야 할 사람으로 가장 거리가 먼 것은?

> • 전세자금보증 기획
> • 업계 동향 조사를 위한 국내 출장(회사 차량 이용)
> • 주택 보증 사고 데이터 전산화 작업 관련 예산안

① 기금사업본부장　② 리스크관리팀장
③ ICT전략팀장　④ 업무지원팀장

05. ICT운영팀 직원 K는 부서 내 세무지원을 위해 결재를 받았다. 다음 중 직원 K가 결재를 받은 순서로 적절한 것은? (단, 진행 과정에서 재무팀장이 부재하였다)

① 경영지원본부장 → ICT운영팀장 → 사업지원본부장
② ICT운영팀장 → 사업지원본부장 → 경영지원본부장
③ ICT운영팀장 → 경영지원본부장 → 사업지원본부장
④ ICT운영팀장 → 기금사업본부장 → 사업지원본부장

대표기출 유형 3 업무이해사례

사례를 통해 업무 및 업무절차를 미리 파악하였는지를 묻는 유형

[06 ~ 07] 다음 제시상황과 자료를 보고 이어지는 질문에 답하시오.

불법사금융대응센터 직원 A는 본인이 담당하는 고금리 대출 신고상담요령에 관한 자료를 열람하고 있다.

1. 이자율제한 위반 여부 확인
   (1) 대부업자가 개인이나 소기업에 해당하는 법인에 대부를 하는 경우 그 이자율은 연 20%를 초과할 수 없다(대부업법 제8조 및 동법 시행령 제5조).
   (2) 이자납입주기가 있는 경우 연 20%를 동 이자납입주기에 따라 환산한 이자율이 제한을 초과하지 않아야 한다.
   (3) 명칭 불문 대부와 관련하여 지급한 돈은 모두 이자로 간주한다.
   - 이자율을 산정할 때 사례금, 할인금, 수수료, 공제금, 연체이자, 체당금 등 그 명칭이 무엇이든 대부와 관련하여 대부업자가 받는 것은 모두 이자로 본다.
   - 담보권설정비용(법무사비용 제외)과 신용평가회사가 거래상대방의 신용을 조회하는 과정에서의 신용조회비용은 거래체결과 변제에 대한 부대비용으로 이자에 포함하지 않는다.
   - 대출금을 중도상환하는 경우 실제 사용기간을 기준으로 하며, 중도상환 수수료는 이자와 합산한다.

   (4) 과거에 대출된 자금은 계약 당시 이자율이 적용될 수 있으므로 대부계약시점을 확인한다.
2. 원금 산정 기준
   (1) 대부업자가 약정한 대출금에서 선취수수료 등의 명목으로 선이자를 공제할 경우, 그 공제액을 제외하고 채무자가 실제로 받은 금액을 이자율 계산에서의 원금으로 하며, 이외에 추가로 상환하는 금액은 모두 이자로 계산한다.
   (2) 선이자 수취행위 자체는 법 위반이 아니며, 선이자를 제외하고 실제 지급받은 금액을 원금으로 한다.
3. 상담 절차
   (1) 실제 이자율 위반이 아니더라도 민원인들은 대부업체의 금리가 너무 높다거나, 연체 없이 계속 상환하였음에도 아직 원금이 많이 남아있다는 등의 문의를 하는 사례가 많다.
   (2) 우선 민원인에게 대부금리는 최대 연 20%의 고금리임을 설명하고, 대출계약시 상환방식(원리금균등상환, 원금균등상환 등)을 무엇으로 약정했는지를 문의한다.

   ※ 원리금균등상환 : 원금과 이자를 합산하여 매월 일정금액을 갚아나가는 방식으로, 상환 초기에는 이자상환비율의 높고 후반으로 갈수록 대출원금이 줄어들어 원금상환비율이 높아진다.

※ 원금균등상환 : 원금을 매월 일정금액으로 균등상환하고 이자는 원금의 잔액에 따라 상환하는 방식으로, 후반으로 갈수록 상환금액이 줄어드는 구조를 가진다.

(3) 민원인을 대신하여 금융감독원 홈페이지에 공개된 '일수이자계산기'를 이용하여 원리금 상환이자율을 계산하여 이자율 위반 여부를 확인한다.

※ 법정금리를 초과하지 않는 경우 단순상담으로 분류하여 문의안내 후 상담종결

4. 이자율제한 위반 혐의 확인 시

(1) 민원인에게 수사기관의 수사의뢰를 위해 민원인에게 정보제공 동의를 요청하고, 성명, 주소, 연락처, 피해내용 등을 상세히 입력한다.

※ 개인정보 제공에 동의하지 않을 경우 수사기관에 직접 신고하도록 안내

(2) 혐의자로부터 대부 받은 사실과 원리금 상환내역을 입증할 자료(계약서, 원리금상환내역서, 통장 입출금 내역 등)를 보유하고 있는지를 확인한다. 다만 민원인으로부터 직접 증거자료를 제출받을 필요는 없으며 향후 수사기관의 요청에 따라 증거자료를 제출하도록 안내한다.

(3) 해당 대부업체에 대해 대부업법 위반 신고를 접수하여 관할 수사기관(검찰 · 경찰청)에 통보하고, 대부업체로 등록한 등록대부업체의 경우 행정처분을 위해 수사기관 이외에도 관할 지방자치단체에도 통보한다.

(4) 수사기관의 수사의뢰 내용은 의뢰내용 및 회신결과를 통계 목적으로 별도 관리한다.

(5) 최고이자율 초과 수취 시 5년 이하의 징역 또는 5천만 원 이하의 벌금과 함께 영업정지 등의 행정조치를 병과할 수 있다.

06. 다음 중 직원 A가 위 신고상담요령에 대해 이해한 내용으로 옳지 않은 것은?

① 금융감독원 홈페이지의 '일수이자계산기'를 통해 누구나 대부금리의 이자율을 계산할 수 있다.

② 이자율제한 위반을 판단하는 과정에서 신용평가회사를 통해 채무자의 신용도를 조회하는 과정에서 발생한 비용은 이자에 포함되지 않는다.

③ 이자율제한 위반을 판단하기 위한 이자율제한 규정은 계약 당시를 기준으로 한다.

④ 선이자 수취행위 사실이 확인된 경우 수사기관에의 수사의뢰를 위해 민원인의 성명, 주소, 연락처 등의 정보를 수집하기 위한 정보제공 동의를 요청해야 한다.

07. 위 자료를 바탕으로 직원 A가 다음 두 사례에 대한 이자율제한 위반 여부를 판단한 내용으로 옳은 것은? (단, 이자율제한 위반 기준은 연 20%로 한다)

> [사례 1] 대부업자 T는 3월 1일 100만 원을 대출해주고 10일 후인 3월 11일에 원금 100만 원과 이자 10만 원을 합하여 총 110만 원을 수취하였다.
>
> [사례 2] 대부업자 R은 100만 원을 대출해주면서 선이자 20만 원을 공제한 80만 원을 지급하고, 한 달 뒤 100만 원을 수취하였다.

① 사례 1의 경우 이자는 연 10%이므로 이자율제한 위반에 해당하지 않는다.

② 사례 2의 경우 원금은 100만 원, 이자는 20만 원이므로 연 이자율 20%로 이자율제한 위반에 해당하지 않는다.

③ 사례 2의 경우 원금은 80만 원, 이자는 20만 원이므로 연 이자율 25%로 이자율제한 위반에 해당한다.

④ 사례 2의 경우 원금은 80만 원, 이자는 20만 원이므로 연 이자율 300%로 이자율제한 위반에 해당한다.

대표기출 유형 4 업무이해응용

자료를 기반으로 업무 및 승진 관련 등의 규정을 묻는 유형

[08 ~ 09] 다음의 제시 상황을 보고 이어지는 질문에 답하시오.

공단 기획조정실에서 근무하는 사원 A는 인사규정에 따라 승진 대상자 선발 업무를 담당하고 있다.

제15조(승진) 승진은 근무성적평점, 경력평점, 다면평가평점, 가점평점, 기타 능력 등을 종합적으로 평가하여 공정하고 차별 없이 실시함을 원칙으로 한다.

제18조(특별 승진) ① 직원이 다음 각 호에 해당될 경우 중앙승진심사위원회의 의결을 거쳐 특별 승진할 수 있다.

1. 당해 직급에 승진소요 최저연수 이상 재직한 자로서 근무성적 또는 업무수행 능력이 특히 우수하거나 공단발전에 현저한 공적이 있다고 인정되는 자
2. 공단에 현저한 공적을 남긴 직원으로서 순직하였을 때

② 제1항 제1호의 규정에 따라 특별 승진 임용할 수 있는 인원은 전체 승진소요인원의 1/10 이내로 한다.

③ 특별 승진 대상자가 승진소요인원을 초과할 경우 특별 승진 대상자 중 총 근속년수가 높은 인원을 우선적으로 특별 승진한다.

제19조(승진소요최저연수) ① 일반직의 직급별 승진소요최저연수는 다음의 각 호와 같다. 다만 제18조에 따라 특별 승진했을 경우 다음 승진소요 최저기간은 다음의 각 호보다 1년을 단축할 수 있다.

1. 2급에서 1급 : 6년
2. 3급에서 2급 : 5년
3. 4급에서 3급 : 4년
4. 5급에서 4급 : 3년
5. 6급에서 5급 : 2년

② 징계처분기간 : 휴직기간 및 직위해제기간은 제1항의 재직기간에서 제외한다. (단, 다음 각 항목의 어느 하나에 해당하는 휴직기간은 제외하지 않는다)

1. 병역법에 의한 병역복무를 위해 휴직한 기간
2. 직무로 인한 부상과 질병으로 휴직한 기간
3. 육아휴직으로 인한 휴직기간(단, 자녀 1명에 대한 총 휴직기간은 1년만 인정한다)
4. 공단업무와 관련 있는 국제기구 또는 국가기관 등에 임시로 채용되는 휴직기간

08. A는 상사로부터 금년 특별 승진 대상자와 승진소요인원을 전달 받았다. 인사규정에 따라 이번에 특별 승진할 수 없는 사람은? (단, 모두 이전에 특별 승진하지 않았다)

특별 승진 대상자			
이름 / 직급	공로 내용	당해 직급 근속년수	총 근속년수
이□□ / 2급	예금보험 시스템 개선	6	20
손●● / 3급	윤리경영을 위한 조직체계 제안	5	17
지◇◇ / 4급	새로운 형태의 금융보험 창안	4	16
유▲▲ / 6급을	금융보험 관련 어플리케이션 개발	2	3

각 부처별 승진소요인원					
기획조정처	경영지원처	보험관리처	금융운영처	정보운영처	홍보처
5명	6명	6명	5명	7명	2명

① 이□□ ② 손●●

③ 지◇◇ ④ 유▲▲

09. A는 관련된 자료를 탐색하던 중 산재 기준 자료를 찾았다. 이를 바탕으로 승진할 수 없는 사람은? (단, 모두 올해 직급별 승진소요최저연수를 채웠으며 특별 승진 대상자는 없다)

〈공단 산재 인정 기준〉

- 「산업재해보상보호법」 제34조 제1항(업무상 질병의 인정기록)에 의거하여 인정
  가. 근로자가 업무수행과정(출근시간 포함)에서 유해 위험요인을 취급하거나 유해 위험요인에 노출된 경력이 있을 것.
  나. 유해 위험요인을 취급하거나 유해 위험요인에 노출되는 업무시간, 그 업무에 종사한 기간 및 업무 환경 등을 비추어 볼 때 근로자의 질병을 유발할 수 있다고 인정될 것.
  다. 근로자가 유해 위험요인에 노출되거나 유해 위험요인을 취급한 것이 원인이 되어 그 질병이 발생하였다고 의학적으로 인정될 것.

승진 대상자 명단	
이름 / 직급	업무 제외 사유
노□□ / 6급갑	음주운전으로 인한 징계처분
이◇◇ / 5급	육아휴직(자녀 1명분)
정○○ / 3급	업무 시간에 시설물 교체작업 중 허리 부상
강○○ / 6급을	출근하던 중 버스 추돌사고로 손가락 골절

① 노□□
② 이◇◇
③ 정○○
④ 강○○

대표기출 유형 5 금융업무이해

제시된 금융자료를 기반으로 업무를 묻는 유형

[10 ~ 11] 다음은 거래중지계좌 제도에 관한 내용이다. 이어지는 질문에 답하시오.

• 거래중지계좌 제도
- 금융감독원의 보이스피싱 등 금융사기 척결 특별대책의 일환으로 대포통장 발생을 사전적으로 차단하기 위해 도입한 제도이다.
- 거래중지계좌가 되면 입금, 출금, 이체거래 등 거래제한이 된다.

※ 휴면계좌와는 다른 개념이며, 거래중지계좌는 다시 사용이 가능하지만 휴면계좌는 해지만 가능하다.

• 거래중지계좌 대상
- 예금 금액과 입출금 거래가 없는 기간에 따라 달라짐.

예금	미거래 기간
1만 원 이하	1년 이상
1만 원 초과~5만 원 이하	2년 이상
5만 원 초과~10만 원 이하	3년 이상

- 5년 이상 입출금 거래가 없는 계좌는 휴면계좌가 됨.

• 거래중지계좌 활성화방법
- 자동이체 및 급여이체 계좌 등록
- 금융거래목적확인서 제출

통장 목적	증빙 서류
급여 계좌	재직증명서, 근로소득원천징수영수증, 급여명세표 등
법인(사업자 계좌)	물품공급계약서(계산서), (전자)세금계산서, 재무제표, 부가가치세증명원, 납세증명서 등
모임 계좌	구성원 명부, 회칙 등 모임 입증 서류
공과금 이체 계좌	공과금 납입 영수증 등
아파트 관리비 계좌	관리비 영수증 등
아르바이트 계좌	고용주의 사업자등록증(사본), 근로계약서, 급여명세표 등 고용확인 서류
사업자금 계좌	사업거래계약서 등 거래상대방의 사업자등록증 등
연구비 계좌	연구비 계약서 외 지급 단체 사업자등록증 또는 증명서 등
그 밖의 계좌	개설목적을 확인할 수 있는 객관적 증빙서류 필요

※ 전화 또는 인터넷을 통한 계좌 복구는 불가능

10. 다음 중 거래중지계좌 제도에 대해 잘못 이해한 사람은?

① 강산 : 3년 전에 사용했던 통장을 급여 계좌로 사용하려면 재직증명서를 가지고 은행에 방문하면 돼.

② 다희 : 5년 이상 거래내역이 없는 통장은 휴면계좌가 되고 다시 이용은 불가능하겠네.

③ 수민 : 사용을 안 하던 휴면/거래중지계좌는 복구할 수 있으니 증빙서류만 잘 챙겨 가면 되는구나.

④ 재경 : 통장을 4년 전에 마지막으로 이용했고 통장에 남은 금액이 3만 원 이하면 입출금을 못 하겠네.

11. 다음 중 법인(사업자 계좌)이 거래중지계좌를 활성화하기 위해 필요한 증빙 서류는?

㉠ 근로계약서	㉡ 사업거래계약서
㉢ 재무제표	㉣ 부가가치세증명원
㉤ (전자)세금계산서	㉥ 납세증명서
㉦ 근로소득원천징수영수증	㉧ 재직증명서

① ㉠, ㉡, ㉣, ㉤　　② ㉡, ㉢, ㉥, ㉧

③ ㉢, ㉣, ㉤, ㉥　　④ ㉣, ㉥, ㉦, ㉧

대표기출 유형 6 경영이해

금융회사의 사례를 통해 SWOT 분석 결과를 토대로 전략 수립을 묻는 유형

12. 다음 ▲▲금융회사의 SWOT 분석에 따른 전략 설정으로 가장 적절한 것은?

구분	내용
강점	• 국내 기업이라는 브랜드 이미지 • 쇼핑, 뱅킹서비스 등의 다양한 기능
약점	• 특정 지역에서의 지속적인 접속 불량 • 서버 부족으로 인한 잦은 민원
기회	• 인터넷 뱅킹의 사용 증대 • 모바일 시장의 확대
위협	• 경쟁기업의 고급화 • 안정적인 자본의 해외 금융회사의 유입

외부환경＼내부환경	강점(S)	약점(W)
기회(O)	① 다양한 기능과 서비스를 강조하여 기타 업체들과 경쟁한다.	② 서버를 추가적으로 구축하여 확대되는 모바일 시장의 이용자를 유치한다.
위협(T)	③ 접속 불량이 일어나는 지역의 원인을 파악하여 제거한다.	④ 국내 기업이라는 브랜드 이미지를 이용하여 마케팅 전략을 세운다.

대표기출 유형 7 고객서비스

금융 업무와 관련한 창구 상담 상황에 맞게 적절하게 고객 응대하는 유형

13. 다음 〈상황〉에서 이 주임의 응대로 가장 적절한 것은?

상황

S 은행에서 근무 중인 이 주임은 창구 상담 중 한 고객에게 다음과 같은 문의를 받았다.

안녕하세요. ◆◆ 대출 상품과 관련하여 질문이 있어서 전화 드렸습니다. 대출을 받고 싶어서 방금 확인해 봤는데, 저한테 적용되는 금리는 최저 금리보다 0.5%나 높더군요. 왜 그런 거죠?

고객이 알아본 최저 금리는 우대금리를 모두 적용받았을 때의 금리이며, 고객은 우대금리 요건을 충족하지 못한 상황이다. 그런데 이 주임이 고객 정보에 다른 대출 상품을 적용해 본 결과, 해당 고객이 ★★ 대출 상품을 선택하고 다른 적금 상품을 추가 가입하면 더 낮은 금리를 받을 수 있다는 것을 확인했다.

① "최저 금리는 모든 우대조건이 충족되었을 때 적용되는데 고객님께서는 일부 조건이 충족되지 않으시네요. 확인하셨던 금리대로 적용되는데 대출 진행 도와드릴까요?"

② "혹시 적금 상품을 새로 가입하실 생각은 없으신가요? 일정 금액 이상으로 가입하시면 ★★ 대출 상품에서 우대 금리를 적용받으실 수 있어 추천드립니다."

③ "말씀하신 ◆◆ 대출 상품의 우대금리 요건에 해당되지 않으시기 때문에, 더 낮은 금리로는 대출 진행이 어렵습니다. 도움을 드리지 못해 죄송합니다."

④ "해당 상품은 우대 금리 조건이 충족되지 않아 최저 금리 적용이 되지 않습니다. ★★ 대출 상품의 경우 적금상품을 함께 가입하시면 ◆◆ 대출 상품보다 금리가 낮아지는데, 소개해 드려도 괜찮을까요?"

대표기출 유형 8 상황판단

제시된 업무 상황과 자료를 토대로 금융 관련 상황을 적절하게 판단하는 유형

[14 ~ 16] 다음의 상황을 바탕으로 이어지는 질문에 답하시오.

상황제시		
업무 수행자	이름	Y
	소속	◇◇은행 ◎◎지점
	직급	2년 차 주임
업무배경	• Y 주임은 업무를 수행하고 있다. • ◎◎지점은 신도시에 위치하기 때문에 아파트 중도금 집단대출 및 주택담보대출 등과 같은 대출 관련 업무가 활발한 편이다.	

Y 주임은 △△스위트타운의 입주예정자들을 대상으로 하는 집단 중도금 대출 업무를 담당하게 되었다. 이와 관련하여 다음과 같이 U 팀장과 대화를 하고 있다.

U 팀장 : 이번 주부터 집단 중도금 대출 업무가 본격적으로 진행되죠? 주 담당자는 Y 주임이지만, 대출 접수부터 서류 업무, 심사에 이르기까지 저를 포함해 팀원들의 도움을 받아야 할 거예요. 입주예정자협의회 카페에 홍보글을 올리는 일은 어떻게 진행되고 있나요?

Y 주임 : 일단 홍보글을 이미지로 제작해 줄 디자인업체를 선정했고, 업체에 초안을 보내면 4 ~ 5일 내로 시안을 주겠다고 했습니다. 시안을 받아 세부 디자인과 내용 수정을 거쳐 최종안이 나오면 입주예정자협의회 카페에 업로드할 계획입니다.

U 팀장 : 그렇군요. 홍보글을 올리려면 먼저 카페 가입을 해야 하는데, 은행 담당자 인증 후 카페지기에게 승인요청을 따로 해야 가입이 됩니다. 가입 승인은 바로 될 수도 있지만 카페지기 사정에 따라 며칠씩 걸리는 경우도 있으니 미리 가입 신청을 해 두는 게 좋아요.

Y 주임 : 네, 알겠습니다. 혹시 적용금리는 언제쯤 확정될까요?

U 팀장 : 3일 후까지는 확정된다고 했어요. 금리가 확정되는 대로 홍보글에 잘 반영해서 업로드하도록 합시다. 대부분의 입주예정자들이 카페를 통해 정보를 얻는 만큼 최대한 빨리 홍보글을 올리는 게 좋겠어요.

14. 위 대화를 바탕으로 Y 주임이 진행해야 할 업무의 순서를 바르게 나열한 것은?

① 중도금 대출 확정금리 확인 → 홍보글 초안 작성 → 입주예정자협의회 카페 가입 승인 요청 → 디자인 업체에 초안 발송 → 홍보글 이미지 디자인 및 내용 수정 → 입주예정자협의회 카페에 홍보글 이미지 업로드

② 입주예정자협의회 카페 가입 승인 요청 → 홍보글 초안 작성 → 디자인 업체에 초안 발송 → 중도금 대출 확정금리 확인 → 홍보글 이미지 디자인 및 내용 수정 → 입주예정자협의회 카페에 홍보글 이미지 업로드

③ 입주예정자협의회 카페 가입 승인 요청 → 중도금 대출 확정금리 확인 → 홍보글 초안 작성 → 디자인 업체에 초안 발송 → 홍보글 이미지 디자인 및 내용 수정 → 입주예정자협의회 카페에 홍보글 이미지 업로드

④ 홍보글 초안 작성 → 디자인 업체에 초안 발송 → 입주예정자협의회 카페 가입 승인 요청 → 중도금 대출 확정금리 확인 → 홍보글 이미지 디자인 및 내용 수정 → 입주예정자협의회 카페에 홍보글 이미지 업로드

15. △△스위트타운 입주예정자들에게 우편 발송할 다음의 집단 중도금 대출 안내문을 검토하며 대출 접수에 관해 회의가 진행되었다. 제시할 수 있는 대응책으로 적절하지 않은 것은?

〈△△스위트타운 집단 중도금 대출 안내〉

구분	내용
대출대상	계약금을 완납하고 ○○금융공사 보증서 발급이 가능한 자
접수일정	202X년 8월 15일 (월) ~ 2022년 8월 19일 (금)
금리 조건	COFIX변동 신잔액기준(6개월) + 1.34%(가산금리)
구비서류	• 분양계약서 원본 • 분양계약자의 신분증(주민등록증 또는 운전면허증) • 주민등록등본 1통(분리세대인 경우 배우자의 주민등록등본 추가 제출) • 세대원 전원의 주민등록초본

(후략)

U 팀장 : 안내문 작성하느라 수고 많았어요. 안내문 검토하는 김에 이번 중도금 대출 접수를 보다 원활하게 진행하기 위한 대응책을 이야기해 보기로 할까요? 관련해서 더 안내할 내용이 없다면 작성한 안내문은 고객들에게 발송해도 되겠어요.

W 과장 : 지난번 진행됐던 중도금 대출 때 보니, 기본적인 대기 시간이 길어서 지루함을 느끼는 고객들이 많은 거 같았어요. 바쁜데 차례가 언제 오냐며 초조해하시는 분들도 계셨고요.

S 대리 : 지점의 일반 업무와 달라서 기본적으로 대기 고객 수가 많고, 고객 제출 서류를 모두 꼼꼼하게 확인해야 하는데다가 고객의 자필 서명 작성에도 꽤 시간이 걸리기 때문에 긴 대기 시간은 불가피한 것 아닌가요?

U 팀장 : 맞아요. 그렇지만 접수 업무를 좀 더 빠르고 효율적으로 진행하기 위한 방법이나, 고객이 지루함을 덜 느낄 수 있게 할 방법은 없을지 생각해 보도록 합시다.

W 과장 : 그리고 일정을 보니 19일에 고객들이 몰릴 가능성이 높아 보여요. 접수 마지막 날인데다가 금요일이니까요.

U 팀장 : 방문고객이 특정 일자에 몰리지 않고 접수기간 동안 최대한 분산되게 하기 위한 방법이 필요하겠네요. 이에 대해 다들 자유롭게 아이디어 내 주세요.

① 서류 보완을 위해 재방문하는 고객들을 대기 시간 없이 바로 접수창구로 이동할 수 있도록 하여 재방문 고객들의 편의를 도모한다.

② 각 일자별로 아파트 동을 분배하고, 각 동별로 속한 일자에 방문하여 접수할 것을 권장하는 내용을 안내문에 추가한다.

③ 금융상품 설명 책자와 잡지 등을 고객 대기석 근처에 배치하여 대기하는 고객들이 읽을 수 있도록 한다.

④ 접수 전에 고객이 가져온 구비 서류 및 준비물을 체크해 주는 코너를 추가로 마련하여 접수창구에서 소요되는 시간을 단축시킨다.

16. Y 주임과 팀원들은 이번 주 내내 은행 마감 이후 집단 중도금 대출 서류를 검토하고 정리하는 업무를 하고 있다. 오늘도 하루 동안 접수된 대출 서류를 정리하고 고객이 작성한 서류 내용을 확인하던 도중, Y 주임은 자신이 진행한 고객 작성 서류에서 자필서명란 한 군데가 누락된 것을 발견하여 해당 고객에게 전화를 걸었다. 다음의 상황에서 Y 주임이 고객에게 우선적으로 할 대응으로 가장 적절한 것은?

> Y 주임 : 고객님께서 제출해 주신 서류에서 자필서명 하나가 빠져 있어서, 너무 송구스럽지만 영업시간 동안 저희 ◎◎지점으로 방문을 부탁드려도 될까요?
>
> 고객 : 저도 그러고 싶은데, 요즘 회사일이 너무 바빠서 계속 야근 중이라 은행을 방문할 시간 될지 모르겠네요. 제 아내를 보내서 대신 서명하게 할 수는 없을까요?
>
> Y 주임 : 죄송하지만 고객님이 계약자이자 대출 당사자이시기 때문에 직접 방문하여 서명을 하셔야 해요. 그래서 가족분이 대신 해 주시는 건 어려울 것 같습니다.
>
> 고객 : 음... 곤란하네요. 낮 동안에는 시간 내기가 어려울 것 같은데요. 은행이랑 집은 가까운데, 회사에서 ◎◎지점까지는 편도로 1시간이 넘게 걸려서 근무 중간에 나와서 방문하기는 어려워요.

① 그렇다면 제가 고객님의 직장 근처로 방문해야 할 것 같습니다. 근무 중에 틈이 나시는 시간대를 말씀해 주시면 제가 서류 들고 찾아뵙도록 하겠습니다.

② 고객님의 사정이 그러시다면 고객님의 직장 근처에 가서 서명을 받아와야 하는데, 제 업무가 너무 바쁜 관계로 저희 팀원을 대신 보내도록 하겠습니다.

③ 고객님이 저희 지점에 방문 가능하시는 시간에 맞춰서 저도 기다리고 있겠습니다. 출퇴근 시간대에도 가능하니, 편하신 시간대를 말씀해 주세요.

④ 수고스럽지만, 그러면 제가 대출 서류를 등기로 발송해 드릴 테니, 빈 서명란에 서명을 하신 후에 근처 우체국에서 저희 지점으로 다시 등기 발송해 주실 수 있을까요?

▸ 정답과 해설 36쪽

[01 ~ 02] 다음의 제시 상황과 자료를 보고 이어지는 질문에 답하시오.

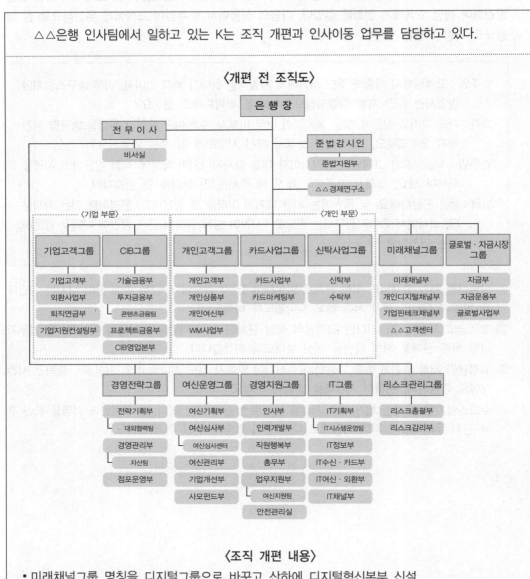

△△은행 인사팀에서 일하고 있는 K는 조직 개편과 인사이동 업무를 담당하고 있다.

〈개편 전 조직도〉

- 은행장
  - 전무이사
    - 비서실
  - 준법감시인
    - 준법지원부
  - △△경제연구소
  - 〈기업 부문〉
    - 기업고객그룹: 기업고객부, 외환사업부, 퇴직연금부, 기업지원컨설팅부
    - CIB그룹: 기술금융부, 투자금융부(└ 콘텐츠금융팀), 프로젝트금융부, CIB영업본부
  - 〈개인 부문〉
    - 개인고객그룹: 개인고객부, 개인상품부, 개인여신부, WM사업부
    - 카드사업그룹: 카드사업부, 카드마케팅부
    - 신탁사업그룹: 신탁부, 수탁부
  - 미래채널그룹: 미래채널부, 개인디지털채널부, 기업핀테크채널부, △△고객센터
  - 글로벌 · 자금시장그룹: 자금부, 자금운용부, 글로벌사업부
  - 경영전략그룹: 전략기획부(└ 대외협력팀), 경영관리부(└ 자산팀), 점포운영부
  - 여신운영그룹: 여신기획부, 여신심사부(└ 여신심사센터), 여신관리부, 기업개선부, 사모펀드부
  - 경영지원그룹: 인사부, 인력개발부, 직원행복부, 총무부, 업무지원부(└ 여신지원팀), 안전관리실
  - IT그룹: IT기획부(└ IT시스템운영팀), IT정보부, IT수신 · 카드부, IT여신 · 외환부, IT채널부
  - 리스크관리그룹: 리스크총괄부, 리스크감리부

〈조직 개편 내용〉

• 미래채널그룹 명칭을 디지털그룹으로 바꾸고 산하에 디지털혁신본부 신설
• 디지털혁신본부 산하에 디지털기획부, 빅데이터센터, 혁신R&D센터 구축
• 리스크관리그룹 산하에 여신감리부 신설
• 글로벌사업부 산하에 글로벌영업지원팀 신설
• 경영전략그룹 산하에 경영혁신부 신설
• 기업핀테크채널부를 기업디지털채널부로 변경

01. 다음 중 K가 개편 전 조직도를 이해한 내용으로 옳지 않은 것은?

① IT그룹 산하에는 총 5개의 부가 소속되어 있다.
② 개인고객그룹, 카드사업그룹, 신탁사업그룹은 개인 부문에 해당한다.
③ 비서실은 은행장 직속이 아닌 전무이사 산하에 소속되어 있다.
④ 여신지원팀은 업무지원부 소속이며 업무지원부는 여신운영그룹 산하에 위치한다.

02. 조직 개편 내용에 따라 K가 조직도를 새로 만들었을 때, 올바르게 반영되지 않은 부분은?

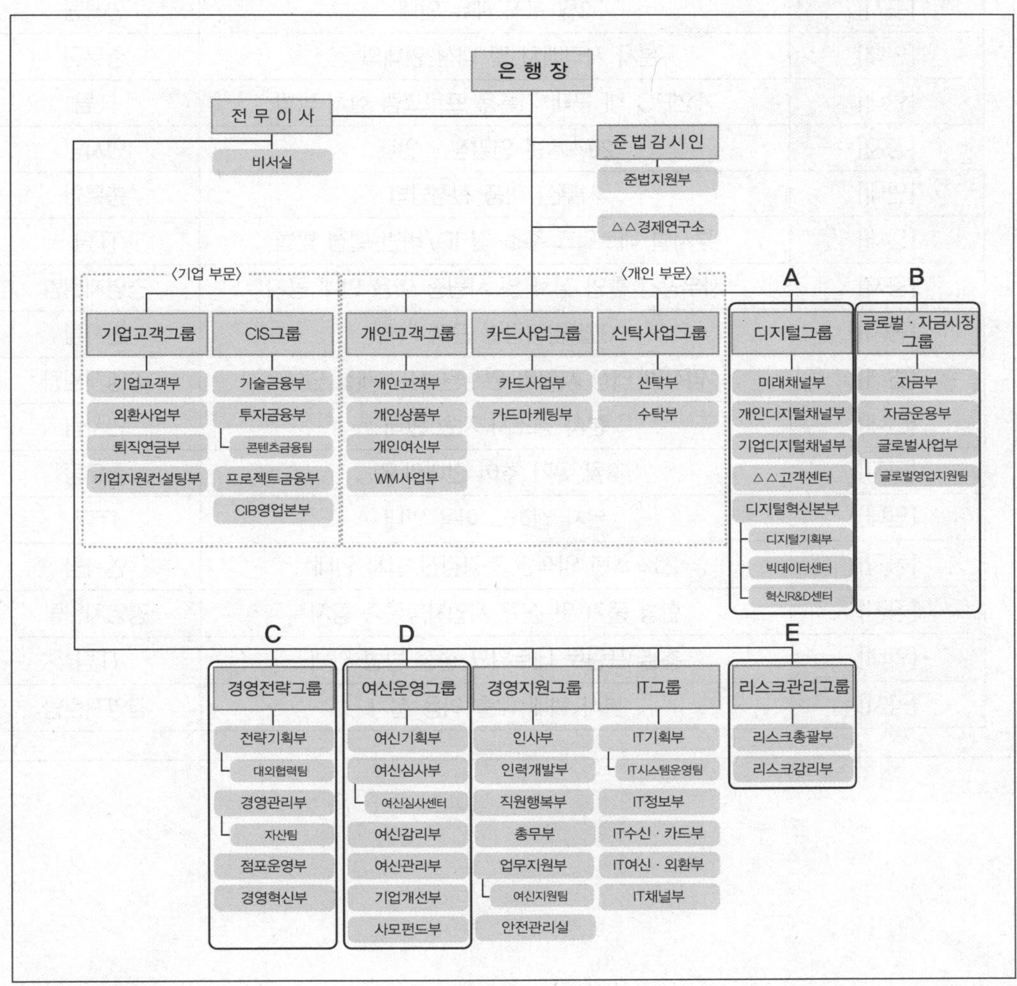

① A, B
② B, C
③ C, D
④ D, E

[03 ~ 04] 다음 제시 상황과 자료를 보고 이어지는 질문에 답하시오.

■■은행 영업팀에 새로 입사한 Y는 사내 규정을 숙지하기 위해 홈페이지 내 부서별 주요 공지 사항이 게시되는 사내 게시판을 살펴보고 있다.

구분	제목	담당부서
[안내]	개인경비 청구서 제출 안내	재무팀
[공지]	1월 신규 입사자 인사발령	인사팀
[공지]	자사 문서 양식 참고	총무팀
[공지]	3월 조식 메뉴 안내	인사팀
[안내]	본사 자리배치 및 내선 안내의 건	총무팀
[안내]	개인PC 내 근태 기록용 프로그램 설치 방법	IT팀
[공지]	20△△년 연말정산 안내	인사팀
[안내]	사무실 비품 신청방법	총무팀
[안내]	부서별 네트워크 주소 및 ID/비번 설정 방법	IT팀
[공지]	사무공간 출입 절차 및 사원증 이용 안내 공지	경영지원팀
[공지]	3월 임직원별 근태 기록	인사팀
[안내]	임직원 대상 사이버 연수원 신규 개설 안내	경영지원팀
[안내]	본사 경조사 지원 안내	인사팀
[공지]	3월 유가 추이 안내의 건	총무팀
[안내]	본사 웹하드 이용 안내	IT팀
[공지]	20△△년 임직원 건강검진 실시 안내	인사팀
[공지]	합병 등기 및 신규 사업자등록증 공지	경영지원팀
[안내]	층별 프린트 네트워크 설정 방법 안내	IT팀
[공지]	본사 택배 매출 이용 절차	경영지원팀

03. 사내 게시판에 게시된 공지사항을 바탕으로 Y가 이해한 내용으로 옳은 것은?

① 경조사비가 얼마나 지급되는지는 재무팀에 물어보면 되겠구나.
② 합병 등기 및 신규 사업자등록증 사본 파일이 필요할 때에는 총무팀에 문의하면 되겠구나.
③ 사무실 내 자리배치도는 인사팀에 요청해야겠어.
④ 임직원의 건강검진은 인사팀에서 담당하는구나.

04. Y는 아래 공지사항을 참고하여 3월 자가용 유류비 청구 방법을 알아보려고 한다. 다음 중 Y가 이에 관하여 공지를 참고하지 않아도 되는 부서는?

[안내] 자가용 유류비 청구 안내 재무팀

• 자가용 유류비는 다음과 같은 경우에만 청구할 수 있습니다.
가. 업무 목적으로 자가용을 사용했을 시 : 외근 기록서(팀장전결), 근태 기록 첨부
나. 22:00 이후 근무 시 : 근태 기록 프로그램 내 출퇴근 확인서 출력으로 증빙

• 자가용 유류비는 아래와 같이 계산합니다.
유류비 = 주행거리(km) × 당월 유가추이 평균 단가
※ 주행거리 : 출발지부터 목적지까지의 거리
※ 당월 유가추이 평균단가는 사내 공시 금액 참고

① 인사팀 ② 경영지원팀
③ IT팀 ④ 총무팀

[05 ~ 06] 다음은 ○○은행의 인사평가와 관련한 자료이다. 이어지는 질문에 답하시오.

〈성과평가표〉

핵심 업무	CSF (평가항목)	측정자료		올해 목표치	등급 평가기준					기준치
		KPI (핵심 성과지표)	측정방법		S	A	B	C	D	
판매 관리	판매목표 관리	월별 매출액 달성률	실적÷계획×100	100%	110% 이상	100% 이상~110% 미만	90% 이상~100% 미만	90% 미만	70% 미만	30%
제품 개발	출시 예정일 준수	일정준수	지연일수	기한 내 출시	7일 이전	기준일 준수	3일 지연	5일 지연	7일 이상 지연	20%
고객DB 구축 및 관리	구입고객 리스트 작성 및 관리	고객 리스트 구축건수	구축건수	10건	12건 이상	10~11건	8~9건	6~7건	6건 미만	25%
고객 서비스 및 불만처리	신속하고 체계적인 고객서비스	불만 처리율	처리건수÷고객불만 건수×100	95%	95% 초과	90% 초과~95% 이하	85% 초과~90% 이하	80% 초과~85% 이하	80% 이하	25%

※ 등급별 점수 : S 100점 / A 90점 / B 80점 / C 70점 / D 60점

〈인사평가 결과〉

구분	김우리	박민서	이재훈	강나라
직급	계장	과장	팀장	팀원
업적평가	80점	75점	70점	㉠
역량평가	70점	75점	90점	75점

05. ○○은행 팀원인 강나라 씨의 성과평가 결과가 다음과 같을 때, 이를 바탕으로 하여 ㉠에 들어갈 업적평가 점수로 옳은 것은?

- 성명 : 강나라
- 직급 : 팀원

KPI	월별 매출액 달성률	일정준수	고객리스트 구축건수	불만처리율
결과	84%	3일 지연	8건	96%

① 78점　② 80점
③ 82점　④ 84점

06. 최근 조직의 성과에 대한 역할과 책임이 막중한 만큼 업적평가의 비중을 높인다는 발표가 내려졌다. 직급에 따른 업적평가와 역량평가의 비중이 다음과 같을 때, 가장 높은 점수를 받게 될 사람은? (단, 강나라 씨의 경우 05에서 도출된 점수를 따른다)

구분	계장	과장	팀장	팀원
업적평가	70%	60%	70%	50%
역량평가	30%	40%	30%	50%

① 김우리　② 박민서
③ 이재훈　④ 강나라

[07 ~ 08] 다음은 ◆◆은행의 민원처리에 관한 내용이다. 이어지는 질문에 답하시오.

○ 민원신청서 및 첨부 서류

▸ 민원 신청 시에는 각 영업점 민원상담창구에 비치된 민원신청서를 이용하실 수 있습니다. 인터넷을 이용한 전자민원창구를 통하여 민원을 신청하거나 민원신청서 양식을 이용하지 않을 경우에는 다음 사항을 명기해야 합니다.

– 본인 및 대리인의 성명, 생년월일(또는 사업자등록번호), 주소, 전화번호(휴대전화)

– 신청취지(요구사항)

– 신청사유(육하원칙에 따라 기술)

▸ 민원 신청과 관련해 민원당사자, 이해관계인 및 사실 관계를 입증하는 다음의 서류를 첨부하여야 합니다.

– 본인인 경우 본인 실명확인증표 사본

– 대리인이 신청하는 경우 본인의 위임장 및 인감증명서

– 기타 사실 관계를 입증하는 서류 사본

▸ 민원은 영업점 민원상담창구, 본부 민원실 및 각 부서에 방문, 전화 등을 통하여 상담할 수 있으며, 민원의 신청은 방문, 우편, 모사전송(Fax), 인터넷 홈페이지 등을 이용하여 접수할 수 있습니다. 다만, 민원인의 의사 표시를 문서로 증명할 필요가 없는 민원이거나 금융거래정보와 관련이 없는 경우 전화로 신청이 가능합니다.

○ 민원 회신

▸ 민원처리기간은 신청일로부터 7영업일 내로 합니다. 처리기간 내에 민원서류를 처리하기 곤란한 경우에는 1회에 한해서 처리기간을 연장할 수 있습니다. 이 경우 민원인에게 처리지연사유와 처리 예정기간을 통보하여야 합니다.

▸ 민원사항의 처리를 완결하였을 때에는 그 결과를 지체 없이 민원인에게 통지하여야 합니다.

▸ 반복 및 중복 민원의 경우 2회 이상 처리결과를 통지한 후에는 더 이상 답변을 생략하고 내부적으로 종결할 수 있습니다.

○ 민원으로 처리하지 않는 경우

▸ 행정기관 또는 공법인이 본회 및 본회 회원에 대하여 특정한 행위를 요구하는 경우(사경제의 주체로서 요구하는 경우에는 제외)

▸ 본회 등과 사법상의 계약을 체결하고자 하는 자 또는 계약관계에 있는 자가 사법적 효과를 발생시키기 위하여 본회 등에 특정한 행위를 요구하는 경우

▸ 법원판결에 따라 확정되었거나 재판에 계류 중인 사항 및 수사기관에서 수사 중인 사항에 대하여 특정한 행위를 요구하는 경우

▸ 「금융실명거래 및 비밀보장에 관한 법률」, 「신용정보의 이용 및 보호에 관한 법률」, 「개인정보보호법」 등 기타 법령에 위반되는 사항을 요구하는 경우

▸ 사인 간의 권리관계 또는 개인의 사생활에 관한 사항에 대하여 특정한 행위를 요구하는 경우

▸ 본회 등의 임직원 인사와 관련하여 압력, 청탁, 부탁, 관여 등 기타 관련된 사항에 대하여 특정한 행위를 요구하는 경우

07. ◆◆은행의 창구직원 K에게 고객이 민원접수 방법을 물어 왔고, K 직원은 다음과 같이 응대했다. K 직원이 답변한 내용 중 옳지 않은 것은?

K 직원

고객님의 민원 및 불편사항을 신속히 해결하기 위해 ㉠ 각 영업점의 민원상담창구와 본부 민원실을 운영하고 있으며, ㉡ 민원접수는 영업점의 민원신청서 또는 인터넷 홈페이지, 우편, 팩스를 통하여 가능합니다. ㉢ 민원 신청에 필요한 첨부 서류는 민원 신청인 본인 또는 대리인의 성명, 생년월일 등과 같은 개인정보와 신청취지, 신청사유 관련 서류입니다. 또한, ㉣ 금융거래정보와 관련 없는 단순 질의민원인 경우에는 전화 민원상담이 가능합니다.

① ㉠　　② ㉡

③ ㉢　　④ ㉣

08. 다음 중 민원으로 처리되지 않는 경우로 옳은 것은?

① 채권자가 채무자의 입출금내역의 조회를 요청하는 경우

② 대출 신청이 거절된 사유를 알고자 하는 경우

③ 본인의 계좌비밀번호를 분실한 경우

④ 내 계좌가 대포통장 등 범행에 악용된 것으로 의심되는 경우

파트1 의사소통
파트2 수리
파트3 문제해결
파트4 자원관리
파트5 조직이해/상황판단
파트6 정보/알고리즘
파트7 실전모의

[09 ~ 11] 다음 자료를 보고 이어지는 질문에 답하시오.

회의록			
일시	20X1년 3월 18일(월)	구분	17-000052
장소	3층 회의실	작성자	J 사원

〈1/4분기 전체회의〉	
주요 문제점	부서별 현상 분석 필요사항
• 브랜드 인지도 하락 • 대규모 프로모션 성과 미미 • 자사 핵심고객층의 이탈 • 영업사원의 전반적 역량 하락 • 우수 연구자의 경쟁사 유출 • 지사 및 대리점의 매출 급감 • 고객 만족도 수치 하락 • 핵심 연구 개발 기술력의 부재 • 서비스 품질 하락 • 제품 수요에 대한 예측 실패 • 고객 불편사항 접수 건 증가 • 판촉활동 성과 미미	R&D 부서 - 연구 개발과 관련된 전반적인 조직역량 강화를 위한 분석 마케팅 부서 - 시장, 경쟁사, 고객에 대한 전반적인 현상 분석 영업 부서 - 영업사원 관리 및 생산성 제고, 유통 채널 관리 부분에서 분석 인사 부서 - 인력 역량 강화를 위한 사내 근무 만족도와 근무 환경 분석 서비스 부서 - 고객과 접점이 되는 부분과 고객 서비스 및 관리 프로세스에 대한 분석

09. J 사원은 1/4분기 전체회의에서 다룬 주요 문제점을 각 부서별 현상 분석 필요사항에 맞게 분류하여 정리하였다. 다음 중 각 부서에 해당하는 핵심 문제점으로 옳지 않은 것은?

① 영업-판촉활동 성과 미미
② 서비스-고객 불편사항 접수 건 증가
③ R&D-자사 핵심고객층의 이탈
④ 마케팅-브랜드 인지도 하락

10. J 사원은 주요 문제에 대한 현상 분석 필요사항에 따라 전략을 수립해야 하는 사항들을 정리하여 각 부서별로 메일을 보내려 한다. J 사원이 정리한 내용으로 옳지 않은 것은?

	부서	주요 문제에 대한 해결방안 전략수립
①	R&D	연구개발 및 기술성과를 고취하기 위한 기술 개발력 확보
②	마케팅	제품 기술력 향상, 브랜드 관리에 대한 방안 모색
③	영업	영업사원 역량 개발, 판촉 경로 연구
④	인사	사내 근무 환경에 대한 여론 재점검

11. J 사원은 전략수립을 위한 자료를 준비하던 중 상사로부터 다음과 같은 메일을 받았다. 이에 따라 현 상황을 진단해 볼 때 R&D 부서에서 가장 시급하게 해결해야 할 사항은?

E-mail	
일시	20X1년 3월 22일
수신	전략기획팀 J 사원
제목	R&D 부서 조직역량 강화 전략
안녕하세요, K 팀장입니다. R&D 부서의 전반적인 조직역량이 강화된다면 다음과 같은 선순환 구조로 시장에서 성공하는 제품이 많아질 것으로 예상됩니다. 자사 R&D 부서가 조직역량을 강화하기 위해 현재 상황을 진단하고 문제를 해결하는 데 도움이 될 것 같아 첨부합니다. 참고해 주세요. K 팀장 드림	높은 사업성과 여유자원 확보 선행연구 및 기술개발 신기술 개발 및 확보 〈R&D 선순환 구조〉

① 여유자원 확보 ② 높은 사업성과
③ 신기술 개발 및 확보 ④ 선행연구 및 기술개발

[12 ~ 16] 다음의 상황을 바탕으로 이어지는 질문에 답하시오.

상황제시		
업무 수행자	이름	O
	소속	△△은행 ●●동 지점
	직급	1년차 주임
업무배경	• O 주임은 작년 하반기 공채를 통해 △△은행 신입사원으로 입사했으며 ●●동 지점으로 발령받았다. • ●●동 지점은 대학이 있는 번화가에 위치하며 주 고객층이 20대인 대학생이다.	

#1 주간회의(9월 12일 14:00)

본사에서 진행하는 공모전과 관련하여 A 팀장이 직원들에게 다음과 같은 말을 하였다.

〈202X 하반기 △△은행 공모전 공지〉

제목 : △△은행 청년 아이디어 공모전 공지

보낸 사람 : 기획부/관리자

안녕하세요?

이번에 본 은행에서 진행하는 청년 아이디어 공모전 관련하여 아래와 같이 공지를 올리니 각 지점에서는 참고하여 주시기 바랍니다.

– 아래 –

[공모 주제] 20대 Young세대를 타깃으로 한 대표 카드 상품 재연

[참가 자격] 전국 △△은행 전 지점(지점당 한 아이디어 제출)

[공모 방법] △△은행 아이디어 제안 페이지에서 신청서 다운로드 후 신청서와 아이디어 공모 기획안을 함께 접수

[참여 기한] 202X년 10월 1일 오후

A 팀장

모두들 공모전 관련 공지사항 확인했죠? 우리 지점이 대학가에 있다 보니 이번 공모전에서 좋은 아이디어가 나오면 지점에 큰 도움이 될 것 같아요. 그래서 나는 우리 지점이 바쁘더라도 다 같이 힘을 모아 참신한 아이디어를 제안했으면 해요. 각자 업무에 부담되지 않는 선에서 아이디어를 생각해서 다음 주 월요일 주간회의 때 이야기하도록 합시다.

#2 주간회의(9월 19일 16:30)

O 주임은 한 주 동안 열심히 자료를 수집하여 회의에서 다음과 같은 아이디어를 제안하였다.

(전략)

A 팀장 : 다들 젊은층을 타깃으로 효과가 있을 혜택들을 많이 조사하고 정리해 왔네요. O 주임은 어떤 아이디어를 생각해 봤나요?

O 주임 : 저는 20대에게 인기가 많은 캐릭터를 카드 디자인에 반영하는 아이디어를 생각해 보았습니다. 최근 캐릭터 마케팅이 다양한 산업군에서 큰 효과를 내고 있기에 캐릭터 디자인으로 차별화를 두는 것이 어떨까 싶습니다.

B 대리 : 저도 비슷한 아이디어를 가져왔는데요, 캐릭터를 활용해 젊은층의 시선을 쉽게 끌고 친근한 이미지로 다가갈 수 있을 것 같습니다.

C 과장 : 신선하긴 한데, 캐릭터같이 유행을 타는 것에 초점을 두는 것보다 카드 본연의 혜택에 더 집중하는 것이 낫지 않을까요?

A 팀장 : 그렇게 생각할 수도 있겠네요. 저도 색다른 카드 디자인이 과연 효과가 있을지 의문이긴 합니다. 일단 조금 쉬고 다른 아이디어들도 들어봅시다.

O 주임은 상사의 우려에 어느 정도 동감했다. 하지만 여태까지 나온 아이디어들이 카드 혜택에만 초점이 맞춰져 있는데, 사전에 조사했을 때 카드수수료 인하 등으로 카드사마다 차별화된 혜택을 내놓기 어렵기 때문에 카드 디자인의 변화로 차별화된 가치를 부여할 수 있을 것이라고 생각했다.

#3 주간회의(9월 19일 18:30)

주간회의가 마무리되며 O 주임과 B 대리가 준비한 아이디어가 채택되었다.

A 팀장 : 어느 정도 의견이 통합된 것 같네요. 모두 아이디어 짜느라 고생 많았어요. B 대리와 O 주임, 둘의 아이디어인 만큼 같이 기획안 초안을 작성하면 좋을 것 같아요. 둘의 업무 상황은 요즘 어때요? 기획안 제출까지 시간이 많지 않아 기획안 작성 경험이 많은 B 대리가 주 담당자가 되어 최대한 효율적으로 진행해 보는 게 어떨까 싶은데.

B 대리 : 저는 최근 맡고 있는 캠페인 업무 때문에 조금 바쁘긴 합니다.

O 주임 : 저는 이 공모전과 창구 업무 말고는 따로 맡고 있는 업무는 없습니다.

A 팀장 : 그러고 보니 B 대리가 정신이 없긴 하겠네요. 그럼 이번에는 O 주임이 혼자 작성해 보는 건 어때요?

O 주임도 열심히 준비한 아이디어인 만큼 스스로 기획안을 작성하고 싶었지만, 기획안 작성 경험이 없기 때문에 단독으로 수행하기에는 무리가 있다는 생각이 들었다.

#4 프로모션 상품 관련 고객 응대(11월 15일 13:00)

O 주임이 열심히 준비한 공모전이 당선되어 전 지점에서 해당 카드를 출시하였다. O 주임의 예상대로 캐릭터 카드는 선풍적인 인기를 끌었으며, 현재 카드 물량이 부족하여 발급을 받을 수 있는 시간이 예정보다 오래 걸렸다. 이러한 상황에서 단골 VIP 고객이 ●●동 지점에 방문하여 카드 발급 의사를 밝혔다.

H 고객 : 얼마 전에 나온 캐릭터 카드 디자인이 귀엽더라고요. 요즘도 그 캐릭터 카드 발급이 가능한가요? 최대한 빨리 받았으면 좋겠는데, 혹시 발급받으려면 어느 정도 기다려야 하나요?

O 주임 : 현재 전 지점에 물량이 부족한 상황이라 수령하시기까지 최소 2주일에서 한 달 간 소요될 수 있습니다.

H 고객 : 생각보다 시간이 너무 오래 걸리네요. 더 빨리 받을 수 있는 방법은 없나요?

O 주임 : 카드 신청 순서에 따라 차례대로 발급이 진행되기 때문에 저희가 따로 고객님께서 먼저 카드를 받으실 수 있게 도와드릴 방법이 없을 것 같습니다. 도움을 드리지 못해 죄송합니다.

H 고객 : 물론 시간만 있으면 기다리고 싶죠. 그런데 며칠 후에 2주간 미국에 나가 있을 일이 있는데 그곳에서 쓸 카드를 발급받고 싶어서 그래요. 해외에서 쓸 수 있는 카드가 없거든요. 그래도 이 지점 단골 고객인데, 어떻게 빨리 안 될까요?

#5 업무 마감 후(12월 13일 16:00)

O 주임이 기획한 상품이 출시된 지 어느덧 한 달이 되었다. A 팀장은 O 주임에게 다음 주 주간회의를 대비하여 다음과 같은 요청을 해왔다.

A 팀장

O 주임이 제안한 캐릭터 카드가 모 온라인 커뮤니티에서 화제가 됐고 다른 지점에서도 수요가 꾸준하다고 하네요. 수고 많았어요. 다름이 아니라 본부로부터 카드 출시로 인한 우리 지점 실적 변화를 분석해 달라는 요청이 있어서, 그 준비를 위해 다음 주에 회의를 진행하려고 해요. O 주임이 수집 후 분석해서 발표해 줬으면 합니다. 끝까지 잘 부탁해요.

12. #1의 상황에서 공지사항 전달 후, O 주임은 공모전 아이디어를 찾기 위해 먼저 자료를 수집하기로 하였다. 다음 중 O 주임이 취해야 할 행동으로 가장 바람직하지 않은 것은?

① 최근 판매된 타 은행의 다양한 상품의 성공 사례를 조사한 후 타깃층의 상황에 맞추어 변형 및 적용한다.

② 지점의 주 고객층이 20대로 공모전의 타깃층과 비슷하기 때문에 고객 설문조사를 진행하여 고객의 실제 니즈를 파악한다.

③ 사내 사이트에서 20대 고객이 많이 가입한 상품을 찾아 그 상품들의 특징을 파악하여 공모전 방향을 구상한다.

④ 작년 한 해 동안 ●●동 지점의 주요 고객층을 타깃으로 진행했던 상품과 비슷하게 아이디어를 기획한다.

13. #2의 상황에서 O 주임이 취해야 할 행동으로 가장 바람직한 것은?

① 공개적인 상황에서 상사의 의견을 반박하는 것은 결례되는 행동이므로, 쉬는 시간에 C 과장을 찾아가 반대하는 이유에 대하여 질문한다.

② 쉬는 시간 동안 아이디어를 구성할 당시 참고했던 시중 카드 현황 자료를 인쇄하고, 회의가 재개되면 자료를 토대로 자신의 아이디어를 채택할 것을 설득한다.

③ 공모 주제를 고려하여 연령대가 높은 C 과장이나 A 팀장보다는 타깃 연령대인 20대에 해당하는 자신의 아이디어를 채택해 줄 것을 설득한다.

④ 비슷한 아이디어를 준비한 B 대리가 추가 의견을 낼 수 있도록 일단 회의가 재개되기를 기다려 본다.

14. #3의 상황에서 O 주임이 할 말로 가장 바람직한 것은?

① B 대리님이 아무래도 저보다 기획안을 많이 작성해 보셨으니 B 대리님이 주도하시고 제가 옆에서 열심히 서포트하는 건 어떨까요?

② 그럼 일단 자료들을 참고해 기획안을 작성할 준비를 끝낸 다음, 도움이 필요한 부분이 있다면 B 대리님께 여쭈어보도록 하겠습니다.

③ 저에게 좋은 기회를 주셔서 감사합니다. 최대한 B 대리님께서 진행하시는 업무에 지장이 없도록 제가 스스로 작성해 보겠습니다.

④ 네, 다만 제가 기획안을 작성해 본 적이 없어서 B 대리님께서 이전에 작성하신 기획안들을 보여주신다면 참고하여 작성해 보도록 하겠습니다.

15. #4의 상황에서 O 주임이 해야 할 말로 가장 바람직한 것은?

① 더 빠른 발급은 어렵지만 오늘 신청하시면 미국에서 돌아오실 때쯤에는 받으실 것 같습니다. 대신에 사은품으로 나가는 캐릭터 카드 스티커가 있는데, 제가 조금 더 챙겨 드릴게요.

② 네, 알겠습니다. 그럼 제가 지점장님에게 한번 여쭈어보고 특별히 빠르게 발급해 드릴 수 있도록 힘을 좀 써 보겠습니다.

③ 해외에서 카드를 이용하실 예정이시면 캐릭터 카드 대신에 해외 이용 혜택이 많은 카드를 추천합니다. 이 카드는 출국 전에 발급해 드릴 수 있는데, 혹시 이 카드는 어떠신가요?

④ 고객님의 상황 충분히 이해하지만 저희도 본사에 발급 신청을 해야 카드가 발급되는지라 카드를 발급해 드리지 못하는 상황을 이해해 주시면 감사하겠습니다.

16. #5의 상황에서 O 주임이 분석을 위해 참고할 자료로 가장 바람직한 것은?

① 당월 ●●동 지점 이용 고객의 은행 이용 만족도 분석 자료

② 카드 신설 전후 ●●동 지점 연령별 고객 점유율 비교 자료

③ 카드 신설 전후 신설 카드 관련 뉴스, SNS 게시물 건수 비교 자료

④ 카드 신설 전후 ●●동 지점 신규 고객 유입량 및 유입경로 분석 자료

17. 다음 상황의 Q 대리가 주간회의에서 낼 의견으로 가장 적절한 것은?

상황제시		
업무 수행자	이름	Q
	소속	○○은행 ◇◇지점
	직급	3년차 대리
업무배경	• 수신팀 소속인 Q 대리는 신규 상품 출시 때마다 직원들에게 신규 상품에 대해 교육하는 업무를 담당하고 있다. • 고령화 사회에 맞춰 고령층을 대상으로 한 신규 상품이 출시를 앞두고 있다.	

Q 대리는 고객을 직접 응대하는 창구 직원들에게 다음 주에 출시 예정인 신규 상품의 내용과 유의사항에 대해 교육하였다. 교육이 끝난 후 자유롭게 질문이나 건의사항을 이야기해보라고 하자, 교육을 받은 직원들이 다음과 같이 고충을 털어놓았다. Q 대리는 이를 바탕으로 이번 주간회의 시간에 신규 상품 영업 방향에 대해 의견을 내고자 한다.

K 사원 : 평소에 고령층 고객들을 응대하고 상품에 대해 이해시키기가 쉽지 않은데, 고령층을 대상으로 한 전용 상품이 출시되었다니 벌써부터 걱정이 돼요. 시간을 들여 길고 자세히 설명해드려도 잘 이해하지 못하시는 경우가 많거든요.

O 주임 : 맞아요. 그래서 상품에 관한 내용 숙지가 덜 된 상태로 가입을 하고 나중에 찾아오셔서는 자신이 알고 있던 내용과 다르다고 하시는 경우도 종종 있어요.

S 대리 : 그래서 이용실적에 따른 적용금리나 혜택을 고령층 고객들에게 충분히 이해시킬 수 있는 방안이 상품 출시 전에 미리 마련되면 좋겠어요.

① 고령층 고객들에게 맞추어 상품을 수정해서 적용금리체계와 혜택을 단순화하자고 본사 상품기획부서에 건의하는 게 좋겠습니다.

② 신규상품의 핵심 내용을 고령층 고객들도 이해하기 쉽게 설명한 유인물을 제작해서 가입상담 시 보조자료로 활용하면 도움이 될 겁니다.

③ 수신팀 직원들의 금융상품 전반에 대한 이해와 영업 스킬을 향상시키기 위한 추가 직원 교육을 시행하는 것이 필요합니다.

④ 상품 가입 이후 발생하는 모든 피해는 고객의 책임임을 가입 시에 고객들에게 다시 한번 주지시켜야 합니다.

파트 6

정보능력·알고리즘설계

01 대표기출 유형

02 유형연습문제

대표기출 유형 1 알고리즘설계 1

금융 업무 원격상담을 알고리즘설계 기반으로 해결하는 유형

[01 ~ 02] 다음 제시 상황과 자료를 보고 이어지는 질문에 답하시오.

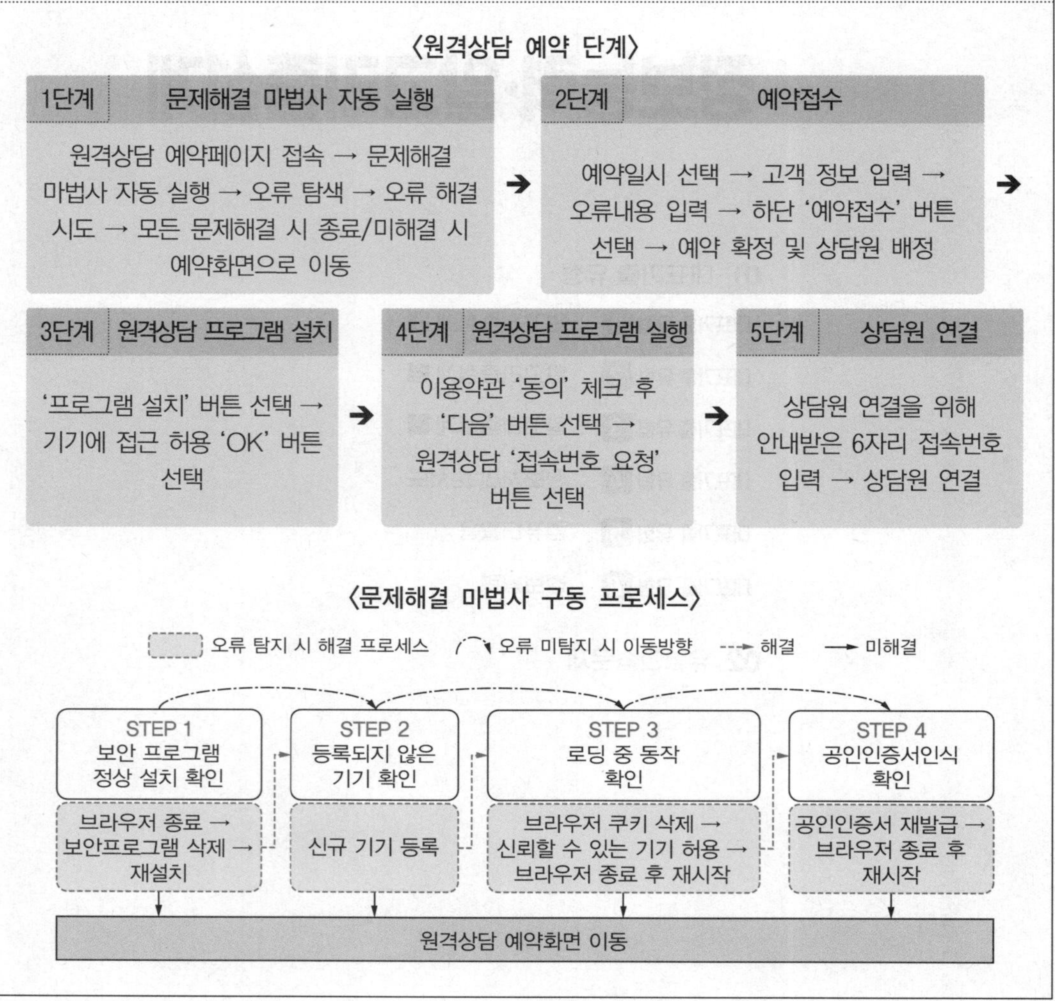

김 사원은 자사 홈페이지 접속과정에서 오류가 발생했을 때 문제해결 마법사로 해결할 수 있는 오류를 해결한 후 해결되지 않는 오류는 원격상담을 통해 해결하는 시스템을 구축 중이다.
〈원격상담 예약 단계〉
1단계 문제해결 마법사 자동 실행
원격상담 예약페이지 접속 → 문제해결 마법사 자동 실행 → 오류 탐색 → 오류 해결 시도 → 모든 문제해결 시 종료/미해결 시 예약화면으로 이동
2단계 예약접수
예약일시 선택 → 고객 정보 입력 → 오류내용 입력 → 하단 '예약접수' 버튼 선택 → 예약 확정 및 상담원 배정
3단계 원격상담 프로그램 설치
'프로그램 설치' 버튼 선택 → 기기에 접근 허용 'OK' 버튼 선택
4단계 원격상담 프로그램 실행
이용약관 '동의' 체크 후 '다음' 버튼 선택 → 원격상담 '접속번호 요청' 버튼 선택
5단계 상담원 연결
상담원 연결을 위해 안내받은 6자리 접속번호 입력 → 상담원 연결
〈문제해결 마법사 구동 프로세스〉
오류 탐지 시 해결 프로세스
오류 미탐지 시 이동방향
해결
미해결
STEP 1 보안 프로그램 정상 설치 확인
브라우저 종료 → 보안프로그램 삭제 → 재설치
STEP 2 등록되지 않은 기기 확인
신규 기기 등록
STEP 3 로딩 중 동작 확인
브라우저 쿠키 삭제 → 신뢰할 수 있는 기기 허용 → 브라우저 종료 후 재시작
STEP 4 공인인증서인식 확인
공인인증서 재발급 → 브라우저 종료 후 재시작
원격상담 예약화면 이동

01. 김 사원은 원격상담 예약을 위한 정보처리 과정의 일부를 사용자와 관리자 입장에서 다음과 같이 정리하였다. 그 내용이 올바른 것은?

①

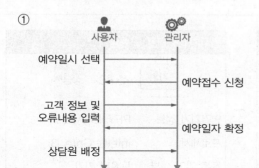

사용자 관리자
예약일시 선택
예약접수 신청
고객 정보 및 오류내용 입력
예약일자 확정
상담원 배정

②

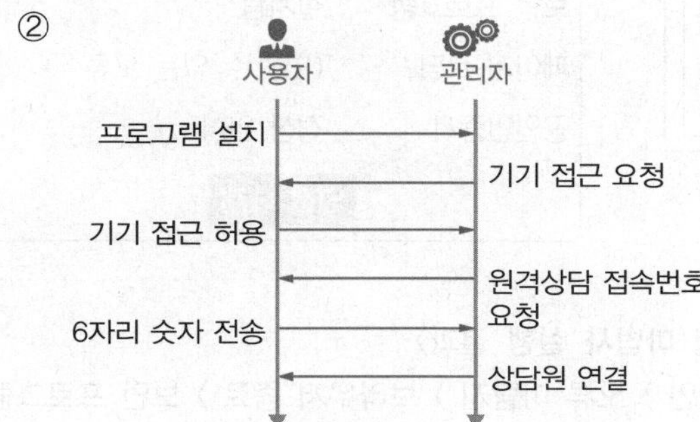

③

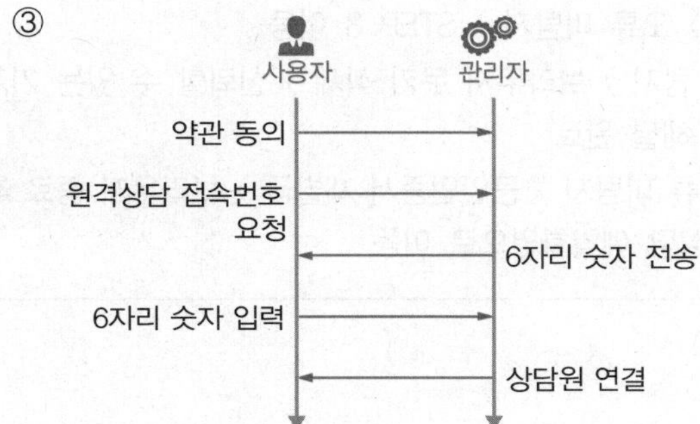

④

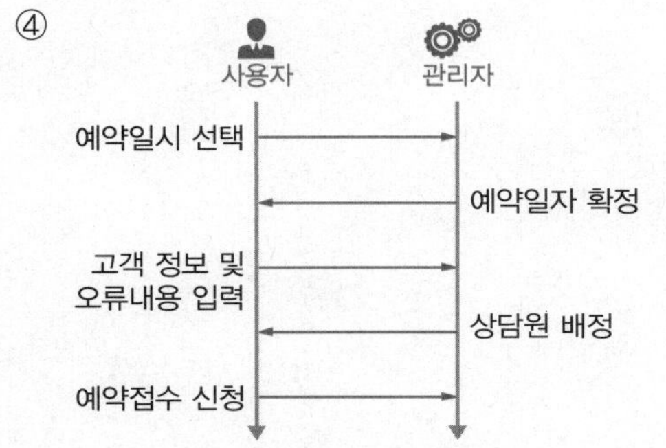

02. 원격 상담원 J의 모니터에 다음과 같은 내용이 나타났을 때, 원격상담 이전 문제해결 마법사의 실행 과정을 올바르게 나타낸 것은? (단, '〉' 표시는 다음 작업으로 이동함을 의미한다)

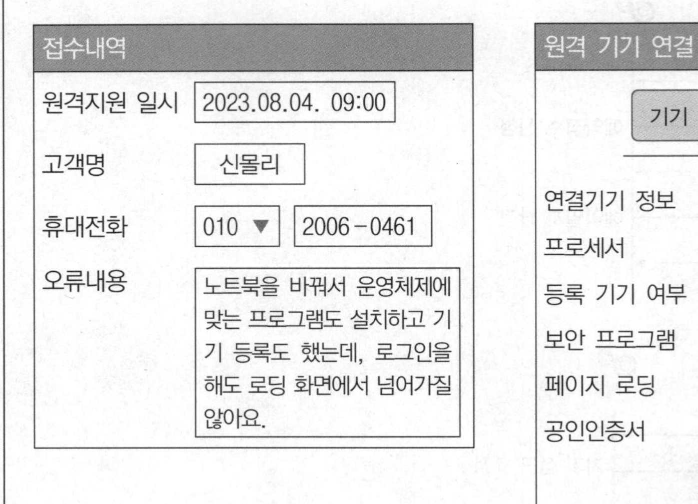
접수내역

원격지원 일시 2023.08.04. 09:00

고객명 신몰리

휴대전화 010 ▼ 2006-0461

오류내용 노트북을 바꿔서 운영체제에 맞는 프로그램도 설치하고 기기 등록도 했는데, 로그인을 해도 로딩 화면에서 넘어가질 않아요.

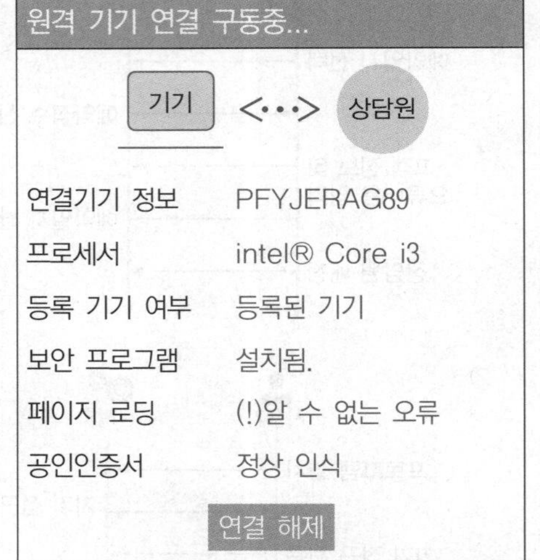
원격 기기 연결 구동중...

연결기기 정보	PFYJERAG89
프로세서	intel® Core i3
등록 기기 여부	등록된 기기
보안 프로그램	설치됨.
페이지 로딩	(!)알 수 없는 오류
공인인증서	정상 인식

연결 해제

〈문제해결 마법사 실행 결과〉

㉠ STEP 1 보안 프로그램 정상 설치 확인 〉 오류 미탐지 〉 브라우저 종료 〉 보안 프로그램 삭제 〉 보안 프로그램 재설치 〉 해결 완료

㉡ STEP 2 등록되지 않은 기기 확인 〉 오류 미탐지 〉 STEP 3 이동

㉢ STEP 3 로딩 중 동작 확인 〉 오류 탐지 〉 브라우저 쿠키 삭제 〉 신뢰할 수 있는 기기 허용 〉 브라우저 종료 후 재시작 〉 해결 완료

㉣ STEP 4 공인인증서 인식 확인 〉 오류 미탐지 〉 공인인증서 재발급 〉 브라우저 종료 후 재시작 〉 미해결 문제 탐지 〉 원격상담 예약화면으로 이동

① ㉠ ② ㉡

③ ㉢ ④ ㉣

대표기출 유형 2 알고리즘설계 2

금융 모바일뱅킹 업무를 알고리즘설계 구조도로 이해하는 유형

[03 ~ 05] 다음은 M 은행의 모바일뱅킹 애플리케이션 설계를 위한 구조도이다. 이어지는 질문에 답하시오.

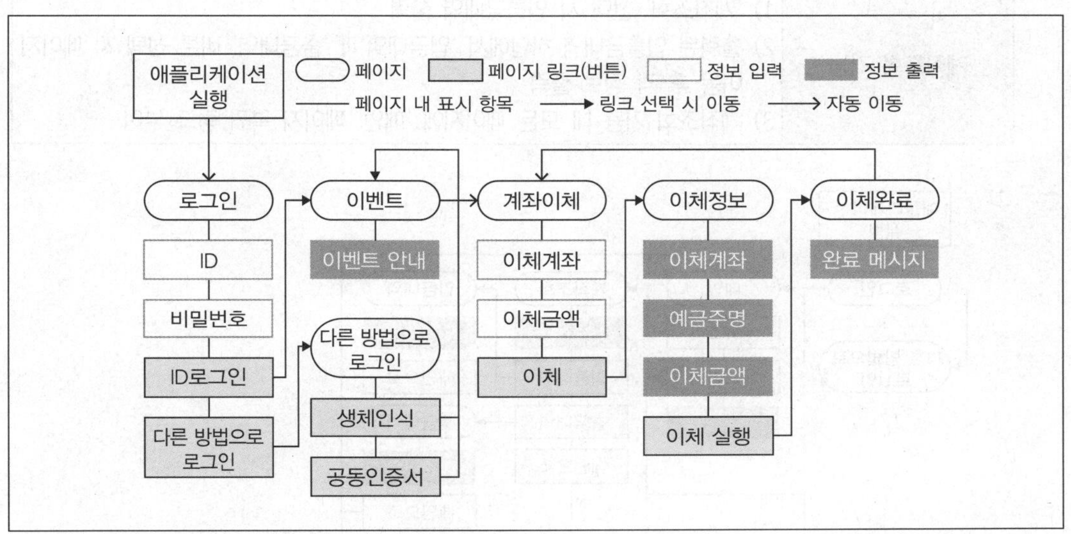

03. 제시된 구조도를 참고할 때, 애플리케이션의 작동 과정에 대한 설명으로 옳은 것은?

① 이체계좌와 이체금액을 입력한 후 '이체'를 누르면 사용자가 입력한 정보와 함께 이에 따른 예금주명 정보를 추가 출력하면서 이체가 완료된다.

② 이체를 실행한 후 추가로 이체를 하고 싶다면 재로그인 과정 없이 '이체완료' 페이지에서 '완료 메시지'를 선택하여 계좌이체 페이지로 되돌아갈 수 있다.

③ 모든 로그인 방법에 상관없이 로그인 직후에는 '이벤트' 페이지가 표시되며, 이때 별도의 조작 없이 '계좌이체' 페이지로 자동 이동한다.

④ 로그인을 위해서는 애플리케이션 실행 후 첫 번째 창에서 ID와 비밀번호를 입력하여 로그인하거나, '다른 방법으로 로그인' 버튼을 선택 후 생체인식과 공인인증서 정보를 제시되는 칸에 입력하여 로그인하여야 한다.

04. 다음과 같이 애플리케이션 기능을 변경 및 추가하여 업데이트하려고 한다. 이를 반영한 애플리케이션 설계 구조도로 적절한 것은? (단, '• • •'는 해당 페이지 내 변경사항이 없음을 의미한다)

추가 기능	상세 내용
메인 페이지	1) 로그인 직후 '메인' 페이지로 연결 2) '계좌조회', '계좌이체' 버튼 선택 시 각 페이지로 이동 3) 2)의 하단에 이벤트 안내 표시(기존 '이벤트' 페이지 삭제)
계좌조회 기능	1) '계좌조회' 선택 시 입출금내역 출력 2) 출력된 입출금내역 하단에서 '입금내역'과 '출금내역' 버튼 선택 시 페이지 이동 후 각 정보 출력 3) 계좌조회 기능 내 모든 페이지에 '메인' 페이지 복귀 링크 부여

①

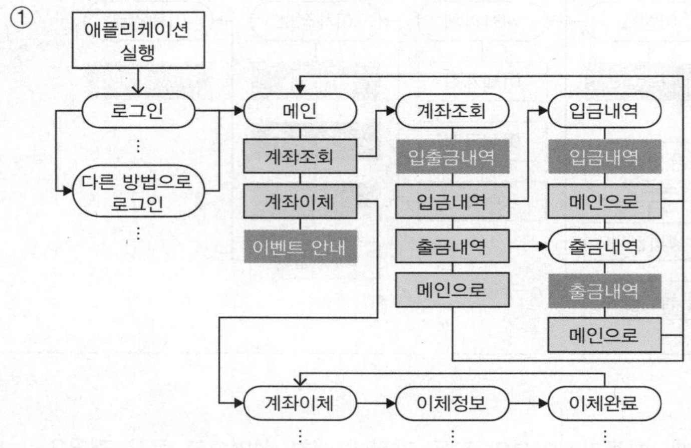

②

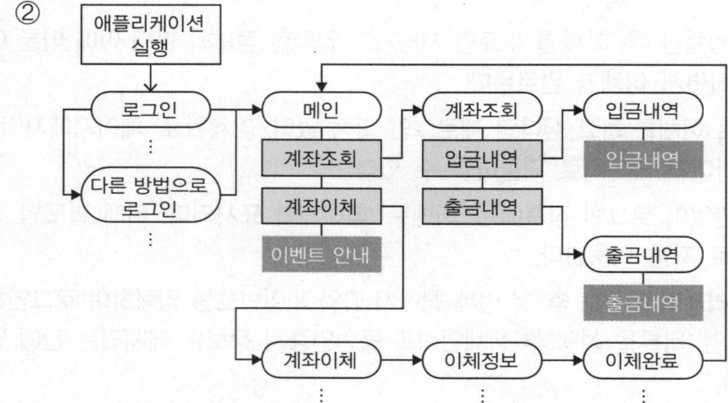

③

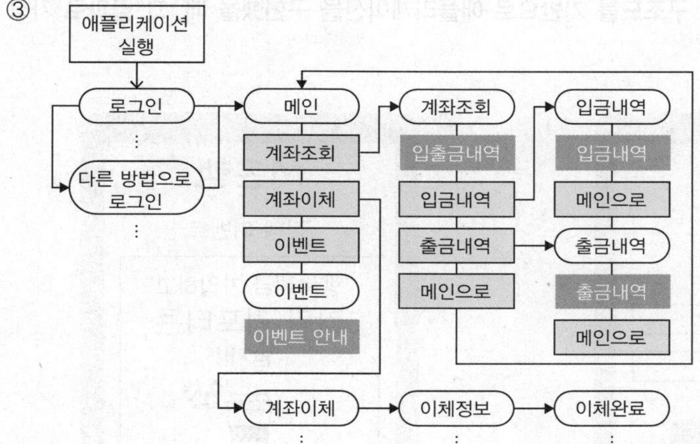
애플리케이션 실행
로그인
다른 방법으로 로그인
메인
계좌조회
계좌이체
이벤트
이벤트
이벤트 안내
계좌조회
입출금내역
입금내역
출금내역
메인으로
입금내역
입금내역
메인으로
출금내역
출금내역
메인으로
계좌이체
이체정보
이체완료

④

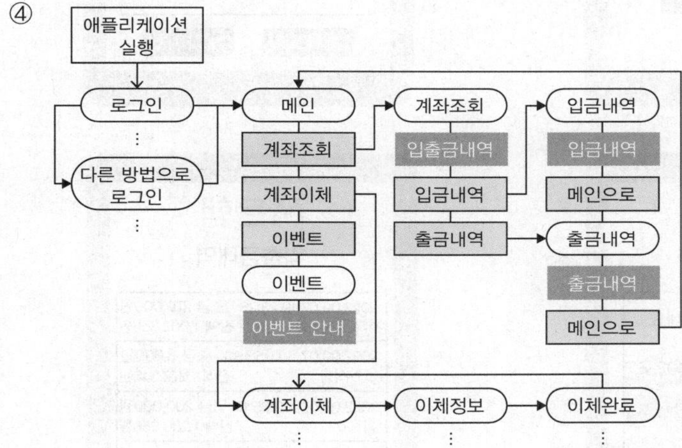
애플리케이션 실행
로그인
다른 방법으로 로그인
메인
계좌조회
계좌이체
이벤트
이벤트
이벤트 안내
계좌조회
입출금내역
입금내역
출금내역
입금내역
입금내역
메인으로
출금내역
출금내역
메인으로
계좌이체
이체정보
이체완료

05. (04와 이어짐) 업데이트된 구조도를 기반으로 애플리케이션을 구현했을 때, 그 결과로 가장 적절한 것은?

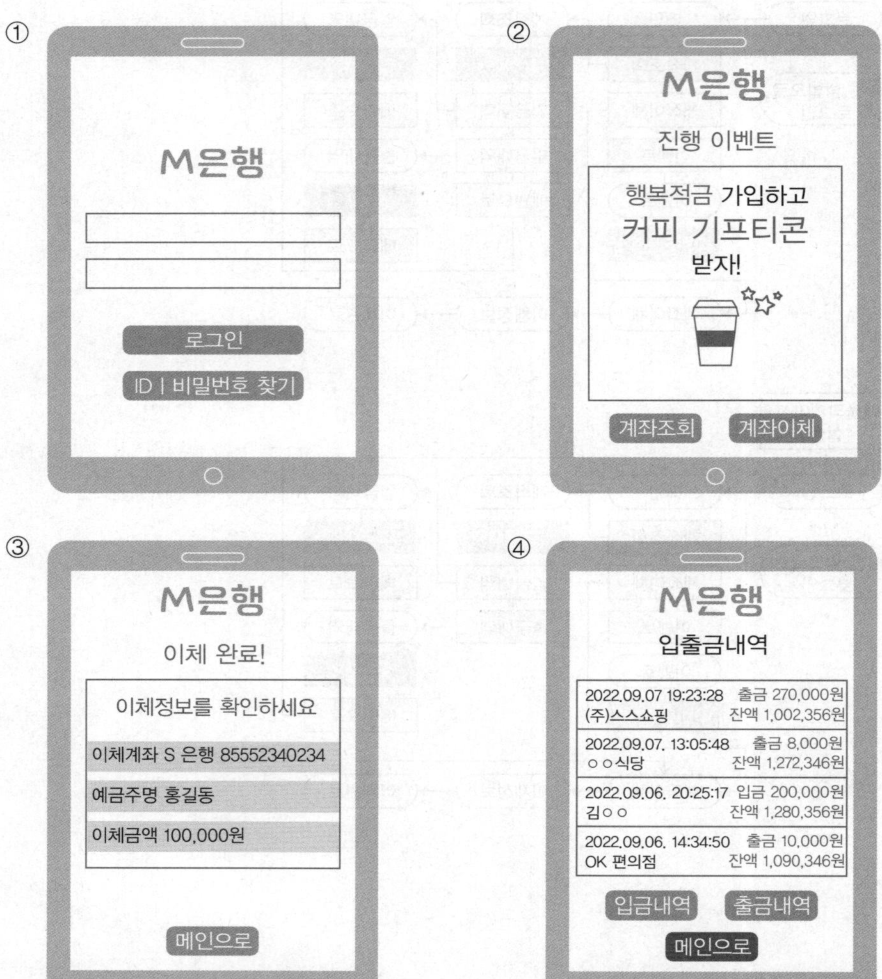

대표기출 유형 3 알고리즘설계 3

다양한 금융상품 정보를 조건에 따라 순서도로 구성하는 유형

06. 정 씨는 금융상품 분류를 위해 순서도를 제작하였다. AA 적금의 상품 상세와 순서도상에서의 위치가 다음과 같을 때, (가)와 (나)에 들어갈 수 있는 질문을 적절하게 짝지은 것을 〈보기〉에서 모두 고르면?

〈AA 적금〉

- 기본 이자율 : 연 2.1%
- 온라인 전용 상품 / 자유적립식 적금
- 월 100만 원 납입한도 / 최대 가입기간 24개월
- 이자 만기일시지급
- 우대 이자

적용조건	우대 이자율
마이데이터 서비스 가입	연 0.1%p
상품 만기 시점에 ○○은행 거래기간 60개월 이상	연 0.3%p
상품 만기 시점에 ○○은행 청약상품 보유	연 0.3%p

- 최종 이자율 : 기본 이자율+우대 이자율

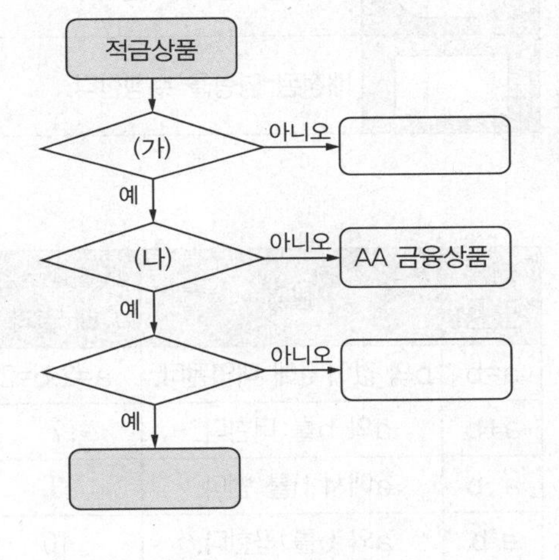

보기

㉠ (가)-마이데이터 서비스에 가입할 경우 우대 이자율이 적용되는가?
㉡ (가)-월 이자지급 방식인가?
㉢ (가)-오프라인으로 상품 가입이 가능한가?
㉣ (나)-가능한 최대 이자율이 연 3.0% 이상인가?
㉤ (나)-월 납입한도가 존재하는가?
㉥ (나)-최대 가입기간이 30개월 이상인가?

① ㉠, ㉡, ㉤　　② ㉠, ㉣, ㉥
③ ㉢, ㉤, ㉥　　④ ㉣, ㉤, ㉥

대표기출 유형 4 정보처리 순서도

제시된 자료의 규칙 분석 및 적용을 묻는 유형

[07 ~ 08] 다음 제시 상황과 자료를 보고 이어지는 질문에 답하시오.

직원 C는 업무흐름을 파악하기 위해 순서도를 활용하려고 한다.

〈순서도 기호〉

(타원)	시작/종료를 나타낸다.	(마름모)	참, 거짓을 판단하여 흐름을 제어한다.
(직사각형)	배정된 명령을 수행한다.	(평행사변형)	변수를 선언 또는 출력한다.

〈연산자〉

기본 연산자	설명	a=5, b=2일 때 결과
a=b	b의 값이 a에 대입된다.	a=2,b=2
a+b	a와 b를 더한다.	7
a−b	a에서 b를 뺀다.	3
a*b	a와 b를 곱한다.	10
a/2	a를 2로 나눈 값	2.5
a//2	a를 2로 나눈 몫	2
a%2	a를 2로 나눈 나머지	1

※ 사칙연산의 결과가 우변에서 좌변에 대입된다.

조건 연산자	설명	a=5, b=2일 때 결과
a==b	a와 b가 같다.	거짓
a!=b	a와 b가 다르다	참
a〉b	a가 b보다 크다.	참
a〉=b	a가 b보다 크거나 같다.	참
a〈b	a가 b보다 작다.	거짓
a〈=b	a가 b보다 작거나 같다.	거짓

07. 제시된 순서도에 따를 경우, 두 변수 A, B가 서로 바뀐 값으로 출력된다. 다음 중 ㉠에 들어갈 내용으로 옳은 것은?

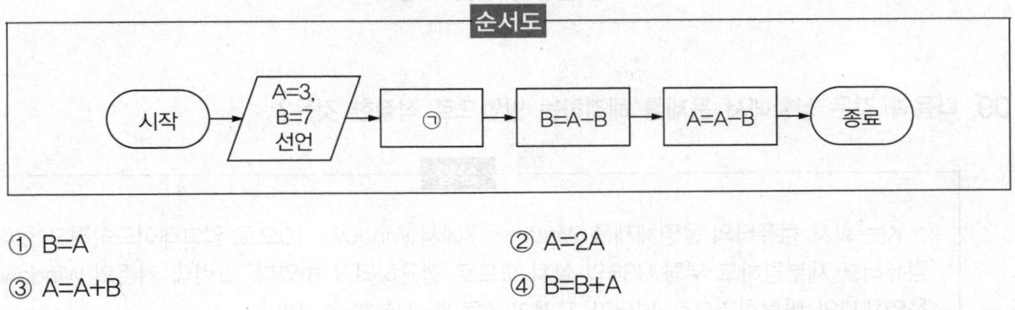

① B=A
② A=2A
③ A=A+B
④ B=B+A

08. 다음 순서도에서 출력되는 N의 값으로 옳은 것은?

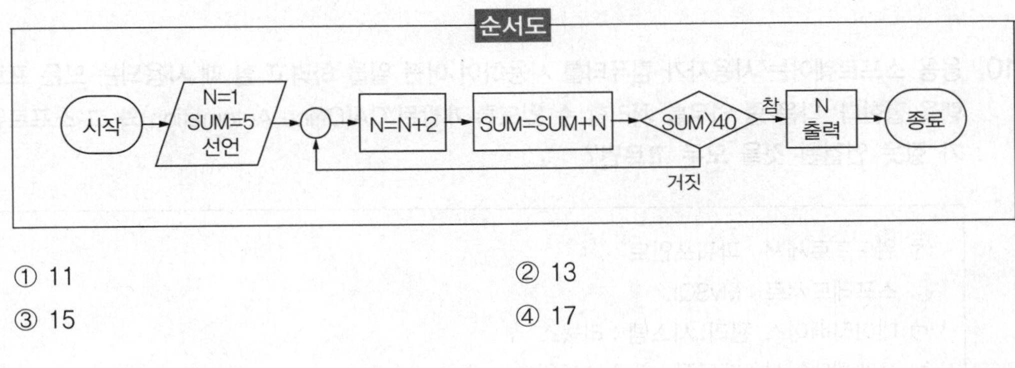

① 11
② 13
③ 15
④ 17

파트1 의사소통
파트2 수리
파트3 문제해결
파트4 자원관리
파트5 조직이해/상황판단
파트6 정보/알고리즘
파트7 실전모의

대표기출 유형 5 컴퓨터활용

윈도우, EXCEL 등의 소프트웨어 기능 활용을 묻는 유형

09. 다음과 같은 상황에서 문제를 해결하는 방법으로 적절한 것은?

상황

K는 회사 컴퓨터의 운영체제를 Windows 7에서 Windows 10으로 업그레이드하려고 한다. 컴퓨터를 재부팅하고 부팅 USB의 설치 모드로 접근하려고 하였다. 그런데 기존의 Windows 운영체제의 바탕화면으로 넘어가 포맷과 설치를 진행할 수 없다.

① [제어판]－[시스템 및 보안]－[시스템]－[시스템 보호] 창에서 '시스템 복원'을 클릭하고 업그레이드를 진행한다.
② 바이오스 설정에서 부팅 1순위를 하드디스크에서 USB로 변경한다.
③ C:₩Windows₩Setup 폴더 전체를 삭제한 후 재부팅을 진행한다.
④ 명령 프롬프트를 실행하고 start 명령어를 입력하여 설치한다.

10. 응용 소프트웨어는 사용자가 컴퓨터를 사용하여 어떤 일을 하려고 할 때 사용되는 모든 프로그램을 말한다. 다음 중 업무를 처리할 수 있도록 개발된 OA(Office Automation)와 그 소프트웨어가 잘못 연결된 것을 모두 고르면?

㉠ 워드프로세서 : 파워포인트
㉡ 스프레드시트 : MySQL
㉢ 데이터베이스 관리 시스템 : 리눅스
㉣ 프레젠테이션 : 메모장, 한글, MS워드

① ㉠, ㉢　　② ㉡, ㉣
③ ㉠, ㉡, ㉣　　④ ㉠, ㉡, ㉢, ㉣

11. 다음은 스프레드시트(엑셀)에서 작성한 자료이다. [C3:C15] 영역을 참조하여 대리점별 인원수를 [G3:G7] 영역에 계산하여 정리하고자 한다. [G3]셀에 수식을 작성하고 채우기 핸들을 사용하여 [G7]셀까지의 값을 입력하기 위해 [G3]셀에 수식을 입력하는 방법으로 옳은 것은?

	A	B	C	D	E	F	G
1							
2		성명	대리점	실적			인원
3		이승룡	서울	41		서울 지역	3
4		김효주	호남	43		경기 지역	2
5		최인성	경기	44		호남 지역	3
6		박태현	영남	45		영남 지역	3
7		문성균	제주	48		제주 지역	2
8		신희원	호남	49			
9		길선영	영남	50			
10		안승범	영남	51			
11		한윤정	서울	53			
12		장도훈	호남	54			
13		곽현아	경기	55			
14		장신영	서울	56			
15		서동근	제주	58			

① =SUM(IF(C3:C15=LEFT(F3,2),1,0)) 값을 입력 후 'Enter' 키를 입력한다.

② =SUM(IF($C$3:$C$15=LEFT(F3,2),1,0)) 값을 입력 후 'Enter' 키를 입력한다.

③ =SUM(IF(C3:C15=LEFT(F3,2),1,0)) 값을 입력 후 'Ctrl+Shift+Enter' 키를 입력한다.

④ =SUM(IF($C$3:$C$15=LEFT(F3,2),1,0)) 값을 입력 후 'Ctrl+Shift+Enter' 키를 입력한다.

대표기출 유형 6 정보능력

개인정보, 해킹 등 금융 업무에 필요한 컴퓨터 보안 관련 지식을 묻는 유형

12. 김 대리는 통장 개설을 위해 은행에 방문한 고객 상담 중 고객의 개인정보가 필요하여 개인정보 제공동의서 양식을 작성 중이다. 양식에 포함시켜야 할 내용이 아닌 것은?

① 동의를 거부할 권리가 있다는 사실 및 동의 거부에 따른 불이익이 있는 경우에는 그 불이익의 내용

② 개인정보의 보유 및 이용 기간

③ 수집하려는 개인정보의 항목

④ 개인정보 피해 시 처리 절차

13. 다음을 통해 알 수 있는 해킹 기법에 대한 설명으로 옳은 것은?

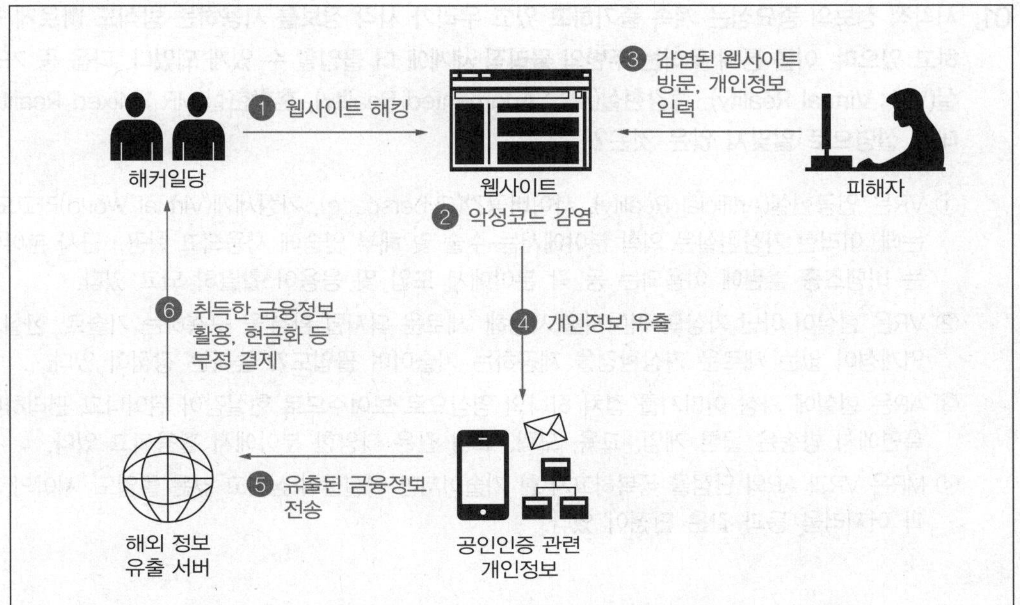

① 금융기관을 사칭한 위장 주소로 불특정 다수에게 이메일을 전송하고 위장된 홈페이지로 유인하여 인터넷상에서 신용카드번호, 사용자 아이디, 패스워드 등 개인의 금융정보를 획득하는 방법이다.

② 백도어 프로그램을 설치하고 컴퓨터 메모리에 상주하는 데이터를 변조하여 비밀번호를 빼내는 것뿐 아니라 데이터를 조작하여 받는 계좌와 금액까지 변경할 수 있는 해킹 방법이다.

③ 문자메시지(SMS)와 피싱(Phishing)의 합성어로, 문자메시지에 연결된 인터넷 주소로 접속하면 악성코드가 설치되어 버리며 이 악성코드를 통해 피해자가 모르는 사이에 소액결제가 이뤄지거나 개인 정보를 훔쳐가는 기법이다.

④ 합법적으로 소유하고 있던 사용자의 도메인을 탈취하거나 도메인 네임 시스템(DNS) 또는 프록시 서버의 주소를 변조함으로써 사용자들로 하여금 진짜 사이트로 오인하여 접속하도록 유도한 뒤에 개인정보를 훔치는 수법이다.

02 유형연습문제

▸ 정답과 해설 43쪽

01. 시각적 정보의 중요성은 계속 증가하고 있고 우리가 시각 정보를 사용하는 방식도 빠르게 진화하고 있으며, 이를 통해 우리는 주변의 물리적 세계에 더 몰입할 수 있게 되었다. 다음 중 가상현실(VR ; Virtual Reality), 증강현실(AR ; Augmented Reality), 혼합현실(MR ; Mixed Reality)에 대한 설명으로 알맞지 않은 것은?

① VR은 인공현실(Artificial Reality), 사이버공간(Cyberspace), 가상세계(Virtual World)라고도 하는데, 이러한 가상현실은 의학 분야에서는 수술 및 해부 연습에 사용되고 항공 · 군사 분야에서는 비행조종 훈련에 이용되는 등 각 분야에서 도입 및 응용이 활발히 되고 있다.

② VR은 현실이 아닌 가상의 이미지를 사용해 '새로운 디지털 환경'을 구축하는 기술로, 현실과는 연계성이 없는 새로운 가상환경을 제공하는 기술이며 몰입도가 높다는 장점이 있다.

③ AR은 현실에 가상 이미지를 겹쳐 하나의 영상으로 보여주므로 현실감이 뛰어나고 편리하다는 측면에서 방송은 물론 게임, 교육, 오락, 쇼핑 같은 다양한 분야에서 활용되고 있다.

④ MR은 VR과 AR의 단점을 극복하고자 한 기술이지만 이질감이 심하고 낮은 몰입도, 시야의 제한과 어지러움 등과 같은 단점이 있다.

02. 다음 엑셀 시트와 같이 C열에 A열과 B열의 내용을 합친 내용을 표시하려고 할 때, [C2]부터 [C7]까지에 사용할 엑셀 함수로 적절한 것은?

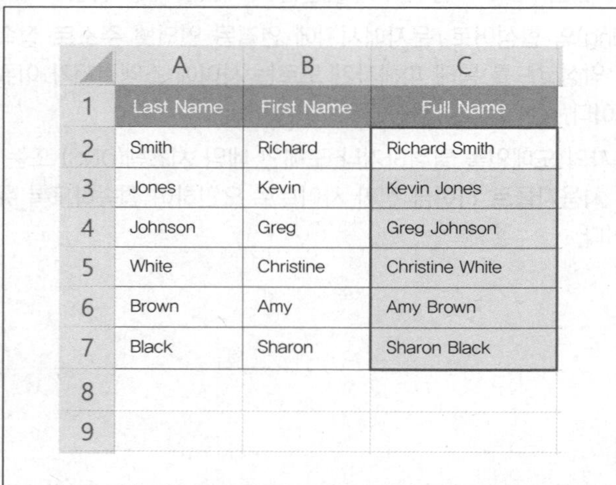

	A	B	C
1	Last Name	First Name	Full Name
2	Smith	Richard	Richard Smith
3	Jones	Kevin	Kevin Jones
4	Johnson	Greg	Greg Johnson
5	White	Christine	Christine White
6	Brown	Amy	Amy Brown
7	Black	Sharon	Sharon Black
8			
9			

① SUMIF 함수
② COUNTIF 함수
③ PRODUCT 함수
④ CONCATENATE 함수

[03 ~ 04] 다음은 자주 사용되는 엑셀 단축키이다. 이어지는 질문에 답하시오.

〈유용한 엑셀 단축키〉

단축키	기능	단축키	기능
[Ctrl]+[W]	열린 문서 닫기	[Ctrl]+[U]	텍스트(글꼴) 밑줄
[Ctrl]+[O]	파일 열기	[Ctrl]+[P]	인쇄 미리 보기
[Ctrl]+[N]	새로 만들기	[Ctrl]+[L] or [T]	표 만들기 창
[Ctrl]+[R]	좌측(왼쪽) 값 복사	[Ctrl]+[X]	셀 잘라내기
[Ctrl]+[D]	위쪽 값 복사	[Ctrl]+[C]	셀 복사
[Ctrl]+[Z]	실행 취소	[Ctrl]+[V]	셀 붙여넣기
[Ctrl]+[Y]	다시 실행	[Ctrl]+[G]	이동 창
[Ctrl]+[B]	텍스트(글꼴) 굵게	[Ctrl]+[K]	하이퍼링크 창
[Ctrl]+[I]	텍스트(글꼴) 기울임	[Ctrl]+[;]	현재 날짜 입력
[Ctrl]+[F1]	탭 메뉴 숨기기/보이기	[Ctrl]+[F6]	다른 문서로 이동
[Ctrl]+[F2]	인쇄 미리 보기	[Ctrl]+[F9]	창 최소화
[Ctrl]+[F3]	이름 관리자 창 열기	[Ctrl]+[F10]	창 최대화/창 복원
[Ctrl]+[F4]	현재 문서 닫기	[Ctrl]+[F11]	새 매크로 시트 삽입

03. 다음 L 대리의 지시에 따라 R 사원이 활용할 단축키를 모두 고른 것은?

R 사원,
이번에 엑셀 작업한 것을 봤는데요.
전체적으로 우리 회사 양식에 안 맞는 부분이 있네요.
수정해서 다시 제출하도록 하세요.
작성했던 파일을 열어서 제목 텍스트는 굵게 바꾸세요.
맨 아래 있는 각주는 밑줄을 쳐서 강조하도록 하고요.
좌측 열에 있는 종류에 해당하는 내용은 기울임을 주세요.
그리고 모든 서류는 가급적이면 인쇄했을 때
한 페이지 안에 들어가는 것이 좋아요.
인쇄했을 때 어떻게 나오는지도 꼭 확인해 보세요.

– L 대리 –

① [Ctrl]+[B], [Ctrl]+[I], [Ctrl]+[U], [Ctrl]+[P], [Ctrl]+[V]
② [Ctrl]+[O], [Ctrl]+[B], [Ctrl]+[U], [Ctrl]+[I], [Ctrl]+[P]
③ [Ctrl]+[G], [Ctrl]+[U], [Ctrl]+[N], [Ctrl]+[I], [Ctrl]+[P]
④ [Ctrl]+[O], [Ctrl]+[P], [Ctrl]+[U], [Ctrl]+[V], [Ctrl]+[B]

04. 다음은 L 대리가 작업 중인 서류이다. L 대리가 활용했을 것으로 추측할 수 있는 엑셀 단축키가 아닌 것은?

〈작업 전〉

〈작업 후〉

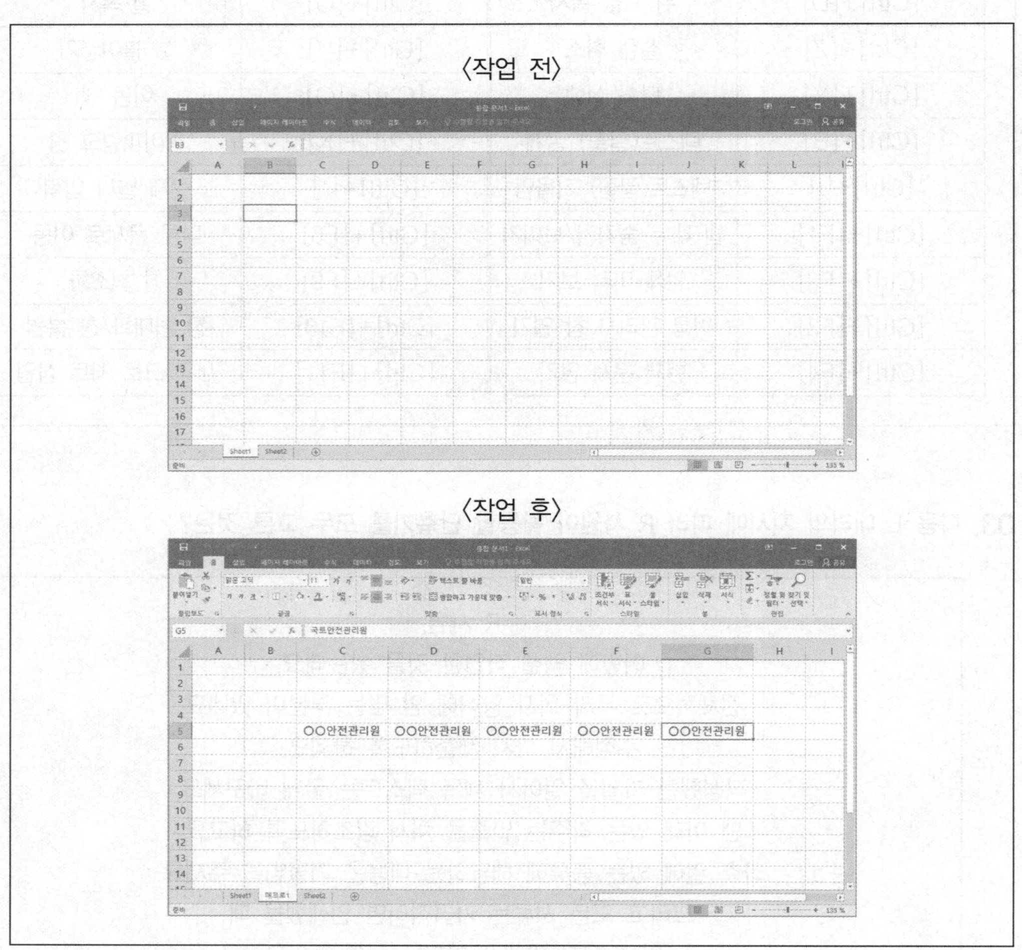

① [Ctrl]+[L] ② [Ctrl]+[V]
③ [Ctrl]+[F1] ④ [Ctrl]+[F11]

05. 이 대리는 사물인터넷 활용분야별 내수액에 관한 다음 엑셀의 데이터에서 비율별 개수를 구하고자 한다. 〈조건〉을 고려할 때, [G4:G8]에 입력할 수식을 올바르게 설명한 것은?

	A	B	C	D	E	F	G
1		내수액(백만 원)	비율(%)				
2	합계	1,804,184	100				
3	헬스케어/의료/복지	80,000	4.4		비율		개수
4	에너지	94,249	5.2		0-	5	4
5	제조	515,847	28.6		5-	10	5
6	스마트 홈	145,399	8.1		10-	15	1
7	금융	140,826	7.8		15-	20	1
8	교육	114,714	6.4		20-	30	1
9	국방	5,578	0.3				
10	농림축산/수산	13,945	0.8				
11	자동차/교통/항공/우주/조선	223,980	12.4				
12	관광/스포츠	15,200	0.8				
13	소매/물류	117,842	6.5				
14	건설·시설물관리/안전/환경	336,604	18.7				

조건

- [C3:C14]셀은 소수점 이하 둘째 자리에서 반올림하도록 설정한다.
- [B2]셀에는 SUM 함수를 사용한다.
- 비율 범위 E, F열에 해당하는 개수는 [G4:G8]셀에 FREQUENCY 함수를 사용하여 구한다.

① [G4]셀에 =FREQUENCY($C$3:$C$14,F4:F8)을 입력하고 [Enter↵]를 누른 다음 마우스로 [G8]셀까지 '자동채우기 핸들'로 드래그한다.

② [G4]셀에 =FREQUENCY($C$3:$C$14,E4:E8,F4:F8)을 입력하고 [Enter↵]를 누른 다음 마우스로 [G8]셀까지 '자동채우기 핸들'로 드래그한다.

③ [G4:G8]셀을 선택한 다음 =FREQUENCY()를 입력하고, 함수 삽입(fx)을 눌러 Data_array에 [C3:C14]셀까지 선택, Bins_array에 [F4:F8]셀까지 선택한 후 [Ctrl]+[Shift]+[Enter↵]를 누른다.

④ [G4:G8]셀을 선택한 다음 =FREQUENCY()를 입력하고, 함수 삽입(fx)을 눌러 Data_array에 [C3:C14]셀까지 선택, Bins_array에 [E4:E8]셀까지 선택한 후 확인 버튼을 누르고 [Ctrl]+[Shift]+[Enter↵]를 누른다.

[06 ~ 08] 다음 데이터 모델링에 관한 자료를 보고 이어지는 질문에 답하시오.

〈데이터 모델링을 위한 기법〉

구분	설명	기호
개체	하나의 독립된 존재	(직사각형)
속성	개체별로 하나의 값만 가질 수 있는 속성	(타원)
다중 속성	개체가 동시에 여러 값을 가질 수 있는 속성	(이중 타원)

06. 다음 〈정보〉에 적합한 모델은 무엇인가?

정보

- 목적 : 택배 운송에 필요한 발송인, 수취인, 영업소, 물품에 대한 정보를 분류 및 명시화한다.
- 시스템 개발 방향
  - '발송인'에 대한 보내는 주소와 한 개 이상의 연락처 정보를 제공한다. '수취인'에 대한 받는 주소와 한 개 이상의 연락처 정보를 제공한다.
  - '영업소'에 대한 주소, 한 개 이상의 동(또는 리)을 포함하는 담당지역, 누적 접수량 정보를 제공한다. '물품'에 대한 배송비, 선불/후불 여부, 진행상태 정보를 제공한다.

①

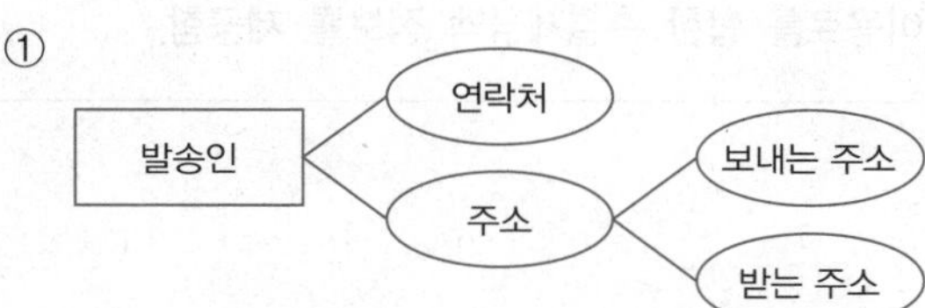

②

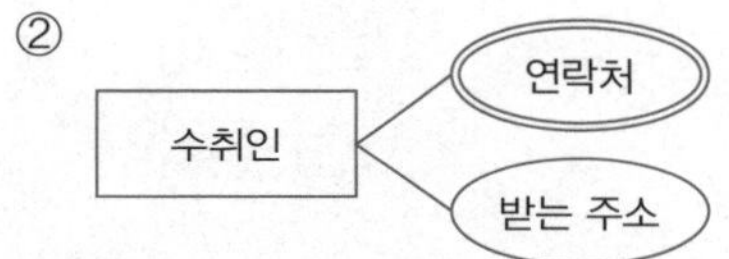

③

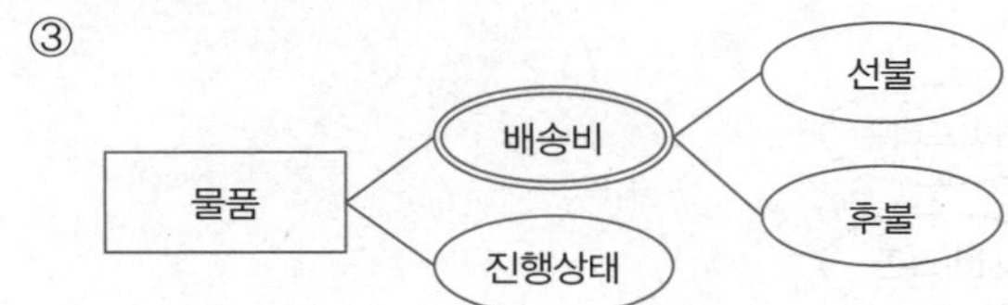

④

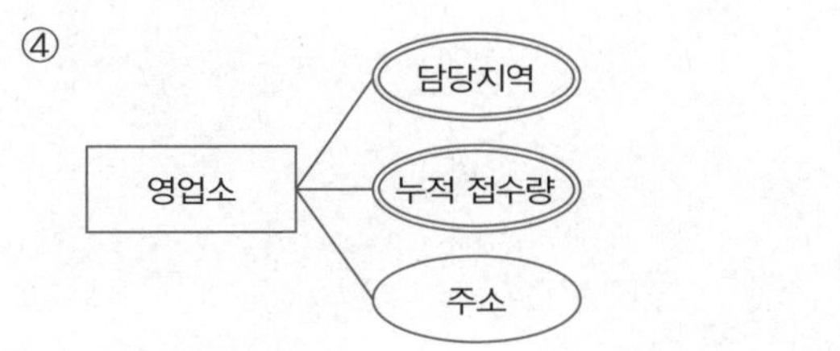

07. 다음 〈정보〉에 적합한 모델은 무엇인가?

정보

- 목적 : 항공기의 운항과 예약 관리에 필요한 탑승객, 승무원, 항공편, 예약건에 대한 정보를 분류 및 명시화한다.
- 시스템 개발 방향
  - '탑승객'에 대한 성명, 성별, 여권번호 정보를 제공한다. '승무원'에 대한 성명, 직급, 세이프티존과 서비스존을 모두 포함하는 담당구역 정보를 제공한다(단, 담당구역은 승무원 한 사람당 세이프티존과 서비스존 하나씩 맡는다).
  - '항공편'에 대한 편명(코드), 날짜별 운항일정, 항공기종을 제공한다. '예약건'에 대하여 예약자명과 예약번호, 항공료와 공항이용료를 합한 총결제금액 정보를 제공함.

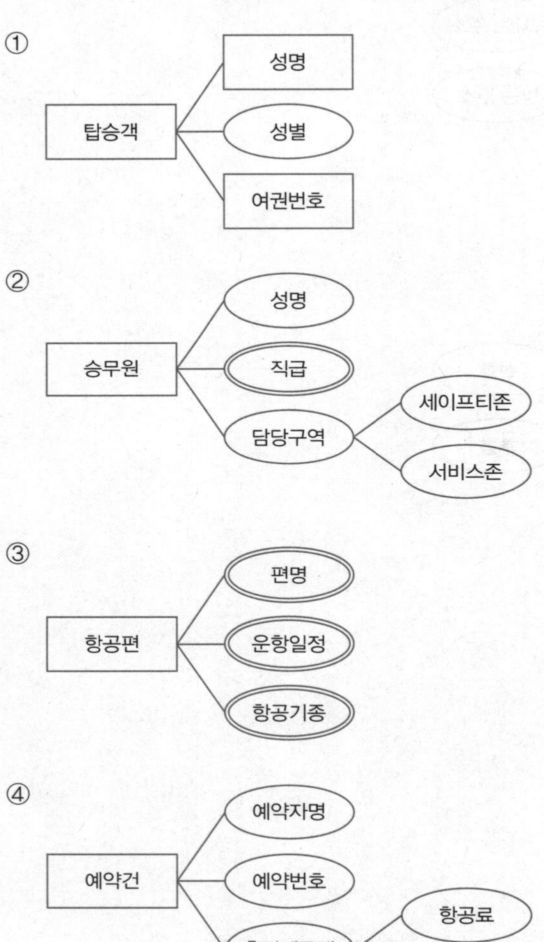

08. 다음 〈정보〉에 적합한 모델은 무엇인가?

> **정보**
>
> • 목적 : 은행의 업무처리 및 고객관리에 필요한 지점, 고객, 거래, 계좌에 대한 정보를 분류 및 명시화한다.
>
> • 시스템 개발 방향
>
> – '지점'에 대한 지점명, 주소, 소속 직원들의 정보를 제공한다. '고객'에 대한 고객번호, 고객명, 주민등록번호 정보를 제공한다.
>
> – '거래'에 대한 거래일시, 입금 · 출금 · 송금 등 거래종류, 거래금액 정보를 제공한다. '계좌'에 대한 계좌번호, 계좌종류, 잔액 정보를 제공한다(단, 계좌종류는 한 계좌당 하나씩만 가진다).

①
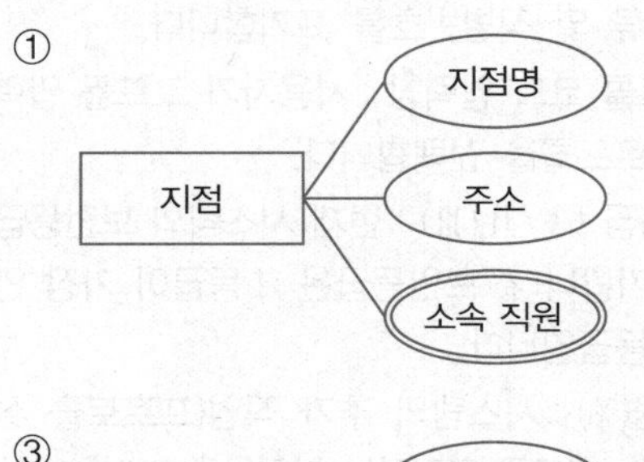

②
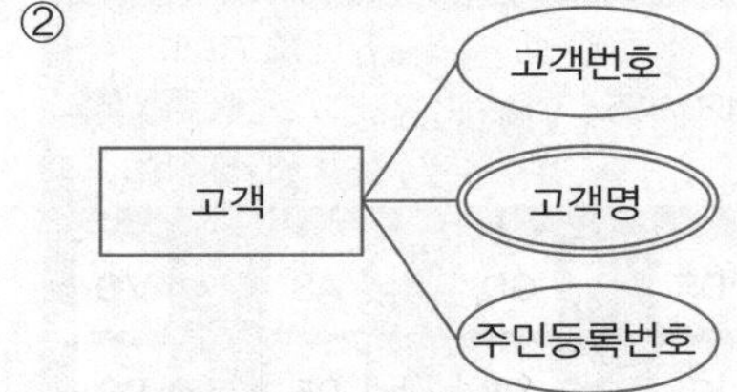

③
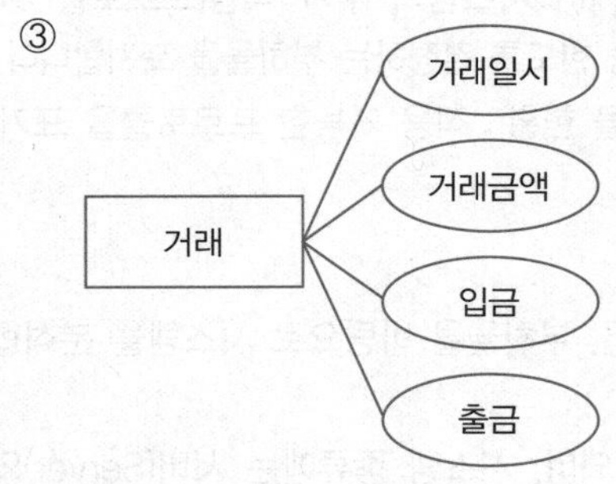

④
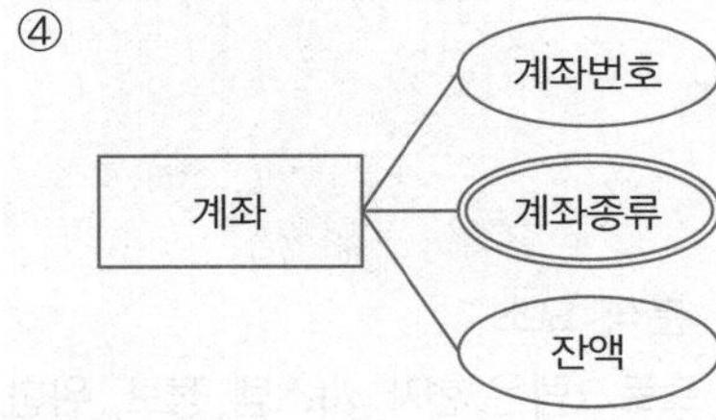

[09 ~ 11] 다음 제시 상황과 자료를 보고 이어지는 질문에 답하시오.

직원 T는 AKNS 모니터링 프로그램의 매뉴얼을 읽고 있다.

[0] 프로그램 설명

AKNS 모니터링 프로그램은 시스템 상태를 판별하여 적합한 프로토콜을 제공, 시스템을 관리/유지/보수하는 프로그램입니다.

[1] 디스플레이

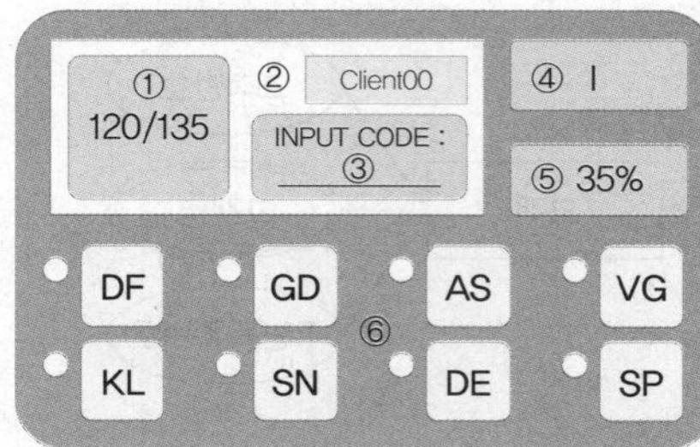

① 위험도(현재 위험도/기준치) : 시스템의 현재 위험도와 기준치를 표기합니다.

② 시스템 정보(Server/Client) : 적용 중인 시스템 종류 및 식별번호를 표기합니다.

③ 프로토콜 코드 입력창 : 사용자가 코드를 입력해 프로토콜을 선택합니다.

④ 보안등급 (Ⅰ/Ⅱ/Ⅲ) : 현재 시스템의 보안등급을 표기합니다. 보안등급은 Ⅰ등급이 가장 안전한 등급입니다.

⑤ 부하율(%) : 시스템의 추가 작업(프로토콜 실행) 가능 한도를 결정하는 부하율을 표기합니다.

⑥ 프로토콜 현황 : 적용 가능한 프로토콜을 표기합니다.

[2] 시스템 분석 요소

AKNS 프로그램은 현재 시스템 정보, 위험도, 보안등급, 부하율을 바탕으로 시스템을 분석합니다.

2-1. 시스템 정보 : 시스템 종류 및 식별번호로 구성되며, 시스템 종류에는 서버(Server)와 클라이언트(Client)가 있습니다. 시스템 종류 및 식별번호는 프로토콜 선택에 영향을 끼치지 않습니다.

2-2. 위험도 : 현재 시스템의 불안정성을 평가합니다. 위험도의 기준치 초과여부는 프로토콜 선택에 영향을 끼칩니다.

2-3. 보안등급 : 현재 시스템의 보안등급을 평가합니다. 보안등급이 Ⅰ등급이 아닌 경우 무조건 VG 프로토콜을 선택해야 합니다.

2-4. 부하율 : 현재 시스템에서 선택 가능한 프로토콜의 종류를 선택합니다. 현재 시스템의 부하율과 프로토콜의 예상 부하율의 합은 100%를 넘을 수 없으며, 복수의 프로토콜이 선택 가능할 경우 예상 부하율이 가장 큰 프로토콜을 선택해야 합니다. 만약 선택 가능한 프로토콜 중 어떤 것을 실행하더라도 현재 시스템 부하율과 프로토콜의 예상 부하율의 합이 100%를 초과할 경우에는 시행을 보류하는 SP 프로토콜을 선택해야 합니다.

[3] 프로토콜 설명 및 코드 입력

AKNS 프로그램은 총 8가지의 프로토콜을 제공합니다. 프로토콜은 사용자가 시스템 분석 결과를 바탕으로 코드를 입력하여 작동하며, 에러 방지를 위해 한 번에 하나의 프로토콜만이 적용 가능합니다. 만약 프로토콜이 해당 시스템에 적합하지 않아 오류가 발생할 가능성이 있다고 판단되면 해당 프로토콜은 비활성화되며, 적용이 불가합니다. 활성화 여부는 프로토콜 왼쪽의 표시등을 통해 확인할 수 있으며, 만약 표시등이 흑색이라면 이는 해당 프로토콜이 비활성화되었음을 의미합니다. 단 비정상 상황을 의미하는 VG 프로토콜과 SP 프로토콜은 항상 활성화되어 있어야 합니다. 프로토콜의 세부 정보는 다음과 같습니다.

종류	적용 기준	예상 부하율	입력 코드
DF	위험도 ≤ 기준치	15%	DF_시스템 정보
GD	위험도 ≤ 기준치	25%	GD_시스템 정보
AS	위험도 ≤ 기준치	35%	AS_시스템 정보
VG	보안등급이 Ⅰ등급이 아닌 경우	0%(최우선 사항으로 현재 작업을 중지하고 프로토콜을 시행합니다)	VG_시스템 정보
KL	위험도 > 기준치	30%	KL_시스템 정보
SN	위험도 > 기준치	40%	SN_시스템 정보
DE	위험도 > 기준치	50%	DE_시스템 정보
SP	실행 가능한 프로토콜이 존재하지 않을 경우	0%(해당 프로토콜 가동 시 발생하는 부하는 무시가능한 수준입니다)	SP_시스템 정보

[예시]

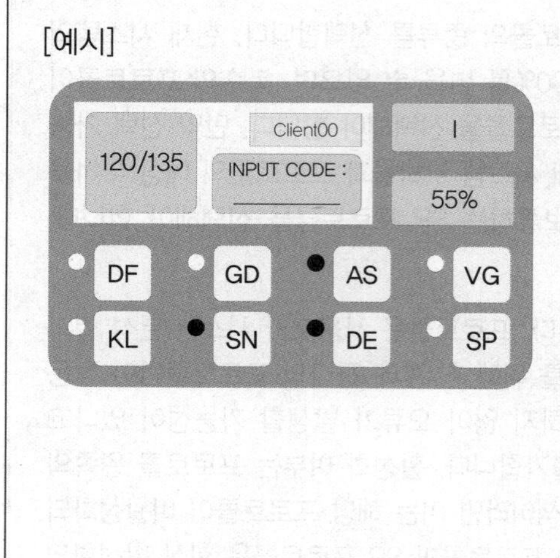

위험도(120) ≤ 기준치(135), 보안등급 Ⅰ, 부하율 55%

1. 보안등급이 Ⅰ이므로 VG 프로토콜은 제외된다.
2. 위험도가 기준치보다 낮으므로 DF, GD, AS 프로토콜 중 하나이다.
3. AS 프로토콜은 비활성화 상태이므로 DF, GD 프로토콜 중 하나이다.
4. 부하율이 55%이므로 여유 부하율은 45%이다. DF, GD 프로토콜의 예상 부하율은 각각 15%, 25%이므로 모든 프로토콜이 적용 가능하다. 이때 최대 예상 부하율을 가진 GD 프로토콜이 선택되어야 하므로, GD 프로토콜이 선택된다.
5. 따라서 입력 코드는 GD_Client00이다.

09. 다음 디스플레이에 나타나는 정보에 근거하여 입력할 코드로 가장 적절한 것은?

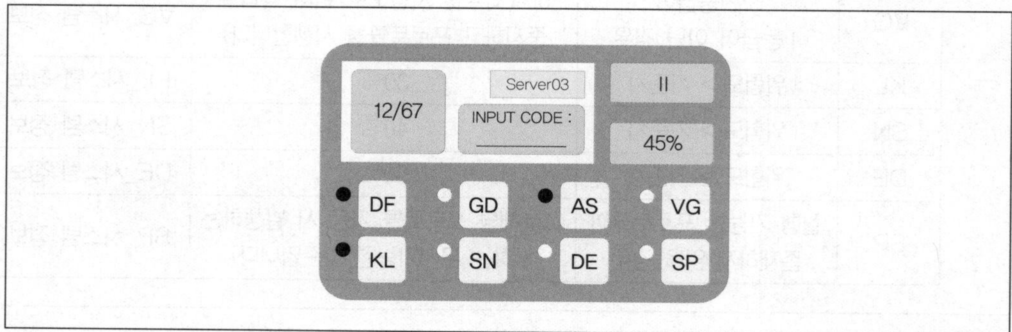

① DF_Server03
② GD_Server03
③ VG_Server03
④ SP_Server03

10. 다음 디스플레이에 나타나는 정보에 근거하여 입력할 코드로 가장 적절한 것은?

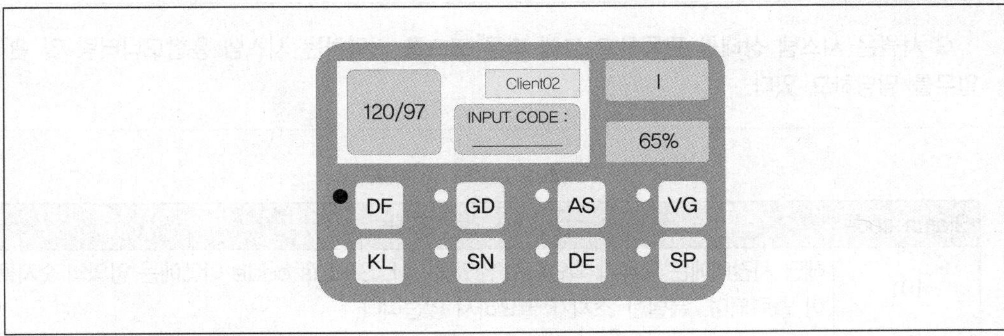

① GD_Client02
② KL_Client02
③ SN_Client02
④ DE_Client02

11. 프로그램 오류로 인해 아래 디스플레이에서 시스템 분석 요소 중 한 가지와 프로토콜 현황만이 올바르게 표기되고 있다. 동일한 상황에서 해당 프로그램이 정상 작동했을 때의 입력코드가 'SP_Client03'이라고 할 때, 다음 중 바르게 표기된 시스템 분석 요소는?

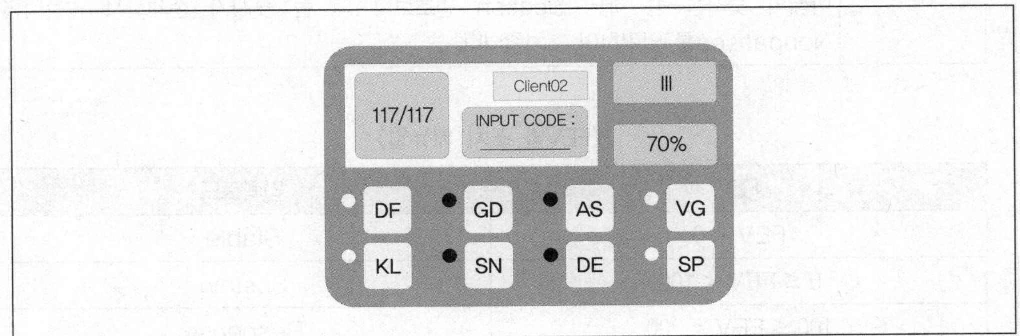

① 위험도
② 부하율
③ 보안등급
④ 시스템 정보

파트1 의사소통
파트2 수리
파트3 문제해결
파트4 자원관리
파트5 조직이해/상황판단
파트6 정보/알고리즘
파트7 실전모의

[12 ~ 14] 다음 제시 상황과 자료를 보고 이어지는 질문에 답하시오.

G 사원은 시스템 상태를 판독하고 그에 따른 코드를 입력하는 시스템 통합모니터링 및 관리 업무를 담당하고 있다.

〈Status code 매뉴얼〉

Status code	조치
101	해당 시간대에는 오류가 확인되지 않았습니다. Status code 아래에는 임의의 숫자들이 출력되며, 특별한 조치가 필요하지 않습니다.
201	Status code 아래의 숫자들의 합을 FEV로 하고 코드를 입력하여 조치합니다.
205	Status code 아래의 숫자들 중 가장 큰 숫자를 FEV로 하고 코드를 입력하여 조치합니다.
207	Status code 아래의 숫자들 중 가장 큰 수와 가장 작은 수의 합을 FEV로 하고 코드를 입력하여 조치합니다.
209	Status code 아래의 숫자들 중 가장 마지막 숫자를 FEV로 하여 조치합니다.
301	Status code 아래의 숫자들 중 홀수인 숫자의 합을 FEV로 하여 조치합니다.
302	Status code 아래의 숫자들 중 짝수인 숫자의 합을 FEV로 하여 조치합니다.
999	코드 입력 테스트용 Status code입니다. 아래의 숫자들 중 해당 Section 번호보다 더 큰 숫자가 존재한다면 입력코드로 Passed를 입력하여 조치합니다. 아래의 숫자들 중 해당 Section 번호보다 더 큰 숫자가 존재하지 않는다면 Nonpassed를 입력하여 조치합니다.

〈FEV별 조치 매뉴얼〉

FEV	입력코드
FEV < 0	Stable
0 ≤ FEV < 100	Sustain
100 ≤ FEV < 200	Response
200 ≤ FEV < 300	Alert
300 < FEV	Fatal

〈예시〉

```
System type A, Section 140
User code 3714323
Date 202X/03/26 16:55:20
Status code 201
## 001, 072, 063, 117
Input code or press enter to continue.
>> ________
```

→ Status code가 201이므로 그다음 줄의 숫자인 1, 72, 63, 117의 합인 253을 FEV로 한다. FEV가 200 이상 300 미만이므로 입력코드로 Alert를 입력합니다.

12. 다음 시스템 화면에서 G 사원이 입력해야 할 코드로 적절한 것은?

```
System type A, Section 75
User code 3714323
Date 202X/04/17 13:21:05
Status code 207
## 272, 104, 052, 074, 209, 108, 224, 099, 257, 118, 198, 155, 080
Input code or press enter to continue.
>> ________
```

① Sustain
② Response
③ Alert
④ Fatal

13. 다음 시스템 화면에서 G 사원이 입력해야 할 코드로 적절한 것은?

```
System type A, Section 171
User code 3714323
Date 202X/07/14 09:33:17
Status code 999
## 006, 007, 031, 020, 015, 109, 182, 050, 037, 109, 110, 163, 156, 025, 139
Input code or press enter to continue.
>> ________
```

① Fatal　　② Passed

③ Nonpassed　　④ Stable

14. G 사원이 시스템 화면을 보고 코드를 입력하려고 하였으나 모니터링 프로그램의 오류로 시스템 화면이 다음과 같이 일부 글자가 보이지 않게 되었다. 이때 G 사원이 입력해야 할 코드로 적절한 것은?

```
System ty□ □ A, Section 0□ □
User code 3714□ □3
Date □ □2X/11/□7 16:□ □:34
Stat□ □ code 301
## □ □0, □ □2, □71, 032, □ □8, 161, 2□5
Input co□ □ or press e□ □er to continue.
>> _________
```

① Fatal　　② Alert

③ Response　　④ Sustain

파트 7

실전모의고사

▶ 정답과 해설 45쪽

[01 ~ 02] 다음 글을 읽고 이어지는 질문에 답하시오.

최근 간편송금 서비스의 이용건수와 이용액수 모두 3배 이상 급성장한 것으로 조사되었다. 간편송금 서비스 시장은 지속적으로 이용자가 증가하고 있어 올해에는 그 규모가 이용건수 3억 9천만 건, 이용액수 28조 원에 달할 것으로 추정된다. 간편송금 서비스의 최대 강점은 복잡한 인증 절차 없이 쉽고 빠르게 송금할 수 있다는 것이다.

간편송금 서비스는 공인인증서 의무사용이 폐지되면서 등장하였으며 보안카드나 1회용 비밀번호 생성기(OTP) 대신 비밀번호나 지문인식 등 간편 인증수단을 이용한다. 기존 은행 모바일뱅킹으로 송금하기 위해서는 과정이 복잡할 뿐만 아니라 영업점을 방문해 인터넷뱅킹 등록도 해야 하고 송금 대상자의 계좌번호도 알아야 했다. 반면 간편송금은 모바일로 처음 계좌인증만 완료하면 이후엔 상대의 전화번호나 메신저 계정만 알아도 빠르게 송금할 수 있다.

간편송금 서비스 시장은 ㉠ 신규 전자금융업자가 지배하고 있는데, 특히 상위 2개 업체가 97%에 달하는 지분을 차지하고 있다. 업계 1위는 간편송금 서비스를 가장 먼저 시작한 핀테크 업체인데, 휴대전화 번호만으로 송금이 가능하다. 업계 2위는 메신저 플랫폼을 기반으로 간편송금 서비스를 제공하면서 영향력을 넓혀 가고 있다.

이에 기존 송금 서비스를 주도했던 ㉡ 은행권 또한 간편송금 시장 경쟁에 뛰어드는 추세이다. 은행권은 기존 모바일뱅킹 앱에 간편송금 기능을 추가하거나 별도의 간편송금 서비스 앱을 내놓았다. 그러나 간편송금 기능이 탑재된 모바일뱅킹 앱을 실행할 때 공인인증서 로그인이 필요한 경우도 있고, 별도의 앱을 내놔도 후발주자라는 불리함 때문에 인지도가 낮아 큰 성과를 내지 못했다.

한편 간편송금 서비스의 수익성이 낮기 때문에 은행권이 적극적으로 경쟁에 뛰어들지 않는다는 분석도 있다. 현재 간편송금 시장을 주도하고 있는 전자금융업자들도 사실상 간편송금 서비스로 손해를 보고 있기 때문이다. 간편송금 전자금융업자는 현재 송금 건당 150 ~ 450원의 비용을 제휴 은행에 지불하는 반면 이들 업체의 무료 고객 비중은 72 ~ 100%에 달한다. 이 때문에 간편송금 서비스 자체가 손실을 입을 수밖에 없는 구조이다. 게다가 간편송금 서비스는 소액 송금 위주로 운영되고 있고, 이를 초과한 금액은 대부분 은행을 통해 거래되고 있기 때문에 은행 입장에서는 굳이 무리해서 시장 진출을 도모할 필요가 없다는 시각이다. 하지만 간편송금 서비스로 고객을 확보한 전자금융업자가 차후 소비자 금융을 연계 제공한다면 은행의 신규 수익 영역을 침범하게 된다. 따라서 이미 포화되어 있는 간편송금 시장에서 은행권이 어떻게 경쟁력을 확보할지 귀추가 주목된다.

01. 윗글의 ㉠과 ㉡에 대한 설명으로 옳지 않은 것은?

① ㉠은 ㉡보다 먼저 송금 서비스를 시작했다.
② 고액을 송금하려는 고객은 ㉡을 이용할 것이다.
③ ㉠은 ㉡에게 간편송금 서비스 수수료를 제공하고 있다.
④ 공인인증서 의무사용이 재도입된다면 ㉠이 큰 타격을 입을 것이다.

02. 윗글의 내용과 일치하는 것을 〈보기〉에서 모두 고르면?

보기

㉠ 간편송금은 공인인증서 없이도 이용 가능하다.
㉡ 간편송금 이용자의 과반수는 무료로 서비스를 이용한다.
㉢ 은행권은 간편송금의 현재 수익성을 고려하여 간편송금 서비스 경쟁에 뛰어들지 않았다.

① ㉠　② ㉡
③ ㉠, ㉡　④ ㉠, ㉢

[03 ~ 04] △△은행 홍보팀에서 근무하는 A 사원은 다음과 같이 하반기 경영전략에 관한 언론 배포용 보도자료 초안을 작성하고 있다. 이어지는 질문에 답하시오.

(가)

△△은행이 하반기 디지털 창구 서비스를 전 점포로 확대한다. △△은행은 "익숙한 종이 서식 기반에서 디지털 기반 업무처리 방식으로의 전환을 빠르게 추진하고자 한다."라며 디지털 경쟁력 강화를 위해 각종 비대면 서비스를 직원이 먼저 사용해 디지털에 능숙해질 것을 강조하는 한편, 디지털 직무순환 기회 및 다양한 학습지원을 약속했다.

△△은행은 작년 10월부터 3개 영업점에서 디지털 창구를 시범 운영한 것으로 시작해 현재 50개점에서 이를 운영 중이고, 올해 말까지 780개 영업점으로 확대할 계획이다. 디지털 창구는 디지털 서식 기반의 종이 없는 창구로, 디지털 서식 운영을 통해 고객과 직원 중심의 거래 편의성을 제고하는 프로세스이다.

△△은행의 디지털 창구는 고객이 금융 거래 시 작성하는 수많은 서식을 디지털화해 고객 입장에서 쉽게 작성할 수 있도록 했으며, 서명 간소화 기능을 적용해 서명을 중복적으로 작성해야 하는 경우에도 1회만 하면 되도록 편의성을 더했다. 직원 역시 거래에 필요한 서식을 찾거나 검색하여 출력하는 번거로움에서 벗어나 본연의 금융 상담에 집중할 수 있고, 마감 업무 최소화로 일과 삶의 균형을 맞추는 근무문화 형성에도 도움을 줄 것으로 보인다. 또한, 각종 서식을 만들거나 고객 장표를 보관하는 데 지출되는 관리비용도 절감할 수 있게 됐다.

이러한 영업점 창구의 디지털 서비스 강화는 특히 스마트 기기에 익숙하지 않아 비대면 서비스를 받는 것에 어려움을 느끼는 중·장년층 고객과 영업점 방문을 선호하는 고객에게 높은 수준의 대면 금융상담 서비스를 제공할 수 있다.

△△은행 관계자는 "디지털 창구 프로세스 도입으로 고객은 보다 스마트한 금융서비스를 편리하게 이용할 수 있을 것"이라며 "앞으로도 고객 니즈에 따라 서비스를 확대하고 지속적으로 개선해 나갈 것"이라고 말했다. 디지털 뱅킹의 확대와 비대면 영업의 강화로 은행들의 '지점 다이어트'가 계속되고 있지만 △△은행은 디지털 금융은 물론 일반 지점 영업의 효율성을 끌어올려 고객을 잡겠다는 전략을 펼칠 계획이다.

03. A 사원은 아래와 같은 상사의 가이드에 따라 (가)에 들어갈 보도자료 초안의 제목을 작성하려고 한다. 다음 중 가장 적절한 것은?

> 언론 배포용 보도자료의 제목에는 우선 시행 주체를 명확하게 드러내 주는 것이 좋습니다. 그리고 불필요한 수식어나 모호한 표현을 사용하지 않도록 주의하며 보도자료의 핵심 내용을 포괄할 수 있는 메시지를 담아야 합니다.

① △△은행은 지금 – 디지털화로 '지점 다이어트' 중
② △△은행, 디지털 서식 기반의 '종이 없는 창구' 단계적 구현
③ △△은행, 오프라인 서비스에서 온라인 서비스로 도약
④ △△은행, 직원 편의를 위한 디지털 창구 도입

04. 제시된 보도자료의 요약본을 △△은행 홈페이지에 게시하려고 한다. 다음 중 그 내용이 바르게 작성된 것은?

> 등록일 20XX. XX. XX. | 조회수 25
>
> (가)
>
> △△은행은 디지털 경쟁력 강화에 대한 포부를 밝혔다.
>
> (중략)
>
> ① 앞으로 디지털 시대에 발맞춰 오프라인보다 온라인 고객을 잡는 전략을 펼치려는 것이다. ② 현재 △△은행은 총 780개 영업점에서 디지털 창구를 시범 운영하고 있다. 이러한 디지털 창구의 확대는 ③ 고객편의성 향상, 직원 업무 절감, 관리비용 절감 등 긍정적인 변화를 가져올 것이라 예상된다. ④ 특히 스마트 기기에 익숙한 청년층 고객들을 사로잡을 수 있을 것으로 기대되고 있다. 디지털 창구는 일반 영업 창구에 비해 유지비를 더 필요로 하지만, 서비스 질의 향상을 위해 △△은행은 향후에도 투자를 아끼지 않을 예정이다.

[05 ~ 06] 다음 글을 읽고 이어지는 질문에 답하시오.

리차드 이스털린(Richard Easterlin) 교수가 1946년부터 빈곤국가와 부유한 국가 등 30개 국가의 행복규모를 연구한 결과를 논문으로 발표하면서 세계경제학계에 충격을 주었다. 그의 연구결과는 모든 나라에서 경제적 소득이 증가하면 사람들은 행복감을 느낀다는 것이다. 하지만 이스털린의 연구결과는 여기서 끝나지 않았다. 소득이 높아지면 행복감은 증가하지만 일정 수준을 넘는 순간 소득이 더 증가하더라도 대다수 사람들은 더 큰 행복을 느끼지 않는다고 밝혔다. 이것이 그 유명한 '이스털린의 역설(Easterlin's paradox)'이다. 즉, 이스털린의 역설은 소득이 어느 정도 높아지면 행복도가 높아지지만 일정 시점을 지나면 소득이 증가해도 행복도가 정체된다는 이론으로 미국, 프랑스, 영국과 같은 선진국의 행복지수가 바누아투, 방글라데시와 같은 가난한 나라 국민의 행복지수보다 낮다는 연구결과를 근거로 제시하였다.

이스털린은 1974년에 소득의 크기가 행복의 크기를 결정한다는 경제학의 신념에 근본적인 의문을 제기했다. 그는 1946년부터 1970년에 걸쳐 공산권, 아랍, 가난한 국가 등을 포함하여 전 세계 30여 개의 지역에서 정기적인 설문 조사를 시행했다. 이 설문 조사의 표면적 결과는 우리의 상식적 기대와 크게 다르지 않고, 모든 나라에서 소득수준과 개인이 느끼는 행복이 비례관계에 있는 것으로 나타났다. 그러나 미국의 경우 1940년대부터 1950년대 후반까지 소득이 늘어나면서 행복도가 증가했지만 개인소득이 급속도로 늘어난 1970년대까지는 다시 행복감이 감소했다. 이 조사 이후에 이스털린은 1972년부터 1991년까지 추가 조사를 했는데 스스로 행복하다고 생각하는 사람들의 비율이 감소했다는 사실을 발견했다. 이 시기는 그간의 인플레이션과 세율을 반영한다 하더라도 개인소득이 이전에 비해 33%나 늘어난 시기였다.

이스털린의 역설은 최근의 연구에서도 입증되었다. 대니얼 카너먼(Daniel Kahneman) 교수와 앵거스 디턴(Angus Stewart Deaton) 교수는 2008 ~ 2009년 미국인 45만 명을 대상으로 연구를 진행하였다. 이 연구에서도 소득이 높을수록 행복감은 커졌으나 이러한 (+)의 관계는 연간 소득 7만 5,000달러(한화 약 8,700만 원)까지 유지되었고 그 이후부터는 증가된 소득이 행복감을 키우는 효과가 거의 사라져버려 소득이 증가하여도 일상적인 행복감에는 큰 차이가 없었다.

왜 그럴까? 첫째, 높아진 소득으로 획득된 부의 효과는 오래가지 못한다. 부의 효과에 익숙해지면 금세 그 행복을 잊어버리고 새로운 행복을 추구하기 때문이다. 둘째, 새로운 행복을 얻으려면 더 많은 비용을 지출해야 하고 결국 과로로 인해 인간은 더 불행해진다. 그러니 대다수 인간들은 소유에 대한 욕망을 무한하게 발산시켜 행복을 추구하지 않는다.

하지만 2008년 미국 와튼스쿨의 베시 스티븐슨(Betsey Stevenson) 교수팀은 이스털린의 설문보다 더 광범위한 실증조사를 통해 이스털린의 주장이 잘못됐다고 반박했다. 스티븐슨은 "132개국을 대상으로 지난 50년간 자료를 분석한 결과 부유한 나라의 국민이 가난한 나라의 국민보다 더 행복하고, 국가가 부유해질수록 국민의 행복수준은 높아졌다."라고 말했다. 물론 국민 개개인을 보면 돈보다 명예나 다른 곳에서 행복을 찾는 사람이 있을 수 있지만 국가 차원에서 보면 국민소득이 늘어날수록 복지 수준과 행복감이 높아질 가능성이 크다는 게 대다수의 견해이다.

그 이외에도 계속적으로 경제학자들 사이에서 이스털린의 역설이 자신의 경험적 연구와 일치하지 않는다는 주장이 나오고 있다. 2015년 노벨경제학상 수상자인 '위대한 탈출'의 저자 앵거스 디턴 교수를 비롯해 상당수 경제학자가 이스털린의 역설에 이의를 제기했다. 그러나 이스털린 교수는 이날 미국 종합사회조사(GSS)와 세계 가치서베이(WVS) 자료 등을 토대로 재검증한 결과 "내 학설은 유효한 것으로 재입증되었다."라고 말했다. 그는 미국은 1946년부터 2014년까지 약 70년간 개인소득이 3배로 늘었지만 행복은 정체되거나 낮아졌다고 주장했고 WVS가 세계 43개국을 대상으로 한 조사 역시 자신의 주장을 뒷받침한다고 강조했다. 또한 그는 자신의 역설이 틀렸다고 비판하는 연구는 연구기간이 짧아 경기의 확장과 수축이 이뤄지는 경기순환주기 전체를 조사하지 못했으며 미국은 글로벌 금융위기 직후인 2009년 이후 지금까지 평균소득이 빠르게 늘었지만 행복지수의 장기 추세선은 하락했다고 지적했다. 그러면서 "내 주장이 행복에서 소득의 중요성을 간과한 것은 아니다."라고 주장했다.

05. 윗글에 대한 설명으로 옳지 않은 것은?

① 이스털린의 역설은 경제적 소득이 증가하면 사람들의 행복감은 증가하지만 일정 수준을 넘는 순간 대다수 사람들은 더 큰 행복을 느끼지 않는다는 이론이다.

② 이스털린의 역설이 전통적 주류 경제학을 바탕으로 하는 경제 성장론자의 성장 우선정책을 모두 부정하는 것은 아니다.

③ 국민 개개인은 다를 수 있으나, 국가 차원에서 보면 국민소득이 늘어날수록 복지 수준과 행복감이 높아질 가능성이 크다는 게 대다수의 견해이다.

④ 전통적인 주류 경제학은 소득 증가는 행복을 증진시키는 데 있어 가장 중요한 요소가 아니라는 것을 줄곧 강조해 왔다.

06. 윗글에서 이스털린의 역설에 대해 반박하는 내용으로 옳지 않은 것은?

① 최근의 연구를 통해 이스털린의 역설이 잘못되었다는 주장이 나오고 있다.

② 이스털린의 역설에 반박하는 학자들은 국가가 부유해질수록 국민의 행복수준은 높아지고, 개인도 명예가 있어야 행복할 가능성이 더 크다고 말한다.

③ 이스털린은 미국은 1946년부터 2014년까지 약 70년간 개인소득이 3배로 늘었지만 행복은 정체되거나 낮아졌다고 주장했다.

④ 2015년 노벨경제학상 수상자이며 '위대한 탈출'의 저자인 앵거스 디턴은 이스털린의 역설에 이의를 제기하였다.

07. 갑, 을, 병, 정 네 사람이 다음 글을 읽고 나눈 대화의 빈칸에 들어갈 말로 적절한 것은?

조직 구성원들의 경쟁 심리를 자극해 성과 창출에 대한 동기를 부여할 수 있는 상대평가 방식은 경쟁을 조장해 협력 및 집단 지성의 발현을 저해하는 등의 부작용이 나타나기도 한다. 대표적으로 평가 공정성에 대한 불만으로 이직이 빈번하게 발생하고, 성과 평가 시즌에만 성과 창출에 집중하는 문제가 발생한다. 또한, 성과 창출에 집중해야 할 구성원들이 지나치게 많은 시간과 노력을 절차 및 서류 작성 등에 쏟고 있어 제도가 복잡하고 투입되는 시간과 노력이 과다하다는 것도 지적되고 있다.

이에 따라 A 기업에서는 새로운 방식의 체크인 제도를 시도하여 연례 평가에 소모되던 시간과 노력을 절약하게 되었고 이직률도 크게 감소했다. 체크인 제도의 첫 번째 단계는 관리자와 구성원이 공동으로 도전적인 목표를 설정하는 것이다. 여기서 가장 중요한 점은 명확한 목표설정과 평가지표의 기준이다. 평가지표에는 구성원의 성과가 사업에 어떤 영향을 주었는지, 목표를 달성하고자 어떤 협력을 했는지가 반영된다. 이렇게 목표를 설정하고 나면 구성원들은 수시로 관리자와 피드백을 주고받는다. 이때 관리자는 사후 평가자가 아닌 목표달성을 위한 지원자로서 구성원들의 목표와 피드백 시점을 설정하고 목표달성을 위한 조언과 지원을 제공한다. 이들은 사업 사이클이나 업무 프로세스에 맞는 적절한 시점에 필요한 조언을 제공함으로써 구성원들이 현재 자신이 어느 정도 목표를 달성했는지, 부족한 부분은 무엇인지 신속하게 확인하고 보완할 수 있도록 한다. 부정적인 피드백을 해야 하는 상황이 생겨도 수시로 작게 주고받기 때문에 연례 평가에 비해 서로 부담이 줄어든다는 장점도 있다.

새로운 평가제도의 도입에서 가장 중요한 변화는 등급제 및 성과에 따라 일정 비율로 구성원들을 구분하는 상대평가 제도가 폐지된 것이다. 더 이상 동료들과의 경쟁이 아닌 본인 스스로 세운 목표를 얼마만큼 달성했는지를 평가 받으므로 개인의 목표달성에 몰입하고 조직의 목표달성을 위해 협력할 수 있는 분위기가 형성된다.

한편 보상이 결정되는 방식도 크게 달라졌다. 인사팀에서 조직별로 구성원들의 평가 등급에 따라 재원을 나눠주고 배분했던 기존의 방법에서 벗어나 역할, 지위, 지역 등에 따라 재원이 결정되며 관리자들의 재량권이 증가된다. 관리자들은 보상에 대한 통제권을 획득함에 따라 책임감이 높아지게 되고 사업 운영에 있어서도 자율성을 갖게 된다. 또한, 회사 차원에서 관심을 갖고 관리할 필요가 있는 핵심 인재에 대해서는 각 조직의 리더들이 참여하는 회의를 통해 차별적인 보상을 제공한다. 관리자들은 구성원들과 지속적인 피드백을 주고받는 과정을 진행하여 구성원들에 대한 이해도가 높아졌기 때문에 핵심 인재 선발을 위한 논의는 보다 풍부해진다.

대화

갑 : 체크인 제도를 활용하면 기존보다 직원들이 성과 창출에 더욱 몰입할 수 있겠구나.

을 : 요즘 들어 상대평가로 진행되는 성과 평가 결과에 불만을 가진 직원들과 오랫동안 함께 일하고 싶은 후배들이 더 좋은 직장을 가기 위해 퇴사하고 싶다고 면담을 요청하는 일이 많아지고 있어.

병 : 우리 회사도 체크인 제도를 도입하여 (   )

정 : 맞아. 더 나아가 직원이 성과를 내기 위해서는 창의성을 발휘할 수 있는 기업 문화가 뒷받침되어야 하니까 직원의 성과 관리 외 기업 문화 조성에도 노력을 기울일 필요가 있어.

① 3개 등급으로 나누어 평가하던 것을 5개 등급으로 나누어 평가하는 게 좋겠어.

② 성과 관리에 필요한 절차나 서류 작업을 담당하는 직원을 각 팀마다 배치는 게 좋겠어.

③ 동료들과의 상대적 비교가 아닌 각자의 목표달성 여부를 토대로 평가관리를 개선하는 것이 좋겠어.

④ 핵심 인재에 대한 차별적 보상이나 보상 금액 및 범위는 조직별로 구성원들의 성과 등급에 따라 인사팀에서 결정해 주는 게 좋겠어.

[08 ~ 09] 다음 글을 읽고 이어지는 질문에 답하시오.

(가) 노동 이동을 둘러싼 이 같은 일련의 현상들에 대해 킨(Keane)은 중심부(inner core)와 주변부(periphery) 간의 간극이라는 개념을 중심으로 접근하고 있다. 그에 의하면 현재 세계는 주권국가 중심의 국제질서와 하나의 세계정부에 의한 질서 사이에 중간적인 형태로 존재하고 있는 코스모크라시(cosmocracy) 상태이다. 이러한 코스모크라시에서는 중심부와 주변부 간의 간극이 발생하게 된다. 그리고 이때 구조의 중심에 위치한 국가들 사이에는 일방적인 의존성(dependence)만이 존재하게 된다. 그런 점에서 현재 나타나고 있는 노동의 이동은 중심부와 주변부 간의 일방적인 의존성에 근거한 현상이라고 할 수 있다.

(나) 국제적인 노동이동은 노동자를 수출하고 수입하는 국가 모두에서 새로운 변화들을 야기하였다. 먼저 이주노동자들을 수입하는 국가들은 고임금과 단순근로 및 3D 기피현상 등으로 인해 발생한 노동력의 공백을 이주노동자들을 통해 채워나감으로써, 경제성장을 위한 새로운 동력원을 확보할 수 있게 되었다. 그러나 다른 한편에서는, 저임금의 이주노동자들이 급격하게 유입되면서 자국의 노동자들이 지나치게 많은 일자리들을 잃어버리지 않을까 하는 우려감이 확산되기 시작했다. 또한 보수적인 성향의 단체들을 중심으로 국가 정체성의 문제 역시 거론되기 시작했다. 나아가 이주노동자들이 점차 사회적으로 하부계층 및 불만계급으로 자리잡아감에 따라, 이것이 잠재적인 사회 불안요소로 작용하여 국가 운영에 큰 부담을 줄 것이라는 비판도 제기되었다. 다음으로 이주노동자를 수출하는 송출국에서는 이주노동자들로부터의 송금과 기술의 습득이 국가경제의 큰 수입원이 되었다. 그러나 다른 한편에서는 고급인력의 대량 유출로 인한 발전 동력의 부재 현상이 나타나기 시작했다. 또한 송출국들은 자국민들의 인권이 노동 수입국에서 유린당하는 것을 그저 지켜봐야만 하는 문제가 발생하기도 했다.

(다) 급격한 세계화의 물결 속에서 이제 노동의 이동은 자본이나 상품의 이동만큼이나 일상적인 일이 되어가고 있다. 이러한 현상은 국가 간 산업발전의 차이에서 오는 임금 불균형과 노동력 수요의 차이에서 기인한 것이다. 한국 역시 고도의 경제성장과 고학력 · 고령화 현상 등으로 인해, 1980년대 후반부터 급격하게 나타나기 시작한 노동력 부족 문제를 중국의 조선족이나 동남아 외국인 노동자들에 의지해 해결해 나가고 있다.

08. 문맥에 맞게 (가) ~ (다)를 순서대로 배열한 것은?

① (나)－(가)－(다)
② (나)－(다)－(가)
③ (다)－(가)－(나)
④ (다)－(나)－(가)

09. 제시된 글의 내용을 고려할 때 대응되는 두 문장의 연결 관계가 다른 하나는?

① 노동의 이동은 일상적인 일이 되어가고 있다.
－국가 간 상업발전의 차이에서 오는 임금 불균형과 노동력 수요의 차이가 존재한다.

② 국제적인 노동의 이동이 발생하고 있다.
－이주노동자들을 통해 경제성장을 위한 새로운 동력원을 확보할 수 있다.

③ 이주노동자들이 사회적으로 하부계층으로 자리잡아가고 있다.
－이주노동자들이 잠재적인 사회 불안요소로 작용하여 국가 운영에 부담을 줄 수 있다.

④ 주변부의 저발전 국가로부터 중심부의 선진국으로 노동이 이동하고 있다.
－송출국에서는 고급인력의 대량유출로 인해 발전 동력의 부재 현상이 나타난다.

[10 ~ 11] 다음 글을 읽고 이어지는 질문에 답하시오.

현대인의 삶의 질이 향상됨에 따라 도시공원에 대한 관심도 함께 높아지고 있다. 도시공원은 자연 경관을 보호하고, 사람들의 건강과 휴양, 정서 생활을 위하여 도시나 근교에 만든 공원을 말한다. 도시공원은 휴식을 취하는 공간인 동시에 여러 사람과 만날 수 있는 소통의 장이기도 하다.

㉠ 도시공원은 사람들이 선호하는 도시 시설 가운데 하나이지만 노인, 어린이, 장애인, 임산부 등 사회적 약자들은 이용하기 어려운 경우가 많다. 사회적 약자들은 그들의 신체적 제약으로 인해 도시공원에 접근하거나 도시공원을 이용하기에 열악한 상황에 놓여있기 때문이다.

우선, 도시공원이 대중교통을 이용해서 가기 어려운 위치에 있는 경우가 많다. 또한 공원에 간다 하더라도 사회적 약자를 미처 배려하지 못한 시설들이 대부분이다. 동선이 복잡하거나 안내 표시가 없어서 불편을 겪는 경우도 있다. 이런 물리적 · 사회적 문제점들로 인해 실제 공원을 찾는 사회적 약자는 처음 공원 설치 시 기대했던 인원보다 매우 적은 편이다. 도시공원은 일반인뿐 아니라 사회적 약자들도 동등하게 이용할 수 있는 공간이어야 한다. 그러기 위해서는 도시 공간 계획 및 기준 설정을 할 때 다른 시설들과 실질적으로 연계가 되도록 제도적 · 물리적으로 정비되어야 한다. 사회적 약자에게 필요한 것은 아무리 작은 도시공원이라도 편안하게 접근하여 여러 사람과 소통하거나 쉴 수 있도록 조성된 공간이다.

10. 다음 중 윗글의 제목으로 가장 적절한 것은?

① 도시공원의 생태학적 특성
② 도시의 자연 경관을 보호하는 도시공원
③ 모두가 여유롭게 쉴 수 있는 도시공원
④ 도시공원, 사회적 약자만이 이용할 수 있는 쉼터

11. 〈보기〉는 밑줄 친 ㉠의 상황에 대한 의견이다. 빈칸 ㉡에 들어갈 말로 가장 적절한 것은?

보기

도시공원이 있어도 제대로 이용하지 못하므로 사회적 약자들에게 도시공원은 '(㉡)'(이)라 할 수 있겠군.

① 그림의 떡
② 가는 날이 장날
③ 언 발에 오줌 누기
④ 장님 코끼리 만지기

12. 다음 중 (가) ~ (라)에 대한 설명으로 적절하지 않은 것은?

(가) 인류 역사에 나타난 예술적 활동을 살펴보면, 흥미롭게도 항상 과학 활동과 밀접하게 연관되어 있었고 인간의 높은 창조성을 요구했다. 문자의 발명은 사물을 추상적으로 묘사하고 기록할 수 있도록 했고, 자연 세계를 대상으로 합리적이고 보편적인 이론을 추구하는 과학이 출현하는 데 매우 중요한 역할을 하였다. 그리고 예술적 관점에서 볼 때 문자는 일종의 그래픽이기 때문에 예술이 과학의 발전에 영향을 미친 것과 다름이 없다.

(나) 마찬가지로 자연에서의 대칭성과 조화로움에 대한 발견은 수학의 발전으로 이어졌고, 수학은 다시 건축학에 응용되어 현실로 나타났다. 르네상스 시대의 건축가 브루넬레스코는 유클리드의 원근법을 이용했으며, 천문학자 케플러는 행성들이 공전하면서 내는 소리를 우주의 음악이라면서 수학적인 비율과 음표로 표현했다.

(다) 하지만 이러한 과학과 예술의 긍정적 상호교류가 항상 일어난 것은 아니었다. 근대 과학의 완성으로 기계론적 철학이 중심 철학으로 부상하면서 과학과 예술의 연관은 단절되기 시작했다. 자연과학의 기반이 되는 이성의 힘으로 맹신과 무지를 극복하고 새로운 사회를 건설하려던 프랑스 대혁명은 계몽주의의 정점이기도 했지만, 오히려 반과학적 정서를 야기하고 말았다. 지나치게 기계론적인 과학적 정서와 자연으로 회귀하고자 하는 열망이 극단적인 대립을 일으키게 된 것이다. 18세기에 출간된 조나단 스위프트의 「걸리버 여행기」 역시 소인국과 거인국의 신기한 모험을 다룬 어린이용 동화가 아니었다. 그것은 거대한 우주를 아주 작은 입자의 운동으로 환원하려는 뉴턴주의자들을 조롱하는 성인 대상의 사회 풍자 소설이었다.

(라) 이후 과학과 예술은 상대방의 영역을 거의 극단적인 형태로 대비시키며 각자의 영역을 지키기에 몰두했으며, 과학은 주관적 가치판단이 배제된 기계적 객관성의 학문으로, 예술은 인간의 주관이 개입된 창의적 사고 영역으로 구분되었다. 이 둘 사이의 관계에 변화가 생기기 시작한 것은 20세기 이후의 일이었다.

① (가)는 글의 중심 소재 간 일반적인 연관성을 제시하고 있다.
② (나)는 (가)에 대해 부연하며 (가)의 내용을 뒷받침해 주고 있다.
③ (다)는 (가)와 반대되는 중심 소재들의 관계를 제시하고 있다.
④ (라)는 중심 소재를 비교한 다음 이에 대해 정리하고 있다.

[13 ~ 14] 다음 자료를 보고 이어지는 질문에 답하시오.

〈부정청탁금지법 시행령 개정 내용〉

가

■ 선물은 현행 상한액 5만 원을 유지한다. 다만, 농수산물 및 농수산가공품 선물에 한정하여 10만 원까지 가능하다. 선물이란 금전, 유가증권, 음식물(제공자와 공직자 등이 함께 하는 식사, 다과, 주류, 음료, 그 밖에 이에 준하는 것) 및 경조사비를 제외한 일체의 물품, 그 밖에 이에 준하는 것을 말한다.

■ 경조사비는 현행 상한액 10만 원에서 5만 원으로 조정한다. 다만, 축의금과 조의금을 대신하는 화환 · 조화의 경우 현행대로 10만 원까지 가능하다.

※ 10만 원 범위 내에서 '축의금(5)+화환(5)', 또는 '화환(10)' 제공 가능

나

■ 상품권 등의 유가증권은 현금과 유사하고 사용 내역 추적이 어려워 부패에 취약하므로 선물에서 제외한다. 이는 음식물 가액 기준 회피 수단으로 상품권의 악용과 같은 편법 수단을 차단하고, 농수산물 선물 소비를 유도하기 위함이다. 다만, 다른 법령 · 기준 또는 사회 상규에 따라 주거나 법 적용 대상이 아닌 민간 기업 임직원이나 일반 시민에게 주는 상품권, 직무 관련이 없는 공직자 등에게 주는 100만 원 이하 상품권, 상급 공직자가 위로 · 격려 · 포상 등의 목적으로 하급 공직자에게 주는 상품권은 예외적으로 제공이 가능하다.

다

■ 공무원과 공직유관단체 임직원의 직급에 따른 사례금 상한액 차이를 해소하기 위해 외부 강의 등 사례금은 직급 구분 없이 동일한 상한액을 설정한다. 이때, 최고 상한액 40만 원 범위 내에서 기관별 자율적인 운영이 가능하다.

■ 국공립학교 · 사립학교 사이, 일반 언론사 · 공직유관단체 언론사 사이의 상한액 차이를 해소하기 위해 동일한 상한액을 설정한다.

구분	공무원, 공직유관단체 임직원	각급 학교 교직원 학교법인 · 언론사 임직원
1시간당 상한액	40만 원 (직급별 구분 없음)	100만 원
사례금 총액한도	60만 원 (1시간 상한액+1시간 상한액의 50%)	제한 없음.

※ 이외 국제기구, 외국정부, 외국대학, 외국연구기관, 외국학술단체, 그 밖에 이에 준하는 외국기관에서 지급하는 외부 강의 등의 사례금 상한액은 사례금을 지급하는 자의 지급 기준에 따른다.

라

- 외부 강의 등의 유형, 요청 사유를 사전 신고 사항에서 삭제한다. 사후 보완 신고 기산점 조정 및 신고 기간을 조정한다. 보완 신고 기산점을 '외부 강의 등을 마친 날부터'에서 사전 신고 시 제외된 사항을 '안 날로부터'로, 신고 기간을 '2일'에서 '5일'로 연장한다.
  ※ 사례금 총액, 상세 명세 등을 모르는 경우 해당 사항을 제외하고 사전 신고한 후 추후 보완 신고
- 공공기관의 장이 소속 공직자 등으로부터 법 준수 서약서를 받는 주기를 '매년'에서 '신규 채용을 할 때'로 한정한다.

13. 다음 중 가 ~ 라 에서 설명하고 있는 개정 내용으로 적절하지 않은 것은?

① 가 : 선물 · 음식물 · 경조사비의 가액 범위 조정

② 나 : 선물에서 유가증권 제외

③ 다 : 외부 강의 등 사례금 상한액 조정

④ 라 : 외부 강의 등 사전 신고 사항 및 보완 신고 기간 정비

14. 다음 중 개정 내용을 요약한 것으로 잘못 작성된 부분은?

구분		기존	변경
가액 범위	선물	5만 원	① 5만 원 (농수산물 · 가공품 10만 원)
	경조사비	10만 원	② 5만 원 (화환 · 조화 10만 원)
선물 범위		③ 상품권 등 유가증권 포함	상품권 등 유가증권 제외
외부 강의 등 신고	사전 신고 사항	외부 강의 등의 유형, 요청 사유 포함	외부 강의 등의 유형, 요청 사유 제외
	보완 신고 기간	외부 강의 등을 마친 날부터 2일 이내	④ 외부 강의 등을 마친 날부터 5일 이내
부정청탁금지법 준수 서약서 제출		매년	신규 채용 시

[15 ~ 16] 다음 제시 상황과 자료를 보고 이어지는 질문에 답하시오.

M 은행에 근무하는 신입행원 A는 아래 제시된 정보를 토대로 주택청약종합저축 관련 내용을 숙지하고 있다.

〈청년우대형 주택청약종합저축〉

■ 가입대상 : 아래의 자격을 모두 갖춘 개인(외국인은 가입불가)

1) 만 19세 이상 ~ 만 29세 이하(병역복무기간 인정)인 자
2) 연소득 3천만 원 이하의 근로 · 사업 · 기타 신고소득이 있는 자
3) 무주택인 세대주

※ 무주택 여부는 가입자 본인에 한함(세대구성원의 주택 소유와 무관함).

※ 청년우대형 주택청약종합저축 가입은 주택청약종합저축, 청약저축, 청약예금, 청약부금을 포함하여 전 금융기관 1인 1계좌에 한함.

※ 사업 · 기타소득자 자격으로 가입 후 근로소득자 자격으로 변경불가(가입 시 제출한 소득서류의 소득 종류로 판단)

■ 가입서류(모든 서류 필수 제출 원칙)

1) 본인실명확인증표 : 신분증(주민등록증, 운전면허증, 여권 등)
2) 세대주 확인 서류 : 주민등록등본(3개월 이내 발급분)
3) 소득확인서류 : 연소득 3천만 원 이하를 증빙하는 서류

구분	근로소득자	사업 · 기타소득자
증빙서류 (한 가지 선택)	- 소득확인증명서 - 근로소득 원천징수영수증 - 근로소득자용 소득금액증명원 - 급여명세표	- 소득확인증명서 - 사업소득 원천징수영수증 - 종합소득세용 소득금액증명원 - 종합소득과세표준확정신고 및 납부계산서 - 기타소득 원천징수영수증

4) 병적증명서 : 만 30세 이상인 자 중 병역기간 차감(최대 6년 범위 내)하여 만 29세 이하인 경우에 한해 서류 제출

■ 적용이율 : 기본이율에 일정자격 충족 시 가입일로부터 최대 10년까지 우대이율 추가하여 적용

1) 기본이율(주택청약종합저축 기간별 적용이율과 동일)

구분	1개월 이내	1개월 초과 1년 미만	1년 이상 2년 미만	2년 이상
기본이율	무이자	연 1.0%	연 1.5%	연 1.8%

2) 우대이율(연 1.5%p)

– 적용대상 : 가입기간 2년 이상인 계좌(단, 당첨계좌는 2년 미만 포함)

– 적용원금 : 납입금액 5천만 원 한도

– 적용기간 : 가입일로부터 최대 10년 동안 적용

※ 청년우대형 주택청약종합저축은 예금자보호법에 따라 예금보험공사가 보호하지 않으나, 주택도시기금의 조성재원으로서 정부가 관리하고 있습니다.

15. 행원 A는 다음과 같이 고객 B의 문의에 응대하고 있다. 답변 내용으로 옳지 않은 것은?

고객 B : 청년우대형 주택청약종합저축 상품에 대해 문의하려고 합니다. 가입 조건이 어떻게 되나요?

행원 A : ① 청년우대형 주택청약종합저축은 만 19세 이상 만 29세 이하, 연소득 3천만 원 이하의 신고소득이 있는 무주택 세대주에 한해 가입이 가능합니다.

고객 B : 저는 현재 만 31세지만 3년 동안 병역복무를 했는데, 이 경우 가입이 가능한지요?

행원 A : ② 만 30세 이상이더라도 최대 6년 범위 내로 병역기간을 차감했을 때 만 29세 이하면 가입대상에 해당합니다.

고객 B : 현재 1년 5개월 된 당첨계좌의 경우 우대이율을 적용받을 수 있나요?

행원 A : ③ 납입금액 5천만 원 한도 내에서 연 1.5%p 우대이율을 적용받으실 수 있습니다.

고객 B : 조심스러운 부분이 원금 보호인데요. 원금 손실은 걱정하지 않아도 되지요?

행원 A : ④ 네. 해당 상품은 예금자보호법에 따라 예금보험공사에서 보호합니다.

고객 B : 현재 제 근로소득은 연 3천만 원 이하인데 어떤 서류로 증명하면 될까요?

행원 A : 소득확인증명서, 근로소득 원천징수영수증, 근로소득자용 소득금액증명원, 급여명세표 중 하나를 제출하시면 됩니다.

16. A는 아래와 같이 상사의 지시에 따라 제출서류 관련 예시를 작성하고 있다. 다음 〈사례〉에서 필요한 증빙서류가 바르게 나열된 고객을 모두 고른 것은?

> A 씨, 가입에 필요한 서류를 구비하는 데 어려움을 느끼는 고객이 많다고 합니다. 구체적인 사례를 들어서 필요한 제출서류를 안내할 수 있다면 좋을 것 같아요. 여러 예시들과 함께 필요한 제출서류를 적은 표를 제작해주세요.

사례

고객명	필수제출서류	가입구분
고객 C (만 24세, 여성)	• 여권 • 주민등록등본 : 2개월 전 발급, 세대주 C • 소득확인증명서 : 연소득 2천4백만 원	근로소득자
고객 D (만 28세, 여성)	• 운전면허증 • 주민등록등본 : 1개월 전 발급, 세대주 D • 종합소득세용 소득금액증명원 : 연소득 3천만 원	근로소득자
고객 E (만 26세, 남성)	• 주민등록증 • 주민등록등본 : 3일 전 발급, 세대주 E • 기타소득 원천징수영수증 : 연소득 2천4백만 원 • 병적증명서 : 병역기간 2년	기타소득자
고객 F (만 31세, 남성)	• 운전면허증 • 주민등록등본 : 일주일 전 발급, 세대주 F • 급여명세표 : 연소득 2천8백만 원 • 병적증명서 : 병역기간 2년	근로소득자

① 고객 C, D
② 고객 C, F
③ 고객 E, F
④ 고객 C, D, F

17. 다음은 제시된 인사규정을 보고 나눈 ○○기업 신입사원들의 대화 내용이다. 규정에서 알 수 있는 내용과 맞지 않은 의견을 제시한 사원은?

제1조(목적) 이 규정은 ○○기업(이하 "기업"이라 한다) 직원의 인사에 관한 기준과 절차를 정함으로써 합리적이고 공정한 인사관리에 기여함을 목적으로 한다.

제2조(인사관리의 기본이념) 인사관리는 직원의 잠재력을 최대한으로 살려 직원 스스로가 최대의 성과를 발휘하고 일하는 보람을 느낄 수 있도록 그들을 공평하게 처우하고 관리함을 그 이념으로 한다.

제3조(적용범위) 직원의 인사에 관하여 다른 규정에 특별히 정한 것을 제외하고는 이 규정이 정하는 바에 따른다.

제4조(용어의 정의) 이 규정에서 사용하는 용어의 정의는 다음과 같다.

1. 직무(職務) : 관리 가능한 최소단위의 업무를 말한다.
2. 직군(職群) : 직무의 종류가 유사하고 상호 관련성이 있는 직무의 군을 말한다.
3. 직장(職掌) : 상호 관련성이 있고 성질이 유사한 직군끼리 분류한 직군의 군을 말한다.
4. 채용(採用) : 직제상 편성된 인원을 채용절차를 거쳐 기업에 근무하게 함을 말한다.
5. 배치(配置) : 직원에게 일정한 근무부서를 결정하여 주는 것을 말한다.
6. 보직(補職) : 직원을 그 자력, 적성 및 능력에 따라 특정 직무에 종사하게 함을 말한다.
7. 이동(異動) : 직원을 소속부서에서 타부서로 소속을 변경시킴을 말한다.
8. 승진(昇進) : 하위직급에서 상위직급으로 직급이 변경되는 것을 말한다.
9. 승진보직(昇進補職) : 하위직급에서 상위직급으로 승진된 자가 최초로 상위직급 해당업무에 보직됨을 말한다.
10. 직급대우자(職級待遇者) : 현직급에서의 경력으로 보아 상위직급대우를 함이 타당하다고 인정된 자를 말한다.
11. 지역전문사원(地域專門社員) : 채용 시 일정기간 동안 특정 지역에 재직의무가 있는 직원을 말한다.

① 김새롬 사원 : 직무의 종류가 유사하고 상호 관련성이 있는 직무의 군을 '직군'이라 하는구나.

② 이규현 사원 : 우리가 이번 신입사원 전형에서 합격했는데, 이러한 채용 절차도 이 규정에 따른 것이네.

③ 장진원 사원 : 우리 기업에서 인사관리의 목적은 직원 스스로가 최대의 성과를 발휘하고 일하는 보람을 느낄 수 있도록 공평하게 처우하고 관리하기 위함이야.

④ 유호영 사원 : 우리 기업의 인사와 관련된 것은 모두 이 규정에 의한 것이고, 규정은 보다 합리적이고 공정한 인사를 하기 위한 것이구나.

18. S 기업에서 사내 농구대회를 열어 16개 팀이 대회에 참가하였다. 경기는 다음과 같은 방식으로 진행될 때, 경기는 총 몇 번인가? (단, 비기는 경우는 없다)

- 16개 팀이 4개 팀씩 4개의 조로 나누어 조별 리그전으로 예선을 치른다.
- 각 조에서 1, 2위를 한 8개 팀이 토너먼트 방식으로 경기를 하여 1 ~ 4위를 가린다.

① 31번　② 32번
③ 33번　④ 34번

19. 다음은 S 전자 서비스센터에 걸려 온 일별 고객 문의전화 건수를 나타낸 자료이다. 하루에 걸려 온 고객 문의전화는 평균 몇 건인가?

(단위 : 일)

고객 문의전화	일수
10건 이상 ~ 20건 미만	4
20건 이상 ~ 30건 미만	13
30건 이상 ~ 40건 미만	10
40건 이상 ~ 50건 미만	3
합계	30

① 27건　② 28건
③ 29건　④ 30건

20. A 기관의 B 부서에 근무하는 귀하가 다음과 같은 상황에서 출장을 가게 되는 확률은?

> [지침] 지방 출장은 과장 1명, 대리 1명이 한 조를 이루어 이동한다.
> [상황 1] B 부서는 과장 3명, 대리 4명이 있다.
> [상황 2] 귀하는 대리이다.

① 75%　　② 50%
③ 25%　　④ 12.5%

21. 다음 자료의 내용을 올바르게 이해한 것은?

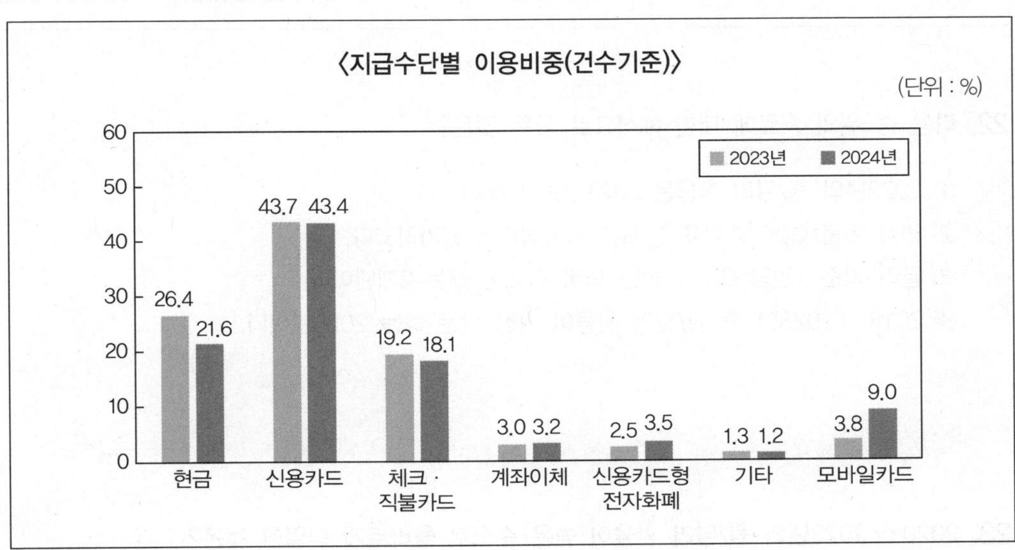

① 카드정보를 휴대폰에 저장하여 결제하는 지급수단의 이용비중은 증가하였다.
② 예금한도액 내에서 결제가 승인되는 지급수단의 이용비중은 증가하였다.
③ 대금이 예금잔액에서 즉시 이체되는 결제수단의 이용비중은 감소하였다.
④ 할부 구매가 가능한 지급수단의 이용비중은 증가하였다.

[22 ~ 23] 다음 우리나라의 GDP에 대한 자료를 보고 이어지는 질문에 답하시오.

〈GDP 및 1인당 GNI〉

(단위 : %)

구분	단위		2018년	2019년	2020년	2021년	2022년	2023년
GDP	조 원		1,333	1,377	1,429	1,486	1,564	1,637
		증감률	5.3	3.4	3.8	4.0	5.3	4.7
	10억 달러		1,202.7	1,222.4	1,305.4	1,411.0	1,382.4	1,411.0
		증감률	9.9	1.6	6.8	8.1	−2.0	2.1
1인당 GNI	만 원		2,685	2,772	2,855	2,938	3,074	3,198
		증감률	5.0	3.3	3.0	2.9	4.7	4.0
	달러		24,226	24,600	26,070	27,892	27,171	27,561
		증감률	9.6	1.5	6.0	7.0	−2.6	1.4

22. 다음 중 위의 자료에 대한 해석으로 옳은 것은?

① 2022년의 원/달러 환율은 2021년보다 높다.

② 원화 기준 GDP 증감률은 매년 지속적으로 증가하였다.

③ 달러 기준 1인당 GNI가 전년 대비 감소한 해는 2개년이다.

④ 2018 ~ 2023년 중 원/달러 환율이 가장 낮은 해는 2020년이다.

23. 2020 ~ 2023년의 원/달러 환율이 높은 순으로 올바르게 나열한 것은?

① 2021년 – 2022년 – 2020년 – 2023년

② 2023년 – 2020년 – 2022년 – 2021년

③ 2023년 – 2022년 – 2021년 – 2020년

④ 2023년 – 2022년 – 2020년 – 2021년

24. 다음은 외국인 채권투자 현황에 관한 자료이다. 〈보기〉 중 자료에 대해 잘못 이해한 사람을 모두 고른 것은?

〈외국인 채권투자 현황〉

분류		1/4분기	2/4분기	3/4분기	4/4분기
외국인 투자 등록자 수	기관(개)	195	154	122	138
	개인(당)	11	24	36	38
거래량	매수(10억 원)	7,215	6,954	4,099	9,385
	매도(10억 원)	4,393	5,092	5,112	4,385
종류별 보유	회사채(10억 원)	809	932	554	510
	국채(10억 원)	63,132	64,933	58,361	61,084
	기타(10억 원)	44,121	56,837	51,200	61,196
	합계(10억 원)	108,062	122,702	110,115	122,790

보기

현호 : 매 분기 외국인의 국채 보유량은 기타채권 보유량보다 많아.
혜주 : 외국인의 기타채권 보유량은 전체 분기 중 3/4분기가 세 번째로 많아.
힘찬 : 외국인 채권 매수 금액이 가장 많은 분기에 외국인 채권 매도 금액은 가장 적어.
수빈 : 종류별 채권 보유량의 합계가 가장 적은 분기에 외국인 개인 투자 등록자 수도 가장 적었어.
미라 : 주어진 자료로 추론해 보았을 때 4/4분기에는 1/4분기에 비해 내국인의 회사채 보유량도 적었을 거야.
경미 : 기관 단위의 외국인 투자 등록자 수는 매 분기 감소하지만 개인 단위의 외국인 투자 등록자 수는 점차 증가하고 있어.

① 현호, 수빈, 미라 ② 현호, 미라, 경미
③ 혜주, 힘찬, 경미 ④ 힘찬, 수빈, 미라

[25 ~ 26] 다음 자료를 보고 이어지는 질문에 답하시오.

〈자료 1〉 민원접수 경로별 현황

(단위 : 건)

연도	합계	신문고	부처 홈페이지	지자체 등 이송이첩	서신 (BH)
2019년	2,305,601	1,359,614	802,116	114,908	28,963
2020년	3,101,601	1,949,387	1,031,012	89,369	31,833
2021년	4,735,392	2,742,615	1,864,975	93,608	34,194
2022년	7,995,116	4,599,017	3,234,517	127,608	33,974
2023년	9,570,011	6,494,339	2,902,774	147,861	25,037
2024년 1분기	3,058,145	1,965,271	1,072,408	14,158	5,226

25. 다음 학생들이 〈자료 1〉을 분석한 내용으로 옳지 않은 것은?

① 소희 : 민원 접수 경로별로 살펴보면, 2019년과 2023년 사이에 꾸준히 증가하고 있는 항목은 신문고뿐이야.

② 진아 : 2024년에는 민원 접수 합계가 1분기 만에 2023년의 30%를 넘어섰구나.

③ 민재 : 민원 접수 합계는 2019년과 2023년 사이에 계속 증가하고 있어.

④ 병욱 : 민원 접수 경로 중 가장 큰 비율을 차지하고 있는 건 신문고인데, 제시된 기간 내내 전체 민원 접수 건수의 60% 이상을 차지해.

26. 〈자료 1〉과 〈자료 2〉를 활용하여 2024년 1분기 민원 접수 합계의 전년 동기 대비 증가율을 구할 때, 옳은 것은? (단, 소수점 아래 첫째 자리에서 반올림한다)

〈자료 2〉 2023년 1분기 민원 접수 경로별 현황

(단위 : 건)

신문고	부처 홈페이지	지자체 등 이송이첩	서신
1,389,592	411,764	30,301	5,369

① 58%
② 60%
③ 66%
④ 70%

27. 다음은 국내 저가항공사 실적에 대한 자료이다. 2023년 11월 A사의 공급석은 모두 몇 석인가?

〈자료 1〉 국내 저가항공사 국내선 여객실적(11월 기준)

(단위 : 천 석, %, 천 명)

구분	2022년 11월		2023년 11월	
	공급석	탑승률	국내여객	국내여객 전년 동월 대비 증감량
A사	250	70	(　　)	105
B사	80	50	102	62
C사	200	90	198	18
D사	400	87.5	480	130
E사	350	90	420	105
소계	1,280	–	(　　)	–

※ 탑승률(%) $= \frac{\text{국내여객}}{\text{공급석}} \times 100$

※ 국내여객 전년 동월 대비 증감량=2023년 11월 국내여객−2022년 11월 국내여객

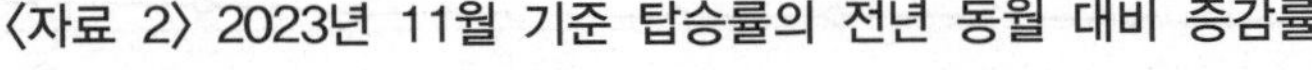

〈자료 2〉 2023년 11월 기준 탑승률의 전년 동월 대비 증감률

(단위 : %)

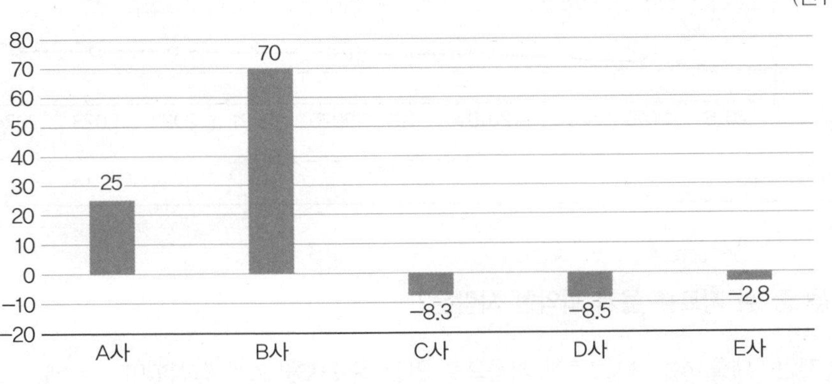

① 206,000석　　② 217,000석

③ 268,800석　　④ 320,000석

[28 ~ 29] 다음 자료를 보고 이어지는 질문에 답하시오.

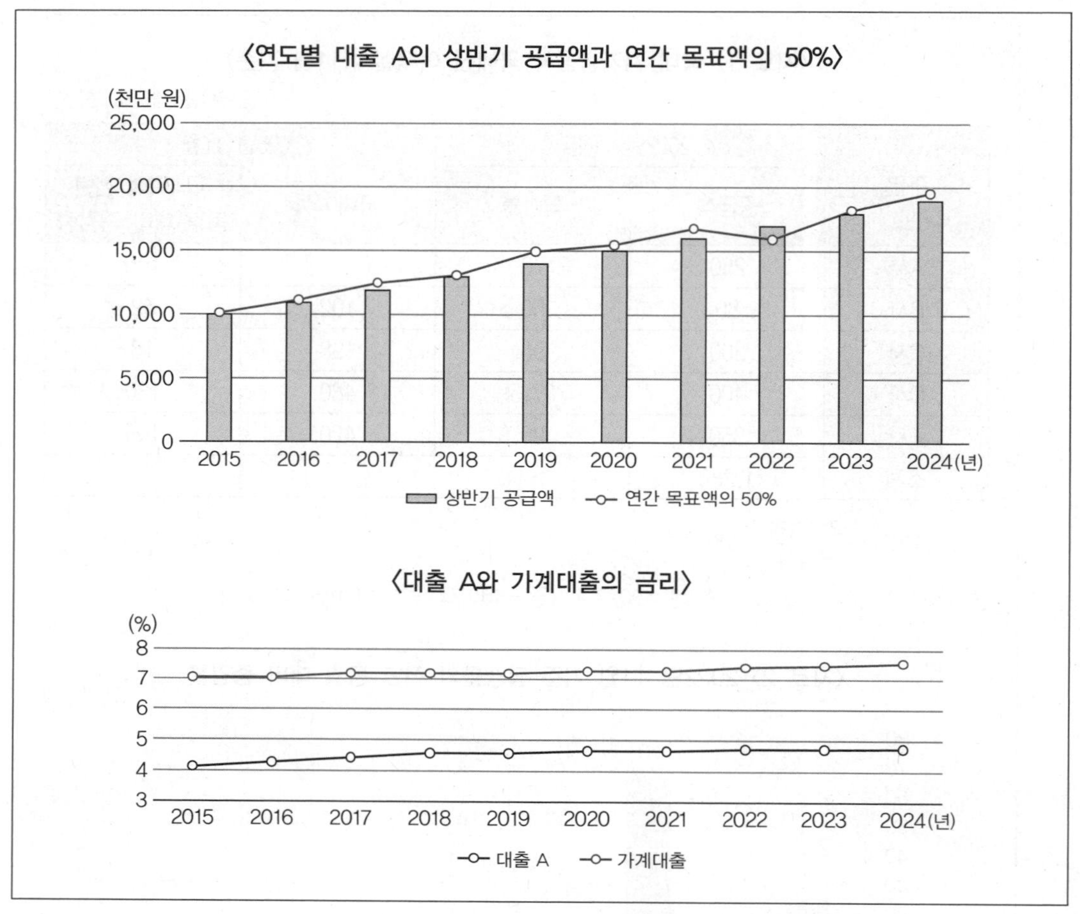

28. 다음 중 위 자료를 옳게 파악한 사람은?

① 지민 : 대출 A는 2022년에 처음으로 연간 목표액을 초과 달성했어.

② 민영 : 2024년 대출 A의 상반기 공급액은 2016년의 연간 목표액보다 더 높아.

③ 호연 : 2019년 대출 A의 연 목표 대출이자수익은 1,500천만 원 이상이었어.

④ 영호 : 대출 A의 금리는 가계대출 금리와 매년 2%p 이상의 차이를 계속 유지하고 있어.

29. 2018년 대출 A의 상반기 공급액이 13,000천만 원, 2024년 대출 A의 연간 목표액이 39,000천만 원일 때, 다음 그래프를 보고 ㉠, ㉡에 들어갈 숫자를 적절하게 짝지은 것은? (단, 소수점 아래 첫째 자리에서 반올림한다)

〈대출 A의 연도별 목표액 달성률〉

구분	2015년	2016년	2017년	2018년	2019년	2020년	2021년	2022년	2023년	2024년
달성률 (%)	107	103	106	106	107	112	108	104	107	110

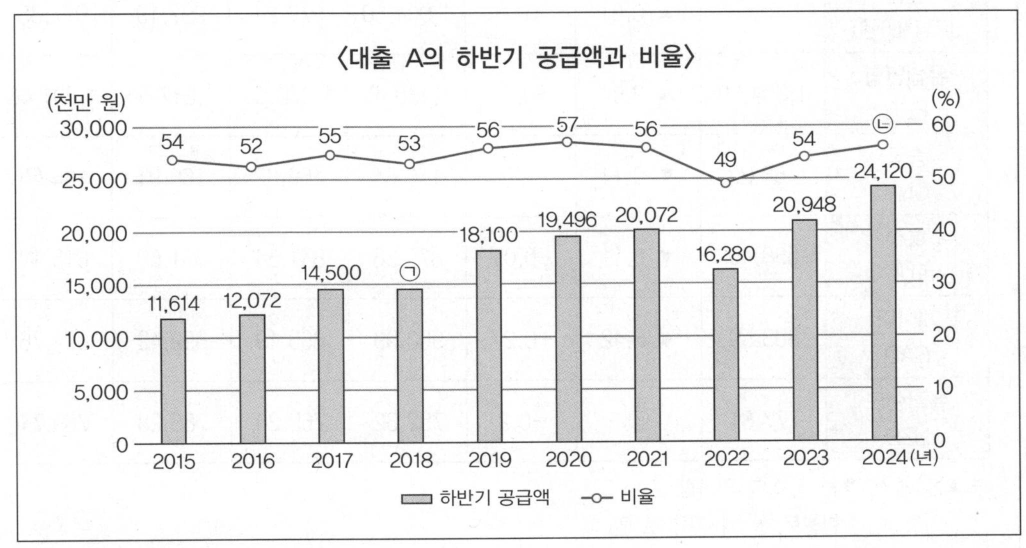

	㉠	㉡
①	14,095	56
②	14,660	56
③	14,975	56
④	14,095	58

[30 ~ 32] 다음은 현재일 기준 우리나라의 환율 정보이다. 이어지는 질문에 답하시오(단, 거래는 현재일 시점으로 이루어지며, 거래 시 원단위 절사 및 수수료 등은 무시한다).

구분	매매기준율(원)	전일 대비(원)	등락률(%)	현찰(원)		송금(원)	
				살 때	팔 때	보낼 때	받을 때
미국 USD	1,119.6	▲ 0.60	+0.05	1,139.19	1,100.01	1,130.50	1,108.70
일본 JPY(100엔)	㉠	▲ 0.01	+0.0	1,004.80	970.24	997.19	977.85
유럽연합 EUR	1,304.50	▲ 2.94	+0.23	1,330.45	1,278.55	1,317.54	1,291.46
중국 CNY	168.23	▼ 0.11	㉡	176.64	159.82	169.91	166.55
호주 AUD	858.45	▼ 0.11	−0.01	875.36	841.54	831.59	815.13
캐나다 CAD	883.59	▲ 2.42	+0.27	900.99	866.19	892.42	874.76
뉴질랜드 NZD	777.51	㉢	−0.2	792.82	762.20	785.28	769.74

※ ▲는 증가, ▼는 감소를 의미함.

※ 매매기준율 $= \frac{\text{현찰로 살 때} + \text{현찰로 팔 때}}{2}$

※ 등락률 $= \frac{\text{변동 매매기준율} - \text{기준 매매기준율}}{\text{기준 매매기준율}} \times 100$

30. ⓒ에 들어갈 값으로 알맞은 것은? (단, 소수점 아래 셋째 자리에서 반올림한다)

① +0.15 ② +0.07
③ −0.13 ④ −0.07

31. A는 캐나다를 여행하고 남은 350달러를 원화로 환전해서 절반의 금액을 호주에 있는 C에게 송금하고자 한다. C가 받게 될 금액은 약 얼마인가? (단, 소수점 아래 첫째 자리에서 반올림한다)

① AUD $198 ② AUD $182
③ AUD $178 ④ AUD $165

32. 일본과 뉴질랜드의 전일 매매기준율을 합한 값은? (단, 소수점 아래 셋째 자리에서 반올림한다)

① 1,766.58원 ② 1,876.51원
③ 1,984.23원 ④ 2,066.78원

[33 ~ 34] 다음은 ○○은행의 운영 실적에 관한 자료이다. 이어지는 질문에 답하시오.

(단위 : 백만 원)

구분		2023년 6월말 실적	2023년 실적	2024년 계획	2024년 6월말 실적		
					금액	달성률(%)	성장률(%)
신용		435,359	446,001	494,152	469,249	95	㉠
	예금	236,973	238,573	264,240	247,296	94	4
	상호금융대출	190,406	199,142	221,484	213,781	97	12
	정책자금대출	7,980	8,286	8,428	8,172	97	㉡
경제		46,833	87,156	89,373	48,903	55	4
	판매	13,812	17,734	17,099	12,328	72	−11
	구매	6,876	13,413	13,482	7,350	55	㉢
	마트	23,722	51,697	54,193	26,706	49	13
	이용	1,987	3,678	3,999	2,151	54	8
	기타	436	634	600	368	61	㉣
보험		5,978	11,084	11,210	5,856	(A)	−2

※ 달성률과 성장률은 소수점 아래 첫째 자리에서 반올림한다.

※ 성장률 = $\frac{\text{금년실적} - \text{전년 동기 실적}}{\text{전년 동기 실적}} \times 100$

33. 다음 중 제시된 자료를 분석한 내용으로 옳지 않은 것을 모두 고르면?

ⓐ 2024년 신용사업은 달성률이 모두 90% 이상이다.
ⓑ 경제사업 중 2024년 6월말 실적이 높은 상위 세 개 항목을 순서대로 나열하면 판매, 마트, 구매 순이다.
ⓒ 2024년 계획은 항상 2023년 실적보다 높게 설정되었다.
ⓓ (A)에 들어갈 수는 52이다.

① ⓐ, ⓑ
② ⓐ, ⓒ
③ ⓑ, ⓒ
④ ⓑ, ⓓ

34. 제시된 자료의 ㉠, ㉡, ㉢, ㉣에 들어갈 수를 큰 순서대로 나열한 것은?

① ㉠, ㉡, ㉢, ㉣　　② ㉠, ㉢, ㉡, ㉣
③ ㉢, ㉠, ㉡, ㉣　　④ ㉢, ㉠, ㉣, ㉡

35. ○○ 대학교는 제2캠퍼스를 다른 지역에 유치하면서 본부 건물 1층에 교무처, 학생처, 연구처, 기획협력처, 사무국, 입학본부 등 여섯 개 부서의 사무실을 다음 계획에 따라 배치하고자 한다. 학생처가 두 번째 자리에 배치되었을 경우, 여섯 번째 자리에 배치되는 부서는?

〈사무실 배치 계획〉

- 교무처와 연구처 사이에는 아무 팀도 배치되지 않는다.
- 사무국과 입학본부 사이에는 아무 팀도 배치되지 않는다.
- 교무처와 학생처 사이에는 두 팀이 배치된다.
- 맨 왼쪽 자리를 첫 번째 자리로 지정하고, 왼쪽부터 일렬로 사무실을 배치한다.

① 연구처　　② 입학본부
③ 사무국　　④ 교무처

36. 다음 관리자가 직무를 수행하는 데 필요한 사고유형으로 적절한 것을 모두 고르면?

〈판촉관리기법 관리자〉

▶ 진출분야 : 광고대행사, 온라인 마케팅 대행사, 기업체(통신사, 유통, 쇼핑몰 등)

▶ 직무내용

- 마케팅과 소비자 행동 등에 대한 전문지식을 활용해 판촉하고자 하는 특정 상품의 시장성, 소비자 소비경향, 잠재 구매 고객 등에 대해 조사하여 획기적인 판매 전략을 계획하고 실행
- 광고주의 제품에 대한 유통과정 · 판매자 행동 · 판촉활동 등 구매 시점에서의 소비자 소비패턴을 분석하고 기타 마케팅 분석 자료를 참고함.
- 특정 상품이나 잠재 상품에 대한 소비자의 소비패턴을 예측하고 소비자의 행동을 분석해 광고 전문가와 광고 전략을 협의하며, 특정 상품과 서비스에 대한 홍보와 효율적인 판매 전략을 계획하고 실행
- 분석결과를 바탕으로 특별히 주의해야 할 문제점과 시장기회를 파악 및 분석하여 판매이해와 판촉행동 촉진 등의 판촉과제를 설정하고 그에 대한 목표와 예산을 설정
- 광고 주제를 연장하거나 상품의 구체적 특성을 호소하고 판촉표현의 주제를 설정하며, 판촉을 전개하는 방법의 실시일정계획과 효과측정계획을 세움. 판촉전략 설명서와 실시계획 설명서를 작성하여 실시 후 효과를 수집 및 측정 · 평가하고 사례를 정리 · 보관

ㄱ 전략적 사고	ㄴ. 분석적 사고
ㄷ. 수렴적 사고	ㄹ. 내부 자원 활용

① ㄱ, ㄹ　　② ㄴ, ㄷ

③ ㄱ, ㄴ ㄷ　　④ ㄴ, ㄷ, ㄹ

37. ○○기업에 근무하는 민석, 준면, 종인 3명은 최근 처리해야 할 업무가 가중되고 있어 야간근무, 주말근무, 출장 등 추가근무를 해야 할 상황이다. 3명의 최근 근무상황과 관련하여 아래 진술이 모두 참이라면, 다음 중 항상 참이 아닌 것은?

- 민석은 예산 결산으로 주말근무를 하고 있다.
- 준면은 5월 말이 아니면 출장을 가지 않는다.
- 민석이 주말근무를 하면 종인은 야간근무를 한다.
- 준면이 출장을 가면 종인이 야간근무를 한다.
- 민석은 5월 말이 되면 예산 결산으로 주말근무를 한다.

① 종인은 야간근무를 한다.
② 지금은 5월 말이다.
③ 5월 말이면 준면은 출장을 간다.
④ 준면이 출장을 가면 민석은 주말근무를 한다.

38. 다음에 제시된 현상을 종합하여 추론한 내용으로 가장 적절하지 않은 것은?

- 최악의 미세먼지로 소비행태도 변화하고 있다.
- 배달 애플리케이션 활성화 등에 힘입어 외식 대신 배달음식으로 끼니를 해결하는 경우가 급증했으며, 그 규모는 1년 새 2배 가까이 늘었다.
- 그뿐만 아니라 온라인으로 공기청정기와 의류관리기를 구매하는 액수도 매우 증가했다.

① 미세먼지가 소비행태를 바꾸기도 하는구나.
② 배달 애플리케이션들이 이전보다 많이 활성화되었구나.
③ 예전보다 실내 공기 정화를 위해 쓰는 비용이 늘었겠어.
④ 배달음식 시장 규모가 외식시장 규모를 넘어섰겠구나.

39. 다음의 법 규정과 〈상황〉을 근거로 판단할 때, 두리가 돈을 갚기로 한 날 서이에게 갚아야 하는 금액은 얼마인가?

> **제○○조(이자의 최고 한도)**
> ① 금전대차에 관한 계약상의 최고이자율은 연 25%를 초과하지 아니하는 범위 안에서 대통령령으로 정한다.
> ② 제1항에 따른 최고이자율은 약정한 때의 이자율을 말한다.
> ③ 계약상의 이자로서 제1항에서 정한 최고이자율을 초과하는 부분은 무효로 한다.
> ④ 채무자가 최고이자율을 초과하는 이자를 임의로 지급한 경우에는 초과 지급된 이자 상당금액은 원본에 충당되고, 원본이 소멸한 때에는 그 반환을 청구할 수 있다.
>
> **제○○조(이자의 사전공제)** 선이자를 사전 공제한 경우, 그 공제액이 채무자가 실제 수령한 금액을 원본으로 하여 법에서 정한 최고이자율에 따라 계산한 금액을 초과하는 때에는 그 초과부분은 원본에 충당한 것으로 본다.
>
> ※ 금전대차 : 돈을 빌려 쓴 사람이 돈을 같은 양만큼 갚기로 하는 계약

상황

> 두리는 새롭게 커피전문점을 창업하기 위해 급하게 돈이 필요했다. 은행에서 대출을 받고도 6,000만 원 가량이 부족해서 주변의 지인에게 돈을 빌려야 하는 상황이 되었다. 고민 끝에 지인의 소개로 알게 된 서이에게 사정을 이야기 하였고, 서이는 다음의 조건으로 흔쾌히 돈을 빌려주었다.
>
> 조건 : 6,000만 원을 연 25% 이자율로 1년 간 빌려주되 선이자로 1,800만 원을 공제한다.

① 5,000만 원 ② 5,250만 원

③ 5,500만 원 ④ 6,000만 원

[40 ~ 42] 다음 자료를 바탕으로 가계부 애플리케이션을 제작하려 한다. 이어지는 질문에 답하시오.

〈수입 및 지출 내역〉

구분	사용일자	소비분야	자산유형	내용	소비유형	금액(원)
1	2023-10-16	식비	카드	친구들과 저녁식사	지출	97,000
2	2023-10-17	소득	계좌	소파 중고거래	수입	200,000
3	2023-10-18	문화	현금	영화	지출	24,000
4	2023-10-18	저축	계좌	알뜰 적금	지출	300,000
5	2023-10-19	소득	계좌	점심값 나눠내기	수입	30,000
6	2023-10-20	식비	현금	저녁식사(배달)	지출	24,000
7	2023-10-20	식비	카드	점심식사	지출	15,000
8	2023-10-22	소득	계좌	○○카드 캐시백	수입	30,000
9	2023-10-24	문화	카드	잡지 구입	지출	10,000

코드	설명
A:B	분리된 A 값을 B의 각 항목별로 합산하여 단일한 값으로 제시
A I B	통합된 A 값을 B의 각 항목별로 분할하여 항목 개수만큼 제시
◎(A, C)	항목 A가 C값과 일치하는 내역만 추출
▲( )	괄호 안의 항목에 해당하는 데이터의 오름차(사전)순에 따라 내역 정렬
▼( )	괄호 안의 항목에 해당하는 데이터의 내림차(사전역)순에 따라 내역 정렬

※ 코드를 2개 이상 동시에 사용할 경우 각 코드 사이는 '//'로 구분하며 왼쪽에 위치한 코드가 우선 적용됨.

40. 다음과 같이 식비 지출을 내역별로 확인할 수 있도록 코드를 설계하고자 한다. 설계 시 사용된 코드를 〈보기〉에서 모두 고르면?

구분	사용일자	소비분야	자산유형	내용	금액(원)
1	2023-10-16	식비	카드	친구들과 저녁식사	97,000
2	2023-10-20	식비	현금	저녁식사(배달)	24,000
3	2023-10-20	식비	카드	점심식사	15,000

보기

ㄱ. ◎(소비분야, 식비)　　ㄴ. 금액 | 소비분야
ㄷ. ▲(내용)　　ㄹ. ▼(금액)

① ㄱ, ㄹ　　② ㄴ, ㄷ
③ ㄷ, ㄹ　　④ ㄱ, ㄷ, ㄹ

41. 다음은 〈수입 및 지출 내역〉에 추가할 기능을 제안한 내용이다. 이 중 제시된 코드로 구현할 수 있는 사항이 아닌 것은?

① A : 지출과 수입에서 각각 금액이 가장 큰 내역만 표시하는 기능을 추가하는 게 낫겠어요.
② B : 지출이나 수입에 해당하는 금액만 합산하여 보여 주면 좋을 것 같아요.
③ C : 파악하고 싶은 소비분야별로 얼마를 소비했는지 전체 내역으로 확인할 수 있으면 유용할거에요.
④ D : 현금 사용 비중을 파악할 수 있도록 현금으로 사용한 내역을 우선적으로 제시하면 어떨까요?

42. 다음 〈보기〉와 같이 코드를 설계했을 때, 산출되는 화면으로 가장 적절한 것은?

보기

금액 : 소비유형 // ◎(소비유형, 지출) // 금액 | 소비분야 // 금액 | 자산유형

①

	자산유형	소비유형	금액(원)
1	현금	지출	48,000
2	카드		122,000
3	계좌	수입	260,000

②

	자산유형	금액(원)
1	현금	48,000
2	카드	122,000
3	계좌	40,000

③

	소비분야	자산유형	금액(원)
1	식비	현금	24,000
2		카드	112,000
3	문화	현금	24,000
4		카드	10,000
5	저축	계좌	300,000

④

	소비분야	자산유형	금액(원)
1	식비	현금	24,000
2		카드	112,000
3	문화	현금	24,000
4		카드	10,000
5	소득	계좌	260,000

[43 ~ 44] 다음 제시 상황과 자료를 보고 이어지는 질문에 답하시오.

직원 S는 다음 주에 예정된 5박 6일의 출장을 위해 숙박시설 정보를 확인하고 있다.

〈숙박시설 정보〉

시설명	근무지까지 이동시간 (이동수단)	1박당 숙박요금	청결도	내부 시설 상태	방 크기	비고
시설 A	40분 (도보)	5만 원	보통	미흡	보통	2박 결제 시마다 1박 무료 추가
시설 B	30분 (도보)	3만 원	매우 깨끗함	보통	넓음	–
시설 C	10분 (자가용)	4만 원	더러움	우수	넓음	–
시설 D	25분 (대중교통)	7만 원	매우 더러움	매우 우수	매우 넓음	5박 이상 숙박 시 최종 금액의 50% 할인

〈순위－점수 환산표〉

순위	1위	2위	3위	4위
점수	4점	3점	2점	1점

- 5개의 선정 기준(근무지까지 이동시간, 1박당 숙박요금, 청결도, 내부 시설 상태, 방 크기)에 따라 4개 시설을 비교하여 순위를 매긴 후 〈순위－점수 환산표〉에 따라 점수를 부여한다.
- 근무지까지 이동시간이 짧을수록, 1박당 숙박요금이 저렴할수록, 청결도가 깨끗할수록, 내부 시설 상태가 우수할수록, 방 크기가 넓을수록 높은 순위를 부여한다.
- 1위부터 순서대로 부여하며, 2개 이상의 시설의 순위가 동일할 경우, 그다음 순위의 시설은 순위가 동일한 시설 수만큼 밀려난다(예 A, B, C가 모두 1위일 경우 그다음 순위 D는 4위).
- 직원 S는 각 기준에 따른 점수의 합이 가장 높은 시설을 최종적으로 선정하며, 점수의 합이 동일한 시설이 2개 이상일 경우에는 근무지까지 이동시간이 더 짧은 시설로 선정한다.

43. 제시된 기준에 따라 점수를 환산하였을 때, 다음 중 직원 S가 선택할 시설은?

① 시설 A ② 시설 B
③ 시설 C ④ 시설 D

44. 직원 S는 이동시간에 따라 점수를 부여하는 방식에서 이동수단까지 고려하는 방식으로 변경하고자 하고자 한다. 다음 〈보기〉의 방식을 참고할 때, 직원 S가 최종 선택할 시설은?

보기

- 근무지까지 이동시간의 경우, 〈순위－점수 환산표〉가 아니라 아래 제시된 식에 따라 환산점수를 부여한다.
- 그 외 기준은 동일하게 적용하며, 변경된 점수를 반영했을 때 점수의 합이 가장 높은 시설을 선택한다.

이동수단	환산 점수(점)
도보	(60분－도보시간(분))×0.25
대중교통	(30분－대중교통 이용 시간(분))×2
자가용	(15분－자가용 이용 시간(분))×3

① 시설 A ② 시설 B
③ 시설 C ④ 시설 D

[45 ~ 46] 다음 제시 상황과 자료를 보고 이어지는 질문에 답하시오.

△△은행 행원 E는 W 통장에 관한 상품 설명을 열람하고 있다.

〈△△은행 W 통장 상품 안내〉

▶예금 종류 : 수시입출금식

▶가입방법 : 영업점(오프라인), 스마트뱅킹(온라인), 키오스크(오프라인)

<table>
<tr><td>상품내용</td><td colspan="2">• 이 통장으로 거래 시 발생하는 수수료(①, ②, ③)에 한하여 면제
① 당행 전자금융(인터넷뱅킹, 텔레뱅킹, 스마트뱅킹) 타행이체수수료
② 타행 ATM/CD기 출금 수수료(월 20회 제한)
③ 당행 체크카드 재발급수수료</td></tr>
<tr><td>가입금액</td><td colspan="2">제한 없음.</td></tr>
<tr><td>가입대상</td><td colspan="2">실명의 개인(1인 1계좌)
※ 개인사업자 및 외국인 비거주자 제외</td></tr>
<tr><td>계약기간</td><td colspan="2">제한 없음.</td></tr>
<tr><td rowspan="2">이자지급주기</td><td>보통예금</td><td>예금이자는 매년 6월, 12월의 둘째 주 금요일 결산 후 익일 지급</td></tr>
<tr><td>저축예금</td><td>예금이자는 매년 3월, 9월의 둘째 주 토요일 결산 후 익일 지급</td></tr>
<tr><td rowspan="2">이자지급방법</td><td>이자 대상금액</td><td>최초입금일부터 이자지급일 전날까지 입금된 금액(이자는 원금에 대해서만 부과)</td></tr>
<tr><td>이자 산출방법</td><td>최초입금일부터 이자지급일 전날까지 입금된 금액을 합산하여 약정이율 적용(1년에 최대 2회 수령 가능)
※ 이자금액＝예치금×약정이율</td></tr>
<tr><td>유의사항</td><td colspan="2">계좌에 압류, 가압류, 질권설정이 등록될 경우 원금 및 이자 지급 제한</td></tr>
<tr><td>상품혜택 및 부가서비스</td><td colspan="2">• 당행 ○○카드(체크·신용)를 레저업종에서 1회 이상 사용(금액제한 없음)한 경우 사용금액의 3% 페이백(사용 당월과 가장 가까운 이자지급일에 함께 지급됨)
• ○○카드 가맹점 분류기준에 따라 다음의 경우는 '레저업종'으로 인정
– 헬스클럽, 골프연습장, 수영장, 볼링장, 당구장, 테니스장, 스키장
※ 통상 헬스클럽 기준으로 요가·필라테스, 기타업종으로 VR, 스크린야구 등이 포함될 수 있음.</td></tr>
</table>

<table>
<tr><td></td><td colspan="6">※ ○○카드 레저업종 실적인정 기준 : 아래 3가지 항목을 모두 충족한 경우 유효한 카드실적
– 당행계좌를 결제계좌로 등록한 당행 개인카드(체크 · 신용)를 사용한 경우
– 상기 명시된 국내 레저업종 가맹점에서 직접 결제한 경우(단, 일부 간편결제 및 PG · 소셜커머스를 통한 결제 등 직접결제가 아닌 경우 실적인정 불가)
– 동일 가맹점의 경우 하루에 최대 1회만(최대금액 1건) 인정 가능</td></tr>
<tr><td rowspan="2">약정이율
(6개월 기준)</td><td rowspan="2">보통예금</td><td>최종 누적 잔액
5,000만 원 미만</td><td>0.10%</td><td rowspan="2">저축예금</td><td>최종 누적 잔액
5,000만 원 미만</td><td>0.12%</td></tr>
<tr><td>최종 누적 잔액
5,000만 원 이상</td><td>0.15%</td><td>최종 누적 잔액
5,000만 원 이상</td><td>0.18%</td></tr>
</table>

45. 다음 중 사원 E가 위 자료를 읽고 이해한 내용으로 가장 적절한 것은?

① W 통장은 세 가지 오프라인 경로를 통해 가입할 수 있다.

② W 통장 계좌에 압류가 등록될 경우 지급된 이자가 몰수될 수 있다.

③ W 통장을 통해 수령할 수 있는 모든 이자는 결산 후 익일에 지급된다.

④ W 통장에 가입하면 횟수제한 없이 무료로 타행의 ATM기에서 예금을 인출할 수 있다.

46. 다음은 2023년 12월 31일 (일)에 정리한 W 통장 가입자의 입출금 내역이다. 다음 중 각 가입자가 수령한 총 이자액이 올바른 것은?

①
- 예금종류 : 보통예금
- 가입일 : 2023년 1월 2일 (월)

입출금 내역

2023년 1월 2일 (월) 30,000,000원(입금)
2023년 2월 4일 (토) 1,000,000원(출금)
2023년 3월 2일 (목) 2,000,000원(입금)
2023년 6월 28일 (수) 5,000,000원(입금)

총 수령 이자액 : 67,000원

②
- 예금종류 : 저축예금
- 가입일 : 2023년 1월 7일 (토)

입출금 내역

2023년 1월 7일 (토) 15,000,000원(입금)
2023년 2월 4일 (토) 10,000,000원(입금)
2023년 4월 11일 (화) 30,000,000원(입금)
2023년 6월 19일 (월) 3,000,000원(입금)

총 수령 이자액 : 138,000원

③
- 예금종류 : 저축예금
- 가입일 : 2023년 6월 3일 (토)

입출금 내역

2023년 6월 3일 (토) 5,000,000원(입금)
2023년 7월 6일 (목) 10,000,000원(입금)
2023년 8월 11일 (금) 2,000,000원(출금)
2023년 8월 30일 (수) 37,000,000원(입금)

총 수령 이자액 : 75,000원

④
- 예금종류 : 저축예금
- 가입일 : 2023년 2월 2일 (목)

입출금 내역

2023년 2월 2일 (목) 2,000,000원(입금)
2023년 3월 4일 (토) 10,000,000원(입금)
2023년 4월 12일 (수) 1,000,000원(출금)
2023년 6월 15일 (목) 3,500,000원(입금)

총 수령 이자액 : 30,900원

47. 단비는 소비가 많아져서 가계부를 쓰기로 하였고, ×월 한 달 동안 정리한 가계부 내용은 다음과 같았다. 〈보기〉에 주어진 단비의 가치관에 따라 소비를 줄일 때, 가장 많은 금액을 줄일 수 있는 항목은?

지출내역	지출금액(원)	지출내용	지출금액(원)
식비	600,000	경조사비	200,000
− 식재료	200,000	고정 지출	150,000
− 외식	300,000	− 보험료	150,000
− 간식	100,000		
여가비	390,000		
− 영화, 공연 등	220,000		
− 운동	70,000		

보기

- 운동은 건강을 위한 것이며 건강에 들어가는 비용은 아끼지 않는다.
- 여가 생활은 선택이라고 생각한다.
- 만들어 먹는 것과 외식은 건강을 위함이다.
- 경조사는 무조건 챙겨야 한다고 생각한다.
- 건강하기 위해서는 간식을 줄여야 한다고 생각한다.

① 간식 ② 여가비

③ 보험료 ④ 경조사비

48. ○○기업 경영팀 민 대리는 다음 달에 진행할 경영팀 워크숍을 준비하고 있다. 워크숍 장소를 섭외하기 위해 □□□호텔에 문의를 하였고, 그 결과 다음과 같은 안내자료를 받았다. 민 대리가 워크숍 계획을 모두 고려하여 워크숍 장소를 예약할 경우 지불해야 할 최소 금액은 얼마인가?

워크숍 계획

◆ 워크숍 참가 인원 : 남직원 8명, 여직원 12명
◆ 객실 배정 계획 : 남/여 직원 구분, 임원의 경우 2인씩 배정
◆ 워크숍 진행 일정 : 2박 3일 숙박, 각 워크숍은 1회씩 진행
◆ 워크숍 내용(각 워크숍별로 다른 회의실 배정)

구분	인원	참고 사항
임원 워크숍	남2, 여2	펜, 인쇄물만 필요(발표 진행 없음)
전 직원 워크숍	20인	비즈니스 매너 특강 진행(프레젠테이션)
남/여 직원별 워크숍	각 인원	전문 강사 특강 진행(시청각 자료 포함)

□□□호텔 안내자료

□□□호텔 이용 요금표

□□□호텔

Room Type		수용인원	금액(1회/1박)	비고
회의실	베고니아	10인	100,000원	음향 및 PPT 장비 없음.
	원추리	10인	150,000원	음향 및 PPT 장비 있음.
	수선화	20인	250,000원	음향 및 PPT 장비 없음.
	해란초 1, 2	20인	300,000원	음향 및 PPT 장비 있음.
객실	더블	2인	100,000원	
	스위트	3인	150,000원	
	패밀리	4인	230,000원	

① 1,450,000원
② 2,450,000원
③ 2,850,000원
④ 3,500,000원

[49 ~ 50] 다음 제시 상황과 자료를 보고 이어지는 질문에 답하시오.

○○은행 행원 H는 청년우대형 주택청약 종합저축 상품설명서를 작성하고 있다.

〈청년우대형 주택청약 종합저축〉

구분	내용
가입자격	• 가입 당시 만 19세 이상 ~ 만 34세 이하의 직전연도 소득세법상 종합소득이 3,600만 원 이하이고 다음 ① ~ ③ 중 어느 하나에 해당하는 자 ① 본인이 무주택인 세대주(연속하여 3개월 이상 세대주 유지) ② 본인이 무주택인 자로서, 동 저축 해지 전까지 가입일로부터 3년 이내에 세대주 예정자(3년 이내 세대주 변경 후 연속하여 3개월 이상 세대주 유지) ③ 무주택세대의 세대원
전환신규	• 기존 주택청약 종합저축을 보유한 고객이 청년우대형 주택청약 종합저축 가입조건을 갖춘 경우 전환 가능, 이 경우 전환일에 기존 통장의 원금에 기존이자율을 적용한 금액을 전환금으로 하여 신규 청년우대형 주택청약 종합저축 통장에 예치 – 기존 주택청약 종합저축 통장에 납입 인정된 횟수와 납입금액을 인정 – 약정납입일은 전환신규일로 변경
저축 금액	• 매월 약정납입일(신규가입일 또는 전환일에 2만 원 이상 ~ 50만 원 이하의 금액을 10원 단위로 자유 납입하되 첫 달 납입금액을 만기일까지 유지 • 전환신규한 경우 전환원금이 1,500만 원 이상인 경우 다음 회차부터 매월 50만 원 초과 입금 불가 – 단, 입금하려는 금액과 납입누계액의 합이 1,500만 원에 도달할 때까지는 회차당 50만 원 초과 입금 가능
가입기간	가입일로부터 입주자로 선정된 날까지 ※ 중도해지 이자율은 별도로 정해져 있지 않으며 가입기간에 해당하는 이자율을 적용하여 이자 계산

저축 기간별 이자율[1] (단리식)	가입기간	기존 주택청약 종합저축 이자율	청년우대형 주택청약 종합저축 이자율
	1개월 이내	무이자	무이자
	1개월 초과 ~ 2년 미만	1.0%	2.5%
	2년 이상 ~ 4년 미만	1.5%	3.0%
	4년 이상 ~ 10년 이내	2.0%	3.5%

가입 시 필요서류	1. 소득서류 : 가입일 기준 직전년도 총 수입금액 – 기본 : 직전연도 소득확인증명서(청년우대형 가입 및 비과세용) – 근로소득자 : 직전연도 원천징수영수증 또는 급여명세표 – 기타소득자 : 직전연도 기타소득원천징수영수증 2. 무주택인 세대주 입증서류 – 본인이 무주택인 세대주 : 주민등록등본(최근 3개월 이내 발급분) – 본인이 무주택인 자로서 가입일로부터 3년 이내 세대주가 될 예정인 자 : 주민등록등본을 해지 전까지 제출 – 무주택 세대의 세대원 : 본인 포함 세대원 전원의 지방세과세증명서

※ 가입 시 필요서류 제출이 어려운 경우 제출 확약 각서를 작성하고 반드시 각서상의 기한 내에 서류를 제출해야 함.

1) 최종 가입기간 기준 최대 10년까지 적용되며, 10년 초과 해지 시 초과 입금분은 기본금리(연 1.8%)만 적용됨.

49. 다음 중 위 자료를 이해한 내용으로 가장 적절하지 않은 것은?

① 본인 소유의 주택 없이 올해로 4년째 전세방에서 세대주로 거주 중인 만 25세 대학생 A 씨는 ○○은행 청년우대형 주택청약 종합저축에 가입할 수 있다.

② 2,000만 원 상당의 기존 주택청약 종합저축을 보유하고 있는 만 30세 B 씨는 가입조건 확인 후 전환신규가입 시 기존 종합저축 납입 횟수를 인정받게 된다.

③ ○○은행 청년우대형 주택청약 종합저축에 가입한 지 올해로 3년차인 C 씨는 현재 연 3%의 이자율을 적용받고 있다.

④ 올해로 ○○은행 청년우대형 주택청약 종합저축에 가입한 지 7년이 되어 만 35세가 된 D 씨의 종합저축상품은 올해부터 청년우대이자율의 적용 대상에서 제외된다.

50. 행원 H는 ○○은행 청년우대형 주택청약 종합저축상품에 가입하려는 E 씨의 가입상담 업무를 담당하게 되었다. E 씨에 관한 다음 〈정보〉를 참고할 때, E 씨가 상품에 가입하기 위해 준비하지 않아도 되는 서류는?

정보

> 6개월 전인 올해 2월에 취직에 성공한 만 30세의 E 씨는 두 달 전 부모님으로부터 독립하여 직장 근처의 자취방인 원룸(월세)에 계약하고 세대주로 등록하였다. E 씨는 원룸으로 이사하기 전까지는 E 씨의 부모님 명의의 주택의 세대원으로 등록되어 있었다.

① 직전연도 기타소득원천징수영수증

② E 씨가 근무하는 직장에서 받은 급여명세표

③ 직전연도 소득확인증명서(청년우대형 가입 및 비과세용)

④ 가입 한 달 뒤부터 가입 해지 전까지 E 씨가 현재 거주 중인 원룸의 세대주로 기록된 주민등록등본을 제출할 것을 확약하는 각서

▸ 정답과 해설 55쪽

01. 다음 개정된 부동산 세금에 대한 설명 자료를 참고할 때, 이에 대한 해석이 잘못된 것은?

1 양도소득세법 주요 개정내용

□ 양도소득세제상 주택 수 계산 시 분양권 포함(20X2. 1. 1. 이후 취득분부터)

○ 1세대 1주택자, 조정대상지역 내 다주택자 등 양도소득세제상 주택 수를 계산할 때 분양권을 포함하여 주택 수 계산

□ 1세대 1주택(고가주택)에 대한 장기보유특별공제율 적용 요건에 거주기간 추가(20X2. 1. 1. 이후, 양도분부터)

○ 보유기간 연 8% 공제율을 「보유기간 4%+거주기간 4%」로 조정

기간(년)		3년 ~	4년 ~	5년 ~	6년 ~	7년 ~	8년 ~	9년 ~	10년 이상
현행(%)	보유	24	32	40	48	56	64	72	80
개정(%)	보유	12	16	20	24	28	32	36	40
	거주	12(8*)	16	20	24	28	32	36	40
	합계	24(20*)	32	40	48	56	64	72	80

※ 보유기간이 3년 이상(12%)이고 거주기간이 2 ~ 3년(8%)인 경우 20% 적용

□ 2년 미만 보유 주택(조합원입주권 · 분양권 포함)에 대한 양도소득세율 인상(20X2.6.1.이후 양도분부터)

○ (단기) 미만 : 40% → 70%, 1 ~ 2년 : 기본세율 → 60%

<table>
<tr><th colspan="2" rowspan="3">구분</th><th colspan="4">현행</th><th colspan="2">개정</th></tr>
<tr><th rowspan="2">주택 외 부동산</th><th rowspan="2">주택 · 입주권</th><th colspan="2">분양권</th><th rowspan="2">주택 · 입주권</th><th rowspan="2">분양권</th></tr>
<tr><th>조정</th><th>非조정</th></tr>
<tr><td rowspan="3">보유 기간</td><td>1년 미만</td><td>50%</td><td>40%</td><td rowspan="3">50%</td><td>50%</td><td>70%</td><td>70%</td></tr>
<tr><td>2년 미만</td><td>40%</td><td>기본세율</td><td>40%</td><td>60%</td><td rowspan="2">60%</td></tr>
<tr><td>2년 이상</td><td>기본세율</td><td>기본세율</td><td>기본세율</td><td>기본세율</td></tr>
</table>

□ 조정대상지역 내 다주택자에 대한 세율 인상(20X2. 6. 1. 이후 양도분부터)

○ [현행] 기본세율+10%p(2주택) 또는 20%p(3주택 이상)

[개정] 기본세율+20%p(2주택) 또는 30%p(3주택 이상)

2 종합부동산세법 주요 개정내용

□ 개인 · 법인 주택분 세율 인상(20X2년 귀속분부터)

○ 개인 주택분 세율 인상 및 법인 주택분 고율의 단일세율 적용

<table>
<tr><th rowspan="3">과세표준</th><th colspan="3">2주택 이하</th><th colspan="3">3주택 이상, 조정대상지역 2주택</th></tr>
<tr><th rowspan="2">현행</th><th colspan="2">개정</th><th rowspan="2">현행</th><th colspan="2">개정</th></tr>
<tr><th>개인</th><th>법인</th><th>개인</th><th>법인</th></tr>
<tr><td>3억 원 이하</td><td>0.5%</td><td>0.6%</td><td rowspan="6">3%</td><td>0.6%</td><td>1.2%</td><td rowspan="6">6%</td></tr>
<tr><td>3 ~ 6억 원</td><td>0.7%</td><td>0.8%</td><td>0.6%</td><td>1.6%</td></tr>
<tr><td>6 ~ 12억 원</td><td>1.0%</td><td>1.2%</td><td>1.3%</td><td>2.2%</td></tr>
<tr><td>12 ~ 50억 원</td><td>1.4%</td><td>1.6%</td><td>1.8%</td><td>3.6%</td></tr>
<tr><td>50 ~ 37억 원</td><td>2.0%</td><td>2.2%</td><td>2.5%</td><td>5.0%</td></tr>
<tr><td>94억 원 초과</td><td>2.7%</td><td>3.0%</td><td>3.2%</td><td>6.0%</td></tr>
</table>

□ 세부담 상한 인상(20X2년 귀속분부터)

○ 법인 주택분 세부담 상한 적용 폐지 및 개인 조정대상지역 2주택자 세부담 상한 200% → 300% 인상

<table>
<tr><th rowspan="2">구분</th><th rowspan="2">현행
(개인 · 법인 동일)</th><th colspan="2">개정</th></tr>
<tr><th>개인</th><th>법인</th></tr>
<tr><td>일반 1 · 2 주택</td><td>150%</td><td>100%</td><td rowspan="3">폐지</td></tr>
<tr><td>조정대상지역 2주택</td><td>200%</td><td>300%</td></tr>
<tr><td>3주택 이상</td><td>300%</td><td>300%</td></tr>
</table>

□ 법인 주택분 과세 강화(20X2년 귀속분부터)

○ 법인 보유 주택에 대해 종합부동산에 공제액(6억 원) 폐지

○ 법인이 조정대상지역 내 신규등록 임대주택 종합부동산에 과세

※ 20X1. 5. 18. 이후 임대사업 등록 신청분부터

□ 1세대 1주택자 세액공제 확대(20X2년 귀속분부터)

○ 고령자 공제율 인상 및 장기보유 공제와 합산한 공제한도 금액

<table>
<tr><th colspan="3">고령자 공제</th><th colspan="2">장기보유 공제(현행 유지)</th><th rowspan="3">공제한도</th></tr>
<tr><th rowspan="2">연령</th><th colspan="2">공제율</th><th rowspan="2">보유기간</th><th rowspan="2">공제율</th></tr>
<tr><th>현행</th><th>개정</th></tr>
<tr><td>60 ~ 65세</td><td>10%</td><td>20%</td><td>5 ~ 10년</td><td>20%</td><td rowspan="3">70% → 80%</td></tr>
<tr><td>65 ~ 70세</td><td>20%</td><td>30%</td><td>10 ~ 15년</td><td>40%</td></tr>
<tr><td>70세 이상</td><td>30%</td><td>40%</td><td>15년 이상</td><td>50%</td></tr>
</table>

① 비조정대상지역에 있는 2년 이상 보유한 분양권을 20X2년 8월에 양도하는 경우, 양도소득세율은 조정대상지역 또는 비조정대상지역 여부에 관계없이 2년 이상 보유할 경우 기본세율을 적용한다.

② 2년 미만 보유 주택 및 조정대상지역 내 다주택자에 대해 인상된 양도소득세율은 20X2년 6월 1일 이후 양도분부터 적용된다.

③ 1세대 1주택에 대한 장기보유특별공제율 적용에 거주기간 요건을 추가함에 따라, 기존에 보유만으로 세금을 부과하던 것을 실제거주기간을 포함함으로써 거주기간이 짧을 경우 양도소득세가 증가할 것이다.

④ 전체적으로 1세대 다주택자의 경우, 양도소득세 및 종합부동산세 모두 1세대 1주택자에 비해 높은 세율이 적용되는 방향으로 법이 개정되어, 1세대 다주택자들로 하여금 적극적 매도를 유도하는 것으로 보인다.

02. 올해 ○○은행에 입사한 P는 신입사원을 대상으로 한 '올바른 메신저 쓰기' 교육을 듣고 있다. 다음 문장의 밑줄 친 단어를 맞춤법에 맞게 수정한다고 할 때, 적절하지 않은 것은?

① 박 과장님, 계약이 잘 성사<u>되야</u> 할 텐데요. → '돼야'로 수정한다.

② 오 팀장님, 방금 들었는데 김 사원이 지난주에 결혼을 <u>했대요</u>. → '했데요'로 수정한다.

③ 이 대리님, 휴가 잘 다녀오시길 <u>바래요</u>. → '바라요'로 수정한다.

④ 최 대리님, 새로운 팀장님이 오신다는 소문이 <u>금새</u> 퍼졌나봐요. → '금세'로 수정한다.

03. 인간 복제를 주제로 하는 다음 대화에서 문맥상 수정이가 한 말로 적절한 것은?

선화 : 불치병 치료와 같은 기술이 가져다 줄 희망을 생각했을 때 의학적 효용성이나 과학의 발전을 위해 인간 복제 기술의 발전에도 박차를 가해야 한다는 주장이 나오고 있어. 이에 따라 인간의 존엄성과 비윤리적 악용에 관한 우려를 표하는 의견과 충돌하고 있는 상황이야.

수환 : 대부분 국가에서는 인간 복제를 허용하고 있지 않아. 우리나라도 '생명윤리 및 안전에 관한 법률'을 제정해서 복제인간을 만드는 연구 등을 금지하고 있어.

유영 : 특히 완벽한 인간에 관한 잘못된 갈망과 편견을 가속화시킬 수 있다는 문제가 크다고 생각해. 더 나은 유전자를 찾는 과정에서 따라올 불행은 상상만으로도 끔찍해.

동욱 : 하지만 불치병 환자나 불임부부에게는 정말 필요한 기술이라고 생각해. 뿐만 아니라 신체기관의 부분 복제를 통해 불법 장기매매도 근절시키고 인간 수명도 연장할 수 있을 거야.

수정 : (　　　　　　　　　　　　　　　　　　　　　　　　　　　　)

지석 : 맞아. 인간 중심적 관점에서 벗어나 생명윤리와 복제 인간의 도덕적 지위에 대한 복잡한 논의들이 선행되어야 한다고 생각해. 기술 개발로 인한 수많은 범죄 가능성 역시 미리 법적 · 제도적으로 방지할 수 있도록 사회적 합의도 이뤄져야 할 거야.

① 부분 복제든지 모든 실험을 허용하든지 간에 인간의 존엄성 문제는 똑같지 않을까?
② 나중에 생길 문제를 예측하고 준비하는 건 당연하니까 복제 기술 개발을 중단해야 돼.
③ 인간 복제 기술은 상류층, 기득권자들만 누릴 수 있게 되어 빈부격차 문제도 발생할 거야.
④ 단순히 인간의 편의를 위해 기술을 개발하게 되면 복제인간의 상품과 및 대량 복제의 위험성 등 수많은 부작용이 따를 거야.

[04 ~ 07] 다음 글을 읽고 이어지는 질문에 답하시오.

우리는 야만인들의 식인 풍습의 기원을 알아보고 그에 대해 긍정적으로 고찰해 볼 필요가 있다. 식인 풍습의 기원에는 주술적 또는 종교적인 이유들이 존재할 것이다. 실제로 어떤 부족은 조상의 신체의 일부분이나 적의 시체나 살점들을 먹음으로써 죽은 자의 덕이나 힘을 획득하고자 한다. 이 의식은 대부분 매우 비밀스럽게 거행되며, 그들이 먹고자 하는 것을 다른 음식물과 섞거나 빻아 가루로 만들어 약간의 유기물을 더해 먹는다. 가끔 공개적으로 식인 풍습이 진행되더라도 그것은 부족에 큰 해를 끼친 사람의 시신을 물질적으로 파괴함으로써 육체적 부활의 가능성을 없애고 영혼과 육체의 연결을 끊기 위해서 진행되었다. 이러한 이유를 제대로 알아보지 않고 단지 이원론적인 확신에 의해서 식인 풍습이 문제가 있다고 보는 것은 정당하지 못하다. (ⓐ) 우리가 식인종들이 죽음의 신성함을 무시한다며 그들을 비난하는 행위는 사실 해부학 실습을 용인하는 현대 사람들을 향한 비난과도 같다고 볼 수 있다. 만약 다른 사회에서 온 학자가 우리의 문화를 관찰하고 조사하게 된다면, 우리의 풍습 또한 그들에게 비문명적이라고 인식될 수 있다는 것을 알아야 한다.

(ⓑ) 우리는 식인 풍습의 기원과 관련하여 재판과 형벌에 대한 관점의 차이를 생각해 볼 수 있다. 식인 풍습을 실행하는 사회에서는 어떤 위협적인 힘을 지니고 있는 사람의 능력을 가져와 자신의 부족에 유리하도록 변모시키는 방법이 식인을 통해 이루어지며 그들을 자기네 육체 속으로 빨아들이는 것이 형벌이라고 믿는다. (ⓒ) 현재 우리가 살고 있는 사회에서는 앙트로페미(Anthropemie ; 특정인을 축출 또는 배제해 버리는 일)라는 방안을 채택한다. 즉, 동일한 문제에 직면했을 때 두 사회가 서로 정반대의 해결방안을 선택했던 것이다. 우리는 끔찍한 존재들을 일정 기간 또는 영원히 격리하고 고립시킴으로써 그들을 사회로부터 추방한다. 또한 이러한 존재들을 위해 특정 목적을 가지고 고안된 시설을 개발하기도 한다. 이와 같은 양상은 우리가 야만인이라고 부르는 식인 부족의 사회에 있어서는 극심한 공포를 일으킬 것이다. 단지 그들이 우리와 대칭적인 관습들을 지니고 있다는 이유만으로 그들을 야만적이라고 간주하듯이 우리도 그들에게는 야만적으로 보이게 될 것이다.

04. 다음 중 제시된 글을 작성한 필자의 의도로 적절한 것은?

① 식인 풍습 재조명

② 야만적 식인 풍습과 문명사회의 형벌 대비

③ 문명과 야만의 판단 기준

④ 문명과 야만의 개념 비판

05. 제시된 글을 읽고 추론할 수 있는 내용으로 적절하지 않은 것은?

① 식인종의 식인 풍습은 무서운 힘을 흡수하려는 목적을 갖고 있다.
② 특수한 존재를 먹는 행위나 사회적으로 추방하는 행위는 둘 다 형벌의 목적을 띠기도 한다.
③ 의식적인 식인 풍습은 육체와 영혼을 분리하지 않는 일원론적 사고에 따른 것이다.
④ 식인 풍습을 비판하는 행위와 식인 풍습을 행하는 행위는 동일한 철학적 기반을 갖고 있다.

06. 다음 중 ⓐ～ⓒ에 들어갈 접속 표현을 올바르게 나열한 것은?

	ⓐ	ⓑ	ⓒ
①	뿐만 아니라	한편	반면
②	뿐만 아니라	또한	그러므로
③	그러나	한편	그런데
④	그러나	반면	이러한

07. 제시된 글의 서술 방식에 대한 설명으로 적절한 것은?

① 시간상의 순서에 따라 제시된 이론을 소개하고 있다.
② 상반된 견해를 제시해 논의를 심화하고 확장하고 있다.
③ 상반된 견해에 대해 절충적 대안을 제시하고 있다.
④ 관련된 이론들을 나열하면서 설명하고 있다.

08. 다음과 같은 상황에서 (가) 직원과 (나) 직원이 만나게 되는 지점은?

> A 지역에서 B 지역까지의 거리는 150km이다. (가) 직원은 A 지역에서 출발하여 B 지역으로 이동하며, (나) 직원은 B 지역에서 출발하여 A 지역으로 이동하고 있다. (가) 직원은 시속 80km의 속도로 이동 중이고, (나) 직원은 시속 100km의 속도로 이동 중이다. (가) 직원이 출발한 지 30분 뒤에 (나) 직원이 출발하였다.

① A 지역으로부터 약 75km 떨어진 지점
② A 지역으로부터 약 81km 떨어진 지점
③ A 지역으로부터 약 89km 떨어진 지점
④ A 지역으로부터 약 97km 떨어진 지점

09. 다음에 제시된 회사 인사팀에 입사한 신입사원 2명의 나이를 합한 것은?

> 어느 회사 인사팀에 근무하는 직원은 총 7명인데, 이들의 평균 나이는 38세였다. 그런데 최근 신입사원 2명이 입사를 하였고, 총 9명의 평균 나이를 다시 계산하였더니 36세로 확인되었다.

① 58세　　② 60세
③ 62세　　④ 64세

[10 ~ 11] 다음은 벤처기업 경영성과에 관한 자료이다. 이어지는 질문에 답하시오.

〈업종별 벤처기업 경영성과 현황〉

업종		기업체 수 (개)	평균 매출액 (백만 원)	평균 영업이익 (백만 원)	평균 금융비용 (백만 원)	평균 순이익 (백만 원)
첨단 제조	에너지/화학/정밀	3,163	5,428	213	85	99
	의료/제약	1,299	5,388	−110	134	−659
	컴퓨터/반도체/전자부품	3,754	7,556	409	116	287
	통신기기/방송기기	1.268	5,659	106	112	−58
일반 제조	기계/자동차/금속	7,074	6,549	134	129	17
	음식료/섬유/비금속/기타	7,677	5,537	218	103	45
첨단 서비스	소프트웨어개발/ IT 기반 서비스	4,554	2,959	2	48	−121
	정보통신/방송서비스	2,602	3,668	77	32	83
일반서비스 (도소매, 연구개발 등)		4,296	3,870	−208	63	−157
기타		816	6,285	279	52	226

〈매출규모별 벤처기업 경영성과 현황〉

매출규모	기업체 수 (개)	평균 매출액 (백만 원)	평균 영업이익 (백만 원)	평균 금융비용 (백만 원)	평균 순이익 (백만 원)
5억 원 미만	7,994	319	−194	17	−170
5억 원 ~ 20억 원	11,295	1,156	−23	34	−68
20억 원 ~ 50억 원	8,524	3,259	−52	61	−16
50억 원 ~ 80억 원	3,183	6,364	303	108	150
80억 원 ~ 120억 원	1,967	9,761	265	155	136
120억 원 ~ 200억 원	1,618	15,492	529	274	2
200억 원 ~ 500억 원	1,441	30,171	1,082	542	305
500억 원 이상	481	87,183	5,662	885	4,030

10. 업종별 벤처기업 경영성과에 관한 설명으로 적절하지 않은 것은?

① 벤처기업을 업종별로 구분했을 때 일반제조 부문에 가장 많은 벤처기업이 위치하고 있다.
② 업종별 벤처기업 분류에서 의료/제약업종 기업은 가장 높은 평균 금융비용을 기록하였다.
③ 소프트웨어개발/IT 기반 서비스는 모든 업종 내에서 가장 낮은 평균영업이익을 기록하였다.
④ 업종별 평균 순이익이 음수를 기록한 업종은 총 4개 업종이다.

11. 제시된 자료를 그래프로 나타낸 것으로 적절하지 않은 것은?

①

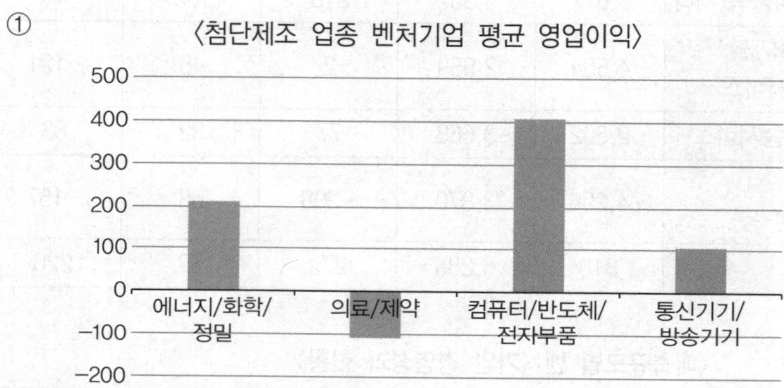

②

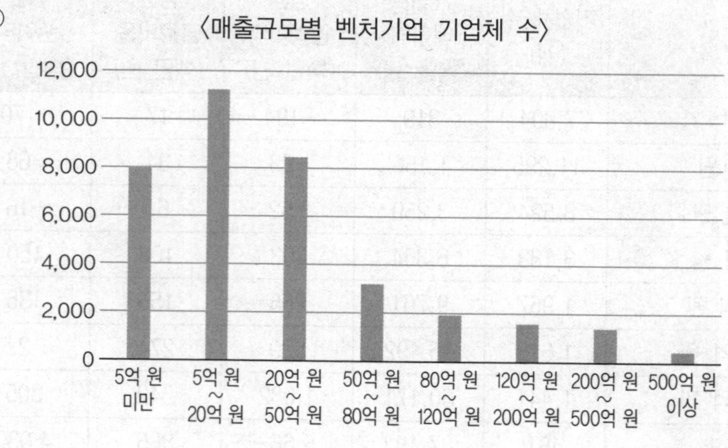

③ 〈매출규모 50억 원 이상 벤처기업 평균 영업이익〉

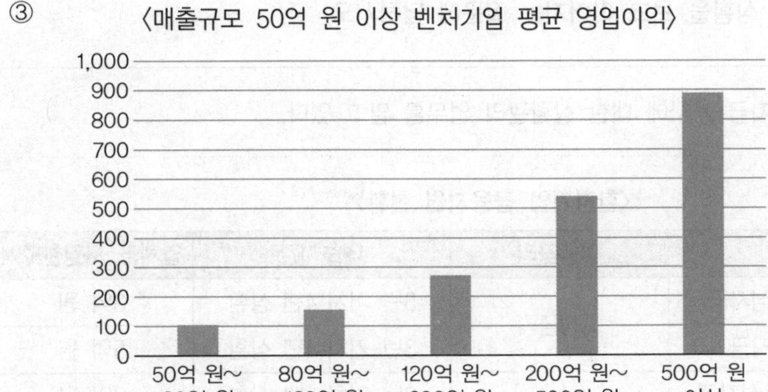

④ 〈매출규모 50억 원 이상 벤처기업 평균 매출액〉

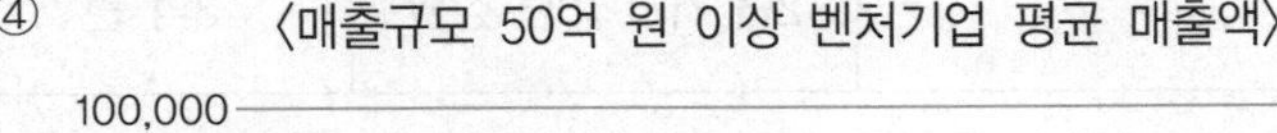

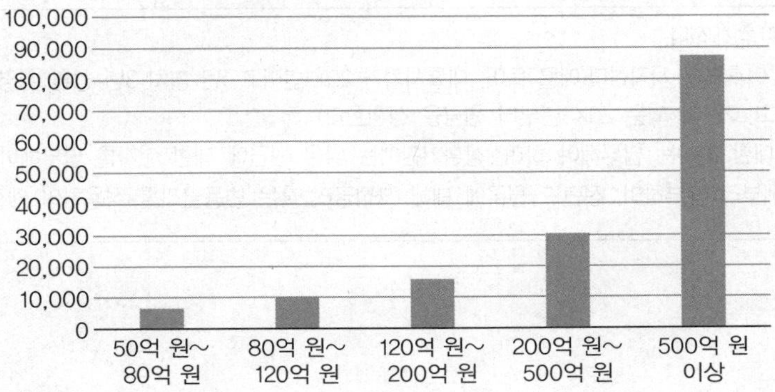

[12 ~ 13] 다음의 제시 상황을 보고 이어지는 질문에 답하시오.

F 대리는 환경정책자금 융자에 대한 상환관리 업무를 맡고 있다.

〈환경기업 금융지원 현황〉

기업	구분	대출금리	대출기간	업체당 지원한도액
A	환경산업육성자금	고정금리	3년 거치 4년 상환	3억 원
B	환경개선자금		3년 거치 4년 상환	5억 원
C	재활용산업육성자금	연도별 변동금리	2년 거치 5년 상환	2억 원
D	천연가스공급시설 설치자금		2년 거치 10년 상환	3억 원

※ 변동금리는 1년 단위로 정해진다.

※ 원금 상환은 거치기간 이후부터 시작한다(예를 들어, 대출시기가 20X1년이고 1년 거치 3년 상환일 경우 1년 동안은 이자만 납부하고, 2년이 되는 20X3년부터 원금을 상환한다).

※ 거치기간에도 원금에 대한 이자는 납부해야 하며, 상환기간에는 남은 원금에 대한 이자를 납부해야 한다.

※ 이자는 대출한 다음 해부터 납부하며, 전년도 원금에 대해 고정금리 혹은 변동금리를 적용하여 계산한다.

12. A와 B 기업의 대출 현황 및 상환계획이 다음과 같을 때 20X8년까지 두 기업이 지급한 이자를 포함한 총합 상환금은?

〈A, B 기업 대출 현황〉

기업	대출금액(만 원)	대출시기	금리
A	10,000	20X3년	2%
B	5,000	20X2년	3%

※ A 기업은 원금 상환 시기부터 해마다 원금의 25%를 상환한다.
※ B 기업은 원금 상환 시기부터 해마다 원금의 10%, 20%, 20%, 50%를 상환한다.

① 66,900,000원
② 82,100,000원
③ 92,900,000원
④ 141,150,000원

13. C와 D 기업의 대출 현황 및 상환계획이 다음과 같을 때 20X9년까지 두 기업이 지급한 이자를 포함한 총합 상환금은?

〈예상 변동금리표〉

구분	20X6년	20X7년	20X8년	20X9년
금리	3%	1%	3%	5%

〈C, D 기업 대출 현황〉

기업	대출금액(원)	대출시기
C	100,000,000	20X5년
D	200,000,000	20X7년

※ C 기업은 원금 상환 시기부터 해마다 원금의 20%를 상환할 계획이다.
※ D 기업은 원금 상환 시기부터 해마다 원금의 10%를 상환할 계획이다.

① 65,400,000원
② 66,800,000원
③ 67,000,000원
④ 105,400,000원

14. 다음은 연도별 외환보유액 관련 자료이다. 이에 대한 해석으로 옳은 것은?

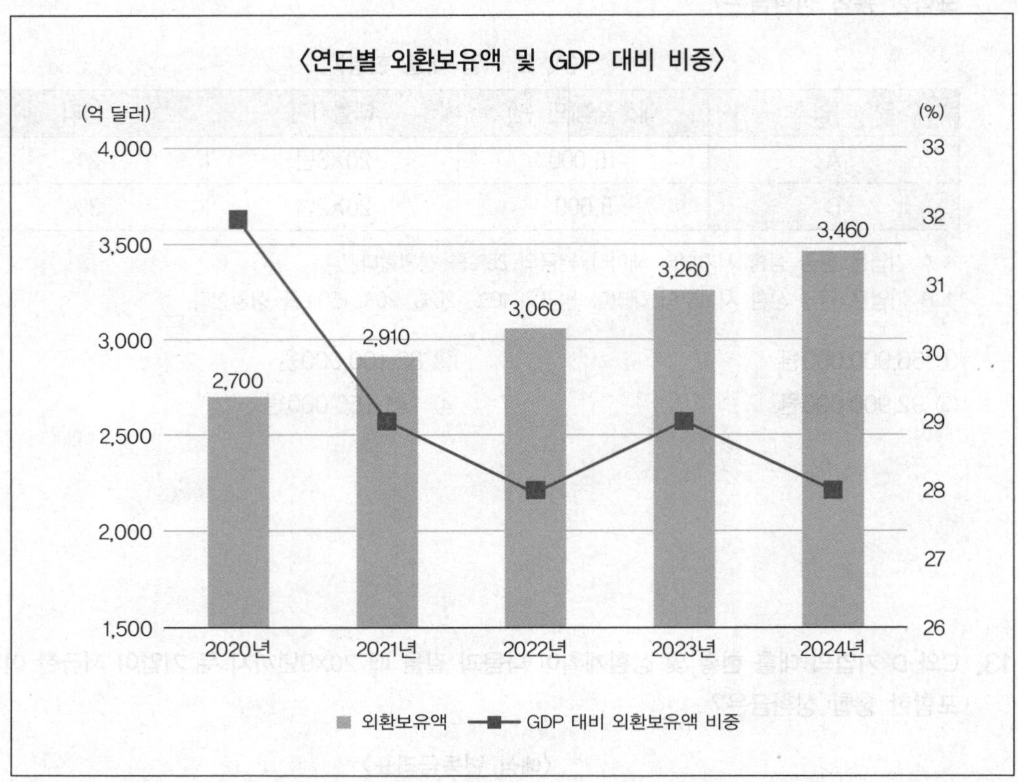

① 2023년에 비해 2024년의 GDP는 증가하였다.

② 전년 대비 외환보유액 증가량이 가장 적은 연도는 2024년이다.

③ 전년 대비 외환보유액 증가량이 가장 많은 연도는 2023년이다.

④ GDP 대비 외환보유액 비중은 꾸준히 감소하고 있다.

15. △△기업은 글로벌 기후위기에 선제적 대응을 위해 특별대응팀을 꾸려 그린 뉴딜(Green New Deal)정책을 시행하기로 했다. 이에 담당자를 다음과 같은 조건으로 채용하고자 할 때 (가)에 들어갈 말로 적절한 것은? (단, 황 씨, 윤 씨, 박 씨 외 다른 지원자는 없다)

- 황 씨와 윤 씨는 동향 출신이다.
- 박 씨는 경력과 전문성이 우수하여 서류를 통과했지만 신원조회에서 부적격 판정을 받는다면 채용은 불가능하다.
- △△기업은 채용심사에서 성별과 지역을 고려하여 심사하며, 동일 지역 출신은 두 명 이상 채용하지 않을 것이다.
- 이번 채용시험에 응시한 여성은 박 씨와 윤 씨 둘 뿐이며, △△기업은 이번 채용에 적어도 한 명을 여성으로 채용하기로 했다.

⇒ (가) 따라서 황 씨는 이번 채용심사에서 합격할 수 없을 것이다.

① 윤 씨가 채용되지 못할 것이다.
② 황 씨가 채용된다면 박 씨도 채용될 것이다.
③ 박 씨는 신원조회 결과 부적격 판정을 받게 될 것이다.
④ 박 씨가 신원조회 결과 적격 판정을 받는다면 박 씨가 채용될 것이다.

16. 보안업체에서 근무하는 A ~ E는 다음 주에 당직근무를 할 요일을 정하고 있다. 모든 직원은 일주일에 적어도 하루를 근무해야 하며 최대 이틀까지 근무할 수 있다고 할 때, 다음 중 B가 근무하게 될 가능성이 가장 높은 요일은? (단, 하루에 한 명씩만 당직근무를 선다)

A : 나는 다음 주 주말에 일이 있어서 주중에 이틀 연속으로 근무할게.
B : 나는 이번 주에 이틀 근무했으니까 다음 주에는 하루만 근무하도록 할게.
C : 그래! 나는 월요일, 금요일 중 하루만 근무할 수 있어.
D : 나는 토요일 하루만 근무할 수 있을 것 같아.
E : 그러면 내가 주중에 하루, 주말에 하루를 근무할게.

① 월요일　② 화요일
③ 수요일　④ 금요일

17. ○○공사 사원 8명이 연말 김장 행사에 참여하기 위해 고속버스를 타고 봉사활동 장소로 이동하고 있다. 다음 조건을 바탕으로 할 때, C 사원과 짝을 이루어 앉은 사람은?

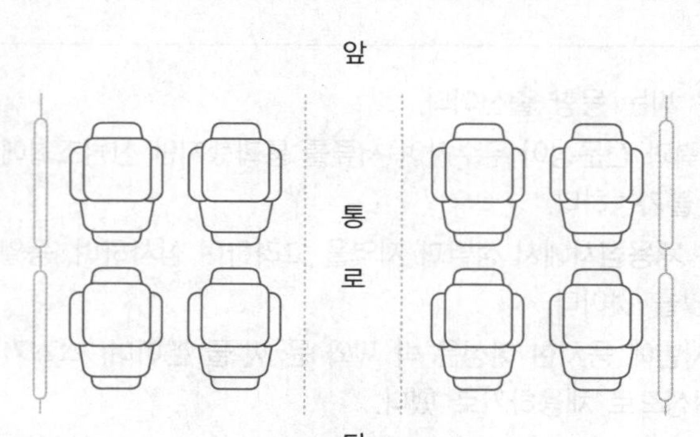

- 참여 인원은 남자 사원 갑, 을, 병, 정과 여자 사원 A, B, C, D이다.
- 남자 사원과 여자 사원은 짝을 이뤄 앉았다.
- A, C, 을은 창가에 앉았다.
- 갑과 정은 뒷좌석에 앉았다.
- B는 A의 뒷좌석에 앉았다.
- 병은 통로 쪽에 앉았다.
- D는 정의 앞좌석에 앉았다.

① 갑 ② 을

③ 병 ④ 정

18. ○○기업의 재무팀에서 근무하는 김필승 대리는 중대한 세미나를 앞두고 세미나 장소를 대관하려고 한다. 〈평가 기준〉에 근거하여 다음의 5개 후보지 중 총점이 가장 높은 곳을 대관하려고 할 때, 김필승 대리가 대관하게 될 세미나 장소는?

〈세미나 장소 정보〉

구분	○○공사로부터 이동시간	수용 가능인원	대관료	세미나 참석자들을 위한 교통편	빔 프로젝터 사용가능 여부
갑 센터 401호	1.5시간	400명	65만 원	불량	O
을 구민회관 2층	2시간	500명	60만 원	양호	O
병 교통회관 302호	1시간	350명	90만 원	양호	O
정 지역 상공회의소 3층	3시간	700명	70만 원	양호	O
무 빌딩 5층	2.5시간	600명	100만 원	매우 양호	X

〈평가 기준〉

- ○○기업로부터 이동시간, 수용가능인원, 대관료는 각 장소마다 1 ~ 5점을 준다.
- ○○기업로부터 이동시간과 대관료는 적을수록, 수용가능인원은 많을수록 차례대로 높은 점수가 부여된다.
- 세미나 참석자들을 위한 교통편이 매우 양호하면 5점, 양호하면 4점, 불량하면 2점이 부여된다.
- 빔 프로젝터 사용이 가능하면 가산점 2점을 부여한다.

① 갑 센터 401호 ② 을 구민회관 2층
③ 병 교통회관 302호 ④ 정 지역 상공회의소 3층

[19 ~ 21] 다음 제시 상황과 자료를 바탕으로 이어지는 질문에 답하시오.

황 대리는 생산 공장이 신설됨에 따라 생산량을 결정하기 위해 다음의 보고서를 작성하였다.

〈신규 생산 공장 운영 개요〉

신설된 공장에서는 ○○제과의 주력 제품인 A, B, C의 생산을 담당하게 됩니다. A, B, C 제품 모두 미국과 호주에서 수입한 밀가루, 설탕을 주재료로 사용하며 본사에서 지정한 비율에 따라 제조하게 됩니다. 해당 공장은 연간 미국산 밀가루 8,500톤, 호주산 밀가루 3,000톤, 설탕 14,000톤을 본사에서 지정한 업체로부터 공급받습니다. 20X1년에는 공급받은 재료를 남김없이 생산에 활용할 계획입니다. 생산에 필요한 재료의 양과 판매가는 다음과 같습니다.

• 20X1년 생산 및 판매 관련 자료

(단위 : kg, 원)

구분	A 제품	B 제품	C 제품
미국산 밀가루	2	3	2.5
호주산 밀가루	0	2	1
설탕	4	5	3
판매가	4,000	3,000	2,500

위 내용에 따라 생산될 20X1년 A, B, C 제품의 생산량은 순서대로 각각 (ㄱ), (ㄴ), (ㄷ)개이고 생산량과 판매가를 곱하여 산출한 공장 전체의 예상 매출은 (ㄹ)억 원입니다.

〈기사 1〉 제품 선호도 관련

○○제과의 스테디셀러인 A 제품의 인기가 뜨거워짐에 따라 20X2년에 A 제품의 생산량을 20X1년 대비 20% 증가시키기로 결정하였다. 반면에 C 제품의 인기는 주춤해지면서 생산량을 30% 줄이기로 하였다.

〈기사 2〉 원재료 조달 관련

국산 밀가루에 대한 관심이 높아지자 국산 밀가루를 적극 사용하라는 움직임이 제과 업체들 사이에서 일어나고 있다. ○○제과의 한 관계자는 20X2년에 기존 생산에 사용되던 호주산 밀가루의 일부를 국산 밀가루로 대체할 것을 고려중이라고 전했다.

19. 황 대리가 작성한 보고서의 (ㄱ), (ㄴ), (ㄷ), (ㄹ)에 들어갈 숫자로 옳지 않은 것은?

① (ㄱ) : 1,250,000
② (ㄴ) : 1,000,000
③ (ㄷ) : 1,000,000
④ (ㄹ) : 115

20. 〈기사 1〉을 참고할 때, 다음 중 20X1년 대비 20X2년에 증가하는 것은?

① 미국산 밀가루 사용량
② 호주산 밀가루 사용량
③ 공장 전체 생산량
④ 생산량과 판매가를 곱하여 산출한 공장 전체 예상 매출

21. 〈기사 2〉와 아래의 내용을 참고할 때, B 제품의 생산에 사용될 국산 밀가루의 양은? (단, 〈기사 1〉의 내용은 고려하지 않는다)

> A, B, C 제품의 생산에 사용되는 미국산 밀가루와 호주산 밀가루를 각각 10%씩 줄이고 국산 밀가루로 대체한다. 국산 밀가루는 미국산 밀가루와 호주산 밀가루 사용량의 80%만으로도 동일한 효과를 낼 수 있다.

① 400t
② 450t
③ 500t
④ 550t

파트1 의사소통
파트2 수리
파트3 문제해결
파트4 자원관리
파트5 조직이해/상황판단
파트6 정보/알고리즘
파트7 실전모의

[22 ~ 23] 다음은 ○○농협의 소비자를 위한 농산물 직거래 시스템이다. 이를 참고하여 이어지는 질문에 답하시오.

〈직접배달 시스템〉

– 생산자 · 소비자의 직거래를 통한 유통비 절감으로 저렴한 가격에 농산물을 구입할 수 있음.
– 주문일로부터 24시간 이내에 배달을 완료하여 신속함 보장 가능
– 사과 생산지 : 강원도 원주, 경북 문경, 대구
– 배 생산지 : 충북 충주, 경북 문경, 대구
– 생산지와 배달지에 따른 소요시간(편도)

배달지 \ 생산지	대구	문경	원주	충주
서울	4시간	3시간	3시간	2시간
인천	5시간	3시간 30분	2시간 30분	3시간
남양주	5시간	4시간	4시간	2시간 30분

22. 오전 9시 서울에 사는 한 고객으로부터 사과 3kg과 배 5kg의 주문을 받고, 오후 1시 인천에 사는 한 고객으로부터 배 5kg의 주문을 받았다. 다음 중 최대한 빠른 시간 내에 두 고객에게 차례대로 주문 상품을 전달할 수 있는 가장 적절한 경로는? (단, 배달 차량은 서울에서 출발하여 생산지로 간다고 가정한다)

① 서울－대구－서울－인천　　② 서울－문경－서울－인천

③ 서울－원주－충주－서울－인천　　④ 서울－충주－원주－서울－인천

23. 위 배달 서비스를 제공하기 위한 배달기사를 고용하였다. 생산지역마다 2명의 배달기사를 배정하고 한 사람이 생산지에서 출발하여 배달하는 동안 다른 한 사람은 생산지에 도착하여 상품을 싣고 배달 출발을 기다리는 방식으로 운영하려고 한다. 이때 좀 더 효율적인 운영을 위한 방법을 제시한 내용으로 적절하지 않은 것은?

① 고객들이 주문한 날짜가 서로 동일하거나 시간이 크게 차이가 나지 않는다면 생산지와 가까운 지역부터 순차적으로 배달하는 것이 효율적이다.

② 마지막 배달이 이루어진 곳에서 가장 가까운 생산지로 이동하며 배달하는 것도 빠르게 생산지와 배달지를 오가는 방법이 될 수 있다.

③ 생산지에 따른 품질 차이가 없다면 배달기사의 동선이 크게 벗어나지 않도록 주어진 범위 내에서 배달하는 것이 중요하다.

④ 배달기사의 운행거리보다 배달 건수에 관하여 미리 급여를 지급한다면 배달기사의 사기를 북돋아 효율적인 배달이 가능하다.

[24 ~ 25] 다음은 (주)○○유통의 배송업무 입찰공고이다. 이어지는 질문에 답하시오.

1. 입찰에 부치는 사항
   가. 입찰건명 : (주)○○유통 배송업무 도급계약
   나. 입찰방법 : 제한경쟁입찰 / 총액입찰 / 최저가입찰 / 청렴계약이행대상
   다. 도급수행기간 : 2022. 08. 01 ~ 2023. 06. 30(11개월)
   라. 입찰내용 : (주)○○유통 11개점의 배송용역(차량 포함)
   마. 세부사항은 과업지시서 참조, 현장설명회 없음.

2. 입찰참가자의 자격(가 ~ 라 모두 충족)
   가. 입찰공고일 기준 화물자동차 운송사업, 운송주선사업, 운송가맹사업 허가증 중 1개 이상 보유 사업자
   나. 실적요건 : 입찰공고일 기준 5년 이내 배송 용역으로 단일계약 3억 원(1년 기준)이상 이행 실적을 보유한 업체
   다. 입찰참가 신청일까지 입찰참가 등의 접수를 완료한 업체
   라. 주된 영업소가 수도권(서울특별시, 인천광역시, 경기도)에 있는 업체로 "주된 영업소"라 함은 법인의 경우에는 법인등기부상의 본사 소재지, 개인의 경우에는 사업자등록 증명원 등의 소재지로 함.

3. 입찰참가 자격 제한
   가. 입찰공고일 기준 부도, 화의, 워크아웃, 법정관리 중에 있는 업체와 농축수임협, 지방지자체 및 정부투자기관 · 정부출연기관 · 정부출자기업체로부터 부정당업체로 제재 중인 업체
   나. 국세, 지방세 등 체납 업체
   다. 입찰 접수기간 후 접수 업체, 입찰 참여 및 입찰 시 제출 서류 미흡 업체
   ※ 공동수급 불가, 입찰시간 이후 입찰 참여 불가

4. 입찰보증금과 그 귀속에 관한 사항
   가. 입찰에 참여하는 업체는 입찰예정가격의 100분의 5 이상의 입찰보증금을 입찰등록 마감일까지 현금 또는 이행보증보험증권(증권 발행사 보증 기간 종료일을 입찰일로부터 30일 이후까지 설정) 등으로 납부하여야 하며, 낙찰자가 입찰일로부터 5영업일 이내에 정당한 사유 없이 계약을 체결하지 아니할 때, 입찰보증금은 (주)○○유통에 귀속함.
   나. 낙찰자가 낙찰일로부터 5일 이내 계약을 체결하지 아니할 때, 입찰보증금은 본서에 귀속됨.

5. 낙찰자 선정방법
   가. 입찰예정가격 이하로서 최저가격으로 입찰한 자를 낙찰자로 결정
   나. 낙찰이 될 수 있는 동일가격으로 입찰한 자가 2인 이상일 때에는 추첨에 의하여 낙찰자를 결정함.

24. (주)○○유통에 근무하는 K 사원은 입찰에 참가하려는 업체로부터 문의를 받았다. K 사원이 입찰공고를 보고 대답한 내용으로 올바르지 않은 것은?

① 입찰예정가격이 150억 원이라고 한다면 입찰보증금으로 7억 5천만 원 이상에 해당하는 현금 또는 이행보증보험증권을 납부하여야 합니다.

② 입찰공고일을 기준으로 정부투자기관이나 정부출자기관으로부터 부정당업체로 제재를 받고 있는 경우에는 입찰에 참가할 수 없습니다.

③ 입찰에 참가하기 위해서는 단일계약 이행 실적을 증명해야 합니다.

④ 입찰공고일을 기준으로 화물자동차 운송사업 허가증이 구비되어 있지 않으면 입찰에 참가할 수 없습니다.

25. 다음은 입찰에 참가하고자 하는 업체의 리스트이다. 입찰공고의 내용을 모두 검토하였을 때, 최종적으로 계약을 체결할 업체는? (단, 입찰예정가격은 16억 7천만 원이다)

업체	입찰가격 (만 원)	소지 허가증	5년 이내 단일 계약 최고 금액 (만 원)	본사 소재지	비고
A	165,000	화물자동차 운송가맹사업, 운송가맹사업	33,000	원주시	지방세 체납
B	162,000	화물자동차 운송가맹사업, 운송주선사업	36,000	서울 강서구	
C	168,000	운송주선사업	45,000	서울 서대문구	
D	167,000	화물자동차 운송사업, 운송가맹사업	30,000	고양시	

① A 업체
② B 업체
③ C 업체
④ D 업체

[26 ~ 27] 다음의 제시 상황과 자료를 보고 이어지는 질문에 답하시오.

인재개발팀 사원 O는 해외 파견 근무 관련 업무를 수행하고 있다.

〈자료 1〉 해외 파견지

1. 해외 사무소 및 언어

사무소	파견시기	언어	사무소	파견시기	언어
북경	3월 초	중국어	두바이	7월 중순	아랍어
상해	2월 중순	중국어	멕시코시티	4월 초	에스파냐어
하노이	6월 중순	베트남어	프놈펜	5월 초	크메르어
모스크바	4월 말	러시아어	마드리드	5월 중순	에스파냐어

2. 파견기간 : 파견시기로부터 5개월 동안

3. 파견인원 : 사무소당 1명

〈자료 2〉 파견 희망자 명단

(단위 : 점)

직원	직급	파견 적합성	근속 기간	역량 평가	영어 능력	1순위	2순위	비고
A	6급	80	26개월	60	70	멕시코	프놈펜	스페인 유학경험
B	5급	80	46개월	80	80	하노이	마드리드	4월부터 복직
C	6급	70	32개월	60	50	두바이	마드리드	아랍에미리트 유학경험
D	7급	100	27개월	90	80	하노이	마드리드	
E	5급	100	32개월	90	100	상해	북경	3월부터 파견 가능
F	5급	70	24개월	90	70	상해	멕시코	
G	6급	50	24개월	70	70	모스크바	두바이	12월부터 유학휴직 예정
H	6급	80	42개월	80	80	마드리드	모스크바	
I	6급	70	25개월	70	60	멕시코	프놈펜	캄보디아 지사 근무 경험

〈자료 3〉 파견대상자 선정 규칙

1. 지원자격
   1) 근속 기간 및 직급 : 근속 기간이 3년 이상이거나 직급이 6급 이상(숫자가 작을수록 직급이 높음)인 직원
   2) 1)에 해당하면서 파견적합성 점수가 60점 이상인 직원
   3) 파견 희망지에 파견되는 기간 동안 휴직 및 기타 결격사유가 없는 직원
   (단, 2개 희망지 중 하나라도 파견 가능한 경우는 결격 사유로 보지 않는다)
2. 파견지 배정 조건
   • 총 파견 점수가 높은 사람부터 희망지를 고려하여 먼저 배정한다.
   • 총 파견 점수 산출방법 : 파견적합성 점수(30%)+영어능력 점수(30%)+역량평가 점수(40%)
   • 총 파견 점수가 같은 경우 영어능력 점수와 직급은 높고 근속기간이 길수록 먼저 배정된다.

26. 위 자료를 토대로 파견 희망자들의 파견지 배정 결과를 정리했을 때, 다음 중 파견 대상자와 파견지역이 바르게 짝지어지지 않은 것은?

① B－하노이 ② C－두바이
③ F－멕시코시티 ④ H－마드리드

27. 다음 상사의 지시에 따라 파견지역을 다시 배정하였을 때 파견대상자와 파견지역이 가장 바르게 짝지어지지 않은 것은? (단, 해외 유학이나 근무를 다녀온 경우에 그 지역의 언어 특기자로 인정한다)

조건 1. 특정 지역의 언어 특기자일 경우, 그 파견 희망자를 해당 파견지로 우선 배정한다.
조건 2. 특기인 언어가 둘 이상의 파견지의 언어일 경우, 그중 파견 희망지에 해당하는 곳에 배정한다.
조건 3. 조건 1, 2에 해당하지 않는 경우 파견을 보류한다.

① A－멕시코시티 ② C－두바이
③ H－상해 ④ I－프놈펜

파트1 의사소통 파트2 수리 파트3 문제해결 파트4 자원관리 파트5 조직이해/상황판단 파트6 정보/알고리즘 파트7 실전모의

[28 ~ 29] 다음 농림축산식품부에서 제공한 청탁금지법에 대한 내용의 일부를 읽고 이어지는 질문에 답하시오.

〈농림축산식품부 제공 청탁금지법 – 원재료비율 기준 확인 방법〉

공직자에게는 사교, 의례목적으로 농수산물 등에 한해 10만 원 이하의 선물이 가능합니다.

1. 5만 원 이하의 선물
   ■ 농수산가공품의 농수산물 원재료 비중이 50%가 되지 않더라도 선물이 가능합니다.

2. 5만 원 초과 ~ 10만 원 이하의 선물(농수산물 또는 농수산물을 원 · 재료로 50% 넘게 사용하여 가공한 농수산 가공품)
   ■ 식품 포장재에 표시되어 있는 원재료명과 함량을 확인하세요.
   제품명에 농산물 명칭(예 : 사과주스)이 사용된 경우, 제품의 정보표시면에 농산물 함량을 표기하게 되어 있으며, 제품명에 농산물 명칭이 사용되지 않더라도 많은 경우 정보표시면에 원재료명과 함량이 표시되어 있습니다.

   • 고형제품
   예시 1) 한과 성분표시 : 찹쌀65%(국산), 생강5%(국산), 멥쌀20%(국산), 대두(국산), 쌀조청, 대두유(수입산), 자색고구마분말(국산), 단호박분말(국산)

   • 농축액 제품
   농축액 등을 사용한 경우 원상태로 환원한 비율이 적용됩니다.
   ⇒ 과즙 등을 농축한 과일음료 등의 제품은 과즙으로 환원한 비율을 적용합니다.
   (과즙을 5배 농축한 과즙(농축과즙)에 물을 희석해서 만든 1L 용량의 음료수의 경우 농축과즙이 11% 들어갔다면 원재료 비율은 55%로 인정)
   예시 2) 사과주스 성분표시 : 정제수, 사과농축과즙25%(고형분함량 50%, 국산 : 사과즙으로 100%), 기타과당, 설탕, 사과퓨레1%(국산), 혼합제제(카라기난), 로커스트콩검, 염화칼륨, 산도조절제, 포도당), 합성향료(사과향, 구연산, 비타민 C)
   ⇒ 농산물로부터 직접 농축한 농축액 제품은 해당 농산물과 농축액의 수율을 적용하여 환산합니다.
   (수삼 6kg에서 홍삼농축액 1L를 추출(6 : 1)한다면, 농축액 10%가 포함된 100mL 홍삼농축액 제품의 원재료 비율은 60%가 됨)
   예시 3) 홍삼농축액 성분표시 : 홍삼농축액(6년근, 고형분64%, 진세노사이드 Rg1 + Rb1 + Rg3 5.5mg, 국산)21%(원료삼배합비율 : 홍삼근75%, 홍미삼25%), 정제수, 아가베시럽, 프락토올리고당, 감초추출물(미국산), 생강시럽농축액(국산), 프로폴리스

※ 고형분 : 액상 제품의 수분을 모두 증발시켰을 때 남는 유효성분의 함량(%)

28. 다음 중 위의 청탁금지법－원재료비율 기준에 위배되지 않는 사람은?

① 김영원 : 저는 대구경북금능농협에서 사과농축과즙 10%(고형분함량 45%)로 성분 표시가 되어 있는 사과즙 선물세트를 5만 5천 원에 구입하여 구청장님께 선물하였습니다.

② 이소망 : 저는 강화인삼농협판매장에 가서 6년근 고형분 55%로 성분표시가 되어 있는 홍삼농축액 제품 홍삼진액 선물세트를 11만 9천 원에 구입하여 시청 직원분께 선물하였습니다.

③ 최우정 : 저는 농협몰에서 배(국내산 35%), 도라지(국내산, 발효약도라지 농축액 포함, 10%)로 만든 배도라지 농축액 선물세트를 4만 9천 원에 구입하여 강원도청 직원분께 선물하였습니다.

④ 박희망 : 저는 농협몰에서 비타민 C, 홍삼농축액분말(진세노사이드Rg1 및 Rg3의 합 1.5%, 원료삼배합비율 : 홍삼근류 70%, 미삼류 30%, 국산)로 성분표시가 되어 있는 홍삼비타민 선물세트를 6만 3천 원에 구입하여 구청 직원분께 선물하였습니다.

29. 농림축산식품부의 박경민 대리가 다음과 같은 문의 사항을 받았다. 이에 대한 답변으로 적절한 것은?

> 저는 농협홍삼 한삼인에서 근무하는 최철영 대리입니다. 한삼인에서 공직자에게 선물 가능한 선물세트를 생산하고자 하는데, 현재 수삼 8kg에서 홍삼농축액 1.6L를 추출하여, 농축액 5%가 포함된 100mL 홍삼 농축 제품을 생산하고 있습니다. 현재의 생산 수준을 유지하면서 선물 세트를 구성하여 판매하고자 합니다. 이 선물 세트의 책정 가격은 7만 5천 원인데, 농림축산식품부에서 제공한 청탁금지법에 위배되지 않기 위해 생산과정 및 가격에서 수정해야 할 것이 있는지 답변 부탁드립니다.

① 100mL당 농축액의 비율을 10%로 조정하고, 선물 세트 금액은 그대로 유지하면 될 것 같습니다.

② 홍삼농축액 추출 시에 투입하는 수삼의 양을 8kg에서 9.6kg으로 늘려 추출하면 될 것 같습니다.

③ 100mL당 농축액의 비율을 8%로 높여 생산하면 될 것 같습니다.

④ 현재 선물세트의 예상 금액이 10만 원을 넘지 않아 농림축산식품부에서 제공한 청탁금지법－원재료비율 기준에 위배되지 않으므로 수정사항이 존재하지 않습니다.

[30 ~ 31] 다음 결재규정을 보고 이어지는 질문에 답하시오.

〈결재규정〉

- 결재를 받으려는 업무에 대해서는 최고결재권자(대표이사)를 포함한 이하 직책자의 결재를 받아야 한다.
- '전결'이라 함은 회사의 경영활동이나 관리활동을 수행함에 있어 의사 결정이나 판단을 요하는 일에 대하여 최고결재권자의 결재를 생략하고, 자신의 책임하에 최종적으로 의사 결정이나 판단을 하는 행위를 말한다.
- 결재 및 전결사항에 대해서 다음과 같이 진행한다.
  - 대표이사 결재사항 : 대표이사, 본부장만 확인 후 결재
  - 본부장 전결사항 : 본부장, 팀장만 확인 후 결재
  - 팀장(대리) 전결사항 : 팀장(대리)만 확인 후 결재
- 표시 내용 : 결재를 올리는 자는 최고결재권자인 대표이사로부터 전결 사항을 위임 받은 자가 있는 경우 위임 받은 자의 결재란에 '전결'이라고 표시하고 최종 결재권자란에 위임 받은 자의 직책을 표시한다.
- 다만, 결재가 불필요한 직책자의 결재란은 상향대각선으로 표시한다.
- 최고결재권자의 결재사항 및 최고결재권자로부터 위임된 전결사항은 아래의 표에 따른다.

구분	내용	금액기준	결재서류	대리	팀장	본부장	대표이사
운송비	택배, 소포 및 퀵서비스 이용	10만 원 이하	지출품의서 지출결의서		●★		
		30만 원 이하			●★		
		30만 원 초과				★	●
교통비	당일 출장	10만 원 이하	출장계획서	●			
		20만 원 이하			●		
		20만 원 초과				●	
	지방 출장						●

※ ● : 출장계획서, 지출품의서, ★ : 지출결의서

30. 영업팀 K 사원은 퀵서비스 이용에 10만원을 사용했다. 결재 받을 서류의 양식을 올바르게 작성한 것은?

①

지출품의서					
결재	대리	팀장	본부장	대표이사	최종결재
			/	/	전결

②

지출결의서					
결재	대리	팀장	본부장	대표이사	최종결재
	/	전결	/	/	

③

지출품의서					
결재	대리	팀장	본부장	대표이사	최종결재
	/		/	/	팀장

④

지출결의서					
결재	대리	팀장	본부장	대표이사	최종결재
	/	전결		/	팀장

31. 영업팀 팀장 O는 지방 출장을 가게 되었다. 결재 받을 서류의 양식을 올바르게 작성한 것은?

①

<table>
<tr><th colspan="6">출장계획서</th></tr>
<tr><td rowspan="2">결재</td><td>대리</td><td>팀장</td><td>본부장</td><td>대표이사</td><td>최종결재</td></tr>
<tr><td>/</td><td>/</td><td></td><td></td><td>대표이사</td></tr>
</table>

②

<table>
<tr><th colspan="6">출장계획서</th></tr>
<tr><td rowspan="2">결재</td><td>대리</td><td>팀장</td><td>본부장</td><td>대표이사</td><td>최종결재</td></tr>
<tr><td>/</td><td>/</td><td>전결</td><td>/</td><td>본부장</td></tr>
</table>

③

<table>
<tr><th colspan="6">출장계획서</th></tr>
<tr><td rowspan="2">결재</td><td>대리</td><td>팀장</td><td>본부장</td><td>대표이사</td><td>최종결재</td></tr>
<tr><td>/</td><td>전결</td><td>/</td><td>/</td><td>전결</td></tr>
</table>

④

<table>
<tr><th colspan="6">출장계획서</th></tr>
<tr><td rowspan="2">결재</td><td>대리</td><td>팀장</td><td>본부장</td><td>대표이사</td><td>최종결재</td></tr>
<tr><td>전결</td><td>/</td><td>/</td><td>/</td><td>대리</td></tr>
</table>

32. 다음 〈상황〉에서 박 주임이 고객에게 해야 할 말로 가장 적절한 것은?

상황

S 은행에서 근무하는 박 주임은 사수인 황 대리가 개인사정으로 휴가를 냈다는 소식을 들었다. 입사 2개월 차인 박 주임은 평소 업무를 함에 있어 황 대리에게 많은 도움을 받고 있었다. 박 주임은 창구에서 고객을 응대하는 업무를 하던 중 한 고객이 배정되어 왔다.

박 주임 : 어서오세요, 고객님. 어떤 일로 찾아오셨나요?

고객 : 지난번 은행에 왔다가 펀드 가입 권유를 받고 며칠 더 생각을 해 보겠다고 했는데, 궁금한 점이 있어서 몇 가지 물어보려고 찾아왔어요. 그런데 지난번에 저를 상담해 주신 직원분이 오늘은 안 계신가 보네요? 지난번에 이분에게 상담 받았거든요. (고객이 황 대리의 명함을 내민다)

박 주임 : 황 대리님에게 상담을 받으셨나 보네요. 개인 사정이 있으셔서 오늘은 휴가를 내셨어요.

고객 : 그래요? 그분이 펀드상품별로 설명을 잘해 주셔서 일부러 다시 찾아온 건데. 그러면 궁금한 것들을 좀 물어봐도 될까요? 제가 펀드 초보라 궁금한 게 많네요. 설명 듣고 괜찮으면 오늘 바로 가입을 할 수도 있구요.

사수인 황 대리는 펀드투자권유자문인력 자격증이 있어, 펀드와 관련한 상담은 물론, 펀드 상품을 판매하거나 투자자문을 하는 등의 업무가 모두 가능하다. 그러나 박 주임은 투자권유대행인 자격증이 있어 펀드상품 매매 권유는 가능하지만, 펀드 상품을 직접 판매할 자격은 갖고 있지 않다. 게다가 은행 내에서 판매하는 모든 펀드상품에 대한 숙지가 충분히 되어 있지 않아서, 고객의 모든 질문에 제대로 답변을 해 줄 수 있을지 의문이 들었다. 주변을 둘러보니 모든 창구가 붐비는 상황이어서 다른 창구로 바로 안내하기도 어려운 상황이다.

① 죄송하게도 제가 입사한 지 얼마 되지 않아서 펀드 상담이 어렵고, 매매할 권한이 없는 상황입니다. 내일 황 대리님이 출근하셨을 때 재방문하셔서 좀 더 전문적인 상담을 받고 가입하시는 것이 어떨까요?

② 원활한 상담 진행을 위해 신입인 저보다는 펀드 상품 전문가이신 다른 직원분께 상담을 부탁드리도록 하겠습니다. 하지만 지금 창구가 많이 붐벼서, 조금 대기하신 후에 다른 창구로 안내해 드려야 할 것 같습니다.

③ 일단 제가 알고 있는 내용과 자료상으로 확인할 수 있는 내용 선에서 최대한 답변해 드려도 괜찮을까요? 좀 더 전문적인 상담이나 가입을 원하시는 경우에는 다른 창구로 안내 도와드리겠습니다.

④ 다른 창구가 붐비기 때문에 제가 고객님 응대를 해 드려야 할 것 같은데, 제가 아직 펀드 판매 관련 자격증도 없고 아직 신입이라 지식도 미비합니다. 괜찮으시다면 근처의 다른 지점을 방문해 주시기를 부탁드립니다.

33. 다음에 제시된 상황에서 H 주임이 고객에게 해야 할 말로 가장 적절한 것은?

상황제시		
업무 수행자	이름	H
	소속	○○은행 □□지점
	직급	1년 차 주임
업무배경	수신 창구에서 근무하는 H 주임은 입출금, 외환, 금융상품 등 다양한 업무를 맡아 처리하고 있다.	

H 주임의 창구에 한 고객이 USB 디스크를 들고 찾아와 다음과 같이 문의했다.

고객

안녕하세요. 작년에 공동인증서를 발급받아서 인터넷뱅킹을 잘 사용해 왔는데, 오늘 계좌이체를 하려고 인터넷뱅킹 홈페이지에 접속하니까 공동인증서가 만료됐다고 나오면서 사용이 안 되더라고요.

우리 아들 말로는 홈페이지에서 공동인증서를 재발급 받을 수 있다던데, 말만 들어도 복잡하고 못 할 거 같아서 일단 이 USB 디스크를 들고 와봤어요. 공동인증서를 대신 발급해서 여기에 넣어주실 수 있을까요? 저는 인터넷뱅킹에서 계좌이체밖에는 못 하거든요.

공동인증서는 1년마다 인터넷뱅킹 홈페이지에서 갱신을 하여 이용할 수 있다. 만약, 공동인증서가 만료되는 경우에는 고객이 인터넷뱅킹 홈페이지에서 본인인증 절차를 거쳐 스스로 재발급을 받아야 하며, 직원의 명의로는 불가능하다. 또한, 지점에서 사용하는 업무용 PC로는 보안상의 이유로 인해 외부 USB 디스크를 사용할 수 없기 때문에 은행에서 고객의 계정으로 접속하여 USB 디스크에 공동인증서를 담아주는 것도 어렵다.

① 인터넷뱅킹 홈페이지에서 도움말 메뉴를 보시면 공동인증서 재발급 방법이 상세하게 안내돼 있습니다. 천천히 따라서 해보신 후에 그래도 안 되면 가족들께 도움을 요청해 보시면 어떨까요?

② 보안시스템상의 이유로 지점 내에 있는 PC로는 개인 USB에 공동인증서를 담아드릴 수 없습니다. 그러니 나중에 개인 노트북을 가져오시면 고객님 아이디로 접속해서 공동인증서를 재발급해 드리겠습니다.

③ 공동인증서를 기존에 발급받으셨기 때문에 댁으로 돌아가셔서 공동인증서를 재발급받으시면 됩니다. 죄송하지만 제가 도와드릴 수 있는 것이 없습니다.

④ 인터넷뱅킹 페이지에서 재발급 메뉴를 누르시고 본인인증 절차를 통해 재발급이 가능합니다. 대신 해드리기는 어렵지만, 본인인증을 좀 더 편하게 하실 수 있도록 대면확인 1회용 인증번호를 발급해 드리고 방법을 안내해 드리겠습니다.

34. 오 사원은 고객정보를 바탕으로 고객을 분류하여 전산에 등록하기 위해 아래와 같은 순서도를 만들었는데, 고객 B와 F의 분류 결과가 다음과 같았다. 이때, (가), (나), (다)에 들어갈 수 있는 질문을 바르게 연결한 것은? (단, 고객 B와 F만 같은 분류로 등록되었다)

정보 \ 고객	A	B	C	D	E	F	G
성별	여	여	남	여	남	여	남
투자성향	안정추구	중립투자	안정추구	안정추구	중립투자	공격투자	공격투자
관심 상품	예금	펀드	예금	대출	퇴직연금	펀드	대출
마케팅 정보 활용	동의	동의	동의	동의	미동의	동의	동의
나이	23세	25세	38세	34세	43세	22세	31세
가입 기간	6개월	3년 4개월	5년 8개월	4년	3년 3개월	2년 2개월	4년 5개월

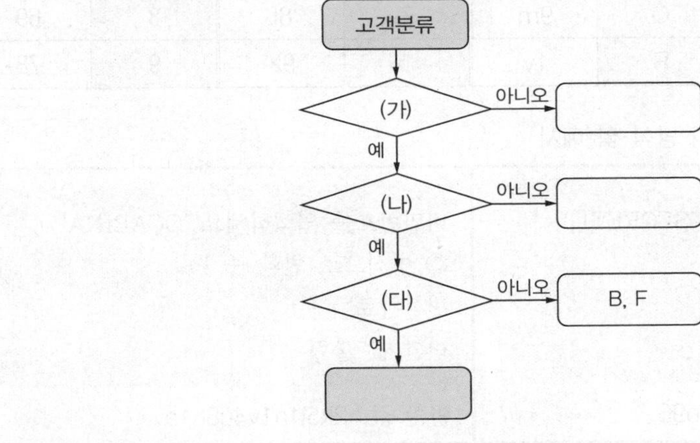

	(가)	(나)	(다)
①	성별이 여자인가?	관심 상품이 대출인가?	투자성향이 안정추구인가?
②	마케팅 정보 활용에 동의했는가?	관심 상품이 펀드인가?	가입 기간이 3년 이상인가?
③	20세 이상인가?	마케팅 정보 활용에 미동의했는가?	가입 기간이 4년 이상인가?
④	가입기간이 1년 이상인가?	마케팅 정보 활용에 동의했는가?	30세 이상인가?

[35 ~ 38] 다음의 제시 상황과 자료를 보고 이어지는 질문에 답하시오.

(주)대한 보안팀은 직원들의 회사 계정의 비밀번호와 보안을 위해 비밀번호를 다음과 같이 변환하여 관리하고 있다.

문자	변환문자	문자	변환문자	문자	변환문자	문자	변환문자
A	1a	J	3y	S	1g	1	96
B	4w	K	2c	T	9n	2	23
C	8h	L	5q	U	3o	3	37
D	3r	M	9L	V	4p	4	12
E	7b	N	5i	W	6e	5	85
F	6s	O	4u	X	3x	6	41
G	8i	P	7d	Y	2w	7	54
H	7i	Q	9m	Z	8f	8	69
I	2k	R	1v	!	9z	9	78

• 비밀번호 변환하는 4가지 방식 및 예시

비밀번호를 입력하세요("SECRET1") ○ 방식으로 변환 중 … 변환완료! 변환 값 출력 변환 값 : 1g7b8h1v7b9n96	비밀번호를 입력하세요("OCARINA") ◎ 방식으로 변환 중 … 변환완료! 변환 값 출력 변환 값 : 2k5i1a1v4u8h1a
비밀번호를 입력하세요("ELECTRO") ◇ 방식으로 변환 중 … 변환완료! 변환 값 출력 변환 값 : 6s9L6s3r3o1g7d	비밀번호를 입력하세요("SUPERB7") □ 방식으로 변환 중 … 변환완료! 변환 값 출력 변환 값 : 544w1v7b7d3o1g

35. 다음 비밀번호를 □ 방식으로 변환하였을 때, 변환 값으로 옳은 것은?

비밀번호	IYFR97!

① 9m54781v6s2w2k
② 9z54781v6s2w2k
③ 9m54411v6e2w2k
④ 9z54691v6e2w2k

36. 다음 비밀번호를 ◇ 방식으로 변환하였을 때, 변환 값으로 옳은 것은?

비밀번호	OB37HAB

① 7d8h12692k4w8h
② 7d8h12852k4u8f
③ 7d8n12782k4u8f
④ 7d8n37542k4w8h

37. 다음 비밀번호를 ◎ 방식으로 변환하였을 때, 변환 값으로 옳은 것은?

비밀번호	49JYSBP

① 1g4w7d2w41782y
② 1q4w7d2w41783y
③ 1g4w7d2w12783y
④ 1g4w7d2v12783y

38. 기획팀 박 차장이 비밀번호를 분실하여 보안팀을 찾아 왔다. 박 차장이 분실한 7자리 비밀번호의 변환 값이 다음과 같을 때, 분실한 박 차장의 비밀번호는? (단, 해당 비밀번호는 ○ 방식으로 변환되었다)

변환 값	4u9m41699n6e3x

① OQ68SWX ② OQ68TWX

③ OQ68SVX ④ OQ68TVX

39. 다음 상황에 대한 이해로 적절하지 않은 것은?

> 인사팀 Y는 개발팀 S가 코딩하는 것을 지켜보게 되었는데, S는 누군가 만들어 놓은 소스 코드를 다운로드 받아 코딩 작업을 하고 있었다.
>
> Y : 그런데 제가 알기로 타인의 소스 코드를 그대로 모방, 수정하는 경우는 불법인데... 저작권 문제가 발생할 수 있는 것 아닌가요?
>
> S : 해당 소스 코드는 이미 공개된 것이어서 문제되지 않아요.

① S가 사용한 소스 코드를 'Open Source'라 한다.

② 위와 같은 코드는 누구나 유익하게 사용할 수 있도록 무료로 내부 기술 즉, 전체 소스를 공개한 것이다.

③ 공개한 소스 코드에 새로운 기능을 추가해서 새롭게 발전시킬 수 있다.

④ S가 사용한 소스 코드를 'Open Data'라 한다.

40. 다음 〈보기〉의 ㉠ ~ ㉢에 공통적으로 사용된 ICT의 명칭으로 알맞은 것은?

보기

㉠ 최근 자동차 내비게이션은 무선 네트워크를 통해 주요 정보를 확보하기 때문에 초기 설치 용량을 최소화했으며, 별도의 업데이트 없이 최신 지도를 유지하고, 실시간 주행환경정보를 동시다발적으로 수집해 교통상황을 예측하고 대응할 수 있게 해 준다.

㉡ OTT 서비스는 스마트 디바이스를 통해 다양한 멀티미디어 콘텐츠를 실시간 관람할 수 있는 서비스이다. OTT 서비스를 이용하면 콘텐츠를 디바이스에 저장하지 않아도 된다는 것과 월정액 이용료만으로 무수한 콘텐츠를 즐길 수 있다는 장점이 있다.

㉢ ○○서비스는 콘솔이나 PC에 게임을 설치하지 않고도 서버에서 직접 게임을 구동하며 실시간으로 정보를 송수신하는 방식으로 게임을 즐길 수 있는 서비스이다. 데이터의 저장과 공유 역시 서버를 통해서 직접 처리하기 때문에 추가적인 비용 부담을 크게 줄일 수 있다.

① GPS　　② 블록체인

③ 빅데이터 분석　　④ 클라우드 서비스

Memo

미래를 창조하기에 꿈만큼 좋은 것은 없다.
오늘의 유토피아가 내일 현실이 될 수 있다.

There is nothing like dream to create the future.
Utopia today, flesh and blood tomorrow.
빅토르 위고 Victor Hugo

은행 · 금융 공기업 NCS

감독관 확인란	

실전모의고사 1회

성명표기란

㉠	㉮	㉠	㉠	㉮	㉠	㉠	㉮	㉠	㉠	㉮	㉠

수험번호

⓪	⓪	⓪	⓪	⓪	⓪
①	①	①	①	①	①
②	②	②	②	②	②
③	③	③	③	③	③
④	④	④	④	④	④
⑤	⑤	⑤	⑤	⑤	⑤
⑥	⑥	⑥	⑥	⑥	⑥
⑦	⑦	⑦	⑦	⑦	⑦
⑧	⑧	⑧	⑧	⑧	⑧
⑨	⑨	⑨	⑨	⑨	⑨

(주민등록 앞자리 생년제외) 월일

⓪	⓪	⓪	⓪
①	①	①	①
②	②	②	②
③	③	③	③
④	④	④	④
⑤	⑤	⑤	⑤
⑥	⑥	⑥	⑥
⑦	⑦	⑦	⑦
⑧	⑧	⑧	⑧
⑨	⑨	⑨	⑨

수험생 유의사항

※ 답안은 반드시 컴퓨터용 사인펜으로 보기와 같이 바르게 표기해야 합니다.
〈보기〉 ① ② ③ ❹ ⑤

※ 성명표기란 위 칸에는 성명을 한글로 쓰고 아래 칸에는 성명을 정확하게 표기하십시오. (맨 왼쪽 칸부터 성과 이름은 붙여 씁니다)

※ 수험번호/월일 위 칸에는 아라비아 숫자로 쓰고 아래 칸에는 숫자와 일치하게 표기하십시오.

※ 월일은 반드시 본인 주민등록번호의 생년을 제외한 월 두 자리, 일 두 자리를 표기하십시오. 〈예〉 1994년 1월 12일 → 0112

문번	답란	문번	답란	문번	답란	문번	답란
1	① ② ③ ④	16	① ② ③ ④	31	① ② ③ ④	46	① ② ③ ④
2	① ② ③ ④	17	① ② ③ ④	32	① ② ③ ④	47	① ② ③ ④
3	① ② ③ ④	18	① ② ③ ④	33	① ② ③ ④	48	① ② ③ ④
4	① ② ③ ④	19	① ② ③ ④	34	① ② ③ ④	49	① ② ③ ④
5	① ② ③ ④	20	① ② ③ ④	35	① ② ③ ④	50	① ② ③ ④
6	① ② ③ ④	21	① ② ③ ④	36	① ② ③ ④		
7	① ② ③ ④	22	① ② ③ ④	37	① ② ③ ④		
8	① ② ③ ④	23	① ② ③ ④	38	① ② ③ ④		
9	① ② ③ ④	24	① ② ③ ④	39	① ② ③ ④		
10	① ② ③ ④	25	① ② ③ ④	40	① ② ③ ④		
11	① ② ③ ④	26	① ② ③ ④	41	① ② ③ ④		
12	① ② ③ ④	27	① ② ③ ④	42	① ② ③ ④		
13	① ② ③ ④	28	① ② ③ ④	43	① ② ③ ④		
14	① ② ③ ④	29	① ② ③ ④	44	① ② ③ ④		
15	① ② ③ ④	30	① ② ③ ④	45	① ② ③ ④		

잘라서 활용하세요.

은행 · 금융 공기업 NCS

감독관 확인란	

실전모의고사 2회

성명표기란

수험번호

⓪	⓪	⓪	⓪	⓪	⓪
①	①	①	①	①	①
②	②	②	②	②	②
③	③	③	③	③	③
④	④	④	④	④	④
⑤	⑤	⑤	⑤	⑤	⑤
⑥	⑥	⑥	⑥	⑥	⑥
⑦	⑦	⑦	⑦	⑦	⑦
⑧	⑧	⑧	⑧	⑧	⑧
⑨	⑨	⑨	⑨	⑨	⑨

(주민등록 앞자리 생년제외) 월일

⓪	⓪	⓪	⓪
①	①	①	①
②	②	②	②
③	③	③	③
④	④	④	④
⑤	⑤	⑤	⑤
⑥	⑥	⑥	⑥
⑦	⑦	⑦	⑦
⑧	⑧	⑧	⑧
⑨	⑨	⑨	⑨

수험생 유의사항

※ 답안은 반드시 컴퓨터용 사인펜으로 보기와 같이 바르게 표기해야 합니다.
〈보기〉 ① ② ③ ❹ ⑤

※ 성명표기란 위 칸에는 성명을 한글로 쓰고 아래 칸에는 성명을 정확하게 표기하십시오. (맨 왼쪽 칸부터 성과 이름은 붙여 씁니다)

※ 수험번호/월일 위 칸에는 아라비아 숫자로 쓰고 아래 칸에는 숫자와 일치하게 표기하십시오.

※ 월일은 반드시 본인 주민등록번호의 생년을 제외한 월 두 자리, 일 두 자리를 표기하십시오. 〈예〉 1994년 1월 12일 → 0112

문번	답란	문번	답란	문번	답란
1	① ② ③ ④	16	① ② ③ ④	31	① ② ③ ④
2	① ② ③ ④	17	① ② ③ ④	32	① ② ③ ④
3	① ② ③ ④	18	① ② ③ ④	33	① ② ③ ④
4	① ② ③ ④	19	① ② ③ ④	34	① ② ③ ④
5	① ② ③ ④	20	① ② ③ ④	35	① ② ③ ④
6	① ② ③ ④	21	① ② ③ ④	36	① ② ③ ④
7	① ② ③ ④	22	① ② ③ ④	37	① ② ③ ④
8	① ② ③ ④	23	① ② ③ ④	38	① ② ③ ④
9	① ② ③ ④	24	① ② ③ ④	39	① ② ③ ④
10	① ② ③ ④	25	① ② ③ ④	40	① ② ③ ④
11	① ② ③ ④	26	① ② ③ ④		
12	① ② ③ ④	27	① ② ③ ④		
13	① ② ③ ④	28	① ② ③ ④		
14	① ② ③ ④	29	① ② ③ ④		
15	① ② ③ ④	30	① ② ③ ④		

은행 · 금융 공기업 NCS

감독관 확인란	

실전모의고사_연습용

성명표기란

ㄱ	ㅏ	ㄱ	ㄱ	ㅏ	ㄱ	ㄱ	ㅏ	ㄱ	ㄱ	ㅏ	ㄱ
ㄴ	ㅑ	ㄴ	ㄴ	ㅑ	ㄴ	ㄴ	ㅑ	ㄴ	ㄴ	ㅑ	ㄴ
ㄷ	ㅓ	ㄷ	ㄷ	ㅓ	ㄷ	ㄷ	ㅓ	ㄷ	ㄷ	ㅓ	ㄷ
ㄹ	ㅕ	ㄹ	ㄹ	ㅕ	ㄹ	ㄹ	ㅕ	ㄹ	ㄹ	ㅕ	ㄹ
ㅁ	ㅗ	ㅁ	ㅁ	ㅗ	ㅁ	ㅁ	ㅗ	ㅁ	ㅁ	ㅗ	ㅁ
ㅂ	ㅛ	ㅂ	ㅂ	ㅛ	ㅂ	ㅂ	ㅛ	ㅂ	ㅂ	ㅛ	ㅂ
ㅅ	ㅜ	ㅅ	ㅅ	ㅜ	ㅅ	ㅅ	ㅜ	ㅅ	ㅅ	ㅜ	ㅅ
ㅇ	ㅠ	ㅇ	ㅇ	ㅠ	ㅇ	ㅇ	ㅠ	ㅇ	ㅇ	ㅠ	ㅇ
ㅈ	ㅡ	ㅈ	ㅈ	ㅡ	ㅈ	ㅈ	ㅡ	ㅈ	ㅈ	ㅡ	ㅈ
ㅊ	ㅣ	ㅊ	ㅊ	ㅣ	ㅊ	ㅊ	ㅣ	ㅊ	ㅊ	ㅣ	ㅊ
ㅋ	ㅐ	ㅋ	ㅋ	ㅐ	ㅋ	ㅋ	ㅐ	ㅋ	ㅋ	ㅐ	ㅋ
ㅌ	ㅒ	ㅌ	ㅌ	ㅒ	ㅌ	ㅌ	ㅒ	ㅌ	ㅌ	ㅒ	ㅌ
ㅍ	ㅔ	ㅍ	ㅍ	ㅔ	ㅍ	ㅍ	ㅔ	ㅍ	ㅍ	ㅔ	ㅍ
ㅎ	ㅖ	ㅎ	ㅎ	ㅖ	ㅎ	ㅎ	ㅖ	ㅎ	ㅎ	ㅖ	ㅎ
	ㅘ		ㄲ	ㅘ	ㄲ	ㄲ	ㅘ	ㄲ	ㄲ	ㅘ	ㄲ
	ㅙ		ㄸ	ㅙ	ㄸ	ㄸ	ㅙ	ㄸ	ㄸ	ㅙ	ㄸ
	ㅚ		ㅃ	ㅚ	ㅃ	ㅃ	ㅚ	ㅃ	ㅃ	ㅚ	ㅃ
	ㅝ		ㅆ	ㅝ	ㅆ	ㅆ	ㅝ	ㅆ	ㅆ	ㅝ	ㅆ
	ㅞ		ㅉ	ㅞ	ㅉ	ㅉ	ㅞ	ㅉ	ㅉ	ㅞ	ㅉ
	ㅟ			ㅟ	ㄺ		ㅟ	ㄺ		ㅟ	ㄺ
	ㅢ			ㅢ	ㄻ		ㅢ	ㄻ		ㅢ	ㄻ

수험번호

0	0	0	0	0	0
1	1	1	1	1	1
2	2	2	2	2	2
3	3	3	3	3	3
4	4	4	4	4	4
5	5	5	5	5	5
6	6	6	6	6	6
7	7	7	7	7	7
8	8	8	8	8	8
9	9	9	9	9	9

(주민등록 앞자리 생년제외) 월일

0	0	0	0
1	1	1	1
2	2	2	2
3	3	3	3
4	4	4	4
5	5	5	5
6	6	6	6
7	7	7	7
8	8	8	8
9	9	9	9

수험생 유의사항

※ 답안은 반드시 컴퓨터용 사인펜으로 보기와 같이 바르게 표기해야 합니다.
〈보기〉 ① ② ③ ❹ ⑤

※ 성명표기란 위 칸에는 성명을 한글로 쓰고 아래 칸에는 성명을 정확하게 표기하십시오. (맨 왼쪽 칸부터 성과 이름은 붙여 씁니다)

※ 수험번호/월일 위 칸에는 아라비아 숫자로 쓰고 아래 칸에는 숫자와 일치하게 표기하십시오.

※ 월일은 반드시 본인 주민등록번호의 생년을 제외한 월 두 자리, 일 두 자리를 표기하십시오. 〈예〉 1994년 1월 12일 → 0112

문번	답란	문번	답란	문번	답란	문번	답란
1	① ② ③ ④	16	① ② ③ ④	31	① ② ③ ④	46	① ② ③ ④
2	① ② ③ ④	17	① ② ③ ④	32	① ② ③ ④	47	① ② ③ ④
3	① ② ③ ④	18	① ② ③ ④	33	① ② ③ ④	48	① ② ③ ④
4	① ② ③ ④	19	① ② ③ ④	34	① ② ③ ④	49	① ② ③ ④
5	① ② ③ ④	20	① ② ③ ④	35	① ② ③ ④	50	① ② ③ ④
6	① ② ③ ④	21	① ② ③ ④	36	① ② ③ ④		
7	① ② ③ ④	22	① ② ③ ④	37	① ② ③ ④		
8	① ② ③ ④	23	① ② ③ ④	38	① ② ③ ④		
9	① ② ③ ④	24	① ② ③ ④	39	① ② ③ ④		
10	① ② ③ ④	25	① ② ③ ④	40	① ② ③ ④		
11	① ② ③ ④	26	① ② ③ ④	41	① ② ③ ④		
12	① ② ③ ④	27	① ② ③ ④	42	① ② ③ ④		
13	① ② ③ ④	28	① ② ③ ④	43	① ② ③ ④		
14	① ② ③ ④	29	① ② ③ ④	44	① ② ③ ④		
15	① ② ③ ④	30	① ② ③ ④	45	① ② ③ ④		

은행 · 금융 공기업 NCS

감독관 확인란	

실전모의고사_연습용

성명표기란

- Initial consonant columns: ㄱ ㄴ ㄷ ㄹ ㅁ ㅂ ㅅ ㅇ ㅈ ㅊ ㅋ ㅌ ㅍ ㅎ (later columns add ㄲ ㄸ ㅃ ㅆ ㅉ)
- Vowel columns: ㅏ ㅑ ㅓ ㅕ ㅗ ㅛ ㅜ ㅠ ㅡ ㅣ ㅐ ㅒ ㅔ ㅖ ㅘ ㅙ ㅚ ㅝ ㅞ ㅟ ㅢ
- Final consonant columns: ㄱ ㄴ ㄷ ㄹ ㅁ ㅂ ㅅ ㅇ ㅈ ㅊ ㅋ ㅌ ㅍ ㅎ ㄲ ㄸ ㅃ ㅆ ㅉ ㄺ ㄻ

수험번호

⓪	⓪	⓪	⓪	⓪	⓪
①	①	①	①	①	①
②	②	②	②	②	②
③	③	③	③	③	③
④	④	④	④	④	④
⑤	⑤	⑤	⑤	⑤	⑤
⑥	⑥	⑥	⑥	⑥	⑥
⑦	⑦	⑦	⑦	⑦	⑦
⑧	⑧	⑧	⑧	⑧	⑧
⑨	⑨	⑨	⑨	⑨	⑨

(주민등록 앞자리 생년제외) 월일

⓪	⓪	⓪	⓪
①	①	①	①
②	②	②	②
③	③	③	③
④	④	④	④
⑤	⑤	⑤	⑤
⑥	⑥	⑥	⑥
⑦	⑦	⑦	⑦
⑧	⑧	⑧	⑧
⑨	⑨	⑨	⑨

수험생 유의사항

※ 답안은 반드시 컴퓨터용 사인펜으로 보기와 같이 바르게 표기해야 합니다.
〈보기〉 ① ② ③ ❹ ⑤

※ 성명표기란 위 칸에는 성명을 한글로 쓰고 아래 칸에는 성명을 정확하게 표기하십시오. (맨 왼쪽 칸부터 성과 이름은 붙여 씁니다)

※ 수험번호/월일 위 칸에는 아라비아 숫자로 쓰고 아래 칸에는 숫자와 일치하게 표기하십시오.

※ 월일은 반드시 본인 주민등록번호의 생년을 제외한 월 두 자리, 일 두 자리를 표기하십시오. 〈예〉 1994년 1월 12일 → 0112

문번	답란	문번	답란	문번	답란	문번	답란
1	① ② ③ ④	16	① ② ③ ④	31	① ② ③ ④	46	① ② ③ ④
2	① ② ③ ④	17	① ② ③ ④	32	① ② ③ ④	47	① ② ③ ④
3	① ② ③ ④	18	① ② ③ ④	33	① ② ③ ④	48	① ② ③ ④
4	① ② ③ ④	19	① ② ③ ④	34	① ② ③ ④	49	① ② ③ ④
5	① ② ③ ④	20	① ② ③ ④	35	① ② ③ ④	50	① ② ③ ④
6	① ② ③ ④	21	① ② ③ ④	36	① ② ③ ④		
7	① ② ③ ④	22	① ② ③ ④	37	① ② ③ ④		
8	① ② ③ ④	23	① ② ③ ④	38	① ② ③ ④		
9	① ② ③ ④	24	① ② ③ ④	39	① ② ③ ④		
10	① ② ③ ④	25	① ② ③ ④	40	① ② ③ ④		
11	① ② ③ ④	26	① ② ③ ④	41	① ② ③ ④		
12	① ② ③ ④	27	① ② ③ ④	42	① ② ③ ④		
13	① ② ③ ④	28	① ② ③ ④	43	① ② ③ ④		
14	① ② ③ ④	29	① ② ③ ④	44	① ② ③ ④		
15	① ② ③ ④	30	① ② ③ ④	45	① ② ③ ④		

gosinet
(주)고시넷

대기업 · 금융

고시넷 대기업
20대기업 인적성검사 온·오프라인
통합 기본서

2023
고시넷 대기업
LG그룹 온라인 인적성검사
최신기출유형 모의고사

고시넷 대기업
SK그룹 종합역량검사
온라인 SKCT
최신기출유형 모의고사
4회

고시넷 대기업
현대자동차
모빌리티 기술인력 생산직
최신기출유형 모의고사

고시넷 대기업
KT그룹 온라인 인적성검사
종합인적성검사
최신기출유형 모의고사
5회

2025
고시넷 대기업
포스코그룹
온라인 인적성검사
최신 기출유형 모의고사

고시넷 대기업
포스코 생산기술직
온라인 인적성검사
최신기출유형 모의고사
4회

2025
고시넷 대기업
삼성그룹 온라인 GSAT
5급 고졸채용
최신 기출유형 모의고사

2025
고시넷 대기업
이랜드그룹
인적성검사
최신 기출유형 모의고사

2024
고시넷 대기업
KCC 온라인 인적성검사
최신 기출유형 모의고사

2023
고시넷 대기업
효성그룹 인적성검사
최신 기출유형 모의고사

2023
고시넷 대기업
샘표식품 인적성검사
최신 기출유형 모의고사

2023
고시넷 대기업
삼양그룹 온라인 인적성검사
최신 기출유형 모의고사

2024
고시넷 대기업
S-OIL 에쓰오일 온라인 인적성검사
최신 기출유형 모의고사

2024
고시넷 대기업
S-OIL 생산직
온라인 필기시험
최신기출유형 모의고사
4회

2025
고시넷 금융권
은행·금융 공기업
NCS
실제유형 + 실전모의고사

2024
고시넷 대기업
MG새마을금고
NCS 기출예상모의고사

2024
고시넷 대기업
지역신협 인적성검사
최신 기출유형 모의고사

2024
고시넷 대기업
지역수협 인적성검사
최신 기출유형 모의고사

2024
고시넷 대기업
SK하이닉스 고졸/전문대졸
Maintenance/Operator
필기시험
SKCT

2024
고시넷 금융권
NH농협은행 NCS 직무상식
온라인 필기시험
최신기출유형 모의고사
6급

고시넷 금융권
2024 개정판
금융상식
경제상식 은행 필기시험 (경영상식 포함)

고시넷 NCS
지역농협 6급
통합기본서

고시넷 농·축협
지역농협 6급 NCS
오픈봉투모의고사
6회

저마다의 일생에는,

특히 그 일생이 동터 오르는 여명기에는

모든 것을 결정짓는 한 순간이 있다.

그 순간을 다시 찾아내는 것은 어렵다.

그것은 다른 수많은 순간들의 퇴적 속에

깊이 묻혀있다.

- 장 그르니에, 섬 LES ILES

NCS 직업기초능력평가

2025

고시넷 금융권

최신 금융권 출제 경향 완벽 반영

유형연습 + 모의고사

고시넷 WWW.GOSINET.CO.KR

은행·금융 공기업 NCS

실제유형 + 실전모의고사

정답과 해설

gosinet
(주)고시넷

NCS 직업기초능력평가

2025 **고시넷** 금융권

최신 금융권 출제 경향 완벽 반영

유형연습 + 모의고사

고시넷 WWW.GOSINET.CO.KR

은행·금융 공기업 NCS

실제유형 + 실전모의고사

정답과 해설

gosinet
(주)고시넷

파트 1 의사소통능력

01 대표기출 유형

▸문제 30쪽

01	①	02	②	03	①	04	③	05	④
06	④	07	③	08	④	09	②	10	①
11	④	12	④	13	②	14	②	15	④
16	④	17	②	18	④	19	②	20	④
21	②	22	①	23	④				

01 문서이해능력 ETF 이해하기

| 정답 | ①

| 해설 | 두 번째 문단 첫 번째 줄에서 주식과 펀드와 비교했을 때 투자비용이 저렴하고, 직접 투자 시 판매보수와 수수료가 없다고 언급되어 있다.

| 오답풀이 |

② 두 번째 문단에 분산투자가 용이하며 최소 투자금액은 ETF 10주 이상이라고 언급되어 있다.

③ 첫 번째 문단의 ETF 정의에서 거래소에 상장되어 있어 일반 주식처럼 투자자가 원하는 가격에 실시간으로 사고 팔 수 있는 투자 상품이라고 언급되어 있다.

④ 두 번째 문단의 마지막 문장에 기초자산이 올라가면 ETF 가격도 그만큼 올라가고, 기초자산이 내려가면 ETF 가격도 그만큼 떨어진다고 언급되어 있다.

02 문서이해능력 OTP 이해하기

| 정답 | ②

| 해설 | 세 번째 문단에 따르면 OTP의 유효시간이 짧을수록 기밀성은 높아지나, 사용자의 인증 실패 빈도는 커진다. 따라서 어느 정도의 시간 오차 자동 보정 기능은 불가피하다고 했으므로 글의 내용과 일치하는 진술이다.

| 오답풀이 |

① 첫 번째 문단에 따르면 정보화 시대에는 신분증이나 인감 확인 절차 없이도 접근한 사람의 신원을 확인할 수 있는, OTP와 같은 다양한 절차들이 통용되고 있다. 하지만 이러한 새로운 절차들이 기존의 방법을 대신하는 것이라기보다는 기존의 절차들과 함께 통용되고 있는 것이다.

③ 두 번째 문단에 따르면 OTP는 보안의 주안점을 암호화 알고리즘 자체를 방어하는 데 두기보다는 암호 자체의 기동성 · 변화성에 주안을 둔 체계이다.

④ 세 번째 문단에 따르면 OTP 또한 피싱 사이트를 만들어 놓고 사용자의 입력값을 도용하는 등 다수의 해킹 시나리오가 있다.

03 문서이해능력 세부 내용 이해하기

| 정답 | ①

| 해설 | '1. 주요내용'의 '(정보제공자)' 항목에서 국세청 국세 납세증명은 20X2년 1월 5일부터 제공이 가능하다고 하였으므로, 20X2년 하반기가 되어야 API 방식으로 제공받을 수 있다는 설명은 적절하지 않다.

| 오답풀이 |

② '1. 주요내용'의 '(이용편의 개선)' 항목에서 마이데이터 사업자별로 연결되는 금융기관, 통신업체 등 정보제공자 수를 지속적으로 확대한다고 하였다.

③ '2. 기대효과'의 '(이용편의 제고)' 항목에서 API 방식을 사용하면 스크래핑 방식 대비 통합조회 속도가 약 10배 수준으로 증가한다고 하였다.

④ '1. 주요내용'의 '(데이터 정합성 제고)' 항목에서 이용자가 요구한 전송대상 정보를 보유하지 않은 경우 임의 값을 회신하여 오류가 발생하는데, 이를 공란으로 회신하게 하여 데이터 정합성을 제고한다고 하였으므로 적절한 추론이다.

04 문서이해능력 세부 내용 이해하기

| 정답 | ③

| 해설 | 빈칸에는 '2. 기대효과'의 내용이 들어가야 한다. '(정보보호 · 보안 강화)'의 두 번째 세부 사항에 따르면 마이데이터 서비스의 주요 기능 변경 전에 금융감독원이 아닌 금융보안원에서 사전심사하므로 적절한 답변이 아니다.

| 오답풀이 |

① '(정보보호 · 보안 강화)'의 첫 번째 세부 사항에서 소비자가 원하는 정보만 선택하여 전송을 요구할 수 있다고 제시돼 있다.

② '(이용편의 제고)'의 마지막 세부 사항에 다양한 사설인증서를 통하여 여러 금융회사에 원스톱으로 전송을 요구할 수 있다고 제시돼 있다.

④ '(이용편의 제고)'의 첫 번째 세부 사항을 통해 일부 대형 금융권 정보만 조회할 수 있었던 종전과 달리 전 금융권 정보뿐만 아니라 통신 · 공공 · 전자상거래내역까지도 조회할 수 있도록 개선되었음을 알 수 있다.

05 문서작성능력 게시글 제목 작성하기

| 정답 | ④

| 해설 | 20X2년 말 저축은행의 총 대출액은 전년에 비해 증가하였으나 연체율은 감소하였다. 반면 그중 개인사업자의 경우 대출액은 전년에 비해 감소하였으나 연체율은 소폭 증가하였는데, 대부분의 개인사업자가 경기민감 업종에 종사하고 있어 앞으로의 대출 연체율은 더 증가할 가능성이 있으므로 경기 침체 장기화에 대비한 관리를 해야 한다며 우려를 나타내고 있다. 따라서 글의 내용을 포괄하는 제목으로 '저축은행 개인사업자 대출 연체율 현황'이 가장 적절하다.

06 문서이해능력 적절한 주제 파악하기

| 정답 | ④

| 해설 | 제시된 글은 소셜 네트워크나 그 외 다양한 경로를 통해 쉽게 공유되고 얻을 수 있는 정보들에 대한 '잊혀질 권리'를 설명하고 있다. 인터넷 검색으로 오래된 정보도 쉽게, 누구나 찾을 수 있기 때문에 '잊혀질 권리'에 대한 논의가 더욱 많아지고 있음을 알 수 있다.

07 문서이해능력 핵심 내용 파악하기

| 정답 | ③

| 해설 | 가계대출 규모의 지속적인 증가가 문제시되는 이유는 가계의 대출 규모가 증가할수록 개별 가계가 향후 금리변동위험에 취약해지기 때문이므로 근본적인 이유는 ③이다.

08 문서작성능력 상품설명서 수정하기

| 정답 | ④

| 해설 | 제시된 설명서 초안의 상품설명에서 해당 예금상품이 목돈 모으기와 목돈 굴리기 중 어느 목적으로 이용하는 상품인지 그 목적이 제시되어 있지 않았으므로 이를 직접 명시하고, 금리정보에서는 적용금리를 '고시이율', '중도해지율' '보통 예금이율' 등으로 표시하는 것보다는 구체적인 이율을 수치로 직접 제시하여 고객이 설명서를 통해 이를 바로 인식할 수 있도록 하는 것이 바람직하다.

| 오답풀이 |

① 설명서는 명령형보다 평서형으로 쓰는 것이 더 좋을 수 있다. 그러나 '하시오' 등의 명령형 어미는 행동 지향 문구로 설명서를 읽는 대상의 행동을 유도하는 효과를 가진다는 점에서 상품설명서에 사용해도 무방하며, '하십시오'는 '하시오'의 높임말이므로 적절하다.

② 상품정보란에 상품의 내용을 짧게 정리한 상품개요를 제시하고, 가입대상과 가입기간 등 상품의 내용을 요소별로 구분하여 표시하고 있으므로 상품 정보에 대한 설명이 길다는 지적은 적절하지 않다.

③ 설명서에서의 전문용어는 설명서를 읽는 독자에 따라 사용 여부를 결정할 수 있다. 적금상품의 내용을 설명하는 문서의 특성상 금융에 관한 지식을 갖춘 사람을 대상으로 한다는 점에서, 금융상식 수준에서의 전문용어의 사용은 허용된다고 볼 수 있다. 다만, 설명서에 용어 설명을 삽입하거나, 직접 상품설명서를 제공하면서 용어를 해설하는 방법 등을 추가로 검토할 수 있다.

09 문서작성능력 문맥에 맞게 단어 사용하기

| 정답 | ②

| 해설 | ㉡ '존속되다'는 어떤 대상이 그대로 있거나 어떤 현상이 계속된다는 뜻으로 문맥상 쓰임이 적절하지 않다. 재산이나 영토, 권리 따위가 특정 주체에 붙거나 딸리게 된다는 뜻의 '귀속되다'가 와야 한다.

㉣ 이 원칙은 개인의 선택을 기초로 한다고 하였으므로 '시장 경제'의 운용 원칙이다. 계획 경제는 정부 주도의 경제 구조를 의미한다.

ⓑ 금액은 '배치'하는 것이 아니라 '예치'하는 것이다.

따라서 글의 흐름상 적절하게 사용되지 않은 것은 3개이다.

10 문서작성능력 흐름에 맞게 문장 나열하기

| 정답 | ①

| 해설 | 〈보기〉의 문장들을 보면 모두 휴대용 물통에 대한 단점을 나열하고 있다. 그러나 제시된 글의 마지막 줄을 보면 휴대용 물통의 판매는 증가 추세에 있다고 하였으므로 이와 반대되는 내용이 시작되는 문장이 먼저 나와야 함을 알 수 있다. 그러므로 ㉢이 가장 먼저 와야 하며, 휴대용 물통을 쓰지 않는 첫 번째 원인을 얘기하는 ㉤이 다음에 온다. 이어 첫 번째 원인에 대해 구체적으로 설명하고 있는 ㉡이 다음에 오고, 두 번째 원인인 ㉠과 이에 대해 구체적으로 설명하고 있는 ㉣이 마지막에 온다.

따라서 ㉢-㉤-㉡-㉠-㉣ 순이 적절하다.

11 문서작성능력 문단 순서 배열하기

| 정답 | ④

| 해설 | 먼저, H 커피가 기존에 가지고 있던 장점과 그 장점이 유효하지 않은 이유에 대해서 설명하는 (나)가 와야 한다. 이어서 그럼에도 불구하고 H 커피가 성공할 수 있었던 이유를 설명하는 (다)가 올 수 있다. 그리고 이에 대해 부연해서 설명하는 (가)가 이어진 다음, (가)에서 설명하고 있는 '현재 한국의 상황'을 구체적으로 제시하는 (라)가 와야 한다. 따라서 (나)-(다)-(가)-(라) 순이 적절하다.

12 문서이해능력 내용을 바탕으로 추론하기

| 정답 | ④

| 해설 | 첫 번째 문단에서 개인정보 유출이 실제로 보이스피싱 등 각종 범죄에 악용된 사례가 적지 않다고 했으며, 마지막 문단에서 개정안 시행 후 대체 인증 수단을 활용해도 개인정보 유출의 위험은 존재한다고 했으므로 적절한 추론이다.

| 오답풀이 |

① 제시된 글에서 아이핀은 다른 인증에 비해 편의성이 떨어지지만 휴대전화로 본인인증을 할 수 없는 상황이거나 공동인증서가 없을 경우 등에서는 유용한 인증 수단이라고 했으므로 아이핀만 사용하게 되었다는 설명은 적절하지 않다.

② 아이핀과 은행 등에서 무료로 발급되는 용도 제한용 공동인증서는 실명 확인의 대체 인증 수단으로서 사용 목적은 같을 수 있으나, 후자의 경우 일부 영역에서만 사용 가능하다고 했으므로 이용 가능한 사이트가 같다는 설명은 적절하지 않다.

③ 아이핀은 2005년 가이드라인 제정 이후 2006년 개정을 거쳐 시행되고 있으며, 개인정보보호법 개정안은 2014년 8월부터 시행되었다.

13 문서이해능력 내용을 바탕으로 추론하기

| 정답 | ②

| 해설 | 공고문의 신청대상을 보면 개인신용평가 1 ~ 3등급인 업체는 지원에서 제외된다고 하였으므로 소상공인 A는 지원대상이 될 수 없다.

| 오답풀이 |

③ 경북 경산시는 특별재난지역에 해당하므로 '신청대상'의 2) 사항을 적용하지 않는다. 따라서 C 씨는 코로나19 관련 피해 기업이라는 것을 따로 입증할 필요가 없다.

14 문서이해능력 내용을 바탕으로 추론하기

| 정답 | ②

| 해설 | 청약한도 150% 자격요건에 따르면 장기연금형(적립식펀드)은 직전 6개월 중 3회 이상 월 30만 원 이상 납입한 대상이 해당된다. 지난 1년간 총 8회를 납부한 것이 직전 6개월 동안 이뤄진 것인지의 여부를 알 수 없기 때문에 적절하지 않은 설명이다.

| 오답풀이 |

① 청약자격 첫 번째 항목으로 안내되어 있다.

③ 청약한도 150% 자격요건의 5에 해당하므로 적절하다.

④ 직전 3개월간 주식거래 약정 1억 원 이상인 사람은 청약한도 100%에 해당하므로 지점/콜센터를 통해 청약이 가능하다.

15 문서작성능력 | 논리적 흐름에 따라 알맞은 말 넣기

| 정답 | ④

| 해설 | 지불용의가격은 소비자가 어떠한 물건에 대해 최대한 지불할 수 있다고 생각하는 가격이므로 ㉠에는 '높은'이 들어가야 한다. 또한 소비자잉여는 지불용의가격에서 실제로 지불한 가격을 뺀 금액이므로 ㉡에는 '실제 구입 가격'이 들어가야 한다. 지불용의 가격이 높은 사람일수록 큰 소비자잉여를 누리게 되므로 ㉢에는 '높은'이 들어가야 하며 ㉣에는 '큰'이 들어갈 수 있다.

16 문서이해능력 | 논리적 흐름에 따라 알맞은 말 넣기

| 정답 | ④

| 해설 | 박 사원은 '하지만'으로 대화의 내용을 반전시키고 있으므로 빈칸에는 이전의 두 사원들의 말과 반대되는 내용이 들어가야 한다. 이 사원과 정 사원은 은행권의 탄력점포에 대해 긍정적인 반응을 보이며 그 등장 배경을 이야기하고 있으므로, 빈칸에는 탄력점포의 부정적인 측면의 내용이 들어가야 한다.

박 사원에 이어 김 사원은 빈칸에 대한 반응으로 인력 배치의 변화에 대해 이야기하고 있다. 따라서 직원 채용, 구조조정을 언급하며 이 사원, 정 사원의 입장과 반대되는 분위기의 내용인 ④가 빈칸에 적절하다.

17 문서작성능력 | 논지 전개 방식 이해하기

| 정답 | ②

| 해설 | 제시된 글에서는 철학과 과학을 대조하며 철학의 의미를 설명하고 철학을 옹호하고 있다. 또한 철학과 과학을 최전선과 점령 지대로 비유하여 철학과 과학의 대조가 더욱 강조되고 있다. 그러나 특정 이론을 소개하는 대목은 찾아볼 수 없다.

18 문서작성능력 | 전개 방식 파악하기

| 정답 | ④

| 해설 | 첫 문단에서 자연 현상에 대한 의문을 나열하며 대상을 이해하는 것이 어떤 식으로 이뤄지는지에 대해 설명하고 있다. 이후 두 번째 문단에서 무언가를 이해한다는 것의 진정한 의미를 체스 게임으로 설명하고 있다. 즉, 낯설고 익숙하지 않은 '이해'에 대한 개념을 친숙한 대상인 '체스 게임'에 빗대어 설명하고 있다.

19 의사표현능력 | 업무 의사 표현하기

| 정답 | ②

| 해설 | 박 주임이 제안한 교육의 내용은 스마트뱅킹 활용, ATM 사용 교육 등의 실습형 수업이 주를 이룬다. 따라서 다수의 인원으로 진행될 경우 디지털 금융소외계층을 대상으로 한 교육의 효과가 오히려 떨어질 수 있다. 박 주임이 교육 프로그램의 담당자인 만큼 본인의 생각과 계획을 바탕으로 김 점장을 설득해보는 것이 능동적이며 책임감 있는 행동이라고 볼 수 있다.

| 오답풀이 |

① 지나간 회의와 관련된 내용을 이야기하는 것은 제시된 상황의 맥락과 맞지 않는다.

③ 점장의 의견에 무조건 따르는 것보다는 프로그램의 담당자로서 박 주임 자신의 생각을 적절하게 표현하는 것이 필요하다.

④ 제시된 상황에서 다른 직원들 모두의 의견을 듣는 것은 지나치게 많은 시간과 에너지를 낭비하는 행위이다.

20 의사표현능력 | 상황에 맞는 업무 대응하기

| 정답 | ④

| 해설 | 아직 교육 내용이 구체화되지 않은 상황이므로, 성급하게 교육 내용을 확정짓는 것보다는 우선 복지관 측과 협의하여 홍보자료와 관련된 일정을 조율하는 과정이 필요하다. 따라서 우선적으로 복지관 측에 현재까지 확정된 내용만을 전달하고, 언제까지 홍보자료가 필요한지 확인한 후, 다른 팀원들과 상의하여 교육 내용을 구체화해 나가는 것이 바람직하다.

| 오답풀이 |

① 성급하게 교육 내용을 확정짓는 것은 바람직하지 않다.

② 교육 내용이 확정되지 않은 상태에서 홍보자료를 성급하게 보내는 것은 바람직하지 않다.

③ 우선적으로 복지관 측에 문의하여 홍보자료가 언제까지 필요한지 확인 후, 점장과 상의하는 것이 더 바람직하다.

21 의사표현능력 상황에 맞는 업무 대응하기

| 정답 | ②

| 해설 | 카드 추천 기능이 추천하는 카드를 고객이 원하지 않는 상황으로, 객관적인 정보 제공을 통해 고객의 신뢰를 쌓는 것이 바람직하다. 따라서 고객이 원하는 카드와 은행에서 추천하는 카드의 혜택을 비교 설명한 뒤, 고객이 더 합리적인 선택을 할 수 있도록 돕고 이후 추가적인 신청방법을 교육하는 것이 가장 바람직하다.

| 오답풀이 |

① 고객이 추천 카드를 원하지 않는 상황에서 이를 일방적으로 설득하면 경우에 따라 고객이 강요받는다고 느낄 수 있다.

③ 소비내역과 금융현황 분석내역 그 자체를 보여주는 것보다는 카드의 혜택의 측면에서 설명하는 것이 고객의 입장에서 더 판단에 도움이 될 것이다.

④ 카드를 신청하는 방법에 대한 교육 없이 다른 고객에 대한 교육으로 넘어가는 경우 무성의하게 보일 수 있다.

22 문서작성능력 문맥에 따른 단어의 쓰임 알기

| 정답 | ①

| 해설 | 현대의 개인의 존재는 기호의 조작과 계산 속에서 소멸되며 현대의 인간은 자신의 욕구를 직시하는 일이 없고 자신의 모습과 마주하는 일도 없이 자신이 늘어놓은 기호들 속에 내재할 뿐이라고 하였다. 즉 현대의 질서에서는 인간이 자신의 모습, 자신의 '실체'와 마주하지 않고 대량의 기호화된 사물, '허상'만을 응시할 따름이라고 볼 수 있다. 따라서 ㉠과 ㉡에는 각각 '실체'와 '허상'이 들어가야 한다.

23 문서작성능력 사자성어 고르기

| 정답 | ④

| 해설 | ○○체육회는 가혹행위로 인해 이미 세상을 떠난 A선수 사건에 대한 대책으로 뒤늦게 특별 조치 방안을 마련하고 있다. 따라서 시기에 늦어 기회를 놓쳤음을 안타까워하는 탄식을 의미하는 '만시지탄(晩時之歎)'이 글과 가장 관련이 깊다.

| 오답풀이 |

① 맥수지탄(麥秀之嘆) : 보리가 무성하게 자란 것을 탄식한다는 뜻으로, 나라가 무너져 예전과 같지 않음을 슬퍼하는 것

② 풍수지탄(風樹之歎) : 효도를 다하지 못한 채 어버이를 여읜 자식의 슬픔을 이르는 말

③ 비육지탄(髀肉之嘆) : 재능을 발휘할 때를 얻지 못하여 헛되이 세월만 보내는 것을 한탄함을 이르는 말

02 유형연습문제

▸문제 56쪽

01	④	02	③	03	④	04	②	05	④
06	②	07	③	08	④	09	④	10	④
11	③	12	④	13	②	14	④	15	②

01 문서이해능력 세부 내용 이해하기

| 정답 | ④

| 해설 | 제12조의2 제1항에 따라 기획재정부장관은 위반행위에 대하여 업무를 제한하거나 업무의 전부 또는 일부를 정지하는 경우에 이에 갈음하여 과징금을 부과할 수 있다. 즉, 등록 또는 인가의 취소에 갈음하여 과징금을 부과할 수 있는 것은 아니다.

| 오답풀이 |

① 제12조 제3항을 통해 알 수 있다.

② 제12조 제1항 제2호에 따라 인가 취소 사유에 해당한다.

③ 제12조 제4항을 통해 알 수 있다.

02 문서이해능력 세부 내용 이해하기

| 정답 | ③

| 해설 | 제12조의2 제4항에서 과징금 납부 의무자가 납부기한까지 과징금을 납부하지 않은 경우에는 국세 체납처분의 예에 따라 징수하도록 규정하고 있다.

| 오답풀이 |

① 제12조의2 제3항에 따라 과징금의 부과, 납부기한의 연장 등 과징금에 필요한 사항은 대통령령으로 정한다.

② 제12조 제5항에서 인가의 취소에 대한 구체적인 기준은 대통령령으로 정한다고 규정하고 있다.

④ 과징금의 부과기준은 시행령(대통령령) 제23조를 통해 알 수 있다.

03 문서이해능력 세부 내용 이해하기

| 정답 | ④

| 해설 | 빈칸 (A)에는 1개월의 업무정지처분에 대한 과징금의 부과에 관한 질문에 대한 답변이 들어가는 것이 적절하다. 제시된 시행령의 별표 3에서 위반행위로 인하여 취득한 금액의 규모가 1억 원 이상인 경우 업무정지 기간에 관계없이 그 금액의 100분의 50 이상을 과징금으로 부과할 것을 규정하고 있다.

04 문서이해능력 세부 내용 이해하기

| 정답 | ②

| 해설 | 건강보험자격득실 확인서와 주택 관련 서류는 제출했다고 했으므로 본인 및 대상자 확인, 중소기업 재직 확인을 위한 준비 서류만 바르게 제출했는지 따져 보면 된다. 박△△의 경우 본인 확인을 위한 여권, 대상자 확인을 위한 주민등록등본, 청년 창업자로서 창업 지원 프로그램 수급자 확인을 위한 대출 지원 내역서까지 모두 바르게 제출했다.

| 오답풀이 |

① 1년 미만 재직자이므로 회사 직인이 첨부된 급여명세표, 갑종근로소득원천징수영수증(최근 1년), 급여입금 내역서, 은행 직인이 첨부된 통장거래 내역서를 추가로 제출해야 한다.

③ 만 35세 이상 병역의무 이행자이므로 예비역으로 기재된 병적증명서를 추가로 제출해야 복무 기간을 인정받을 수 있다.

④ 결혼 예정자로서 예식장 계약서를 추가로 제출하였으나, 중소기업 재직을 확인하기 위한 서류가 누락되었다.

05 문서이해능력 사례에 적용하기

| 정답 | ④

| 해설 | 【대출 금리】에 따르면 조건 충족자이면 최초 가입부터 1회 연장까지 총 4년간 1.2%의 금리를 유지하며, 1회 연장 포함 대출 기간 4년이 종료된 2회 연장부터 2.3%의 금리를 적용한다. 따라서 6년 동안 납부한 이자는 (960,000×2)+(960,000×2)+(1,840,000×2)=1,920,000+1,920,000+3,680,000=7,520,000(원)이다.

| 오답풀이 |

① 【대출 금리】에 제시되어 있는 내용이다.

② 【신청 시기】의 첫 번째 항목에 제시되어 있는 내용이다.

③ 【대출 대상】의 자산 관련 항목에 따라 신청인 및 배우자의 합산 순자산 가액이 3.25억 원 이하여야 하는데, 질문자의 자산은 이를 초과한다.

06 문서작성능력 소제목 작성하기

| 정답 | ②

| 해설 | 청년, 취약계층에 대한 맞춤형 금융지원 강화와 고령화 대비 노후자산 축적과 노후소득 확대는 '포용금융', 불법사금융과 자본시장 불건전 거래에 대한 제재수단 확대와 가상자산을 통한 자금세탁방지 관리는 '금융신뢰'에 관한 내용임을 추론할 수 있다. 따라서 (가)에는 위 내용을 모두 포함하는 제목인 포용금융과 금융신뢰 확산이 적절하다.

07 문서이해능력 세부 내용 이해하기

| 정답 | ③

| 해설 | '1. 견고한 금융안전 유지'에 따르면 금융위원회는 금융안전 유지를 위한 부채리스크의 선제관리 대책으로 개인사업자대출에 대한 맞춤형 대책을 강구할 계획이다. 금융위원회의 실물지원 강화는 금융위원회의 경제성장 견인에 관한 내용이다.

| 오답풀이 |

① '3. 실물지원 강화를 통한 경제성장 견인'에 제시된 내용이다.

② '1. 견고한 금융안전 유지'의 첫 번째 문단에서 중 · 저신용자 대출 및 서민금융상품에 대한 충분한 한도와 인센티브를 부여할 계획이라고 제시되어 있다.

④ '3. 실물지원 강화를 통한 경제성장 견인'의 마지막 부분에 제시된 내용이다.

08 문서작성능력 글의 흐름에 맞게 빈칸 채우기

| 정답 | ④

| 해설 | C는 기존의 문서 기반 개발 방식에 대한 설명을 하였는데, 이후 Y가 '그러나'로 말을 시작하였으므로 빈칸에는 기존 개발 방식의 단점에 대해 언급하는 내용이 적절하다. 기사에서 애자일 개발 방식은 기존의 문서 기반 개발 방식에서 벗어난, 개발 주기 혹은 소프트웨어 개발 환경에 따라 유연하게 대처하는 방식이라고 하였다. 따라서 과거의 개발 방식의 단점으로는 변화가 많은 환경에 적합하지 않다는 점을 제시할 수 있다.

| 오답풀이 |

① 오랜 계획과 철저한 규정이 뒤따르는 과거의 개발 방식은 규모가 큰 대형 프로젝트에는 적합할 수 있으나 소규모 프로젝트에는 오히려 개발을 더디게 만드는 걸림돌로 작용한다고 판단하는 것이 보다 적절하다.

② 1990년대에는 주로 많은 인원의 개발자가 오랜 기간 동안 소프트웨어를 개발하였다고 하였으므로, 과거 문서 기반 개발 방식이 개발 주기가 긴 소프트웨어 개발에 적절하지 않다는 내용은 옳지 않다. 또한, 현대의 소프트웨어 개발 방식은 주기가 짧고 소규모로 이뤄지는 것이 특징이다.

③ C의 발언에 따라 완벽한 기획이나 분석을 추구하는 것은 과거의 개발 방식에 가까움을 알 수 있다.

09 문서이해능력 내용을 바탕으로 추론하기

| 정답 | ④

| 해설 | 두 번째 문단에 따르면 전자공시제도는 정보의 비대칭성과 불투명성을 해결하여 투자자에게는 다양한 투자기회를 제공하고, 기업에는 양질의 자금조달 기회를 제공함으로써 공정한 경쟁 환경을 구축하기 위해 등장하였다. 따라서 전자공시제도가 등장하기 이전에는 정보의 비대칭성이 존재했음을 유추할 수 있다.

| 오답풀이 |

① 공시자료의 접수가 엄격하고 까다로운 절차를 거치는지와 관련된 내용은 나오지 않으므로 제시된 글을 통해 유추할 수 있는 내용이 아니다.

② 세 번째 문단을 통해 기업이 공시서류를 인터넷을 통해 제출하면 금융감독원이 이를 전자공시시스템(DART)에 공개하는 방식임을 알 수 있다.

③ 세 번째 문단에 따르면 전자공시시스템은 누구나 조회할 수 있다.

10 문서이해능력 세부 내용 이해하기

| 정답 | ④

| 해설 | ★★은행은 예금자보호법이 처음 제정된 1995년보다 이른 1983년부터 ★★은행법을 근거로 예금자보호제도를 명문화하여 예금자를 보호하고 있다.

11 문서이해능력 세부 내용 이해하기

| 정답 | ③

| 해설 | a. (나) 문단의 첫 번째 문장을 통해 제도 개정에 대한 근거가 될 수 있는 것을 알 수 있다.

b. 국내 1인당 GDP 대비 예금보호한도 비율은 1.2배인데 이는 일본, 영국, 미국과 비교했을 때 낮은 편이므로 근거로 활용할 수 있다.

| 오답풀이 |

c. 금융기관에서 부담해야 하는 예금 보험료율이 상승한다는 것은 현 예금자보호한도를 높이면 안 된다는 주장에 대한 근거이다.

12 문서이해능력 자료 기반 고객 응대하기

| 정답 | ④

| 해설 | 채택된 제안에 관한 권리는 채택일로부터 G사에 귀속된다고 했으므로, 채택일인 8월 18일부터 제안에 대한 모든 권리는 G사에게 있다.

| 오답풀이 |

① 수시로 제안을 선정하는 것은 해당 업무부서의 소관인데 이때 기념품으로 1만 원 상품권을 1인당, 1개월, 1회에 한하여 제공한다. 이는 단순히 상품권 지급을 인당 1회까지로 한정한 것이 아니라, 한 사람이 1개월 이내 여러 건을 제안하여 그중 복수의 제안이 채택된 경우, 한 개의 건에 대해서만 상품권을 지급하는 것이다.

② 고객제안의 채택은 주말을 포함하여 최대 14일 이내에 이루어진다.

③ 10만 원 상품권을 지급하는 것은 분기별 우수 고객제안 선정이다.

13 문서작성능력 | 자료 기반 심사결과 작성하기

| 정답 | ②

| 해설 | 평가 항목별 비율을 반영하여 각 제안자의 평가 점수와 심사 결과 내용을 정리하면 다음과 같다.

(단위 : 점)

구분	이철민	윤정숙	이명훈	김정수
효과성 (30%)	38×0.3 =11.4	40×0.3 =12	89×0.3 =26.7	95×0.3 =28.5
실용성 (30%)	40×0.3 =12	60×0.3 =18	85×0.3 =25.5	80×0.3 =24
창의성 (20%)	90×0.2 =18	85×0.2 =17	55×0.2 =11	72×0.2 =14.4
노력도 (20%)	80×0.2 =16	70×0.2 =14	45×0.2 =9	80×0.2 =16
총점	57.4	61	72.2	82.9
심사 결과	포상 없음.	포상 없음.	동상	은상

따라서 ②가 '동상'에서 '포상 없음'으로 수정되어야 한다.

14 문서이해능력 | 자료 이해하기

| 정답 | ④

| 해설 | 해당 자료는 연말정산 시 세액공제 혜택이 있는 연금저축 · IRP와 같은 연금계좌에 대해 정보를 제공하고 있다. 따라서 이 자료에 따라 한도에 맞게 연금계좌에 추가 적립하여 연말정산을 준비하고자 하는 최 씨에게 가장 도움이 된다.

15 문서이해능력 | 문의에 적절한 답변하기

| 정답 | ②

| 해설 | 접수된 민원은 렌터카를 임차하지 않은 사람이 발생시킨 교통사고와 관련하여 렌터카 회사의 보험금 및 수리비 청구가 적절한지에 대한 질의이다.

파트 2 수리능력

01 대표기출 유형

▸문제 74쪽

01	①	02	④	03	③	04	④	05	②
06	②	07	③	08	②	09	④	10	②
11	②	12	②	13	①	14	①	15	③
16	④	17	①	18	③	19	④	20	①
21	④	22	④						

01 기초연산능력 | 단리 계산하기

| 정답 | ①

| 해설 | 5,000×0.006×15=450(만 원)

02 기초연산능력 | 복리 상품 계산하기

| 정답 | ④

| 해설 | 원금을 P, 이자가 연이율 R의 복리로 지급된다고 할 때 1년 뒤의 예금액은 $P(1+R)$이다.

원금 P에서 연이율 2%의 복리로 1년 동안 지급된다고 할 때 1년 뒤의 예금액은 $1.02P$이다. 여기서 다음 1년 동안에는 연이율 2.2%의 복리로 지급된다고 하였으므로 다음 1년 뒤의 예금액은 $1.02P\times1.022$이다. 여기에서 마지막 1년 동안에는 연이율 2.5%의 복리로 지급된다고 하였으므로 3년 만기가 되었을 때의 예금액은 $1.02P\times1.022\times1.025$가 된다.

3년 만기 후의 예금액이 1,000만 원 이상이 되어야 하므로

$1.02P\times1.022\times1.025 \geq 1{,}000$(만 원)

$$P \geq \frac{1{,}000}{1.02\times1.022\times1.025} \fallingdotseq 935.9(\text{만 원})$$

따라서 3년 뒤 통장 잔액이 1,000만 원 이상이 되기 위해 예금해야 할 최소금액은 936만 원이다.

03 기초연산능력 예금 만기금액 비교하기

|정답| ③

|해설| 단리대박상품의 신용카드 계열사 이율을 적용한 만기 금액은 8,000×(1+0.11×2)=9,760(만 원)이다. 기본 이율 적용 시 만기금액은 8,000×(1+0.09×2)=9,440(만 원)이므로 신용카드를 개설할 경우 A 씨는 9,760−9,440=320(만 원)의 이득을 볼 수 있다.

04 기초연산능력 복리 이해하기

|정답| ④

|해설| • 1년 후의 잔고 : $100\times(1+0.05)^1$

• 2년 후의 잔고 : 1년 후의 잔고가 원금이 되므로 $100\times(1+0.05)^2$

• 3년 후의 잔고 : 2년 후의 잔고가 원금이 되므로 $100\times(1+0.05)^3$

⋮

• 10년 후의 잔고 : $100\times(1+0.05)^{10}$

05 기초연산능력 만기환급금 계산하기

|정답| ②

|해설| 단리식 적금의 이자금액을 계산하는 공식은 다음과 같다.

이자=월 납입액$\times n\times\frac{n+1}{2}\times\frac{r}{12}$

(n : 개월 수, r : 이자율)

1) L 은행 이자 : $200\times24\times\frac{25}{2}\times\frac{0.025}{12}=125$(만 원)

L 은행 원금 : 200×24=4,800(만 원)

L 은행 원리금 합계 : 4,925만 원

2) K 은행 이자 : $100\times45\times\frac{46}{2}\times\frac{0.03}{12}=258.75$(만 원)

K 은행 원금 : 100×45=4,500(만 원)

K 은행 원리금 합계 : 4,758만 7,500원

3) H 은행 이자 : $350\times12\times\frac{13}{2}\times\frac{0.02}{12}=45.5$(만 원)

H 은행 원금 : 350×12=4,200(만 원)

H 은행 원리금 합계 : 4,245만 5,000원

따라서 홍 대리가 선택할 상품은 L 은행의 내집마련적금이며, 만기환급금액은 4,925만 원이다.

06 기초연산능력 매출 이익 구하기

|정답| ②

|해설| A 제품의 매출, 매출 이익, 매출 원가를 표로 정리하면 다음과 같다.

구분	작년	올해
매출	ⓐ	ⓐ×(1−0.2)
매출 이익	4,000만 원 (매출의 20%)	x
매출 원가	ⓑ	ⓑ×(1−0.1)

작년 매출의 20%가 4,000만 원이므로 계산해보면 ⓐ×0.2=4,000(만 원), ⓐ는 2억이다. 매출 원가(ⓑ)=매출−매출 이익이라고 하였으므로 ⓑ는 1억 6,000만 원이다.

따라서 올해 매출 이익을 x로 두면 다음과 같은 식이 성립한다.

$16,000\times(1-0.1)=20,000\times(1-0.2)-x$

$\therefore\ x=1,600$(만 원)

07 기초연산능력 방정식 활용하기

|정답| ③

|해설| 제시된 정보로 방정식을 세우면 다음과 같다.

ⓐ+ⓑ=800 ······ ㉠

(15×ⓐ)+(25×ⓑ)=16,000 ······ ㉡

㉡을 정리하면

(3×ⓐ)+(5×ⓑ)=3,200 ······ ㉢

㉠×5−㉢을 하면

2ⓐ=800

ⓐ=400

따라서 ⓐ=400, ⓑ=400이다.

08 기초연산능력 산소 농도 측정하기

| 정답 | ②

| 해설 | x 번째 측정한 산소 농도가 18%가 된다고 가정하면 $21\times0.98^x=18$가 성립하므로 x를 구하기 위해 양변에 로그를 취한다.

$\log(21\times0.98^x)=\log18$

$\log21+\log0.98^x=\log18$

$x log0.98=\log\frac{18}{21}$

$\log0.1=-1$이므로

$x(-1+\log9.8)=\log6-\log7$

$-0.01x=0.78-0.85=-0.07$

$\therefore x=7$

따라서 7번째에 산소 농도가 18%가 되므로 7번째 측정 전에는 환기를 시켜야 한다.

09 기초통계능력 표준편차, 분산 구하기

정답 | ④

| 해설 | 편차는 변량에서 평균을 뺀 값이므로 편차의 총합은 항상 0이 된다는 사실을 이용하여 x를 계산할 수 있다. 편차의 총합은 $3-1+x+2+0-3=0$이 되므로 $x=-1$임을 알 수 있다.

분산은 편차를 제곱한 값들의 합을 변량의 개수로 나눈 값이므로 $(9+1+1+4+0+9)\div6=4$이고, 표준편차는 분산의 양의 제곱근이므로 2이다.

10 기초통계능력 인형뽑기 확률 구하기

| 정답 | ②

| 해설 | 각 단계로 정해지고 인형을 뽑지 못할 확률을 정리하면 다음과 같다.

힘의 세기	단계 선택 확률	해당 단계의 인형 뽑을 확률	해당 단계가 선택되고 인형을 뽑지 못할 확률
1단계	20%	80%	$0.2\times0.2\times100$ =4(%)
2단계	20%	50%	$0.2\times0.5\times100$ =10(%)
3단계	40%	20%	$0.4\times0.8\times100$ =32(%)
4단계	20%	10%	$0.2\times0.1\times100$ =2(%)
계	100%	-	48%

따라서 인형뽑기를 두 번 시도해서 두 번 모두 뽑지 못할 확률은 $0.48\times0.48\times100=23.04$(%)이다.

11 도표분석능력 대출 이자 계산하기

| 정답 | ②

| 해설 | 장 씨가 대출 받으려는 금액이 4,500만 원이므로 대출한도가 4,500만 원 미만인 B 상품은 제외한다. 나머지 세 상품을 선택할 경우 부담해야 하는 총이자는 각각 다음과 같다.

- F 상품 : 고정금리, 연 7.2%이므로 납입해야 하는 이자는 연 $4,500\times0.072=324$만 원이다. 따라서 2년 동안 총 $324\times2=648$(만 원)을 이자로 지불해야 한다.
- G 상품 : 변동금리, 연 7%이며 개인사업자 연 0.5%p 금리 우대 혜택이 있다. 따라서 대출을 받은 후 첫 1년(1～12개월)은 $7-0.5=6.5$(%)의 이자가 적용되고, 이후 1년(13～24개월)은 $6.5+1=7.5$%의 금리가 적용된다. 따라서 장 씨가 지불해야 하는 이자의 총액은 $4,500\times0.065+4,500\times0.075=630$(만 원)이다.
- T 상품 : 고정금리, 연 8%이다. 따라서 지급해야 하는 이자의 총액은 $4500\times0.08\times2=720$(만 원)이다.

따라서 장 씨가 선택할 상품은 G이고, 이때 납입해야 하는 이자는 총 630만 원이다.

12 도표분석능력 환전 금액 계산하기

| 정답 | ②

| 해설 | X월 10일 기준, 환율정보를 정리하면 다음과 같다.

구분	매매기준율	현찰 살 때	현찰 팔 때
유로(EUR)	$1,400\times1.05$ =1,470(원)	1,500원	$1,470\times2-1,500$ =1,440(원)
위안(CNY)	180×1.05 =189(원)	193원	$189\times2-193$ =185(원)
파운드(GBP)	$1,600\times1.05$ =1,680(원)	1,710원	$1,680\times2-1,710$ =1,650(원)

그리고 외화에서 외화로 환전 시 중간에 반드시 원화 환전 단계를 거치게 된다.

이를 3,000위안과 520파운드를 유로로 환전하는 경우에 적용하면 다음과 같다.

위안	→	원화	→	유로
3,000	현찰 팔 때 185(원)	3,000×185 =555,000 (원)	현찰 살 때 1,500 (원)	555,000 ÷1,500 =370

파운드	→	원화	→	유로
520	현찰 팔 때 1,650 (원)	520×1,650 =858,000 (원)	현찰 살 때 1,500 (원)	858,000 ÷1,500 =572

따라서 환전으로 얻는 액수는 370+572=942(유로)이다.

13 기초연산능력 손익계산서 이해하기

| 정답 | ①

| 해설 | 공헌이익은 매출액－변동비, 공헌이익률은 $\frac{\text{공헌이익}}{\text{매출액}}$, 손익분기점 매출액은 $\frac{\text{고정비}}{\text{공헌이익률}}$, 변동비율은 $\frac{\text{변동비}}{\text{매출액}}$이다. 이에 근거하여 각 지점에서의 공헌이익, 공헌이익률, 손익분기점 매출액, 변동비율을 구하면 다음과 같다.

	A 점포	B 점포	C 점포
공헌이익	40	50	60
공헌이익률	0.2	0.5	0.4
손익분기점 매출액	50	60	100
변동비율	0.8	0.5	0.6

따라서 손익분기점 매출액은 C 점포가 가장 크다.

14 도표분석능력 환율 수치 분석하기

| 정답 | ①

| 해설 | 각 통화별로 현찰을 살 때와 팔 때의 환율을 계산하면 다음과 같다.

구분	살 때와 팔 때 환율 차이(원)
미국 달러	1,355.81－1,309.19=46.62
유럽 유로	1,358.20－1,305.46=52.74
스위스 프랑	1,408.89－1,354.19=54.70
중국 위안	203.73－184.33=19.40
덴마크 크로네	183.68－174.72=8.96

따라서 현찰을 살 때와 팔 때의 환율 차이가 가장 큰 통화는 스위스 프랑이다.

| 오답풀이 |

② 모든 통화의 현찰 구매 환율이 송금 받을 때 환율보다 높다.

③ 유럽 유로를 송금할 때 환율은 1,344.88원이고 스위스 프랑을 송금 받을 때 환율은 1,368.01원이므로 스위스 프랑을 송금 받을 때 환율이 더 높다.

④ 매매기준율을 기준으로 하면 스위스 프랑(1,381.54원), 미국 달러(1,332.50원), 유럽 유로(1,331.83원) 순으로 환율이 높다.

15 도표분석능력 빈칸에 들어갈 수치 계산하기

| 정답 | ③

| 해설 | ㉠에 들어갈 숫자를 x라고 할 때 다음과 같은 식을 세울 수 있다.

$$174.72=179.20-179.20\times\frac{x}{100}$$

$$179.20x=448$$

$$\therefore x=2.50$$

따라서 빈칸 ㉠에 들어갈 값은 2.50이다.

16 도표분석능력 환율 비용 계산하기

| 정답 | ④

| 해설 | 6달러를 송금하고 14위안을 현찰로 산다면,

1,345.20×6+203.73×14

=8,071.20+2,852.22

=10,923.42

따라서 총 10,923.42원을 지출하게 된다.

17 도표분석능력 자료 분석하기

| 정답 | ①

| 해설 | 신고매매가를 보면 매월 액면금액(=거래량)이 거래대금보다 1,000억 원 큰 것을 알 수 있다.

| 오답풀이 |

② 3분기(7 ~ 9월) 소액 채권시장의 거래대금은 41,000+45,000+41,000=127,000(억 원)이고, 4분기(10 ~ 12월) 소액 채권시장의 거래대금은 39,000+38,000+41,000=118,000(억 원)으로 이전 3분기 대비 9,000(억 원) 감소했다.

③ 20X4년 8 ~ 12월 동안의 매매일평균 거래량을 계산하면 다음과 같다.

구분	매매일 평균거래량(억 원)
20X4. 08	$\frac{1,293,600}{22}=58,800$
20X4. 09	$\frac{1,178,600}{21}\fallingdotseq 56,124$
20X4. 10	$\frac{1,017,950}{19}\fallingdotseq 53,576$
20X4. 11	$\frac{920,700}{19}\fallingdotseq 48,458$
20X4. 12	$\frac{1,037,400}{22}\fallingdotseq 47,155$

따라서 20X4년 8 ~ 12월 동안 매매일 평균 거래량은 감소하는 추세를 보이는 것을 알 수 있다.

④ 20X4년 8 ~ 12월 동안의 국채전문 유통시장의 거래량과 전체 채권시장의 거래량을 정리하면 다음과 같다.

구분	전체 채권시장 거래량(억 원)
20X4. 08	2,600+47,000=49,600
20X4. 09	1,600+43,000=44,600
20X4. 10	1,900+41,000=42,900
20X4. 11	1,700+40,000=41,700
20X4. 12	1,400+44,000=45,400

표를 통해 20X4년 8 ~ 12월 동안의 전체 채권시장 거래량은 동일한 증감추이를 보이지 않는다는 것을 알 수 있다.

18 도표분석능력 자료 분석하기

| 정답 | ③

| 해설 | 20X4년 하반기 매매일 평균 거래대금을 구하면 다음과 같다.

구분	매매일 평균 거래대금(천억 원)
20X4. 07	$\frac{1,358}{22}\fallingdotseq 61$
20X4. 08	$\frac{1,279}{22}\fallingdotseq 58$
20X4. 09	$\frac{1,171}{21}\fallingdotseq 55$
20X4. 10	$\frac{1,025}{19}\fallingdotseq 53$
20X4. 11	$\frac{898}{19}\fallingdotseq 47$
20X4. 12	$\frac{1,013}{22}\fallingdotseq 46$

따라서 그래프가 잘못된 연월은 20X4년 10월이다.

19 도표작성능력 표를 그래프로 변환하기

| 정답 | ④

| 해설 | 고객 A ~ I에 관한 매출액에 따른 그래프 원의 크기와 구매 상품 수, 체류시간에 따른 원의 위치가 가장 적합하다.

20 도표작성능력 수치를 그래프로 변환하기

| 정답 | ①

| 해설 | 2018년 한우고기의 등급별 출현률은 1++등급 12.2%, 1+등급 30.4%, 1등급 30.4%이므로 적절하다.

| 오답풀이 |

② 1997년 원/kg당 5천 원대, 1999년은 만 원대를 기록한 점을 통해 선택지의 그래프는 1++등급이 아닌 1+등급의 가격 변동 그래프임을 알 수 있다.

③ 1997년 한우의 등급별 가격은 2등급이 kg당 9,367원으로 가장 높았고, 1+등급과 1등급은 각각 5,092원과 5,276원으로 2등급 한우보다 낮은 가격을 기록하였다.

④ 2008년 1+등급 한우의 출현율은 19.5%이므로 표기가 잘못되었다. 2008년 27%의 출현률을 기록한 한우는 1등급 한우이다.

21 도표분석능력 자료의 수치 분석하기

| 정답 | ④

| 해설 | 대기업과 중소기업의 부채비율은 20X2년 하반기 이후 계속해서 높아지고 있다. 20X4년 상반기 대기업의 대출 잔액은 직전 반기에 비해 줄어들었으나, 연체율은 직전 반기 0.34%에 비해 0.82%로 상승하였기 때문에 기업의 재무건전성이 회복되고 있는지를 확인할 수 없다.

| 오답풀이 |

① 중소기업의 단기차입금 비중은 20X2년도 하반기부터 3%p, 1.7%p, 2.1%p씩 증가하고 있으므로 평균 $\frac{3+1.7+2.1}{3} ≒ 2$(%p)씩 증가하고 있다.

② 중소기업 대출 잔액은 20X2년도 상반기에 총 가계대출 잔액보다 적었으나 20X2년도 하반기부터 총 가계대출 잔액을 추월하였으며, 20X4년도 상반기에는 427.5조 원으로 20X2년도 하반기(378.8조 원)보다 427.5−378.8=48.7(조 원) 증가하였다.

③ 20X3년도 상반기부터 전체기업의 자기자본비율은 52.4% → 49.7% → 49.5%로 계속 하락하고 있으며, 차입금의 의존도는 21.0% → 22.4% → 24.1%로 높아지고 있다. 따라서 기업의 재무건전성이 크게 회복되고 있지 않다고 판단할 수 있다.

22 도표분석능력 자료를 바탕으로 수치 계산하기

| 정답 | ④

| 해설 | ㉠ 20X2년도 상반기부터 20X3년도 상반기까지 총 가계대출 대출 잔액 증가량의 평균은 $\frac{4+9.3}{2}=\frac{13.3}{2}$ =6.65이다.

㉡ 대기업과 중소기업의 20X3년도 상반기부터 20X4년도 상반기까지 연체율의 합은 0.30+0.34+0.82+1.14+1.70+1.86=6.16이다.

㉢ 20X3년도 상반기부터 20X4년도 상반기까지 부채비율 증가량의 평균은 $\frac{10.1+0.9}{2}=\frac{11}{2}=5.5$이다.

㉣ 20X2년도 하반기부터 20X4년도 상반기까지 전체 중소기업 단기차입금 비중 증가량의 합은 3+1.7+2.1=6.8이다.

따라서 값이 큰 순서대로 나열하면 ㉣, ㉠, ㉡, ㉢이다.

02 유형연습문제

▸문제 88쪽

01	③	02	④	03	③	04	④	05	③
06	②	07	④	08	④	09	②	10	③
11	④	12	②	13	④				

01 기초연산능력 복리 기간 구하기

| 정답 | ③

| 해설 | 72를 연간 복리수익률로 나누면 원금이 2배가 되는 기간이 된다는 '72법칙'을 이용하면 연 3%의 복리인 경우 원금이 2배가 되는 데 걸리는 기간은 $\frac{72}{3}$=24(년)이 된다.

02 기초연산능력 중도상환 수수료 계산하기

| 정답 | ④

| 해설 | 14일 이내에 대출금을 갚았다면 중도상환 수수료는 면제이다. 그런데 12월 13일은 A 씨가 대출 계약을 한 지 16일이 지났으므로 수수료 면제가 되지 않는다. 따라서 A 씨가 낸 중도상환 수수료는 $100,000,000 \times 0.015 \times \frac{714}{730}$ ≒1,467,123(원)이므로 만 원 미만을 버리면 146만 원이다.

03 기초연산능력 비례식 활용하기

| 정답 | ③

| 해설 | 길이 비율이 3 : 5이므로 면적 비율은 9 : 25이다. 가로 길이가 3m일 때 면적이 12m²였으므로 최종적으로 투사한 화면의 면적을 x라 하면 다음과 같은 비례식이 성립한다.

$9 : 25 = 12 : x$

$9x = 25 \times 12$

$x ≒ 33(m^2)$

따라서 약 33m²이다.

04 기초통계능력 경우의 수 구하기

| 정답 | ④

| 해설 | 부하 직원 6명 중 부장과 함께 이동할 3명의 직원을 택하는 경우의 수는 $_6C_3 = 20$(가지)이다. 부장과 함께 이동할 3명의 직원을 택하면 과장과 이동하는 직원이 자동적으로 정해진다. 차량이 서로 다르다고 했으므로 B 부서 직원이 차량에 나누어 타는 경우의 수는 20×2=40(가지)이다.

05 도표분석능력 자료의 수치 분석하기

| 정답 | ③

| 해설 | 20X1년의 전체 투자규모는 7,590천억 원이고, 이에 대한 10% 증가한 값은 7,590×1.1=8,349(천억 원)이다. 20X2년 전체 투자규모는 8,530천억 원이고, 이에 대해 10% 증가한 값은 8,530×1.1=9,383(천억 원)이다. 20X3년 전체 투자규모는 9,710천억 원이다. 따라서 20X1년부터 20X3년까지 전체 투자규모는 계속 전년 대비 10% 이상 증가했다.

| 오답풀이 |

① 20X4년의 경우 국내채권 투자규모는 해외채권의 3,090÷640≒4.8(배)이다.

② 20X1 ~ 20X3년까지 자산 투자규모 순위는 국내채권-국내주식-해외주식-가상자산-해외채권-단기자금-기타 순으로 동일했으나, 20X4년에는 가상 자산과 국내 주식의 순서가 변동되었다.

④ 주식 전체의 투자규모는 국내주식과 해외주식의 합이므로 20X3년은 1,670+2,550=4,220(천억 원), 20X4년은 1,320+2,350=3,670(천억 원)이다. 20X3년의 투자규모에서 20% 감소한 경우 그 규모는 4,220×0.8=3,376(천억 원)인데, 20X4년의 투자규모가 이보다 크므로 20% 미만으로 감소했음을 알 수 있다.

06 도표분석능력 자료의 수치 계산하기

| 정답 | ②

| 해설 | ㉡에 들어갈 값은 고신용자 전체 대출보유자 수 중 900점 이상 구간 신용자와 700 ~ 799점 구간 신용자의 수를 뺀 값과 같다. 따라서 ㉡에 들어갈 값은 17,856,718−(8,530,246+2,687,916)=6,638,556이다.

07 도표분석능력 자료의 수치 계산하기

| 정답 | ④

| 해설 | 대출점수 399점 이하의 저신용자의 대출 보유 비중은 $\frac{977,526}{1,988,492} \times 100 = 49.16(\%)$이므로 69.11%로 표기한 내용은 잘못되었다.

| 오답풀이 |

① 모든 평점대의 인원수는 총 44,818,057+886,262+1,988,492=47,692,811(명), 대출보유자 수는 17,856,718+789,263+977,526=19,623,507(명)이므로 그 비율은 $\frac{19,623,507}{47,692,811} \times 100 = 41.15(\%)$이다.

② 중신용자의 인원수는 총 886,262명, 대출보유자 수는 646,997+103,659+44,607=789,263(명)이므로 그 비율은 $\frac{789,263}{886,262} \times 100 = 89.06(\%)$이다.

③ 고신용자의 인원수는 총 44,818,057명, 대출보유자 수는 17,856,718명이므로 그 비율은 $\frac{17,856,718}{44,818,057} \times 100 ≒ 39.84(\%)$이다.

08 도표분석능력 자료의 수치 분석하기

|정답| ④

|해설| 자료에서 회사채 3년 금리는 모든 연도에서 그 외의 다른 채권들보다 더 높은 수치를 기록하였다.

|오답풀이|

① 회사채 3년 금리는 20X4년 2.13%, 20X3년 2.02%로 20X4년보다 20X3년에 더 낮은 금리를 기록하였다.
CD 91물, 콜금리는 각각 20X4년 0.92%, 0.70%를 20X5년 0.85%, 0.61%로 20X4년보다 20X5년에 더 낮은 금리를 기록하였다.

② CD 91물과 콜금리는 20X1년, 20X2년, 20X5년에 기준금리보다 낮은 수치를 기록하였다.

③ 20X4년 기준금리는 전년도에 비해 하락한 반면 회사채 3년 금리는 전년도에 비해 상승하였다. 또한 20X5년 기준금리는 전년도에 비해 상승한 반면 회사채 3년 금리는 전년도에 비해 하락하였다. CD 91물, 콜금리는 기준금리와 달리 20X3년에는 금리가 상승한 반면, 20X5년에는 금리가 하락하면서 기준금리와 다른 증감 추이를 보이고 있다.

09 도표작성능력 그래프로 변환하기

|정답| ②

|해설| 회사채 3년 금리는 20X1년 2.33%, 20X2년 2.65%이므로 해당 구간에서 2%를 초과하는 그래프로 표시해야 한다.

|오답풀이|

④ 국고채 3년과 회사채 3년의 금리 차이를 구하면 다음과 같다.

연도(년)	20X1	20X2	20X3	20X4	20X5
금리 차이(%p)	0.53	0.55	0.49	1.14	0.69

10 도표분석능력 만기금액 계산하기

|정답| ③

|해설| 원금은 30,000,000원이며, 연리 1.1%, 기간은 16개월이므로 12개월분과 나머지 4개월분을 나누어 계산하면 다음과 같다.

- 원금 : 30,000,000원
- 12개월분 이자 : 30,000,000×0.011=330,000(원)
- 4개월분 이자 : 30,000,000×0.011÷3=110,000(원)
- 15.4%의 이자소득세 : 440,000×0.154=67,760(원)

따라서 30,000,000+(440,000−67,760)=30,372,240(원)을 받게 된다(만기일시지급식이므로 차감금리 적용은 없다).

11 도표분석능력 만기일시지급식 이자 구하기

|정답| ④

|해설| 원금은 50,000,000원이며, 연리 1.15%, 우대금리 0.3%p, 기간은 24개월이므로 다음과 같이 계산한다.

- 원금 : 50,000,000원
- 24개월분 이자 : 50,000,000×0.0145×2=1,450,000(원)
- 15.4%의 이자소득세 : 1,450,000×0.154=223,300(원)

따라서 이 고객이 받을 수 있는 만기일시지급식 이자는 1,450,000−223,300=1,226,700(원)이다.

12 도표분석능력 자료의 수치 분석하기

|정답| ②

|해설| ㄱ. 누적치이므로 20X5년의 누적치에서 20X0년의 누적치를 빼면 된다. 따라서 16.7−8.7=8(만 명) 늘어났다.

ㄹ. 20X0년 대비 20X5년 전체 신용불량자 중 은퇴연령 신용불량자 비중은 16.4−13.8=2.6(%p) 증가하였다.

|오답풀이|

ㄴ. 두 항목의 증감폭이 가장 큰 시기는 20X2년과 20X3년 사이로, 그 수치는 차례대로 15.2−14.4=0.8(%p), 13.1−11.1=2(만 명)이다.

ㄷ. 연도별 50세 이상 개인 워크아웃 신청자 누적치의 전년 대비 증가율을 구하면 다음과 같다.

- 20X1년 : $\frac{9.7-8.7}{8.7}\times 100 \fallingdotseq 11.5(\%)$
- 20X2년 : $\frac{11.1-9.7}{9.7}\times 100 \fallingdotseq 14.4(\%)$
- 20X3년 : $\frac{13.1-11.1}{11.1}\times 100 \fallingdotseq 18.0(\%)$

• 20X4년 : $\frac{14.9-13.1}{13.1} \times 100 \fallingdotseq 13.7(\%)$

• 20X5년 : $\frac{16.7-14.9}{14.9} \times 100 \fallingdotseq 12.1(\%)$

따라서 전년 대비 증가율은 지속적으로 늘어나고 있지 않다.

13 도표분석능력 그래프 해석하기

| 정답 | ④

| 해설 | 회사의 신용등급은 AA－가 BBB－보다 높지만 금리는 더 낮으므로 반비례 관계에 있다고 볼 수 있다.

파트 3 문제해결능력

01 대표기출 유형

▸문제 100쪽

01	②	02	①	03	④	04	④	05	④
06	②	07	③	08	③	09	④	10	②
11	②	12	④	13	③	14	④	15	③
16	③	17	①	18	③	19	①		

01 사고력 원인 추론하기

| 정답 | ②

| 해설 | B사와 C사는 공통적으로 적극적인 홍보를 하였고 둘 다 매출도 증가하였으므로 B사와 C사만 고려한다면 적극적 홍보가 매출 증대의 원인이라고 볼 수 있다.

| 오답풀이 |

① C사와 D사는 상여금 수여 여부에 차이가 있으나 둘 다 매출이 증가하였다. 따라서 상여금 수여가 매출 증대의 원인이라고고 볼 수 없다.

③ A사는 점심시간을 연장하였으나 매출이 증가하지 않았다. 따라서 점심시간 연장이 매출 증대의 원인이라고 할 수 없다.

④ 4개의 계열사를 모두 고려할 경우 매출 증대의 원인이 무엇인지 명확하게 알 수 없다. 특히, A사와 D사는 매출 증대의 원인이 될 수 있는 세 가지를 모두 하였지만 매출성과가 서로 다르기 때문에 매출 증대의 정확한 원인을 알 수 없다.

02 사고력 진위 추론하기

| 정답 | ①

| 해설 | A와 D가 거짓말을 하였다면, 이들의 진술과 반대로 C는 진실을 말하였고 E는 신입사원이 아니게 된다. 그리고 나머지 B, C, E의 진술은 참이어야 하는데 이때, 이들의 진술을 살펴보면 진술 간 모순이 없으며 신입사원이 D인 것을 알 수 있다.

따라서 거짓말을 한 사람들의 조합으로 가능한 것은 ①이다.

| 오답풀이 |

② 거짓말을 한 사람이 B, D이면 A, C, E는 진실을 말했다. 그러나 C의 진술이 진실인데 B는 거짓을 말하고 있으므로 모순이 생긴다.

③ 거짓말을 한 사람이 C, E이면 A, B, D는 진실을 말했다. 그러나 C의 진술이 거짓인데 B는 진실을 말하고 있으므로 모순이 생긴다.

④ 거짓말을 한 사람이 D, E이면 A, B, C는 진실을 말했다. 그러나 B의 진술이 진실인데 D와 E 모두 거짓을 말하고 있으므로 모순이 생긴다.

03 사고력 명제 추론하기

| 정답 | ④

| 해설 | 제시된 명제에 따라 인포그래픽 교육을 받은 직원 P가 그 외에 받은 교육을 찾으면 다음과 같다.

- 두 번째 명제의 대우에 따라 직원 P는 회계 교육과 세무 교육을 받지 않았으므로, 네 번째 명제의 대우에 따라 세일즈 교육을 받지 않았다.
- 세 번째 명제에 따라 직원 P는 CS 교육을 받았으므로 첫 번째 명제의 대우에 따라 직원 P는 엑셀 교육을 받지 않았다.

따라서 직원 P가 받은 교육은 인포그래픽, CS 교육이며, 직원 P가 받지 않은 교육은 회계, 세무, 세일즈, 엑셀 교육이다.

04 사고력 조건을 바탕으로 추론하기

| 정답 | ④

| 해설 | 제시된 정보를 바탕으로 봉사활동 횟수를 구하면 다음과 같다.

분류	홍보팀	경영팀	인사팀	회계팀	영업팀
첫째 주	2회	2회	1회		
둘째 주				1회	1회
셋째 주			1회	1회	

따라서 회계팀은 인사팀과 봉사활동을 다녀온 후에는 1일의 휴가를 얻을 수 있다.

| 오답풀이 |

① 인사팀은 첫째 주와 셋째 주에 봉사활동을 하여 한 달에 두 번의 봉사활동을 하게 되어 1일의 휴가를 받을 수 있다.

② 경영팀과 홍보팀 둘 다 첫째 주에 봉사활동을 두 번 한 것은 맞으나, 두 팀이 같이 봉사활동을 다녀온 것인지는 알 수 없다.

③ 영업팀은 둘째 주 토요일에 봉사활동을 갈 계획으로, 봉사활동을 한 번 더 다녀와야 1일의 휴가를 얻을 수 있다.

05 사고력 금리 조건을 바탕으로 추론하기

| 정답 | ④

| 해설 | 은행의 대출 금리는 차입자의 재무상태가 부실할수록 높아지나, 제시된 현상에서 대출 금리의 등락과 은행의 금리 결정권과의 관련성은 언급되지 않으므로 추론할 수 없다.

| 오답풀이 |

① 제시된 현상에서 지난해 말에 비해 3년 만기 국채 금리는 하락했으나 주요 은행의 신용대출 평균 금리와 주택 담보 대출 금리는 상승하였으므로 추론할 수 있는 내용이다.

② 첫 번째로 제시된 현상은 은행이 재무상태가 취약하여 부실 위험이 큰, 즉 신용이 낮은 차입자에게 높은 금리를 매긴다는 내용이며, 이를 통해 은행이 신용이 낮은 차입자의 유입을 꺼리거나 이들의 이탈을 유도하고 싶어 한다는 것을 추론할 수 있다.

③ 세 번째, 네 번째 현상에 따르면 주요 은행의 금리가 상승하였으므로 신용이 낮은 차입자들의 은행 대출 금리는 더욱 높아졌을 것이며, 이에 따라 은행 금리를 적용받는 빈도수는 줄어들 것임을 추론할 수 있다.

06 문제처리능력 자료 분석하기

| 정답 | ②

| 해설 | 갑 : IRP는 퇴직연금의 일종으로, 연금저축과 달리 근로소득자만 가입할 수 있다.

병 : IRP는 위험자산에 적립금의 70%만 투자할 수 있다. 반면, 연금저축은 위험자산 투자 한도가 없다.

| 오답풀이 |

을 : 연금저축은 소득에 따라 연간 600만원까지 세액공제

가 가능하다. 한편 IRP가 포함된 경우 최대 900만 원까지 세액공제 혜택을 준다.

정 : 연금저축은 중도 인출이 가능하지만 기타소득세가 부과된다. 반면, IRP는 법에서 정한 사유 이외에는 중도 인출이 불가하다.

07 사고력 조건을 바탕으로 추론하기

| 정답 | ③

| 해설 | 〈조건〉에 따라 각 지점에 대한 방문 유무를 정리하면 다음과 같다.

구분	가	나	다	라
정승원	×		×	
최강인		×		
박동경	×			○
김기제			×	

이때, 정승원 사원은 가, 다, 라 지점에 방문하지 않으므로 나 지점에 방문하고, 김기제 사원은 나, 다, 라 지점에 방문하지 않으므로 가 지점에 방문하게 된다. 따라서 최강인 사원은 다 지점에 방문하게 된다.

08 사고력 조건에 따라 자리 배정하기

| 정답 | ③

| 해설 | 우선 마지막 조건에 의해 사각형 탁자의 6시에 직원 C를 위치시킨다. 세 번째 조건에 따라 직원 B는 직원 C 옆에 앉아 있지 않으므로 직원 C의 반대편인 12시 방향에 직원 B가 앉아 있고, 네 번째 조건에 따라 직원 D의 오른편에 직원 B가 앉아 있다고 하였으므로 직원 D는 3시 방향, 직원 A는 9시 방향에 앉게 된다.

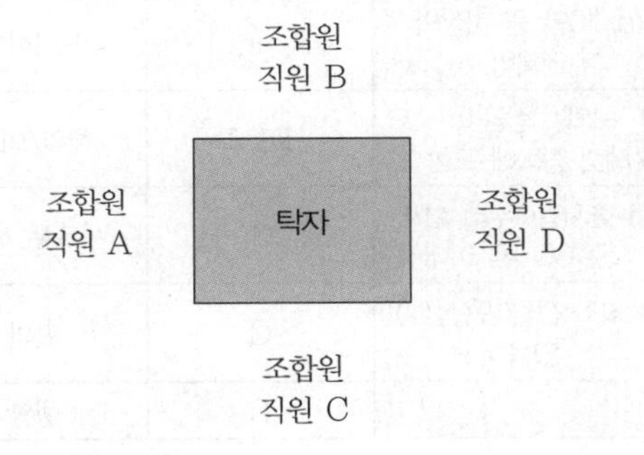

다음으로 첫 번째 조건에 따라 조합원 H를 맡고 있는 직원은 직원 C의 왼편에 앉아 있는 직원 A이며, 두 번째 조건에 의해 조합원 H를 맡는 직원 A의 건너편에 앉아 있는 직원 D가 조합원 E를 맡게 된다. 마지막 조건에 의해 직원 C의 맞은편에 있는 직원 B는 조합원 F를 맡게 되므로, 직원 C는 남은 조합원 G를 맡게 된다.

조합원 F
직원 B

조합원 H
직원 A

탁자

조합원 E
직원 D

조합원 G
직원 C

따라서 직원과 조합원을 알맞게 짝지은 것은 ③이다.

09 문제처리능력 적절한 검색 조건 고르기

| 정답 | ④

| 해설 | 어떠한 자료 또는 정보를 검색할 때는 알고자 하는 정보의 키워드를 적절히 선정하여 꼭 필요한 내용만을 포함한 결과를 산출할 수 있어야 한다. 따라서 제시된 요구사항을 반영한 최적의 검색 조건을 선택한다. 각 검색 항목에서 선택할 조건은 다음과 같다.

- 적립 방식 : 특정한 날을 정하여 적립하는 것이 어렵다고 하였으므로 정해진 적립 날짜나 금액이 없는 '자유적립식'을 선택해야 한다.
- 이자계산 방식 : 금리 계산 방법은 상관하지 않는다고 하였으므로 '전체'를 선택한다.
- 저축 기간 : 1년 이상 3년 미만으로 하여 '12개월'과 '24개월'을 선택한다.
- 은행 : 상품을 들 은행을 정해 놓지 않았으므로 '전체'를 선택한다.
- 정렬 조건 : 우대 금리를 비교하고 싶어하므로 '최대 우대 금리'를 조건으로 한다. 고객의 요구사항에서 오름차순 또는 내림차순 정렬에 관한 내용은 제시되지 않으므로 그 선택 여부는 고려하지 않아도 된다.

따라서 ④가 가장 적절하다.

| 오답풀이 |

① 저축 기간을 '전체'로 선택하여 3년인 '36개월'에 해당하는 상품 결과까지 출력되어 적절하지 않다.

② 적립 방식을 '전체'로 선택하여 정액적립식 상품의 결과까지 출력되고, 정렬 조건에서 우대 금리가 아닌 세전 이율을 중심으로 결과가 정렬되게 하였으므로 적절하지 않다.

③ 금리 계산 방법은 상관없다고 하였는데 이자계산 방식을 '단리'만 선택하여 복리 관련 상품의 결과는 얻을 수 없으므로 적절하지 않다.

10 문제처리능력 자료를 바탕으로 추론하기

| 정답 | ②

| 해설 | 제시된 글의 내용에 따르면 유행에는 두 가지 심리가 작용하는데, 하나는 동조심리이고 다른 하나는 차별화심리이다. 그리고 J의 의견에 따르면, 이러한 유행에 편승하려는 심리는 마케팅에도 활용될 수 있을 것이다. 이어지는 B의 의견은 동조심리를 마케팅에 활용하는 예에 관한 것이고, P는 고객층에 따라 상이한 전략을 구사해야 한다고 하였다. 따라서 문맥상 B와 P 사이에 있는 S의 의견은 유행에 작용하는 또 다른 심리인 차별화심리를 마케팅에 활용한 전략과 관련된 내용일 것이라 유추할 수 있다. 그러므로 다른 사람들과 구별되는 만족감인 차별화심리를 마케팅에 활용하는 내용인 ②가 빈칸에 가장 적절하다.

| 오답풀이 |

④ 대화의 전반적인 주제가 유행과 관련된 심리를 마케팅에 이용하는 것이므로, 유행에 민감하지 않은 소비자들을 고려하는 내용은 대화에 적절하지 않다.

11 문제처리능력 조건에 따라 세액 계산하기

| 정답 | ②

| 해설 | 창업 1년 미만의 인천 소재 신규 기업이면서 도매업에 종사하는 소기업이므로 중소특별세액으로 법인세의 10%를 감면 받아 10,000,000×0.9=9,000,000(원)을 납부하게 된다. 취득세의 경우 창업 후 3년 이하이므로 75%를 감면받아 6,000,000×0.25=1,500,000(원)을 납부하면 된다. 재산세의 경우 창업 세액 2년 이하의 기업은 3년간 면제해주므로 납부할 필요가 없다. 따라서 총 납부 세액은 9,000,000+1,500,000=10,500,000(원)이 된다.

12 문제처리능력 조건에 맞는 기업 찾기

| 정답 | ④

| 해설 | ㉢ 중기업 C는 과밀억제권역 이외 수도권 지역에 위치하고 신기술 기업이므로 법인세를 3년간 75% 감면받은 후 2년 동안 50% 감면받을 수 있고, 취득세는 4년간 75% 감면받을 수 있다. 그리고 지식기반 중기업이 아니므로 그 외에 중소특별세액감면은 없다.

㉤ 소기업 E는 창업 1년 미만의 수원 소재 지식기반 기업이므로 취득세는 4년간 75% 감면 받을 수 있다. 재산세의 경우 면제되고 중소특별세액으로 소득세 10% 추가 감면이 가능하다.

| 오답풀이 |

㉠ 소기업 A는 청년 기업이면서 지식기반 기업이므로 감면 비율이 더 높은 청년 기업 세제 혜택이 적용된다. 소기업 A는 과밀억제권역 이외 수도권 지역에 위치하므로 취득세는 4년간 면제된다.

㉡ 소기업 B는 창업한 지 3년 된 서울 소재의 청년 기업이므로 4년간 취득세를 75% 감면받을 수 있다.

㉣ 중기업 D는 청주 소재 창업 18개월차 휴게음식업 기업이므로 중소특별세액으로 소득세 15%를 추가 감면받을 수 있다.

13 문제처리능력 카드 분류기준 설정하기

| 정답 | ③

| 해설 | 제시된 (a) ~ (d)의 적용 기준에 따라 카드를 정리하면 다음과 같다.

기준	카드	분류
(a) 10만 원 이상의 연회비	B, F, I	프리미엄
(b) '해외', '항공'이 주요 혜택 항목에 포함	D, J	해외/여행
(c) 출시일로부터 현재 기준 36개월 이내	A, G, H	새로운 혜택
(d) 최소 전월이용실적이 있음.	C	편의
–	E	생활

따라서 '(c) 출시일로부터 현재 기준 36개월 이내'라는 기준은 〈보기〉와 부합하지 않는다. 출시일로부터 현재 기준 A는 약 29개월, G는 약 23개월, H는 약 11개월이므로 〈보기〉와 같이 A가 '편의'로 분류되기 위해서는 G와 H만 포함되는 개월 수로 (c)의 기준이 조정되어야 한다.

14 문제처리능력 기준에 따라 카드 정리하기

| 정답 | ④

| 해설 | 선택한 검색 기준과 제시된 기능에 따라 카드를 정리하면 다음과 같다.

• 연회비 항목의 범위 제한(0 ~ 50,000원) : A, C, D, E, G, H, J

↓

• '온라인', '외식', '항공' 중 최소 하나 이상이 주요 혜택에 포함 : A, C, D

↓

• 비고 항목에 '제휴'가 포함 : A, C, D

↓

• 최소 전월이용실적이 높은 순으로 정렬 A–C–D

따라서 다른 기능들에는 문제가 없지만 최소 전월이용실적이 높은 순으로 정렬하는 기능에 오류가 있음을 알 수 있다. 최소 전월이용실적이 A는 40만 원, C는 30만 원, D는 없음이므로 〈보기 2〉와 같이 A–D–C가 아닌, A–C–D 순으로 정렬되어야 한다.

15 문제처리능력 카드 추천 알고리즘 개발하기

| 정답 | ③

| 해설 | 알고리즘의 각 단계를 위에서부터 1, 2, 3단계로 두었을 때 1순위에 선정되는 카드는 1 ~ 3단계의 기준을 모두 충족한 카드이다. 고객 X와 Y의 소비분석에 근거하여 ③의 알고리즘에 따라 카드를 분류하면 다음과 같다.

구분	고객 X	고객 Y
1단계	B, D, E, F, I, J	A ~ J 모두 해당
2단계	B, D, F, I	C, G, H
3단계	I	H

따라서 고객 X의 경우 I, 고객 Y의 경우 H가 1순위로 선정된다. 고객 X, Y에 대하여 I 또는 H 카드를 1순위로 선정했다는 알고리즘의 조건에 부합하므로 ③의 알고리즘이 적절하다.

| 오답풀이 |

① 고객 X의 경우 1 ~ 3단계를 모두 충족하는 카드가 없다.

② 고객 X의 경우 1순위가 D, I 카드이며, 고객 Y의 경우 1순위가 C 카드이다.

④ 고객 X, Y 모두 1 ~ 3단계를 모두 충족하는 카드가 없다.

16 문제처리능력 알고리즘에 따라 카드 분류하기

| 정답 | ③

| 해설 | **15**의 해설에 따라 1 ~ 3단계의 기준은 다음과 같다.

• 1단계 : 카드의 최소 전월이용실적이 고객의 월평균 이용금액보다 작은가?

• 2단계 : 고객의 상위 소비 영역(top2) 중 관련 혜택이 있는가?

• 3단계 : 고객의 최다 이용 가맹점 관련 혜택이 있는가?

이러한 알고리즘에 따라 각 단계별로 카드를 분류하면 다음과 같다.

구분	카드	순위
1단계	B, C, D, E, F, G, I, J	3순위 : C, F, G, I, J
2단계	B, D, E	2순위 : B, D
3단계	E	1순위 : E

따라서 1 ~ 3순위에 들지 않는 카드는 A와 H이며, 각 순위와 카드가 올바르게 짝지어진 것은 ③이다.

17 문제처리능력 카드 추천 알고리즘 수정하기

| 정답 | ①

| 해설 | **16**의 풀이 과정과 같이 ①의 알고리즘에 따라 각 단계별로 카드를 분류하면 다음과 같다.

구분	카드	순위
1단계	B, D, E, F, I, J	3순위 : F, I
2단계	B, D, E, J	2순위 : B, D, E
3단계	J	1순위 : J

따라서 ①의 알고리즘으로 수정할 경우 J 카드가 1순위가 된다.

| 오답풀이 |

② 알고리즘에 따른 1순위 추천카드는 G, H이다.

③ 알고리즘에 따른 1순위 추천카드는 E이다.

④ 알고리즘에 따른 1순위 추천카드는 H, I이다.

18 문제처리능력 자료 기반 대출 요건 찾기

| 정답 | ③

| 해설 | '힘내라! 대출'과 달리 '근로자 생활 보조 대출'이 거치기간과 상환기관이 별도로 제시되어 있다. 따라서 ⓒ는 '근로자 생활 보조 대출'의 특징에 해당한다.

| 오답풀이 |

① '근로자 생활 보조 대출'은 대출 목적이 요양급여, 임금체불생계, 대학학자금, 직업훈련생계 중 무엇에 해당하는지에 따라 최대 대출한도가 달라진다.

② '근로자 생활 보조 대출'의 '대출금리'에서 요양급여비의 경우 거치기간은 연 0.6%, 상환기간은 연 2.6%로 대출금리가 다름을 알 수 있다.

④ '힘내라! 대출'은 대출대상별 세부 요건을 증빙하기 위해 관련 서류를 제출해야 한다.

19 문제처리능력 자료를 바탕으로 고객 응대하기

| 정답 | ①

| 해설 | 고객은 회사에 재직 중이고 미성년 자녀가 2인 이상인 다자녀 가구에 해당하므로 두 상품에 모두 가입할 수 있다. 두 상품은 상환방식이 매월 원리금균등분할상환으로 동일하지만, 상환기간은 '근로자 생활 보조 대출'에만 제시되어 있어 동일하다 할 수 없다.

| 오답풀이 |

② 대학학자금의 경우 계약기간은 최소 7년, 최대 11년이고 거치기간은 최대 7년이므로, 거치기간이 종료된 후 차관 만료일까지인 상환기간은 최소 0년, 최대 4년이다. 그런데 상환기간은 최대 4년까지 가능하므로, 대학 등록금을 마련할 경우 상환기간은 0 ~ 4년 사이로 설정할 수 있다.

③ '힘내라! 대출'의 대출한도는 다자녀 가구인 경우 1인당 최고 50백만 원이다. 따라서 30백만 원을 초과한 금액도 대출받을 수 있다.

④ '힘내라! 대출'의 '대출금리'에서 계약기간이 5년 이하이면 연 2.2%, 5년 초과이면 2.5%로 계약기간에 따라 대출금리가 달라짐을 알 수 있다.

02 유형연습문제

▸문제 120쪽

01	②	02	③	03	③	04	④	05	③
06	②	07	②	08	②	09	②	10	①
11	③	12	②	13	②				

01 사고력 문제해결 방안 파악하기

| 정답 | ②

| 해설 | 최근 출시된 신제품에 대하여 구매 경향이 습관적, 반복적인 경우가 대부분이라고 하였다. 즉, 이 신제품의 경우 한번 구매한 경험이 있는 구매자들만이 계속하여 구매하는 것이다. 그러므로 좀 더 큰 매출증진을 위해서는 새로운 구매자들을 유입해야 하며, 이를 위해 새로운 소비자들에게 해당 제품을 더 자주 노출시켜 구매를 유도하는 전략이 필요하다. 따라서 상품과 기능에 대한 노출을 증대(ㄱ), 진열이나 선반 위치의 변경 및 POP 광고 강화(ㄷ) 방안을 제시할 수 있다.

| 오답풀이 |

ㄴ. 대화의 맥락상 기존 상품이 아닌 새로 출시된 제품에 관한 마케팅 방안이 필요하다.

ㄹ. 기존 소비자를 대상으로 한 방안이므로 새로운 소비자 창출과 관련되지 않은 방안이다.

02 사고력 명제 판단하기

| 정답 | ③

| 해설 | 김 사원이 대출이 없다고 했으므로 첫 번째 조건의 대우 명제에 따라 김 사원은 자동차가 없다. 따라서 네 번째 조건에 따라 오피스텔에 살면서 자동차가 없는 김 사원은 미혼이다.

| 오답풀이 |

① 다섯 번째 조건에 따라 김 사원은 오피스텔과 아파트 중 한 곳에서 산다. 만약, 김 사원이 오피스텔에 산다면 김 사원은 자동차가 없으므로 네 번째 조건에 따라 미혼이다. 반면, 김 사원이 아파트에 산다면 두 번째 조건에 따라 김 사원은 여자가 되는데, 결혼 여부는 알 수 없다. 따라서 '김 사원은 기혼이다'가 항상 참인 것은 아니다.

② 두 번째 조건의 역으로, 참인 명제의 역이 반드시 참인 것은 아니다.

03 사고력 보충할 전제 추측하기

| 정답 | ③

| 해설 | C 시의 주민들 중 비정규직 노동자들은 대부분 농산물 가공공장에서 근무하는데, 이 공장이 B 공장이어야 B 공장이 경영난으로 문을 닫았을 때 절반이 넘는 C 시 비정규직 노동자가 실직한다고 말할 수 있다. B 공장이 유일한 공장이라는 사실이 전제되지 않으면 다른 농산물 가공공장이 존재할 수 있어 C 시의 실직자가 절반에 못 미칠 수도 있다.

04 문제처리능력 자료를 통해 추론하기

| 정답 | ④

| 해설 | 사기업 직장인이 근무 환경에 비해 공무원보다 적은 보수를 받는지는 제시된 내용으로 알 수 없다.

| 오답풀이 |

① 한국은 첫 번째 현상에 제시된 OECD 조사에 따르면 시간당 소득은 낮은 편이지만, 두 번째 현상에 따르면 '칼퇴근'한 날보다 야근한 날이 더 많으므로 추론할 수 있는 내용이다.

② 두 번째 현상에 따르면 조사 결과 평일 중 '칼퇴근'한 날이 1.5일이라고 하였으므로 그 이상 '칼퇴근'하는 사람이 많지 않을 것이라고 추론할 수 있다.

③ 세 번째 현상에 따르면 공무원 대상으로만 근무일과 근무 시간을 조정할 수 있는 지침을 시행하였으므로 사기업과 공공기관 간에 업무 시간 격차가 발생할 수 있음을 추론할 수 있고, 이에 대한 정책이 필요하다는 결론을 내릴 수도 있다.

05 문제처리능력 일정 계획하기

| 정답 | ③

| 해설 | 부서 교육은 11월 첫째 주에 모든 영업부서 직원이 참여하여 진행되어야 하므로, 〈회의실 대여 현황표〉에 영업부서 직원들의 주간 일정을 표시하여 교육이 불가능한 때를 확인한다. 이때, 월요일은 신입사원 교육으로 인해 부서 교육이 불가능하므로 제외한다.

구분	화	수	목	금
09:00 ~ 10:00	×	×		
10:00 ~ 11:00	×			×
11:00 ~ 12:00				
12:00 ~ 13:00	점심시간	×/점심 시간	×/점심 시간	점심시간
13:00 ~ 14:00			×/센터 장 회의	×
14:00 ~ 15:00	×	협력사 미팅	×/센터 장 회의	
15:00 ~ 16:00	×	협력사 미팅	×	
16:00 ~ 17:00				×

따라서 교육 전 10분간 준비할 수 있고 2시간 동안의 교육이 가능한 때는 목요일 10시부터 12시까지이다.

| 오답풀이 |

① 화요일 14시부터 16시까지 회의실 예약이 불가능하다.

② 수요일 14시부터 16시까지 협력사 미팅이 예정돼 있어 일정이 겹친다.

④ 금요일 14시부터 16시까지 교육이 가능하지만, 13시부터 14시까지 회의실 예약이 불가능하여 교육 준비를 할 수 없다.

06 문제처리능력 조건을 바탕으로 상품 추천하기

| 정답 | ②

| 해설 | • A 기업 : 중요성이 가장 높은 항목인 대출금액을 비교하면 안심 대출과 드림 대출이 9점으로 채움 대출보다 높다. 두 대출의 대출기간을 비교하면 드림 대출이 8점으로 안심 대출보다 높으므로 드림 대출을 추천해야 한다.

• B 기업 : 종합 평가를 비교하기 위해 각 대출상품의 총점을 계산한다. 채움 대출은 25점, 안심 대출은 24점, 드림 대출은 26점으로 드림 대출을 추천해야 한다.

• C 기업 : 안심 대출과 드림 대출은 중도상환수수료 항목에서 4점을 받아 평가점수가 허용수준을 충족하지 않는다. 따라서 모든 항목의 점수가 5점 이상인 채움 대출을 추천해야 한다.

07 문제처리능력 고객의 요청사항 파악하기

| 정답 | ②

| 해설 | 먼저, 전망이 스트리트뷰인 트윈룸과 주차차량 1대 추가서비스 요금을 포함하면 2박 동안의 총 숙박요금이 30만 원을 초과하는 패밀리룸은 제외한다. 남은 더블룸과 킹룸의 2박 3일 간 예상되는 총비용을 계산하면 다음과 같다.

(단위 : 원)

구분	더블룸	킹룸
숙박요금	80,000×2 =160,000	100,000×2 =200,000
추가서비스 요금	20,000×2 +10,000×2 =60,000	20,000×2×2 +10,000×2 =100,000
요금 합계	220,000	300,000

따라서 둘 다 30만 원을 초과하지 않으므로 고객의 요청사항을 만족하는 객실의 개수는 2개이다.

08 문제처리능력 총비용 계산하기

| 정답 | ②

| 해설 | 각 항목별 청구되는 비용을 다음과 같이 구할 수 있다. 이때, 체크인 날짜가 ○○계열사 직원 할인이 적용되지 않는 날이므로 그 날을 제외한 숙박 일자(일요일)에만 할인을 적용해야 한다. 또한 3인이지만 한 명이 5세 미만이므로 아동의 요금은 무료이다.

• 숙박요금(2박) : 75,000+(75,000×0.8)=135,000(원)

• 추가서비스(조식 2인 2박) : 20,000×2×2=80,000(원)

따라서 해당 고객의 결제 금액은 총 135,000+80,000=215,000(원)이다.

09 문제처리능력 대출 고객 정보 관리하기

| 정답 | ②

| 해설 | ㉡ 온라인 교육 수료 전에 대출하였으므로 금리 추가 감면은 적용되지 않아 대출금리는 3.6%이다. 10년 단리로 8억 원을 대출하여 만기일시상환하므로, 총 이자액은 800,000,000×0.036×10=28,800(만 원)으로 적절하다.

㉣ 계약기간이 보증기한 이내이고 5년 단리로 10억 원을 대출하여 원금균등분할 방식으로 매년 상환하므로 이자는 다음과 같다.

회차(년차)	이자(원)	대출잔금(원)
1	1,000,000,000÷5 ×0.036=7,200,000	800,000,000
2	800,000,000÷5 ×0.036=5,760,000	600,000,000
3	600,000,000÷5 ×0.036=4,320,000	400,000,000
4	400,000,000÷5 ×0.036=2,880,000	200,000,000
5	200,000,000÷5 ×0.036=1,440,000	0
이자 합계	21,600,000	

따라서 총이자는 2,160만 원으로 적절하다.

따라서 ㉡, ㉣이 적절하다.

| 오답풀이 |

㉠ 4년 단리로 3억 원을 대출하여 만기일시상환하므로, 총이자액은 300,000,000×0.036×4=4,320(만 원)으로 적절하다. 그러나 보증서 담보 대출로서 계약기간이 보증서상의 보증기한 이내가 아니므로 적절하지 않다.

㉢ 5년 단리로 5억 원을 대출하여 원금균등분할 방식으로 매년 상환하므로 이자는 다음과 같이 구할 수 있다.

회차(년차)	이자(원)	대출잔금(원)
1	500,000,000÷5 ×0.036=3,600,000	400,000,000
2	400,000,000÷5 ×0.036=2,880,000	300,000,000
3	300,000,000÷5 ×0.036=2,160,000	200,000,000
4	200,000,000÷5 ×0.036=1,440,000	100,000,000

5	100,000,000÷5 ×0.036=720,000	0
이자 합계	10,800,000	

따라서 총이자는 1,080만 원으로 적절하지 않다.

ⓜ 온라인 교육 수료월로부터 6개월 이내에 대출 받았으므로 금리 추가 감면이 적용되어 대출금리는 연 3.6－0.1＝3.5(%)이다. 7년 단리로 운전자금 7억 원을 대출했는데, 운전자금은 최대 5년까지 계약이 가능하므로 적절하지 않다.

10 문제처리능력 중도상환수수료 금액 계산하기

| 정답 | ①

| 해설 | 대출기간이 4년으로 3년을 초과하므로 만기일은 2022년 9월이 되고, $\frac{\text{대출잔여기간}}{\text{대출기간}} = \frac{36-21}{36} = \frac{15}{36} \fallingdotseq 0.4$이다. 또한, 부동산 담보이므로 중도상환수수료율은 1.4%이다. 따라서 중도상환수수료 금액은 700,000,000×0.014×0.4＝3,920,000(원)이다.

11 문제처리능력 자료에 부합하는 사례 고르기

| 정답 | ③

| 해설 | 구기자의 유통이력신고 의무는 2010년 8월 1일부터 발생하는데, 식품 수입자 C는 구기자를 수입해 2012년 2월 건강 음료 제조 공장에 판매하였으므로, 유통이력신고 의무가 있다.

| 오답풀이 |

① 선글라스의 유통이력신고 의무는 2010년 2월 1일부터 발생하는데, 안경테 도매상 A는 수입한 선글라스를 2009년 10월 안경 전문점에 판매하였으므로, 유통이력신고 의무가 없다.

② 당귀의 유통이력신고 의무는 2010년 8월 1일부터 발생하는데, 한약재 전문 수입자 B는 당귀를 수입하여 2010년 5월 동네 한약방에 판매하였으므로, 유통이력신고 의무가 없다.

④ 유통이력에 대한 신고 의무가 있는 사람은 수입자와 유통업자이므로, 음식점 주인 D는 최종 소비자로 유통이력신고 의무가 없다.

12 문제처리능력 자료를 바탕으로 추론하기

| 정답 | ②

| 해설 | 발신인이 알려 주는 주소로 접속해 사이트를 확인하지 말고 검색 사이트에서 통해 찾아 들어가거나 검찰청(1301)이나 경찰(112) 또는 금감원(1332)으로 전화하여 확인해야 한다.

13 문제처리능력 자료를 바탕으로 추론하기

| 정답 | ②

| 해설 | OTP가 안정성이 높기 때문에 적극 이용하기를 권장하는 내용은 교육 자료에 제시되어 있지 않다.

파트 4 자원관리능력

01 대표기출 유형

▸문제 134쪽

01	③	02	②	03	②	04	③	05	③
06	②	07	④	08	③	09	④	10	③
11	④	12	④	13	④	14	①	15	④

01 예산관리능력 예산 관리 방법 이해하기

| 정답 | ③

| 해설 | 제시된 대화에서 알 수 있듯이 어떤 활동을 하던 간에 지불할 수 있는 예산은 한정되어 있으므로 얼마나 효율적으로 예산을 관리하느냐, 즉 한정된 예산에서 적은 비용으로 어떻게 최대의 효과를 내느냐가 중요하다. 이때 무조건 비용을 적게 들이는 것이 좋은 것이 아니라는 점을 숙지해야 한다. 한 기업에서 개발 프로젝트를 실행할 때 실제 비용을 개발 비용보다 낮게 책정하면 프로젝트 자체가 이익을 발생시키는 것이 아니라 프로젝트의 경쟁력이 감소할 수 있다. 따라서 책정 비용과 실제 비용의 차이를 줄여 가장 비슷한 상태를 만드는 것이 가장 이상적이라고 할 수 있다.

02 자원관리능력 효과적인 자원관리방법 이해하기

| 정답 | ②

| 해설 | A 사업장은 현재 보유하고 있는 물적자원에서의 문제는 발생하고 있지 않으므로 추가적인 지원은 필요하지 않다고 설명하고 있다.

| 오답풀이 |

① AI, 로봇 사업 중심의 급격한 성장으로 기존의 예산으로는 사업을 진행하기 어려운 일이 발생하고 있다고 하였으므로, 사업예산을 전사적으로 재점검하고 A 사업장의 급격한 성장을 반영하여 예산의 추가 배정을 검토하는 것이 적절하다.

③ 인력 부문에서 당장 AI, 로봇 분야의 신규 인력이 3명이 더 필요하나 재교육을 통한 인력 배치에 최소 6개월 이상이 소요된다고 하였으므로 재교육을 통한 재배치보다 우선 경력직 채용을 고려하는 것이 적절하다.

④ AI, 로봇 분야에 대한 인력 수요는 매년 5명 수준으로 지속적으로 발생할 것이 예상되므로 필요한 인력 규모를 예측하고 이에 대응하는 신규채용과 함께 재교육을 통한 인력 재배치 등을 실시하는 것이 적절하다.

03 물적자원관리능력 상품 재고 관리하기

| 정답 | ②

| 해설 | '기말재고 수량=기초재고 수량+당기 매입량−당기 매출량'이므로, 당기 상품 A에 대해 기말재고를 남기지 않게 하기 위해서는 전기 기말재고 수량(=당기 기초재고 수량)과 당기 매입량의 합이 당기 매출량과 동일해야 한다. 당기 매출량은 전기와 동일하다고 예측하고 있으므로, 당기 상품 A의 예상 매출량은 $\frac{7,200,000}{9,000}$=800(단위)이다. 따라서 전기 기말상품 재고액에서 상품 A의 기말재고 수량이 30단위이므로 기말재고를 남기지 않는 당기 매입량은 800−30=770(단위)이다.

04 물적자원관리능력 재고 관리하기

| 정답 | ③

| 해설 | 상품 B는 선입선출법으로 재고를 관리한다고 하였으므로 상품 B의 재고는 전기로부터 이월된 기말상품 재고 → 3월 14일에 매입한 상품 → 8월 26일에 매입한 상품 순서로 소모된다. 당기 상품 B의 매출량은 350단위라고 하였으므로 당기에 소모된 상품 B의 재고는 전기 기말상품 재고 10단위, 3월 14일에 매입한 상품 320단위, 8월 26일에 매입한 상품 20단위이다. 따라서 당기 기말재고는 8월 26일에 매입한 상품 180단위 중 20단위를 제외한 160단위이며, 8월 26일 매입한 상품 B의 단위당 원가는 2,000원이므로 당기 기말재고액은 160×2,000=320,000(원)이다.

이를 '기말재고액=기초재고액+당기 매입액−당기 매출원가' 계산식으로 구할 경우, 상품 B의 당기 기초재고액은 전기 기말재고액인 10×1,500=15,000(원), 당기 매입액은 320×1,800+180×2,000=936,000(원)이다. 재고는 선입선출법으로 매입한 순서대로 판매되므로, 당기에 소모된 상품 B의 매출원가는 10×1,500+320×1,800+20×2,000=631,000(원)이다.

따라서 상품 B의 당기 기말재고액은 15,000+936,000−631,000=320,000(원)이다.

05 예산관리능력 정산서 파악하기

| 정답 | ③

| 해설 | 각각의 활동의 대한 세부내역과 수량, 공급가액, 비고 등이 정리되어 있다.

| 오답풀이 |

① 여행자보험은 간접비에 해당하지만 직접비인 렌트비와 함께 교통비로 묶여 있다.

②, ④ 예산안은 책정 비용과 실제 비용의 차이를 줄이고 비슷한 상태가 가장 이상적인 상태라고 할 수 있다.

06 예산관리능력 예산안 파악하기

| 정답 | ②

| 해설 | ○○농협은 20명, □□농협은 10명을 대상으로 한 워크숍이다. ○○농협은 4회당 800,000원, □□농협은 3회당 600,000원의 강사료를 책정했으므로, 강사료는 1회당 200,000원이며, 이는 인원에 상관없이 회차당 비용으로 책정된 금액임을 알 수 있다.

| 오답풀이 |

① ○○농협의 교통비 880,000원의 절반은 440,000원이므로 적절하지 않다.

③ 정산서와 예산안을 통해서 알 수 없는 내용이다.

④ 예산안은 지출금액과 예산금액의 차이가 나지 않을 때가 가장 이상적인 상태이다.

07 예산관리능력 수익을 고려하여 생산하기

| 정답 | ④

| 해설 | (100kg 기준, 단위 : 원)

구분	A	B	C	D
황산암모늄	5×3,000	2×3,000	3×3,000	4×3,000
과인산석회	5×5,000	4×5,000	–	2×5,000
염화칼륨	–	4×4,000	7×4,000	4×4,000
원가	40,000	42,000	37,000	38,000
판매가	45,000	50,000	42,000	35,000

A ~ D에 해당하는 원가와 판매가를 정리했을 때 D 제품의 원가가 판매가보다 3,000원 높다. 따라서 적자가 나는 D 제품이 생산 중단을 건의할 대상으로 적합하다.

08 예산관리능력 수익 최대화하기

| 정답 | ③

| 해설 | 각 원료의 1톤당 단가를 계산하면 다음과 같다.

(단위 : 원)

구분	황산암모늄	과인산석회	염화칼륨
1톤당 단가	300,000	500,000	400,000

M 회사에서 이미 황산암모늄 100톤, 과인산석회 200톤, 염화칼륨 200톤을 구입하기로 정했기 때문에 원료 구입비는 300,000×100+500,000×200+400,000×200=210,000,000(원)으로 고정된다.

제품별 수익은 원료구입비에서 판매가를 제한 금액으로 산출되며, 구입한 원료를 가지고 각 제품들을 생산했을 때 최대 생산량과 그에 따른 제품별 수익은 다음과 같다.

구분	최대 생산량(톤)	최대 판매가(원)	최대 수익(원)
A	200	90,000,000	−120,000,000
B	500	250,000,000	40,000,000
C	285.7	119,994,000	−90,006,000
D	250	87,500,000	−122,500,000
E	333.3	136,653,000	−73,347,000

따라서 수익을 최대화하기 위해서는 B를 집중적으로 생산하는 것이 유리하다. 생산한 제품은 모두 팔리므로, 산출된 B의 총량인 500톤에 대한 수익은 40,000,000(원)이다.

09 인적자원관리능력 직무복지 프로그램 선택하기

| 정답 | ④

| 해설 | 기준 1에 따라 각 프로그램의 합산점수를 구하면 다음과 같다.

분류	비용절감	접근성	선호도	합산점수
자기개발 프로그램	2	3	0.4	2
장기근속자 휴가비 지원	3	3	0.5	3
주택자금 대출	5	2	0.5	3.5
가족사랑의 날 조기퇴근	2	5	0.6	4.2

따라서 직원 E는 합산점수가 가장 높은 가족사랑의 날 조기퇴근을 선택한다.

10 인적자원관리능력 직무복지 프로그램 선택하기

|정답| ③

|해설| 기준 2에 따라 각 프로그램의 최종점수를 구하면 다음과 같다.

분류	기준 1 합산 점수	경쟁사 도입 여부		기준 2 가중치	최종 점수
		A사	B사		
자기개발 프로그램	2	O	O	1.2	2.4
장기근속자 휴가비 지원	3	X	X	0.5	1.5
주택자금 대출	3.5	O	X	0.8	2.8
가족사랑의 날 조기퇴근	4.2	X	O	0.5	2.1

따라서 직원 E는 최종점수가 가장 높은 주택자금 대출을 선택한다.

11 인적자원관리능력 직무복지 프로그램 선택하기

|정답| ④

|해설| 우선 조건 3에 따라 비용절감에서 2점을 기록한 자기개발 프로그램과 가족사랑의 날 조기퇴근, 접근성에서 2점을 기록한 주택자금 대출은 제외하고, 문제에서 추가로 제시된 자기개발 프로그램을 포함하여 최종점수를 비교하면 다음과 같다.

분류	비용 절감	접근성	선호도	기준 1 합산점수
장기근속자 휴가비 지원	3	3	0.5	3
자녀 장학금 지원	4	3	0.2	1.4
가맹점포 할인 혜택	3	5	0.3	2.4

분류	경쟁사 도입 여부		가중치	최종 점수
	A사	B사		
장기근속자 휴가비 지원	X	X	0.5	1.5
자녀 장학금 지원	X	O	0.8	1.12
가맹점포 할인 혜택	O	X	0.8	1.92

따라서 직원 E는 최종점수가 가장 높은 가맹점포 할인혜택을 선택한다.

12 예산관리능력 성과급 계산하기

|정답| ④

|해설| 각 라인별 성과달성률의 평균이 가장 높은 라인인 제2생산라인에서 가장 높은 달성률을 기록한 G가 가장 많은 성과급을 지급받게 된다. 제2생산라인의 성과달성률 평균은 $\frac{82+96+117+95}{4}$ ≒98(%p)이므로, G가 받게 될 성과급의 합은 개인별 성과급 90,000원과 라인별 성과급 160,000원을 4로 나눈 40,000원을 더하여 총 130,000원을 지급받는다. 따라서 상반기 성과급을 가장 많이 받는 직원의 성과급은 150,000원 미만이다.

|오답풀이|

① 2/4분기 개인별 성과급을 지급받지 못하는 직원은 성과달성률이 83% 미만인 D, E, I 세 명이다.

② 제2생산라인에서 성과달성률이 82%로 가장 저조하여 개인별 성과급을 받지 못하는 E도 라인별 성과급은 40,000원은 지급받으므로, 제2생산라인의 모든 직원들은 최소 40,000원 이상의 성과급을 지급받는다.

③ 2/4분기 성과급이 100,000원 이상인 직원은 130,000원인 G와 110,000원인 K 두 명이다.

13 예산관리능력 성과급 지급규정 개선하기

|정답| ④

|해설| 제1생산라인의 성과달성률 평균은 $\frac{92+88+106+79}{4}$ ≒90(%p), 제3생산라인은 $\frac{70+94+122+89}{4}$ ≒94(%p)이므로 모든 직원들은 최소 20,000원의 라인별 성과급을 지급받게 된다.

|오답풀이|

① 성과달성률 84%인 B와 96%인 F 둘 다 같은 개인별 성과급 지급 기준인 83 ~ 100% 구간에 위치하므로 동일하게 20,000원씩을 받게 된다.

② 제3생산라인 직원 K의 성과달성률은 122%로 120%를 초과하였다.

③ 성과달성률 82%인 E와 84%인 B의 성과급 지급 구간이 서로 각각 83% 미만, 83 ~ 100% 구간에 해당하여 각각 다른 개인별 성과급을 지급받는다.

14 시간관리능력 배송 일정 확인하기

| 정답 | ①

| 해설 | 최소 비용을 들여 배송하려면 특급 배송이 아닌 일반 배송을 선택해야 한다. 일반 배송을 이용하여 2월 5일 정오 이전에 집하할 경우, 지방까지 일요일을 제외하고 3일 소요되므로 2월 9일까지 배송된다.

| 오답풀이 |

② 2월 5일 정오 이후에 집하할 경우, 지방까지 일반배송은 4일이 소요되므로 설 이후인 2월 13일 토요일까지 배송된다.

③ 2월 6일은 주말이므로, 집하를 하지 않아 배송할 수 없는 일자이다.

④ 집하일 기준이 2월 8일 정오 이전일 경우, 지방까지 배송 가능한 일자(9일, 13일, 15일)에 따라 3일 소요되므로 2월 15일 월요일까지 배송된다.

15 예산관리능력 배송 비용 계산하기

| 정답 | ④

| 해설 | 2월 6일은 토요일이므로 택배를 수령하여 다시 각 지점으로 배송하더라도 집하가 불가능하다. 따라서 2월 8일 월요일을 택배 집하일로 정해야 한다. 2월 14일 전까지 배송 가능한 날은 9일, 13일이므로, 배송 소요일을 2일로 상정하여 전 지점에 택배가 도착해야 한다.

이틀 안에 지방까지 배송하려면 정오 이전 특급 배송을 선택해야 하므로, 지방 배송 금액은 수도권 특급 배송비에서 500원 추가한 7,500×5=37,500(원)이다. 수도권은 특급으로도 배송이 가능하지만 최소 비용을 위해 정오 이전 일반 배송을 택해야 한다. 따라서 수도권 배송 금액은 5,000×5=25,000(원)이다. 정리하여 명절 선물 배송에 필요한 총 비용은 37,500+25,000=62,500(원)이다.

02 유형연습문제

▸문제 148쪽

01	④	02	③	03	④	04	③	05	③
06	①	07	②	08	②	09	①	10	③
11	②	12	④	13	②	14	①		

01 예산관리능력 BIS 자기자본비율 계산하기

| 정답 | ④

| 해설 | BIS 자기자본비율 산정 식에 따라 은행의 자기자본을 은행이 보유한 중앙정부대출, 주택담보대출, 일반대출에 각각의 위험가중치를 곱한 값의 총합으로 나눈다. 위험가중치를 각각 0%, 50%, 100% 적용한다고 하였으므로 각 대출금 수치에 1, 1.5, 2를 곱한다.

$$A : \frac{30,000}{(15,000\times1+60,000\times1.5+50,000\times2)} = \frac{30,000}{205,000}\times100 \fallingdotseq 15(\%)$$

$$B : \frac{18,000}{(10,400\times1+20,000\times1.5+20,000\times2)} = \frac{18,000}{80,400}\times100 \fallingdotseq 22(\%)$$

$$C : \frac{60,000}{(11,000\times1+90,000\times1.5+70,000\times2)} = \frac{60,000}{286,000}\times100 \fallingdotseq 21(\%)$$

$$D : \frac{20,000}{(13,000\times1+30,000\times1.5+40,000\times2)} = \frac{20,000}{138,000}\times100 \fallingdotseq 14(\%)$$

따라서 4개의 은행 중 BIS 자기자본비율이 가장 높은 은행은 B 은행이다.

| 오답풀이 |

① BIS 자기자본비율이 낮아 가장 재무건전성이 낮은 은행은 D 은행이나 일반대출금 규모가 가장 작은 은행은 B 은행이다.

③ '순이익 잉여금=자기자본−자본금'이므로 각 은행의 순이익 잉여금은 다음과 같다.

A : 30,000−20,000=10,000(억 원)

B : 18,000−15,000=3,000(억 원)

C : 60,000−30,000=30,000(억 원)

D : 20,000−17,000=3,000(억 원)

따라서 순이익 잉여금이 가장 많은 은행은 C 은행이며 C 은행은 자본금이 가장 많은 은행이다.

02 예산관리능력 신용점수 관리하기

| 정답 | ③

| 해설 | 자료에서 주거래은행 만들기라는 내용을 통해 여러 은행보다 주거래은행을 만들고 정기적인 거래를 하는 것이 신용등급에 도움이 된다는 것을 추론할 수 있다.

| 오답풀이 |

① 자료에서 신용점수 관리를 위해 자신의 신용등급을 확인해야 하며, 납부기록과 소득금액 증빙서류 등 기초적인 증빙서류를 앱을 이용하여 제출하면 신용등급을 올릴 수 있다고 소개하고 있다.

② 자료에서 신용등급을 위해 제2금융권과 대부업체는 되도록 이용하지 않을 것을 권장하고 있다.

④ 자료에서 적당한 신용카드의 사용은 괜찮지만, 연체는 하지 말 것을 권장하고 있다. 이를 위해 신용카드 연체를 방지하기 위한 체크카드 사용은 신용등급 관리를 위한 적절한 사용법임을 추론할 수 있다.

03 예산관리능력 후보지 선정하기

| 정답 | ④

| 해설 | 각 평가기준별 가중치를 반영하여 각 후보지의 점수 총합을 구하면 다음과 같다.

(단위 : 점)

구분	후보지 1	후보지 2	후보지 3	후보지 4
임대료 및 관리비	20	16	16	16
교통	16	20	8	20
편의시설	6	4	10	8
합계	42	40	34	44

따라서 총점이 가장 높은 후보지 4가 선정된다.

04 인적자원관리능력 인사고과 평가하기

| 정답 | ③

| 해설 | 각 직급별 업적평가와 역량평가의 가중치를 감안하여 경영관리팀 직원의 평가점수의 합을 구하면 다음과 같다.

(단위 : 점)

구분	A 본부장	B 팀장	C 파트장	D 팀원
업적평가	56	45.5	54	40
역량평가	21	31.5	32	35
합계	77	77	86	75

따라서 총점이 가장 높은 직원은 C 파트장이다.

05 인적자원관리능력 휴가 규정 파악하기

| 정답 | ③

| 해설 | P 과장은 올해로 근속 9년째이며 최초 1년 근속을 초과한 2년 근속마다 하루씩 휴가가 추가된다는 규정에 따라 추가된 휴가는 모두 4일이다. 따라서 P 과장이 올해 사용할 수 있는 휴가는 15+4=19(일)이다. 한편 올해 9일간 휴가를 사용하였다면 10일의 휴가가 남으며 남은 휴가 하루당 200,000원씩 지급한다고 하였으므로 P 과장은 연말에 200,000×10=2,000,000(원)을 받을 수 있다.

06 인적자원관리능력 휴가 일수 계산하기

| 정답 | ①

| 해설 | P 과장이 출국하는 6일부터 정상 출근하는 21일까지의 날짜를 살펴보면 다음과 같다. 대체 휴무일과 주말에는 휴가를 사용할 필요가 없으므로 P 과장이 해외여행을 위해 제출해야 하는 휴가는 총 10일이다.

월	화	수	목	금	토	일
6 (대체 휴무일)	<u>7</u>	<u>8</u>	<u>9</u>	<u>10</u>	11	12
<u>13</u>	<u>14</u>	<u>15</u>	<u>16</u>	<u>17</u>	18	19
<u>20</u>	21					

07 예산관리능력 합리적 선택하기

| 정답 | ②

| 해설 | 제시된 선정 기준에 따라 점수로 환산한 결과는 다음과 같다.

(단위 : 점)

구분	선정 기준					환산 점수
	회사와의 거리	선호도	가격	방 개수	최대 인원	
A	2	3	3	4	1	13
B	4	4	5	5	4	22
C	1	3	4	3	5	16
D	3	1	2	2	3	11
E	5	5	1	1	2	14

따라서 직원 K는 환산점수의 합이 가장 높은 B를 선택한다.

08 예산관리능력 합리적 선택하기

| 정답 | ②

| 해설 | 우선 총 35명을 수용하지 못하는 C를 제외한 나머지 장소의 전체 가격을 구하고, 이를 순위로 환산한다. 이때 모든 방의 가격의 합을 구하는 것이 아닌, 35명을 수용할 수 있는 최소한의 방 개수를 기준으로 판단한다.

- A : 8명을 수용하는 방 5개를 이용하게 되므로 전체 가격은 45,000×5=225,000(원)
- B : 5명을 수용하는 방 7개를 이용하게 되므로 전체 가격은 32,000×7=224,000(원)
- D : 6명을 수용하는 방 6개를 이용하게 되므로 전체 가격은 47,000×6=282,000(원)
- E : 7명을 수용하는 방 5개를 이용하게 되므로 전체 가격은 52,000×5=260,000(원)

이를 바탕으로 각각의 순위를 점수로 환산한 결과는 다음과 같다.

(단위 : 점)

구분	선정 기준						환산 점수
	회사와의 거리	선호도	가격	방 개수	최대 인원	총 가격	
A	2	3	4	4	2	4	19
B	4	4	5	5	5	5	28
D	3	2	3	3	4	2	17
E	5	5	2	2	3	3	20

따라서 직원 K는 환산점수의 합이 가장 높은 B를 선택한다.

09 예산관리능력 최단 경로 구하기

| 정답 | ①

| 해설 | 최 사원이 K 본부에서 J 본부로 이동하는 최단 경로는 K 본부 → A 역 → X 지부 → Y 지부 → C 역 → Z 지부 → B 역 → C 역 → J 본부이다. 따라서 이동에 필요한 총 시간은 12+6+3+3+4+6+5+10=49(분)이다.

10 예산관리능력 이동 요금 구하기

| 정답 | ③

| 해설 | 최 사원이 K 본부에서 J 본부로 이동하는 최단 경로인 K 본부 → A 역 → X 지부 → Y 지부 → C 역 → Z 지부 → B 역 → C 역 → J 본부에서 철로를 이용하는 구간은 K 본부 → A 역과 B 역 → C 역 → J 본부 구간이다. 이 구간에서의 추가요금은 각각 400원, 100+300=400(원)이므로 최단 시간으로 이동하는 데 필요한 요금은 총 1,600+1,600=3,200(원)이다.

11 예산관리능력 기대수익 계산하기

| 정답 | ②

| 해설 | B 항공사의 도시별 월간 부가수익의 예상 평균치를 계산하면 다음과 같다.

- 방콕 : $=\frac{(4+5+0+1)}{4}=\frac{10}{4}=2.5$(천만 원)
- 세부 : $\frac{(8+3-2+2)}{4}=\frac{11}{4}=2.75$(천만 원)
- 교토 : $\frac{(-1+6-1+3)}{4}=\frac{7}{4}=1.75$(천만 원)
- 삿포로 : $\frac{(2-3+7+2)}{4}=\frac{8}{4}=2$(천만 원)

가장 큰 부가수익을 기대할 수 있는 신규 취항 도시는 세부이다.

12 예산관리능력 기대수익을 고려하여 선택하기

| 정답 | ④

| 해설 | 신규 취항지별 조합에 따라 두 항공사의 기대수익 합의 차이를 정리하면 다음과 같다.

		B 항공사			
		방콕	세부	교토	삿포로
A 항공사	방콕	6	4	8	2
	세부	1	3	4	2
	교토	7	5	5	8
	삿포로	2	0	7	4

A 항공사가 방콕을 택하고 B 항공사가 교토를 택했을 때, A 항공사는 월간 부가수익을 가장 높일 수 있는 동시에 B 항공사와 기대수익 합의 차이를 8만큼 벌릴 수 있으므로 가장 유리해진다.

또한, B 항공사가 삿포로를 택하고 A 항공사가 교토를 택했을 때, B 항공사는 기대수익의 합의 차이를 8만큼 낼 수 있으므로 가장 유리해진다.

따라서 경쟁사와의 수익 격차 최대화를 기준으로 신규 취항 도시를 선택할 때 A 항공사는 방콕을, B 항공사는 삿포로를 신규 취항 도시로 정할 것이다.

13 시간관리능력 도착 시각 계산하기

| 정답 | ②

| 해설 | 사원 A가 B 연수원에 가는 루트는 '회사 → 매봉역 → 백석역 → B 연수원'이 된다.

1. 회사 → 매봉역 : 셔틀버스를 운행하고 있으므로 도보 소요시간의 절반인 8분으로 8시 38분에 도착
2. 매봉역 → 백석역 : 10분 간격으로 지하철이 운행하므로 8시 40분에 출발하면 87분 후인 10시 7분에 도착
3. 백석역 → B 연수원 : 셔틀버스를 운행하고 있으므로 도보 소요시간의 절반인 11분으로 10시 18분에 도착

따라서 사원 A는 B 연수원에 10시 18분에 도착하게 된다.

14 예산관리능력 절약한 비용 계산하기

| 정답 | ①

| 해설 | 모든 사원은 회사에서 출발해서 세미나에 가게 되므로 회사에서 시외버스를 타러 가기 위해서는 도보 이동이 가능하기 때문에 비용이 들지 않는다. 이동수단으로 시외버스를 택했을 때 1인당 교통비는 21,500원으로, 버스를 대절하지 않았을 경우 사원 35명이 부담하였을 총비용은 21,500×35=752,500(원)이다. 한편, 버스 대절에 든 총비용이 665,000원이므로 두 비용의 차액인 87,500원을 절약했음을 알 수 있다.

파트 5 조직이해능력 · 상황판단

01 대표기출 유형

▸문제 160쪽

01	③	02	④	03	③	04	②	05	③
06	④	07	④	08	④	09	①	10	③
11	③	12	②	13	④	14	②	15	①
16	③								

01 조직이해능력 담당 부서 파악하기

|정답| ③

|해설| 영업본부의 점포개발 부서는 신규 점포 개설과 관련하여 주변 상권 분석, 손익분석 등의 일을 한다. 창립 10주년 특집 기사의 경우에는 가맹점포가 가진 강점을 소개해 기업의 성장 전략과 비전을 소개하는 코너이기 때문에 점포개발 부서의 업무와는 맞지 않다.

|오답풀이|

① 기획 : 경영지원본부의 기획부서에서는 매출현황 관리, 예산관리 등의 업무를 진행하기 때문에 객관적인 정보를 가지고 있다. 창립 10주년 기사는 기업의 성장을 수치에 근거하여 설명하고자 하므로 기획부서의 도움이 필요하다.

② 가맹관리 : 창립 10주년 특집기사는 가맹점포의 강점을 소개하고자 하므로 영업본부의 가맹관리부서의 도움이 필요하다.

④ 광고/홍보 : 마케팅본부의 광고/홍보 부서는 광고 홍보 전략 수립, 판촉물 및 카탈로그 제작, 사보 제작 등을 담당하므로 창립 10주년 특집 기사 구성을 위해서는 광고/홍보 부서의 도움이 필요하다.

02 조직이해능력 담당 부서 파악하기

|정답| ④

|해설| ㉣은 '축산물 HACCP(안전관리인증) 취득'에 관한 내용이므로 운영 목장의 제품 및 공정의 표준 규격을 관리하고, 식약청이 지도하는 규격 및 법규에 따라 식품 안전정책을 관리하는 연구본부의 품질관리부서가 적합하다. 생산관리부서는 생산계획이나 설비와 관련된 업무를 담당한다.

|오답풀이|

① ㉠ 제조 : 생산본부의 제조부에서는 생산 계획 및 작업 지시 시 제품 생산을 진행한다. ㉠은 부산공장의 제빵 생산라인의 현장을 이야기하는 것이므로 제조부서의 자문을 구하는 것이 적절하다.

② ㉡ 직영관리 : 영업본부의 직영관리부서는 본사에서 직접 운영하는 점포 운영 및 매출, 원가, 인원관리를 담당하므로 새로 개점한 울산 동구 직영점의 구체적인 정보를 문의하기에 적절하다.

③ ㉢ 총무 : 경영지원본부의 총무부에서는 사내 자산관리 및 임직원 복리후생 등 다양한 행정지원 업무를 하고 있다. 가맹점주 자녀를 위한 장학금 전달식은 임직원 복리후생의 일환이므로 총무부의 자문을 구하는 것이 적절하다.

03 조직이해능력 소속 부서 유추하기

|정답| ③

|해설| 대화에서 이 차장이 김 대리에게 "구매팀은 자네같이 유능한 사원도 있으니까"라고 한 것을 통해 김 대리가 구매팀인 것을 알 수 있다. 이지호는 구매팀에 지원했지만, 영업관리 부서로 발령이 났으므로, 이지호를 데려가려고 한 장 차장과 함께 영업관리팀임을 알 수 있다. 한지희는 이지호 대신 구매팀에 들어가게 되었으며, 임 사원의 진급이 기획팀 소식인 것을 통해 임 사원이 기획팀이라는 것을 알 수 있다.
따라서 바르게 연결된 것은 장 차장－영업관리이다.

04 체제이해능력 결재선 파악하기

|정답| ②

|해설| 전세자금보증 기획은 기금사업본부 보증팀의 업무, 국내 출장에 사용할 회사 차량 관리는 경영지원본부 업무지원팀의 업무, 전산화 작업 관련 예산안은 사업지원본부 ICT전략팀의 업무에 해당한다. 이때 직원 A는 보증팀 소속이므로 전세자금보증 기획에 대해서는 보증팀장의 결재를 생략하고 기금사업본부장의 결재를 받으며, 그 외의 업무는 담당 팀장인 업무지원팀장과 ICT전략팀장의 결재를 받

아야 한다. 한편 직원 A의 업무에는 사업 전반에서 발생한 사고의 관리와 분석에 관한 업무가 포함되어 있지 않으므로 리스크관리팀장의 결재가 필요하지 않다.

05 체제이해능력 결재선 파악하기

| 정답 | ③

| 해설 | 결재 순서는 담당 팀장, 관련 팀장(본부장), 담당 본부장의 순으로 진행하며, 부서 내 세무지원은 경영지원본부 재무팀의 업무에 해당한다. 따라서 결재 순서는 우선 ICT운영팀 소속인 직원 K의 담당팀장인 ICT운영팀장, 세무지원업무를 담당하는 세무팀장, 그리고 직원 K의 담당 본부장인 사업지원본부장이 된다. 이때 관련 팀장이 부재할 경우 관련 본부장이 결재를 대신할 수 있으므로 부재중인 재무팀장을 대신하여 관련 본부장인 경영지원본부장의 결재를 받게 된다. 따라서 문제의 경우 결재를 받는 순서는 ICT운영팀장 → 경영지원본부장 → 사업지원본부장이다.

06 업무이해능력 업무처리 절차 이해하기

| 정답 | ④

| 해설 | 선이자 수취가 포함된 대부계약의 경우 선이자 수취 행위 자체는 법 위반에 해당하지 않는다. 다만 선이자 공제액을 제외하고 채무자가 실제로 받은 대출금을 원금으로 하여 이자를 계산하여 이자율제한 위반 여부를 판단해야 한다.

| 오답풀이 |

① 상환이자율을 계산할 때 민원인 대신 금융감독원 홈페이지에 공개된 '일수이자계산기'를 통해 이자율 위반 여부를 판단한다는 내용을 통해 금융감독원의 일수이자계산기의 사용은 홈페이지를 통해 누구나 이용할 수 있도록 공개되어 있음을 추론할 수 있다.

③ 이자율제한 위반 여부를 확인하는 과정에서 과거에 대출된 자금은 계약 당시 이자율이 적용될 수 있으므로 대부계약시점을 확인해야 한다는 내용을 통해 이자율제한 위반 여부의 기준은 계약 당시를 기준으로 한다는 것을 추론할 수 있다.

07 업무이해능력 업무 규정 적용하기

| 정답 | ④

| 해설 | 사례 2는 대부업자가 대출금에서 선이자를 공제한 경우로, 이때의 원금은 선이자 공제 후 채무자가 실제로 받은 금액이며 채무자가 추가로 상환한 금액은 모두 이자로 판단한다. 따라서 사례 2에서의 원금은 100만 원에서 선이자 20만 원을 공제한 80만 원이며, 한 달 후 100만 원을 수취하였으므로 이자는 원금 80만 원에 더해 채무자가 추가로 상환한 20만 원이다.

이때 이자납입주기가 있는 경우 연 20%를 이자납입주기에 따라 환산해서 판단해야 한다. 사례 2에서는 원금 80만 원에 매달 20만 원씩 1년에 총 240만 원의 이자를 지급하는 대출계약으로 사례 2의 연 이자율은 $\frac{240}{80}\times100=300(\%)$가 되어 이자율제한 위반에 해당한다.

| 오답풀이 |

① 사례 1의 경우 10일 동안의 이자율은 $\frac{10}{100}\times100=10(\%)$이고 연 이자율은 그의 36.5배인 365%이므로 이자율제한 위반에 해당한다.

08 업무이해능력 승진 대상자 정하기

| 정답 | ④

| 해설 | 제18조 제2항을 보면 특별 승진 임용할 수 있는 인원은 전체 승진소요인원의 1/10 이내이다. 각 부처별 총 승진소요인원을 계산해 보면 총 31명이므로 전체 승진소요인원은 3명이 된다. 따라서 특별 승진 대상자 중 3명만 승진이 가능하다. 또한 제18조 제3항을 보면 특별 승진 대상자가 승진소요인원을 초과할 경우 특별 승진 대상자 중 총 근속년수가 높은 인원을 우선적으로 특별 승진하므로 가장 근속년수가 가장 낮은 유▲▲은 승진할 수 없게 된다.

09 업무이해능력 승진 대상자 정하기

| 정답 | ①

| 해설 | 제19조 제2항의 징계처분기간에 관한 내용에 따르면, 휴직기간 및 직위해제기간은 제1항의 재직기간에서 제외한다. 그러나 병역복무로 인한 휴직, 직무로 인한 부상과

질병으로 인한 휴직, 육아휴직으로 인한 휴직, 공단업무와 관련' 있는 국제기구 또는 국제기관 등에 임시로 채용된 휴직은 제외하지 않는다고 나와 있다. 노□□의 경우 음주운전으로 인한 징계처분으로 업무가 제외됐지만 이는 공단에서 인정한 산재가 아니므로 이 기간이 재직기간에서 제외된다. 그러므로 승진할 수 없다.

| 오답풀이 |

② 이◇◇의 경우 자녀 1명에 대한 육아휴직이므로 승진이 가능하다.

③ 정○○의 경우 〈공단 산재 인정 기준〉 중 '나.'에 해당되는 산재이며 부상과 질병으로 인한 휴직이다. 이 경우는 현재 업무기간이 아니더라도 휴직기간에서 제외되지 않으므로 승진이 가능하다.

④ 강○○의 경우 업무수행과정(출근시간)에서 부상을 당한 것이므로 〈공단 산재 인정 기준〉 중 '가.'에 해당되는 산재이다. 이 경우 역시 업무기간이 아니더라도 휴직기간에서 제외되지 않으므로 승진이 가능하다.

10 업무이해능력 거래중지계좌 제도 이해하기

| 정답 | ③

| 해설 | 거래중지계좌 제도의 설명에서 '휴면계좌는 해지만 가능하다'는 안내가 있으므로 휴면계좌는 증빙서류를 가져가도 복구할 수 없다.

11 업무이해능력 거래중지계좌 제도 이해하기

| 정답 | ③

| 해설 | 법인이 거래중지계좌 활성화를 위해 필요한 증빙 서류는 재무제표, 부가가치세증명원, (전자)세금계산서, 납세증명서 등이 있다.

12 경영이해능력 SWOT 분석 활용하기

| 정답 | ②

| 해설 | 약점인 서버 부족으로 인한 잦은 민원을 해결하여 모바일 시장의 확대라는 기회를 활용하는 것은 WO 전략에 해당한다.

| 오답풀이 |

① 강점을 활용하지만 기회는 알 수 없다.

③ 접속 불량이 일어나는 것은 약점에 해당한다.

④ 국내 기업이라는 브랜드 이미지는 강점에 해당한다.

13 고객서비스능력 상황에 맞게 고객 응대하기

| 정답 | ④

| 해설 | 우선적으로 고객이 가지고 있는 의문(자신이 더 높은 금리를 적용받는 이유)에 답변을 해주는 것은 적절한 응대이다. 또한 다른 고려해볼 선택지가 있는 상황에서 이를 소개받을 것인지 고객에게 의사를 묻는 것은 적절하다.

| 오답풀이 |

①, ③ 고객에게 다른 고려해볼 선택지가 있는 상황에서, 아무런 정보도 제공하지 않는 것은 적절하지 않다.

② 우선적으로 고객의 의문에 답변을 해주는 것이 필요하다. 또한, 위 상황에서 초점을 맞추어야 할 것은 다른 상품을 선택하고 추가적으로 적금을 가입할 시 금리가 낮아지는 점이므로, 적금 가입에 초점을 맞추는 것은 적절하지 않다.

14 상황판단평가 효과적인 업무 순서 파악하기

| 정답 | ②

| 해설 | U 팀장이 최대한 빨리 홍보글을 올리는 게 좋겠다고 하였으므로, 각 업무별 소요 시간을 고려하여 단기에 모든 업무를 완료할 수 있어야 한다. 따라서 타인의 사정 및 업무 처리 소요 시간에 따라 기간이 오래 걸리는 업무부터 우선 수행하여 전체 업무 수행 기간을 줄인다.

먼저, 카페 가입 승인은 카페지기의 사정에 따라 언제 완료가 될지 알 수 없는 업무이다. 따라서 카페 가입 승인 요청을 가장 먼저 해야 한다. 다음으로 홍보글 시안은 초안을 보낸 지 4 ~ 5일 걸려 소요 기간이 가장 기므로, 시안을 최대한 빠르게 받기 위해 홍보글 초안을 작성하고 디자인 업체에 발송한다. 시안을 기다리는 사이에 중도금 대출 금리가 확정되면 확인하고, 전달받은 시안의 디자인과 내용을 수정하며 이를 반영한다. 최종적으로 카페 가입 승인, 홍보글 최종안 완성이 완료되면 카페에 홍보글을 업로드하여 모든 업무를 마무리한다.

따라서 ②가 가장 적절하다.

15 상황판단평가 적절하지 않은 대응책 고르기

| 정답 | ①

| 해설 | U 팀장의 두 번째, 세 번째 발언을 참고하여 효율적인 접수 방안에 대한 대응책을 제시해야 한다.

재방문 고객들을 바로 접수창구로 이동하게 하는 것은 재방문 고객 당사자의 편의만 고려한 것으로, 전체적인 고객들의 편의나 전체 접수 업무 진행 속도, 고객들의 방문 분산 유도와는 관련이 없다.

| 오답풀이 |

② 고객들의 방문 분산을 유도할 수 있는 방안이다.

③ 대기하는 고객들이 지루함을 덜 느끼게 할 수 있는 방안이다.

④ 창구에서 접수하는 시간을 줄일 수 있는 방안이다.

16 상황판단평가 적절한 대응책 고르기

| 정답 | ③

| 해설 | Y 주임이 담당한 업무에서 발생한 문제 상황이므로 가능한 다른 동료에게 부탁하지 않고 스스로 문제에 책임을 지는 것이 가장 바람직하다. 또한, 제시된 대화에 따라 자필서명은 대출 당사자가 직접 방문하여 진행해야 하므로 서류를 외부로 반출하는 것은 적절하지 않다. 따라서 고객의 집과 지점은 가깝다고 하였으므로, 출퇴근 시간 중 고객이 지점에 방문할 수 있는 때에 맞춰 자필서명을 받는 것이 가장 적절하다.

02 유형연습문제

▸문제 180쪽

01	④	02	④	03	④	04	②	05	③
06	④	07	③	08	①	09	③	10	②
11	①	12	④	13	②	14	④	15	③
16	④	17	②						

01 체제이해능력 조직도 파악하기

| 정답 | ④

| 해설 | 여신지원팀은 업무지원부 소속이며 업무지원부는 여신운영그룹이 아닌 경영지원그룹 산하에 위치해 있다.

| 오답풀이 |

① IT그룹 산하에는 IT기획부, IT정보부, IT수신 · 카드부, IT여신 · 외환부, IT채널부 총 5개의 부서가 있으며, IT기획부 산하에는 IT시스템운영팀이 있다.

② 개인고객그룹, 카드사업그룹, 신탁사업그룹은 개인 부문에 해당하며, 기업고객그룹, CIB그룹은 기업 부문에 해당한다.

③ 비서실의 경우 은행장 직속이 아닌 전무이사의 산하에 소속되어 있다.

02 체제이해능력 조직도 개편하기

| 정답 | ④

| 해설 | <조직 개편 내용>을 보면 리스크관리그룹 산하에 여신감리부를 신설하고자 한다. 그러나 K가 만든 조직도를 보면 여신운영그룹에 여신감리부가 있다. 그러므로 리스크관리그룹 산하로 위치를 이동시켜야 한다. 따라서 D, E가 조직 개편 내용이 알맞게 반영되지 않은 것이다.

| 오답풀이 |

- A : A의 디지털그룹을 보면 조직 개편 내용에 맞게 그룹명도 바뀌었고 디지털그룹 산하에 디지털혁신본부와 디지털기획부, 빅데이터센터, 혁신R&D센터가 있다.
- B : B의 글로벌 · 자금시장 그룹을 보면 조직 개편 내용에 맞게 글로벌사업부가 있고 그 산하에는 글로벌영업지원팀이 신설되었다.
- C : C의 경영전략그룹을 보면 조직 개편 내용에 맞게 경영혁신부가 신설되었다.

03 업무이해능력 부서의 업무 파악하기

| 정답 | ④

| 해설 | '20△△년 임직원 건강검진 실시 안내'는 인사팀에서 올린 게시글이다.

| 오답풀이 |

① '본사 경조사 지원 안내'는 인사팀에서 올린 게시글이다.

② '합병 등기 및 신규 사업자등록증 공지'는 경영지원팀에서 올린 게시글이다.

③ '본사 자리배치 및 내선 안내의 건'은 총무팀에서 올린 게시글이다.

04 업무이해능력 부서의 업무 파악하기

| 정답 | ②

| 해설 | ① 인사팀은 근태 기록 공지를 올렸고, ③ IT팀은 개인 PC 내 근태 기록용 프로그램 설치를 안내하고 있다. ④ 총무팀에서는 매월 유가 추이와 각종 자사 문서 양식을 공지하였다. 반면에 경영지원팀의 공지는 유류비 청구와 관련 없으므로 참고하지 않아도 된다.

05 업무이해능력 업무성과 파악하기

| 정답 | ③

| 해설 | 강나라 씨의 '월별 매출액 달성률'은 84%로 C등급(70점)에 해당한다. '일정준수'는 3일 지연으로 B등급(80점)이고, '고객리스트 구축건수'도 B등급(80점)이다. '불만처리율'은 96%로 S등급(100점)이다. 등급별 점수를 기준치로 환산하면 각각 21점, 16점, 20점, 25점이고 모두 더하면 82점이다.

06 업무이해능력 업무성과 파악하기

| 정답 | ④

| 해설 | 직급별 업적평가와 역량평가의 비중에 따라 점수를 구하면 다음과 같다.

(단위 : 점)

구분	김우리 (계장)	박민서 (과장)	이재훈 (팀장)	강나라 (팀원)
업적평가	80×0.7 =56	75×0.6 =45	70×0.7 =49	82×0.5 =41
역량평가	70×0.3 =21	75×0.4 =30	90×0.3 =27	75×0.5 =37.5
합계	77	75	76	78.5

따라서 강나라 씨가 가장 높은 점수를 받게 된다.

07 업무이해능력 민원처리 파악하기

| 정답 | ③

| 해설 | 인터넷 전자민원창구를 통하여 민원을 신청하거나 민원신청서 양식을 이용하지 않을 경우에는 본인 및 대리인의 성명, 생년월일, 주소, 전화번호, 신청취지, 신청사유를 명기해야 한다. 첨부할 서류로는 본인인 경우 본인 실명확인증표 사본, 대리인이 신청하는 경우 본인의 위임장 및 인감증명서이며, 기타 사실 관계를 입증하는 서류 사본도 함께 첨부하여야 한다.

| 오답풀이 |

① '민원은 영업점 민원상담차구, 본부 민원실 및 각 부서에 방문, 전화 등을 통하여 상담'할 수 있다고 제시돼 있다.

② 민원 신청 시 각 영업점 민원상담창구에 비치된 민원신청서가 있다고 하며, 방문, 우편, 모사전송(Fax), 인터넷 홈페이지 등을 이용하여 민원을 접수할 수 있다고 하였다.

④ 금융거래정보와 관련이 없는 경우 전화로 신청이 가능하다고 하였다.

08 업무이해능력 민원처리 파악하기

| 정답 | ①

| 해설 | 금융거래의 내용은 「금융실명거래 및 비밀보장에 관한 법률」을 통해 보호되어 본인 혹은 수사기관의 영장 제시가 있는 경우에만 이를 조회할 수 있다. 따라서 채권자가 채무자의 입출금내역의 조회를 요청하는 경우는 민원으로 처리할 수 없다.

09 경영이해능력 경영상 문제점 파악하기

| 정답 | ③

| 해설 | R&D 부서는 연구 개발과 관련된 전반적인 조직역량 강화를 위한 분석을 한다. '자사 핵심고객층의 이탈'은 고객에 대한 전반적인 현상 분석을 하는 마케팅 부서에서 처리해야 할 일이다.

10 경영이해능력 경영전략 수립하기

| 정답 | ②

| 해설 | 제품 기술력 향상에 대한 해결방안 연구는 마케팅이 아닌 R&D 부서에서 해야 할 업무이다.

11 경영이해능력 경영전략 수립하기

| 정답 | ①

| 해설 | 1/4분기 전체회의에서 지적된 R&D 부서의 주요 문제점은 '우수 연구자의 경쟁사 유출'과 '핵심 연구 개발 기술력의 부재'이며, 이는 각각 R&D 선순환 구조의 '여유 자원 확보', '선행연구 및 기술개발'과 연계된다. 이 중 '여유자원 확보'가 선행되어야 '선행연구 및 기술개발'이 가능하므로, 여유자원을 확보하는 것이 현 상황에서 가장 시급하게 해결해야 할 사항이다.

12 상황판단평가 바람직하지 않은 행동 고르기

| 정답 | ④

| 해설 | 자료 수집은 내 · 외부 데이터 수집, 자료 및 문헌조사, 설문지법 등의 다양한 방식을 통해 가능하며, 수집 목적과 효과성을 고려하여 방법을 선정한다. ④의 경우, ●●동 지점의 주요 고객층이 공모전의 타깃층과 동일하므로 ●●동 지점의 기존 상품을 참고하여 변형하는 것은 적절하지만, 그 상품과 비슷한 아이디어를 기획하는 것은 A 팀장의 요구인 '참신한 아이디어'에 적합하지 않다.

13 상황판단평가 바람직한 행동 고르기

| 정답 | ②

| 해설 | #2의 상황은 O 주임이 회의에서 상사들을 설득해야 하는 상황이다. 카드 디자인의 효과에 대한 의구심이 제기되었으므로, 캐릭터를 활용하여 카드 디자인을 구성할 경우 예상되는 효과의 근거가 되는 자료를 제시하여 설득하는 것이 가장 바람직하다.

14 상황판단평가 바람직한 말 고르기

| 정답 | ④

| 해설 | #3의 상황은 다른 업무로 바쁜 B 대리를 제외하고 O 주임 혼자 기획안은 작성해야 하지만 O 주임은 기획안을 작성한 경험이 없어 고민인 상황이다. 따라서 B 대리의 업무에 지장을 최소화하면서도 도움을 받아 기획안을 완성하기 위해서는 기존의 기획안을 받아 이를 참고하여 O 주임이 직접 기획안을 작성하는 것이 가장 바람직하다.

15 상황판단평가 바람직한 말 고르기

| 정답 | ③

| 해설 | #4의 상황은 단골 고객인 H가 다른 고객들보다 캐릭터 카드를 더 빨리 발급받을 수 없냐고 문의하는 상황이다. 카드를 더 빠르게 발급해 줄 수 없는 이유는 이미 제시된 대화에서 설명했으므로 문제 해결을 위한 또 다른 대안을 제시하는 것이 필요하다. 따라서 H 고객은 해외에서 사용할 카드가 당장 필요하므로 캐릭터 카드 대신 해외에서 많은 혜택을 누리며 사용할 수 있는 다른 카드 상품을 제시하는 것이 적절하다.

16 상황판단평가 적절한 자료 선택하기

| 정답 | ④

| 해설 | #5의 상황은 본부 요청에 따라 캐릭터 카드 출시 후의 ●●동 지점의 실적 변화를 분석해야 하는 상황이다. 이를 위해 카드를 신설하기 전후를 비교할 수 있고 ●●동 지점에서의 상품 가입 증가, 가입자 유입과 관련된 실적이 포함된 자료를 준비해야 한다. 따라서 카드 신설 전후 ●●동

지점 신규 고객 유입량 및 유입경로를 분석하는 자료가 바람직하다.

| 오답풀이 |

① 당월 지점 이용 고객의 은행 이용 만족도의 변화 요인이 신설된 카드 때문인지 알 수 없다.

② ●●동 지점의 주 고객층과 신설 카드의 타깃층 모두 20대로 동일하므로, 카드 신설로 20대의 이용객이 얼마나 더 늘었는지와 같은 고객 연령별 점유율 변화를 파악하는 것은 불필요하다.

③ 카드 관련 뉴스나 SNS 게시물 건수의 변화는 ●●동 지점과 직접적인 연관성이 없다.

17 상황판단평가 적절한 의견 내기

| 정답 | ②

| 해설 | 제시된 상황은 Q 대리가 직원들의 의견을 반영하여 신규 상품 영업 방향에 대해 의견을 제시하려는 내용이다. 고령층 고객들이 평소 상품에 대한 설명을 쉽게 이해하지 못 하는 것이 주요 문제이므로, 영업 시 고객들이 상품을 쉽게 이해할 수 있도록 도움을 주는 방법을 고안하는 것이 적절하다. 따라서 신규 상품에 관한 안내 유인물을 보조자료로 제작하자는 의견은 적절하다.

| 오답풀이 |

① 신규 상품의 영업 방향에 대한 의견이 아닌 상품의 수정에 대해 건의를 하는 것은 의도에 맞지 않다.

③ 직원들의 자세한 설명에도 불구하고 고령층 고객들이 상품에 대해 잘 이해하지 못 하는 것이므로, 추가 직원 교육을 시행하는 것은 적절하지 않다.

④ 상품 가입 이후 책임을 묻는 문제는 제시된 상황의 주제에 벗어나므로 적절하지 않다.

파트 6 정보능력 · 알고리즘설계

01 대표기출 유형

▸문제 198쪽

01	③	02	②	03	③	04	①	05	④
06	②	07	③	08	②	09	②	10	④
11	④	12	④	13	④				

01 정보처리능력 정보처리 과정 이해하기

| 정답 | ③

| 해설 | 〈원격상담 예약 단계〉의 4 ~ 5단계에 따르면, 사용자는 이용약관 '동의'를 체크한 후 '다음' 버튼을 누른다. 그리고 원격상담 '접속번호 요청' 버튼을 누르면, 관리자는 사용자에게 6자리 접속번호를 전송한다. 이를 받은 사용자는 번호를 입력하고, 관리자는 사용자에게 상담원을 연결시킨다. 따라서 모든 과정의 위치와 순서가 적절하다.

| 오답풀이 |

① '[2단계] 예약접수'에 따라 '예약접수 신청'은 '고객 정보 및 오류내용 입력'보다 순서상 아래에 배치되어야 하며, 관리자가 아닌 사용자 쪽 위치로 수정되어야 한다. 또한, '상담원 배정'은 사용자 쪽이 아닌 관리자 쪽으로 위치가 바뀌어야 한다.

② 3 ~ 5단계에 따라 '원격상담 접속번호 요청'은 사용자 쪽으로 위치가 변경되어야 한다. 또한, '6자리 숫자 전송'은 관리자의 업무이므로 관리자 쪽으로 위치가 바뀌어야 한다.

④ '[2단계] 예약접수'에 따라 진행 순서만 수정하면 된다. 먼저, '고객 정보 및 오류내용 입력'이 순서상 두 번째에 위치해야 하며, '예약접수 신청'이 그 다음 순서에 와야 한다. 그 후 '예약일자 확정', '상담원 배정' 순으로 배치돼야 한다.

02 정보처리능력 실행 결과 이해하기

| 정답 | ②

| 해설 | J의 모니터에 표시된 내용에서 '등록 기기 여부 : 등록된 기기', '보안프로그램 : 설치됨', '공인인증서 : 정상 인식'인 것에 반해, '페이지 로딩 : 알 수 없는 오류'인 것을 통해 문제는 로딩 과정에 있음을 알 수 있다. 또한 〈문제해결 마법사 구동 프로세스〉에 따르면 해당 단계에서 오류 미탐지 시 바로 다음 단계로 이동하게 된다. 따라서 STEP 3 이전 과정에서는 '오류미탐지 〉 다음 단계'로 이동해야 하므로 STEP 2에서 오류 미탐지로 인해 STEP 3로 이동하는 것은 적절하다.

| 오답풀이 |

① 오류 미탐지이므로 바로 STEP 2로 이동해야 한다.

③ 문제해결 마법사 과정에서 오류가 해결되지 않아 원격 상담을 진행하는 것이므로, '해결 완료'가 아닌 '미해결'이 되어야 한다.

④ STEP 3 과정에서 미해결되었으므로, 그 다음으로 원격 상담 예약화면으로 이동해야 한다. 따라서 문제해결 마법사 과정에서는 STEP 4로 넘어가지 않는다.

03 정보처리능력 구조도 분석하기

| 정답 | ③

| 해설 | 조직도 내의 화살표 모양을 잘 구분해야 한다. 로그인을 하기 위해서는 'ID로그인', '생체인식', '공동인증서' 버튼 중 하나를 선택해야 하고, 이 링크를 누르면 '이벤트' 페이지로 이동이 된다. 또한, '이벤트' 페이지에서 '계좌이체' 페이지로 자동으로 이동되므로 적절한 설명이다.

| 오답풀이 |

① '이체' 버튼을 누르면 '이체정보' 페이지에 이체계좌, 이체금액, 예금주명 정보가 출력되지만, '이체 실행' 버튼을 눌러야 계좌이체가 완료된다.

② 추가 이체를 할 때 재로그인 과정이 필요 없는 것은 맞지만, '이체완료' 페이지에서 '계좌이체' 페이지로 자동 이동 되는 것을 구조도로 알 수 있다.

④ 애플리케이션을 실행하면 자동으로 '로그인' 페이지가 처음에 나타난다. 이 페이지에서 ID와 비밀번호를 입력하거나, '다른 방법으로 로그인' 버튼을 눌러 로그인을 진행할 수 있다. 이때 '생체인식'과 '공동인증서'는 페이지 링크(버튼)로서 정보를 입력할 수 없다.

04 알고리즘설계 구조도 수정하기

| 정답 | ①

| 해설 | 모든 변경 및 추가사항을 반영한 구조도이다.

| 오답풀이 |

② '계좌조회' 페이지에서 입출금내역이 출력돼야 하고, '계좌조회', '입금내역'과 '출금내역' 각 페이지에 '메인' 페이지 복귀 링크가 있어야 한다.

③ '메인' 페이지에서 '이벤트' 페이지와 그 링크를 삭제하고 하단에 이벤트 안내 표시만 있어야 한다.

④ '메인' 페이지에서 '이벤트' 페이지와 그 링크를 삭제하여 이벤트 안내 표시만 있게 하고, '계좌조회' 페이지에 '메인' 페이지 복귀 링크를 추가해야 한다.

05 알고리즘설계 구조도 실행 결과 파악하기

| 정답 | ④

| 해설 | '입출금내역' 페이지로서 업데이트된 설계 구조도에 따라 입출금내역이 출력돼 있고, 그 하단에 '입금내역', '출금내역' 버튼과 '메인' 페이지 복귀 링크가 있으므로 적절하다.

| 오답풀이 |

① '로그인' 페이지로서 기존의 설계 구조도에 따라 ID와 비밀번호를 입력하는 칸이 있는 것은 적절하나, '로그인' 링크가 아닌 'ID로그인' 링크가, 'ID | 비밀번호 찾기'가 아닌 '다른 방법으로 로그인' 링크가 있어야 한다.

② 업데이트된 설계 구조도에 따라 이벤트 안내는 '계좌조회'와 '계좌이체' 버튼 밑에 위치해야 한다.

③ 기존 설계 구조도에 따라 '이체완료' 페이지에는 완료 메시지만 있어야 하며 '메인' 페이지 복귀 링크는 없어야 한다. 또한, 이체계좌, 예금주명, 이체금액 정보는 '이체정보' 페이지에 출력되는 것이다.

06 정보처리능력 순서도 작성하기

| 정답 | ②

| 해설 | (가)에 들어갈 질문의 답은 '예'이어야 하고, (나)에 들어갈 질문의 답은 '아니오'이어야 한다.

㉠ '우대 이자'를 보면 마이데이터 서비스에 가입 시 우대 이자율이 연 0.1%p임을 알 수 있고, '예'에 해당하므로 (가)에 적절하다.

㉣ 우대 이자율을 모두 적용한 최종 이자율은 연 2.1+0.1+0.3+0.3=2.8(%)이므로 연 3.0% 이상이 아니며, '아니오'에 해당하므로 (나)에 적절하다.

㉥ 최대 가입기간은 24개월이고, '아니오'에 해당하므로 (나)에 적절하다.

| 오답풀이 |

㉡ 월 이자지급 방식이 아닌 이자 만기일시지급 방식이고, '아니오'에 해당하므로 (가)에 적절하지 않다.

㉢ 온라인 전용 상품이므로 '아니오'에 해당하여 (가)에 적절하지 않다.

㉤ 월 100만 원으로 월 납입한도가 존재하므로 '예'에 해당하여 (나)에 적절하지 않다.

07 정보처리능력 순서도 작성하기

| 정답 | ③

| 해설 | 선언된 두 변수 A, B의 값이 서로 바뀌어 출력되므로 출력되는 값은 A=7, B=3이다. 순서도의 구역을 나누어 명령을 역으로 진행하여 두 변수 A, B의 값을 확인해 볼 수 있다.

- '→ [A=A−B] → [종료]' 구역
  [종료]에서 A=7, B=3이 출력되고, [A=A−B]는 A의 값만 변하게 하는 명령이다. 따라서 본래 B는 변함없이 3이고 A는 10이어야 결과로 A=7이 출력될 수 있다.
  ⇒ [A=10, B=3] → [A=A−B] → [A=7, B=3]
- '→ [B=A−B] →' 구역
  [B=A−B]의 결과로 A=10, B=3이 되어야 한다. 연산 명령에 의해 B의 값만 변하므로, 본래 A는 변함없이 10, B는 7이어야 결과가 B=3이 될 수 있다.
  ⇒ [A=10, B=7] → [B=A−B] → [A=10, B=3]
- '[A=3, B=7 선언] → ㉠ →' 구역
  ㉠의 명령을 거쳐 A=10, B=7이 되어야 한다. 즉, B의 값은 변함이 없고 A만 3에서 10으로 변해야 한다. 제시된 선택지 중 A의 값을 10으로 바꾸는 명령은 A=A+B이다.

이를 순서대로 다시 정리하면 다음과 같다.

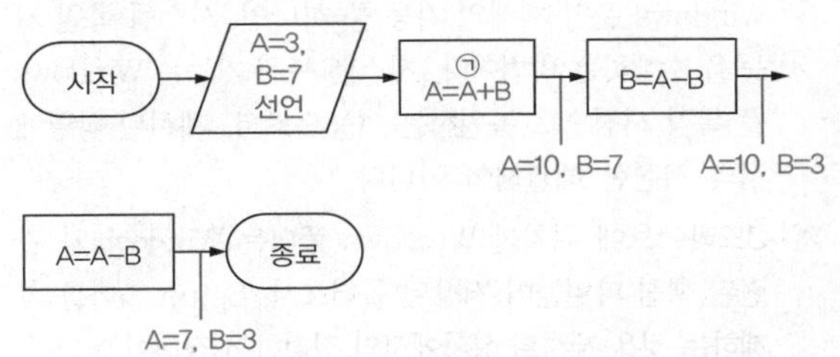

08 정보처리능력 순서도 이해하기

| 정답 | ②

| 해설 | 제시된 순서도를 분석해보면, 처음으로 선언된 값은 N=1, SUM=5이다. 그리고 N에 2를 더하고, SUM과 N을 합한 값을 SUM에 대입한다. 이때 SUM이 40을 초과할 때까지 앞의 과정을 반복한다. 그리고 SUM 값이 40을 처음으로 넘는 경우의 N 값을 출력한다. 이러한 과정에 따른 N과 SUM의 값을 정리하면 다음과 같다.

N	SUM	SUM (SUM+N)
1	5	
3	5	8
5	8	13
7	13	20
9	20	29
11	29	40
13	40	53

따라서 N=13일 때, SUM 값이 처음으로 40을 넘게 되므로 출력되는 N의 값은 13이다.

09 컴퓨터활용능력 운영체제 문제 해결하기

| 정답 | ②

| 해설 | 부팅 USB를 이용하여 윈도우를 설치하는 경우 BIOS에 들어가 부팅옵션에서 부팅순서 1순위를 USB로 변경해 주어야 한다. 그렇지 않을 경우 부팅 USB를 부팅 장치로 인식하지 못하여 제시된 상황의 문제가 생긴다.

|오답풀이|

① Windows 운영 체제의 기능 중 하나인 '시스템 복원 기능'을 수행하는 방법이다. 시스템 복원 기능은 Windows를 특정 시점으로 복원하는 기능으로서, 제시된 상황에서의 적절한 해결책이 아니다.

③ C드라이브에 위치한 Windows 폴더는 Windows와 관련된 핵심 파일들이 저장된 폴더로서, Setup 폴더를 삭제하는 것은 제시된 상황에서의 적절한 해결책이 아니다.

④ 명령 프롬프트 명령어 'start'는 프로그램이나 명령을 별도의 창에서 시작하는 것으로, 제시된 상황에서의 적절한 해결책이 아니다.

10 컴퓨터활용능력 소프트웨어의 종류 이해하기

|정답| ④

|해설| ㉠ 워드프로세서는 문서를 작성하고 편집하는 용도의 소프트웨어로 한글, MS워드 등이 여기에 해당한다.

㉡ 스프레드시트는 표 형식으로 데이터를 입력하고 관리하는 소프트웨어로 엑셀 등이 해당된다.

㉢ 데이터베이스 관리 시스템(DBMS)은 데이터베이스의 구축과 접근, 데이터베이스를 이용하여 자료를 생성하는 용도의 소프트웨어로 MySQL, 오라클 데이터베이스 등이 해당된다.

㉣ 프레젠테이션은 슬라이드 쇼 형식으로 정보를 보여주기 위한 파일을 작성하는 소프트웨어로, 파워포인트 등이 해당된다.

11 컴퓨터활용능력 엑셀 함수 활용하기

|정답| ④

|해설| [C3 : C15] 영역에 있는 데이터 중 [F3]셀의 '서울 영역' 중 왼쪽에서 두 번째 글자까지인 '서울'과 일치한다면 1, 그렇지 않으면 0을 반환하는 함수를 구성하고 그 값의 합을 구하는 배열 수식을 작성해야 한다.

우선 [C3 : C15] 영역에 있는 데이터 중 [F3]셀의 왼쪽에서 두 번째 글자까지의 데이터와 일치한다면 1, 그렇지 않다면 0을 반환하는 IF 함수를 구성한다. 이때 [G3]셀부터 [G7]셀까지 모두 동일한 [C3 : C15] 영역을 참조하므로, 채우기 핸들을 사용하더라도 참조영역의 값을 고정시켜야 하며, F3의 왼쪽에서 두 번째 글자까지를 지정하는 것은 LEFT 함수를 이용한다.

=IF($C$3 : $C$15=LEFT(F3,2),1,0)

다음으로 IF 함수의 값의 합을 구하는 배열 수식을 구성해야 하므로, 우선 IF 함수를 다음과 같이 SUM 함수에 포함시킨다.

=SUM(=IF($C$3 : $C$15=LEFT(F3,2),1,0))

마지막으로 이를 배열 수식으로 만들기 위해 해당 수식을 중괄호 안에 포함시킨다. 이때 수식 입력줄에 Ctrl+Shift+Enter를 입력하면 바로 해당 수식을 배열 수식으로 계산할 수 있으며, 그 결과는 다음과 같다.

{=SUM(=IF($C$3 : $C$15=LEFT(F3,2),1,0))}

12 정보처리능력 개인정보제공동의서 이해하기

|정답| ④

|해설| 개인정보 보호위원회의 가이드라인(2022.03)에 따라 개인정보제공동의서 양식에 기재되어야 하는 내용은 다음과 같다.

- 동의서 제목
- 수집하려는 개인정보의 항목
- 수집의 목적, 보유·이용기간
- 개인정보 제3자 제공 내용(필요시)
- 민감정보·고유식별정보 처리 내용(필요시)
- 정보주체의 동의 없이 처리하는 개인정보내역
- 개인정보처리주체
- 동의 거부권 및 동의 거부에 따른 불이익 등

따라서 개인정보 피해 시 처리 절차는 개인정보제공동의서 항목에 포함되지 않는다.

13 정보처리능력 컴퓨터 보안 관련 용어 이해하기

|정답| ④

|해설| 파밍(Pharming)은 합법적인 웹사이트의 도메인 네임 시스템(DNS)을 탈취하거나 서버의 주소를 변경하여 사용자들이 정확한 주소를 입력하더라도 진짜 웹사이트를 가장한 가짜 웹사이트로 접속하게 만들어 이를 통해 금융정보 등의 개인정보를 탈취하는 해킹 기법이다.

| 오답풀이 |

① 피싱(Phishing)에 대한 설명이다.

② 컴퓨터의 메모리에 상주하는 데이터를 변조하여 주로 은행의 보안 프로그램을 무력화시키는 메모리 해킹(Memory Hacking)에 대한 설명이다.

③ SMS를 통한 피싱 수법인 스미싱(Smishing)에 대한 설명이다.

02 유형연습문제

▸문제 212쪽

01	④	02	④	03	②	04	①	05	③
06	②	07	④	08	①	09	③	10	②
11	①	12	④	13	②	14	①		

01 정보처리능력 정보 관련 용어 이해하기

| 정답 | ④

| 해설 | 혼합현실(MR)은 가상의 공간을 생성하는 VR과 현실 공간에서 가상의 이미지를 형성하는 AR의 요소를 통합하고 여기에 상호작용을 강화하는 기술로, 실제 환경을 인식하고 이를 기반으로 하는 가상의 공간을 생성하여 더욱 높은 가상공간 내의 몰입을 형성한다.

02 컴퓨터활용능력 엑셀 함수 이해하기

| 정답 | ④

| 해설 | CONCATENATE 함수는 여러 텍스트를 모으는 함수이다. 예를 들어 [C2]의 값은 '[B2], 띄어쓰기, [A2]'로 구성되어 있으므로 =CONCATENATE(B2," ",A2)를 입력하여 나타낼 수 있다.

| 오답풀이 |

① SUMIF 함수는 조건을 지정하고 그에 해당하는 값의 합을 구하는 함수이다.

② COUNTIF 함수는 조건을 지정하고 그에 해당하는 값의 개수를 구하는 함수이다.

③ PRODUCT 함수는 인수들의 곱을 구하는 함수이다.

03 컴퓨터활용능력 엑셀 이해하기

| 정답 | ②

| 해설 | • 작성했던 파일 열기 → [Ctrl]+[O]

• 제목 텍스트를 굵게 설정 → [Ctrl]+[B]
• 각주에 밑줄을 추가 → [Ctrl]+[U]
• 좌측 열에 있는 종류에 해당하는 내용에 기울임 설정 → [Ctrl]+[I]
• 인쇄했을 때 어떻게 나오는지 확인하는 인쇄 미리 보기 → [Ctrl+[P] 혹은 [Ctrl]+[F2]

04 컴퓨터활용능력 엑셀 이해하기

| 정답 | ①

| 해설 | 엑셀에서 작업 전에 숨겨져 있던 탭 메뉴가 작업 후에는 나타나 있음을 통해 [Ctrl] +[F1]로 탭 메뉴 보이기를 하였음을 알 수 있다.

그리고 [C5]부터 [G5]까지 '○○안전관리원'이라는 단어가 연속해서 입력된 모습을 통해 [C5]에 '○○안전관리원'을 입력한 후 [C5]의 내용을 [Ctrl]+[C]로 복사하여 [D5]부터 [G5]까지에 [Ctrl]+[V]로 붙여넣기 하였음을 추측할 수 있다.

또한 작업 후에는 화면 하단에 Sheet1과 Sheet2 사이에 '매크로1' 시트가 새로 생성되어 있음을 통해 [Ctrl]+[F11]로 새 매크로 시트를 삽입하였음을 알 수 있다.

그러나 표가 생성되어 있지 않으므로 [Ctrl]+[L]을 활용했다고 추측할 수 없다.

05 컴퓨터활용능력 엑셀 함수 활용하기

| 정답 | ③

| 해설 | FREQUENCY 함수의 수식 형태 :
=FREQUENCY(빈도를 구할 데이터, 구간 값)

FREQUENCY 함수는 각 구간에 속하는 값의 빈도수를 구하는 함수이다. 제시된 자료에서 빈도를 구할 데이터(Data_array)는 [C3:C14]에 해당한다. 그리고 구간 값(Bins_array)은 [F4:F8]에 해당하고, FREQUENCY 함수의 경우 배열수식으로 입력해야 하므로, Ctrl + Shift + Enter↵를 눌러야 한다.

|오답풀이|

① Enter↵ → Ctrl + Shift + Enter↵로 수정되어야 한다. 또한 FREQUENCY 함수는 절대 참조를 하지 않아도 된다.

② E4:E8,F4:F8 → F4:F8로 수정되어야 한다. 또한, Enter↵ → Ctrl + Shift + Enter↵로 수정되어야 하며, FREQUENCY 함수는 절대 참조를 하지 않아도 된다.

④ E4:E8 → F4:F8로 수정되어야 한다.

06 정보처리능력 데이터모델 만들기

|정답| ②

|해설| 수취인(개체)은 연락처(다중 속성)와 받는 주소(속성)를 제공해야 한다.

|오답풀이|

① 연락처는 다중 속성에 해당한다. 또한 발송인은 보내는 주소(속성)만 제공해야 한다.

③ 배송비는 하나의 값만 가지므로 속성이다. 그리고 선불/후불 여부는 따로 독립된 속성이 되어야 한다.

④ 누적 접수량은 지속적으로 변하지만, 개체별로 하나의 값만 가지므로 속성에 해당한다.

07 정보처리능력 데이터모델 만들기

|정답| ④

|해설| 예약건(개체)은 예약자명(속성), 예약번호(속성), 총결제금액(속성)을 제공해야 한다. 이때 총결제금액(속성)은 항공료(속성)와 공항이용료(속성)의 합이다.

|오답풀이|

① 성명과 여권번호는 속성에 해당한다.

② 직급은 속성에 해당한다.

③ 편명, 운항일정, 항공기종 모두 속성에 해당한다.

08 정보처리능력 데이터모델 만들기

|정답| ①

|해설| 지점(개체)은 지점명(속성), 주소(속성), 소속 직원들(다중 속성)에 대한 정보를 제공한다.

|오답풀이|

② 고객명은 속성에 해당한다.

③ 거래종류라는 개별적인 속성이 있어야 한다. 입금, 출금 등은 거래종류의 속성값에 해당한다.

④ 계좌종류는 속성에 해당한다.

09 컴퓨터활용능력 코드 입력하기

|정답| ③

|해설| 보안등급이 Ⅰ등급이 아닌 경우이므로 VG 프로토콜을 시행한다. 따라서 입력할 코드는 VG_Server03이다.

10 컴퓨터활용능력 코드 입력하기

|정답| ②

|해설| 보안등급이 Ⅰ등급이고 위험도가 기준치보다 높은 경우이므로, 가능한 프로토콜은 KL, SN, DE이다. 현재 시스템 부하율이 65%이므로, 예상 부하율은 35%를 넘어서는 안 된다. SN, DE의 경우 예상 부하율이 35%를 넘으므로 KL 프로토콜을 실행한다. 따라서 입력할 코드는 KL_Client02이다.

11 컴퓨터활용능력 코드 분석하기

|정답| ①

|해설| 디스플레이에서 정상 작동 시, 입력되어야 하는 'SP_Client03'와 식별번호가 다르므로 '시스템 정보'는 오류임을 알 수 있다. 또한 SP 프로토콜의 적용기준에 따라 현재 실행 가능한 프로토콜이 존재하지 않는 경우임을 알 수 있다. 프로토콜 현황에 따르면 현재 실행 가능한 프로토콜은 DF, VG, KL이다. 따라서 각각의 코드를 하나씩 따져본다.

- VG 프로토콜 : 현재 보안등급이 Ⅰ등급이 아니므로 입력하는 것이 원래 옳다. 따라서 '보안등급'이 잘못 표기되었음을 알 수 있다.
- DF 프로토콜 : 위험도와 기준치가 동일하고, 현재 부하율을 감안할 때 예상 부하율이 30%를 넘지 않으므로 입력하는 것이 원래 옳다. 따라서 '부하율' 또는 '위험도' 중

하나가 잘못 표기되었음을 알 수 있다. 이때 '부하율'이 옳다고 가정하면, 위험도가 기준치 이하인 경우 DF 프로토콜이 입력되어야 한다. 또한 위험도가 기준치 초과인 경우 KL 프로토콜이 입력되어야 한다. 따라서 부하율은 잘못 표기되었다.

- KL 프로토콜 : 위험도가 기준치보다 높은 경우에 실행되므로, 입력하지 않은 것이 원래 옳다. 그러므로 '위험도'는 바르게 표기된 시스템 분석 요소이다.

따라서 잘못 표기된 시스템 분석요소는, '시스템 정보', '보안등급', '부하율'이며, 바르게 표기된 시스템 분석 요소는 '위험도'이다.

12 컴퓨터활용능력 코드 입력하기

| 정답 | ④

| 해설 | Status code가 207이므로 Status code 아래의 숫자들 중 가장 큰 숫자인 272와 가장 작은 숫자인 52의 합인 324를 FEV로 한다. 따라서 FEV가 300 이상이므로 입력코드로 Fatal을 입력하는 것이 적절하다.

13 컴퓨터활용능력 코드 입력하기

| 정답 | ②

| 해설 | Status code가 999이므로 Status code 아래의 숫자들과 Section 번호를 비교한다. Status code 숫자들 중 171보다 더 큰 숫자인 182가 존재하므로, 입력코드로 Passed를 입력하는 것이 적절하다.

14 컴퓨터활용능력 코드 입력하기

| 정답 | ①

| 해설 | Status code가 301이므로 Status code 아래의 숫자들 중 홀수인 숫자의 합을 FEV로 한다. 그런데 홀수인 숫자인 □71, 161, 2□5에서 보이지 않는 부분의 숫자가 모두 0이라고 가정하더라도 71+161+205=437이 되어 FEV가 300을 초과하게 된다. 따라서 입력코드로 Fatal을 입력하는 것이 적절하다.

파트 7 실전모의고사

1회 실전모의고사

▸문제 230쪽

번호	정답	번호	정답	번호	정답	번호	정답	번호	정답
01	①	02	③	03	②	04	③	05	④
06	②	07	③	08	④	09	②	10	③
11	①	12	④	13	①	14	④	15	④
16	②	17	④	18	②	19	③	20	③
21	①	22	①	23	④	24	②	25	④
26	③	27	④	28	④	29	②	30	④
31	②	32	①	33	③	34	②	35	①
36	②	37	③	38	④	39	②	40	①
41	①	42	③	43	④	44	③	45	③
46	①	47	②	48	③	49	④	50	①

01 문서이해능력 세부 내용 이해하기

| 정답 | ①

| 해설 | 네 번째 문단을 보면 '이에 송금 서비스를 주도했던 은행권 또한 간편송금 시장 경쟁에 뛰어드는 추세'라고 제시되어 있다. 이를 통해 은행권이 송금 서비스를 먼저 시작했다는 것을 알 수 있다.

| 오답풀이 |

② 마지막 문단을 보면 간편송금 서비스는 소액 송금 위주로 운영되고 있고, 이를 초과한 금액은 대부분 은행을 통해 거래되고 있다고 제시되어 있다.

③ 마지막 문단을 보면 간편송금 전자금융업자는 현재 송금 건당 150 ~ 450원의 비용을 제휴 은행에 지불하고 있다고 제시되어 있다.

④ 간편송금 서비스는 공인인증서 의무사용이 폐지되면서 등장하게 되었으며 간편송금의 장점은 공인인증서 대신 간편 인증수단을 이용한다는 것이다. 그러므로 공인인증서 의무사용이 재도입된다면 신규 전자금융업자들은 타격을 입을 것이다.

02 문서이해능력 세부 내용 이해하기

| 정답 | ③

| 해설 | ㉠ 간편송금 서비스의 최대 강점은 복잡한 인증 절차 없이 쉽고 빠르게 송금할 수 있다는 것이다. 간편송금 서비스는 공인인증서 의무사용이 폐지되면서 등장했으며 공인인증서 대신 다른 간편 인증수단을 이용한다.

㉡ 마지막 문단을 보면 간편송금 전자금융업자의 무료 고객 비중이 72～100%인 것을 알 수 있다. 그러므로 간편송금 이용자의 과반수는 무료로 서비스를 이용하고 있다는 것을 알 수 있다.

| 오답풀이 |

㉢ 네 번째 문단을 보면 '송금 서비스를 주도했던 은행권 또한 간편송금 시장 경쟁에 뛰어드는 추세이다'라고 하였으므로 은행권 또한 간편송금 서비스 경쟁에 뛰어들었음을 알 수 있다.

03 문서작성능력 글의 제목 작성하기

| 정답 | ②

| 해설 | 가이드에 따라 시행 주체인 '△△은행', 핵심 내용인 '디지털 창고 서비스'를 포함하였고 불필요한 수식어나 모호한 표현은 사용하지 않았다.

| 오답풀이 |

① 마지막 문단에서 여러 은행들의 '지점 다이어트'가 계속되고 있지만 △△은행은 일반 지점 영업의 효율성을 끌어올릴 계획이라고 하였으므로 옳지 않다.

③ 마지막 문단에서 디지털 금융, 즉 온라인 서비스는 물론 일반 오프라인 지점 영업의 효율성을 끌어올려 고객을 잡겠다는 전략을 펼칠 계획이라고 하였으므로 옳지 않다.

④ 디지털 창구 도입은 고객과 직원 중심의 거래 편의성 제고를 목적으로 한다. 따라서 제목에서 직원 편의만을 언급하는 것은 적절하지 않다.

04 문서이해능력 세부 내용 이해하기

| 정답 | ③

| 해설 | 세 번째 문단에서 서명 간소화 기능으로 인한 고객 편의성 향상, 서식 검색과 출력 등 불필요한 업무 감소, 관리비용 절감과 같은 긍정적 효과를 언급하고 있다.

| 오답풀이 |

① 마지막 문단에서 '△△은행은 디지털 금융은 물론 일반 지점 영업의 효율성을 끌어올려 고객을 잡겠다는 전략을 펼칠 계획'이라고 하였으므로 옳지 않다.

② 두 번째 문단에서 현재 50개점에서 시범 운영 중이라고 하였다.

④ 네 번째 문단에서 영업점 창구의 디지털 서비스 강화는 특히 스마트 기기에 익숙하지 않은 중·장년층 고객과 영업점 방문을 선호하는 고객에게 높은 수준의 대면 금융상담 서비스를 제공할 수 있다고 하였으며, 청년층에 대한 언급은 없다.

05 문서이해능력 세부 내용 이해하기

| 정답 | ④

| 해설 | 전통적인 주류 경제학은 소득 증가는 행복을 증진시키는 데 있어 가장 중요한 요소라는 것을 줄곧 강조해 왔다. 소득 증가는 개인의 예산 제약을 확대시키므로 더 많은 효용을 충족시켜 행복도가 올라간다는 것이다.

| 오답풀이 |

② 마지막 문단에 따르면 이스털린은 '내 주장이 행복에서 소득의 중요성을 간과한 것은 아니다'라고 하였다.

06 문서이해능력 필자의 주장 반박하기

| 정답 | ②

| 해설 | 다섯 번째 문단에 따르면 이스털린의 역설에 반박하는 학자들의 주장으로 국가가 부유해질수록 국민의 행복수준은 높아지고, 개개인에 따라 다르겠지만 개인도 돈이 있어야 행복할 가능성이 더 커진다는 내용이 적절하다.

07 문서작성능력 빈칸에 들어갈 말 고르기

| 정답 | ③

| 해설 | 을의 말에 따르면 상대평가로 진행되는 성과 평가에 직원들이 불만을 가지고 있다고 했다. 이를 해결하기 위해 체크인 제도를 도입하게 되면 상대평가가 아닌 개인이 세운 목표의 달성 여부를 기준으로 평가를 받기 때문에 조직 구성원이 함께 협력하는 분위기가 조성되고 그 과정에서

조직의 목표달성에도 큰 성과를 내게 될 것이다.

| 오답풀이 |

① 체크인 제도 도입에 있어 가장 중요한 변화는 등급제와 같은 상대평가 제도를 폐지했다는 것이다.

② 기존의 제도에서 절차 및 서류 작성에 소요되는 시간과 노력을 줄여 주기 위한 제도가 체크인 시스템이기 때문에 담당 직원을 따로 배치하는 게 좋겠다는 설명은 적절하지 않다.

④ 인사팀에서 평가 등급에 따라 재원을 나누어 주고 배분하는 것은 기존의 방식으로, 체크인 제도하에서는 관리자가 보상에 대한 통제권을 가지며, 핵심 인재에 대한 차별적인 보상은 리더들이 참여하는 회의로 결정된다.

08 문서작성능력 문맥에 맞게 문단 배열하기

| 정답 | ④

| 해설 | (다)에서는 국제적인 노동 이동의 현 상황에 대해 실제 사례를 제시하며 주제를 환기시키고 있다. 그리고 (나)에서는 이러한 국제적인 노동이동의 실제 사례들이 야기한 변화와 문제점에 대해 언급하고 있으며 (가)는 (나)에서 제시된 "이 같은 일련의 현상들"을 중심부와 주변부라는 개념을 통해 설명하고 있다. 따라서 (다)-(나)-(가)의 순이 적절하다.

09 문서작성능력 이어지는 내용 파악하기

| 정답 | ②

| 해설 | ①, ③, ④는 뒤 문장이 앞 문장으로 인해 발생하는 부정적 영향에 대해 설명하고 있다. 그러나 ②의 뒤 문장은 앞 문장으로 인해 얻을 수 있는 긍정적인 영향에 대해 설명하고 있어 두 문장의 연결 관계가 나머지와 다르다.

10 문서작성능력 내용에 알맞은 제목 작성하기

| 정답 | ③

| 해설 | 제시된 글은 도시공원의 역할과 중요성에 관해 설명하고 있으며 현재 도시공원의 문제점에 대해 언급하고 있다. 또한 도시공원의 문제점을 개선하여 모두가 동등하게 이용할 수 있게 해야 한다는 점을 강조하고 있다. 따라서 글의 제목으로 가장 적절한 것은 ③이다.

11 문서작성능력 글의 내용 속담으로 표현하기

| 정답 | ①

| 해설 | ㉠은 도시공원은 선호하는 도시 시설 가운데 하나이지만 사회적 약자들은 이용하기 어려운 상황을 설명하고 있다. 따라서 '아무리 마음에 들어도 이용할 수 없거나 차지할 수 없는 경우를 이르는 말'인 '그림의 떡'이 ㉡에 들어갈 수 있다.

| 오답풀이 |

② 가는 날이 장날 : 어떤 일을 하려다가 뜻하지 않게 공교로운 일을 만났을 때를 이르는 말

③ 언 발에 오줌 누기 : 근본적인 문제 해결 방법을 외면하고 꾀를 부려 당장의 편안함을 얻으려는 태도를 일컫는 것으로, 뭐든지 깊이 생각하고 행동해야 함을 이르는 말

④ 장님 코끼리 만지기 : 일부만을 알면서 전체를 안다고 생각하는 어리석음을 비유적으로 이르는 말

12 문서이해능력 문단 간의 관계 파악하기

| 정답 | ④

| 해설 | (라)에서는 중심 소재인 과학과 예술의 특성을 토대로 차이점을 들며 대조하고 있다.

13 문서이해능력 세부 내용 이해하기

| 정답 | ①

| 해설 | 가 에서는 선물과 경조사비의 가액 범위 조정을 설명하고 있다. '음식물'이 선물의 범위를 설명하기 위해 언급되었으나, 음식물의 가액 범위를 설명하고 있지는 않다.

14 문서이해능력 각 항목별 개정 내용 파악하기

| 정답 | ④

| 해설 | 라 에서 보완 신고 기산점을 사전 신고 시 제외된 사항을 안 날로부터 5일 이내로 변경한다고 했다.

15 문서이해능력 고객 문의에 답변하기

| 정답 | ④

| 해설 | 자료의 하단부에서 '청년우대형 주택청약종합저축은 예금보험공사가 보호하지 않으나 주택도시기금의 조성재원으로서 정부가 관리하고 있다'고 안내되어 있다.

| 오답풀이 |

① 가입대상 안내 항목의 1), 2), 3)을 통해 알 수 있다.

② 가입서류 항목의 4)를 통해 알 수 있다.

③ 적용이율 항목의 2)에서 우대이율(연 1.5%p)의 적용대상은 가입기간 2년 이상인 계좌이며 당첨계좌의 경우 2년 미만도 포함한다고 하였으므로 A의 답변은 옳다.

16 문서이해능력 세부 내용 이해하기

| 정답 | ②

| 해설 | • 고객 C : 만 24세 근로소득자인 여성이므로 본인실명확인증표(여권), 3개월 이내 발급받은 주민등록등본, 3천만 원 이하 연소득을 증빙하는 소득확인증명서는 모두 필수제출서류이다.

• 고객 D : 근로소득자이므로 사업 · 기타소득자용 소득확인서류인 종합소득세용 소득금액증명원은 제출서류로 적절하지 않다.

• 고객 E : 만 30세가 넘지 않은 남성이므로 병적증명서는 필수제출서류에 해당되지 않는다.

• 고객 F : 만 31세 근로소득자인 남성에 30세가 넘었으므로 병역기간 차감 시 만 29세 이하임을 증명하기 위해 병적증명서를 필수적으로 제출해야 한다. 본인실명확인증표(운전면허증), 3개월 이내 발급받은 주민등록등본, 3천만 원 이하 연소득을 증빙하는 급여명세표 역시 필수제출서류이다.

따라서 필요한 증빙서류가 바르게 나열된 고객은 C와 F이다.

17 문서이해능력 인사규정 이해하기

| 정답 | ④

| 해설 | 제3조(적용범위)를 보면 직원의 인사에 관하여 다른 규정에 특별히 정한 것을 제외하고는 이 규정이 정하는 바에 따른다고 하였으므로 인사에 관련하여 특별히 정해진 것이 있음을 알 수 있다. 따라서 ④는 적절하지 않다.

18 기초연산능력 경기의 수 구하기

| 정답 | ②

| 해설 | 4개 팀씩이 리그전을 할 때 경기 수는 $4\times3\div2=6$(번)이며 총 4개조이므로 예선 경기는 24번이 된다. 예선을 통과한 8개 팀이 토너먼트 방식으로 1 ~ 4위를 가릴 때 경기의 수는 8번이므로 경기의 수는 총 $24+8=32$(번)이다.

19 기초통계능력 평균 계산하기

| 정답 | ③

| 해설 | 정확한 변량을 알 수 없으므로 계급값으로 평균을 구하는 문제이다. 하루 평균 걸려온 고객 문의전화 건수는 '$\frac{(계급값\times도수)의\ 합}{도수의\ 합}$'으로 구할 수 있으므로

$$\frac{(15\times4)+(25\times13)+(35\times10)+(45\times3)}{30}=29(건)$$

이다.

20 기초통계능력 확률 구하기

| 정답 | ③

| 해설 | 지방 출장은 대리 4명 중 1명이 가야하므로 출장을 가게 되는 확률은 $\frac{1}{4}\times100=25(\%)$이다.

21 도표분석능력 자료의 수치 이해하기

| 정답 | ①

| 해설 | 카드정보를 휴대폰에 저장하여 결제하는 지급수단은 모바일카드이며, 이용비중은 증가하였다.

| 오답풀이 |

② 예금한도액 내에서 결제가 승인되는 지급수단은 체크 · 직불카드이며, 이용비중은 감소하였다.

③ 대금이 예금잔액에서 즉시 이체되는 결제수단은 계좌이체이며, 이용비중은 증가하였다.

④ 할부 구매가 가능한 지급수단은 신용카드이며, 이용비중은 감소하였다.

22 도표분석능력 제시된 자료에서 환율 구하기

| 정답 | ①

| 해설 | 원/달러 환율은 2021년에 $\frac{29,380,000}{27,892} \fallingdotseq 1,053$ (원), 2022년에 $\frac{30,740,000}{27,171} \fallingdotseq 1,131$(원)임이다.

| 오답풀이 |

② GDP액은 매년 증가하였으나 GDP 증감률은 매년 증가하지 않았다.

③ 2022년에만 달러 기준 1인당 GNI가 전년보다 감소하였다.

④ 2018 ~ 2023년 원/달러 환율을 구하면 다음과 같다.

- 2018년 : $\frac{26,850,000}{24,226} \fallingdotseq 1,108$(원)
- 2019년 : $\frac{27,720,000}{24,600} \fallingdotseq 1,127$(원)
- 2020년 : $\frac{28,550,000}{26,070} \fallingdotseq 1,095$(원)
- 2021년 : $\frac{29,380,000}{27,892} \fallingdotseq 1,053$(원)
- 2022년 : $\frac{30,740,000}{27,171} \fallingdotseq 1,131$(원)
- 2023년 : $\frac{31,980,000}{27,561} \fallingdotseq 1,160$(원)

2023년이 약 1,160원으로 가장 높고, 2021년이 약 1,053원으로 가장 낮다.

23 도표분석능력 환율증감률 구하기

| 정답 | ④

| 해설 | **22**번 해설을 참고하면 2020년 약 1,095원, 2021년 약 1,053원, 2022년 약 1,131원, 2023년 약 1,160원으로 2023년, 2022년, 2020년, 2021년 순으로 높다.

24 도표분석능력 외국인 채권투자 현황 분석하기

| 정답 | ②

| 해설 |
- 현호 : 4/4분기는 외국인의 기타채권 보유량이 국채 보유량보다 많다.
- 미라 : 주어진 자료로는 내국인의 회사채 보유량을 알 수 없다.
- 경미 : 기관 단위의 외국인 투자 등록자 수는 점점 줄어들다가 4/4분기에서 늘어났다.

25 도표분석능력 민원접수 경로별 현황 이해하기

| 정답 | ④

| 해설 | 각 연도별 민원 접수 경로 중 신문고의 차지 비중은 다음과 같다.

- 2019년 : $\frac{1,359,614}{2,305,601} \times 100 \fallingdotseq 58.97(\%)$
- 2020년 : $\frac{1,949,387}{3,101,601} \times 100 \fallingdotseq 62.85(\%)$
- 2021년 : $\frac{2,742,615}{4,735,392} \times 100 \fallingdotseq 57.92(\%)$
- 2022년 : $\frac{4,599,017}{7,995,116} \times 100 \fallingdotseq 57.52(\%)$
- 2023년 : $\frac{6,494,339}{9,570,011} \times 100 \fallingdotseq 67.86(\%)$
- 2024년 1분기 : $\frac{1,965,271}{3,058,145} \times 100 \fallingdotseq 64.26(\%)$

따라서 2019, 2021, 2022년의 경우 신문고의 비중이 60% 미만이므로 잘못된 분석이다.

| 오답풀이 |

① 민원접수 경로 중 신문고의 경우 2019년부터 2023년까지 꾸준히 증가하였다. 반면 부처홈페이지는 2023년에는 감소하였고, 지자체 등 이송이첩은 2020년에 감소, 서신은 2022년, 2023년에 감소하였으므로 옳은 설명이다.

② 2023년 합계인 9,570,011의 30%는 약 2,871,003이다. 그리고 2024년 1분기 합계는 3,058,145이므로 옳은 설명이다.

③ 민원 접수 합계는 2019년부터 2023년 사이 꾸준한 증가 추세이다.

26 도표분석능력 민원 접수 합계의 증가율 구하기

| 정답 | ③

| 해설 | 〈자료 2〉에 따라 2023년 1분기 민원 접수의 합계는 1,389,592+411,764+30,301+5,369=1,837,026(건)이다. 그리고 2024년 1분기 민원 접수의 합계는 〈자료 1〉에 따라 3,058,145건이므로 2024년 1분기 민원 접수 합계의 전년 동기 대비 증가율은 $\frac{3,058,145-1,837,026}{1,837,026}\times 100$ ≒66(%)이다.

27 도표분석능력 자료를 바탕으로 수치 계산하기

| 정답 | ④

| 해설 | 2022년 11월 A사의 국내여객을 구하면, '탑승률(%)=$\frac{\text{국내여객}}{\text{공급석}}\times 100$'이므로 250×70÷100=175(천 명)이다.

'국내여객 전년 동월 대비 증감량=2023년 11월 국내여객−2022년 11월 국내여객'이므로 2023년 11월 국내여객 수는 175+105=280(천 명)이다.

〈자료 2〉에서 2023년 11월 A사 탑승률의 전년 동월 대비 증가율이 25%이므로 A사 탑승률이 70×1.25=87.5(%)임을 알 수 있으며, 이에 따라 2023년 11월 A사의 공급석은 280×100÷87.5=320(천 석), 즉 320,000석이다.

28 도표분석능력 자료의 수치 분석하기

| 정답 | ④

| 해설 | 대출 A의 금리는 4%대, 가계대출의 금리는 7%대를 계속 유지하면서 매년 2%p 이상의 차이를 유지하였다.

| 오답풀이 |

① 대출 A의 상반기 공급액은 2022년에 처음으로 연간 목표액의 50%를 초과했으나, 제시된 자료만으로는 2022년 하반기를 포함한 대출 A의 연간 공급액을 파악할 수 없다.

② 2016년 대출 A의 연간 목표액은 20,000천만 원을 초과하고, 2024년 대출 A의 상반기 공급액은 20,000천만 원 미만을 기록하였다.

③ 2019년 대출 A의 연 목표액은 약 30,000천만 원이며, 2019년 대출 A의 금리가 5% 미만이므로 2019년 대출 A의 연 목표 대출이자수익은 30,000×0.05=1,500(천만 원) 미만이었다.

29 도표작성능력 빈칸에 들어갈 수치 계산하기

| 정답 | ②

| 해설 | ㉠ 2018년 대출 A의 하반기 공급액을 a천만 원이라고 할 때, 2018년 상반기 대출 A의 공급액이 13,000천만 원이고 하반기 공급액의 비율이 53%이므로

$\frac{a}{13,000+a}\times 100=53$이 성립한다.

이를 정리하면 다음과 같다.

$100a=53(13,000+a)$

$\therefore a=\frac{53\times 13,000}{47}$ ≒ 14,660(천만 원)

㉡ 2024년 상반기 대출 A의 연간 목표액이 39,000천만 원, 목표액 달성률이 110%이므로 2024년 전 기간 대출 A의 공급액은 39,000×1.1=42,900(천만 원)이다. 2024년 하반기 공급액이 24,120천만 원이므로 2024년 하반기 공급액의 비율은 $\frac{24,120}{42,900}\times 100$ ≒ 56(%)이다.

30 도표분석능력 빈칸에 들어갈 등락률 계산하기

| 정답 | ④

| 해설 | ㉡에 들어갈 값은 $\frac{-0.11}{168.23}\times 100$≒−0.07(%)이다.

31 도표분석능력 환율 적용하기

| 정답 | ②

| 해설 | 우선 캐나다 달러를 원화로 환전하면, 350×866.19=303,167(원)이다. 이 금액의 절반을 호주로 송금한다고 하였으므로, A로부터 C가 받게 될 금액은 151,583.5÷831.59≒182(달러)이다.

32 도표분석능력 매매기준율 계산하기

| 정답 | ①

| 해설 | 일본의 현재 매매기준율은 현찰로 살 때와 팔 때의 평균이므로, $\frac{1,004.80+970.24}{2}=987.52$(원)이다. 전일 대비 0.01원이 상승했으므로 전일 매매기준율은 987.52−0.01=987.51(원)이 된다.

뉴질랜드의 현재 매매기준율은 777.51원이고 전일 대비 등락률이 −0.2%이므로 전일 매매기준율은 777.51÷0.998≒779.07(원)이다.

따라서 일본과 뉴질랜드의 전일 매매기준율의 합은 987.51+779.07=1,766.58(원)이다.

33 도표분석능력 자료의 수치 분석하기

| 정답 | ③

| 해설 | ⓑ 경제사업 중 2024년 6월말 실적이 높은 상위 세 개 항목을 순서대로 나열하면 마트(26,706백만 원), 판매(12,328백만 원), 구매(7,350백만 원) 순이다.

ⓒ 판매와 기타의 경우 2024년 계획이 2023년 실적보다 낮게 설정되었다.

| 오답풀이 |

ⓐ 2024년 6월말에 이미 신용사업의 달성률은 예금이 94%, 상호금융대출이 97%, 정책자금대출이 97%로 모두 90% 이상이다.

ⓓ 보험의 2024년 6월말 실적 달성률은 $\frac{5,856}{11,210}\times100≒52(\%)$이다.

34 도표분석능력 자료를 바탕으로 수치 계산하기

| 정답 | ②

| 해설 | ㉠~㉣에 들어갈 수를 구하면 다음과 같다.

㉠ : $\frac{469,249-435,359}{435,359}\times100≒8(\%)$

㉡ : $\frac{8,172-7,980}{7,980}\times100≒2(\%)$

㉢ : $\frac{7,350-6,876}{6,876}\times100≒7(\%)$

㉣ : $\frac{368-436}{436}\times100≒-16(\%)$

따라서 큰 순서대로 나열하면 ㉠, ㉢, ㉡, ㉣이다.

35 사고력 위치 배치하기

| 정답 | ①

| 해설 | 학생처를 두 번째에 배치하고 교무처와 학생처 사이에 두 팀이 배치되므로 교무처는 다섯 번째에 배치된다. 교무처와 연구처는 연이어 배치되는데 연구처가 네 번째에 배치될 경우 사무국과 입학본부가 연이어 있지 못하므로 연구처는 여섯 번째 자리에 배치된다. 이에 따라 배치를 정리하면 다음과 같다.

기획 협력처	학생처	사무국 또는 입학본부	입학본부 또는 사무국	교무처	연구처

36 사고력 문제해결을 위한 사고 이해하기

| 정답 | ②

| 해설 | ㄴ. 분석적 사고는 전체를 각 요소로 나누어 의미를 도출한 후 우선순위를 부여하고 구체적인 해결 방법을 찾는 사고 유형이다. 판촉관리기법 관리자는 상품을 시장성, 소비자 소비경향, 잠재 구매 고객 등의 요소로 구분하여 조사한다. 따라서 구분한 요소 각각의 구체적인 문제해결방법을 분석하여 이를 수행하는 것이다.

ㄷ. 수렴적 사고는 문제를 해결하는 과정에서 여러 가지의 대안을 분석하고 평가하고 가장 적합한 해결책으로 수렴하는 사고 유형이다. 판촉관리기법 관리자는 분석한 결과를 가지고 광고 전문가와 전략을 협의하고, 설정한 판촉과제, 주제, 전개 방법 등에 관하여 의견을 수렴하여 해결책을 도출한다.

| 오답풀이 |

ㄱ. 전략적 사고는 직면한 문제와 해결 방안에만 집착하는 것에서 벗어나 문제 및 방안이 상위 시스템이나 타 문제와 어떻게 연결되어 있는지를 파악하는 사고 유형이다. 제시된 자료에는 상위 시스템 또는 타 문제와의 연결성을 고려하는 내용은 없다.

ㄹ. 내부 자원 활용 : 문제해결에 필요한 기술, 재료, 방법, 사람 등의 자원 확보 계획을 수립하고 내부 자원을 효과적으로 활용하는 사고 유형이다. 제시된 자료에는 계획에 따라 내부의 자원을 파악하고 활용하는 내용은 없다.

37 사고력 진위 추론하기

| 정답 | ③

| 해설 | 진술 내용이 모두 참이다. 민석이 5월 말이 되면 주말근무를 하는데, 민석이 주말근무를 하고 있으므로 지금은 5월 말이다. 5월 말이 아니면 준면은 출장을 가지 않지만, 5월 말이라고 해서 출장을 간다가 항상 참이라고 할 수 없다.

| 오답풀이 |

④ 준면이 출장을 가면 5월 말이므로 민석은 주말근무를 한다.

38 사고력 제시된 현상 추론하기

| 정답 | ④

| 해설 | 외식 대신 배달음식으로 끼니를 해결하는 경우가 급증하였지만 배달음식 시장 규모가 외식시장의 규모를 넘어섰는지는 명확히 알 수 없다.

39 사고력 채무금액 추론하기

| 정답 | ②

| 해설 | 6,000만 원 중 선이자 1,800만 원을 제외한 실수령 금액 4,200만 원을 원본으로 보므로, 그에 대한 이자(25%)는 1,050만 원이다. 그런데 1,800만 원인 공제액이 이자액 1,050만 원보다 크므로 초과부분은 원본에 충당한 것으로 봐야 한다. 따라서 두리는 공제된 금액과 그에 대한 이자를 더한 4,200+1,050=5,250(만 원)을 갚으면 된다.

40 문제처리능력 설계 코드 적용하기

| 정답 | ①

| 해설 | ㄱ. 항목 '소비분야'의 값이 '식비'와 일치하는 내역만 추출되어 있다.

ㄹ. '금액' 항목에 해당하는 데이터의 내림차순에 따라 내역이 정렬되어 있다.

| 오답풀이 |

ㄴ. 통합되어 있는 '금액'의 값을 '소비분야'의 각 항목별로 분할하여 항목의 개수만큼 제시하고 있지 않다.

ㄷ. '내용' 항목에 해당하는 데이터의 오름차순에 따라 내역이 정렬되어 있지 않다.

41 문제처리능력 설계 코드 적용하기

| 정답 | ①

| 해설 | 유형별로 데이터 값이 가장 큰 내역만 추출하는 코드는 제시되어 있지 않다.

| 오답풀이 |

② 'A : B' 코드를 활용하여 '금액 : 소비유형'으로 설계하면 된다.

③ '◎(A, C)' 코드를 활용하여 '◎(소비분야, C)'로 설계하는데, 이때 C에는 알고 싶은 소비분야의 데이터를 입력하면 된다.

④ '자산유형'의 값들을 내림차순에 따라 정렬하면 '현금'이 우선적으로 제시되므로, '▼(자산유형)' 코드로 설계하면 된다.

42 문제처리능력 설계 코드 적용하기

| 정답 | ③

| 해설 | 각 코드 사이를 '//'로 구분하여 왼쪽에 위치한 코드부터 적용한다고 하였으므로 〈보기〉에서 왼쪽에 제시된 코드부터 차례대로 적용한다.

• 금액 : 소비유형

'소비유형'의 항목인 '지출', '수입'에 따라 각 '금액'의 합을 구해 다음과 같은 내역을 추출한다.

구분	소비유형	금액(원)
1	지출	470,000
2	수입	260,000

• ◎(소비유형, 지출)

'소비유형'이 '지출'인 내역만 추출하면 다음과 같다.

구분	소비유형	금액(원)
1	지출	470,000

• 금액 | 소비분야

통합되어 있는 '금액'의 값을 '소비분야'의 각 항목별로 분할하여 항목 개수만큼 제시하면 다음과 같다.

구분	소비유형	소비분야	금액(원)
1	지출	식비	136,000
2		문화	34,000
3		저축	300,000

• 금액 | 자산유형

각 항목별로 통합되어 있는 '금액'의 값을 '자산유형'의 각 항목별로 분할하여 항목 개수만큼 제시하면 다음과 같다.

구분	소비유형	소비분야	자산유형	금액(원)
1	지출	식비	현금	24,000
2			카드	112,000
3		문화	현금	24,000
4			카드	10,000
5		저축	계좌	300,000

따라서 ③과 같은 내역이 추출된다.

보충 플러스+

항목만 살펴보아도 내역이 어떻게 추출될지 추론할 수 있다. 먼저, 첫 번째와 두 번째 코드로 인해 '소비유형'이 '지출'인 내역만 추출됨을 파악할 수 있으므로 ①은 제외한다. 다음으로 세 번째 코드로 인해 '지출' 내역 중 '소비분야' 항목에 따라 금액을 분할하여 내역이 추출됨을 알 수 있는데, '소득'은 '지출' 항목과 연관이 없으므로 ④도 제외한다. 또한, '소비분야'에 따라 금액이 분할돼 있지 않은 ②도 제외한다. 따라서 ③이 가장 적절하다.

43 문제처리능력 자료를 바탕으로 숙소 구하기

| 정답 | ④

| 해설 | 먼저, 시설 A는 2박을 결제할 경우 1박 무료 추가이기 때문에 5박을 해야 하는 직원 S는 4박의 가격만 지불하면 되므로 시설 A의 1박당 숙박요금이 4만 원이 되어 순위는 3위가 된다. 또한 시설 D는 5박 이상 숙박 시 최종 금액의 50%를 할인해주기 때문에 시설 D의 1박당 숙박요금이 3.5만 원이 되어 순위는 2위가 된다. 이를 참고하여 제시된 기준에 따라 시설 A ~ D의 순위를 정리하면 다음과 같다.

기준	시설 A	시설 B	시설 C	시설 D
근무지까지 이동시간	4위(1점)	3위(2점)	1위(4점)	2위(3점)
1박당 숙박요금	3위(2점)	1위(4점)	3위(2점)	2위(3점)
청결도	2위(3점)	1위(4점)	3위(2점)	4위(1점)
내부시설 상태	4위(1점)	3위(2점)	2위(3점)	1위(4점)
방 크기	4위(1점)	2위(3점)	2위(3점)	1위(4점)
합산 점수	8점	15점	14점	15점

시설 B와 시설 D의 합산 점수가 동점이므로 이때는 근무지까지의 이동시간이 더 짧은 시설로 선정해야 한다. 시설 B는 근무지까지 30분, 시설 D는 25분이 소요되므로 시설 D가 숙박시설로 선정된다.

44 문제처리능력 자료를 바탕으로 숙소 구하기

| 정답 | ③

| 해설 | 변경된 기준을 바탕으로 '근무지까지 이동시간'의 시설별 순위를 정리하면 다음과 같다.

구분	시설 A	시설 B	시설 C	시설 D
환산 점수	(60−40)×0.25=5(점)	(60−30)×0.25=7.5(점)	(15−10)×3=15(점)	(30−25)×2=10(점)
합산 점수	5+2+3+1+1=12(점)	7.5+4+4+2+3=20.5(점)	15+2+2+3+3=25(점)	10+3+1+4+4=22(점)

이에 따라 변경된 방식을 적용했을 때 직원 S는 시설 C를 선택하게 된다.

45 문제처리능력 자료 이해하기

| 정답 | ③

| 해설 | W 통장 보통예금과 저축예금 모두 예금이자는 둘째 주 토요일 결산 후 익일에 지급하는 것으로 명시하고 있다.

| 오답풀이 |

① W 통장은 영업점 혹은 키오스크에서 오프라인으로 가입하는 방법과 스마트뱅킹을 통해 온라인으로 가입하는 방법으로 온 · 오프라인을 합하여 총 세 가지 경로로 가입할 수 있다.

② 계좌에 압류, 가압류, 질권설정이 등록될 경우 원금 및 이자 지급이 제한된다고 명시되어 있으나, 이미 지급된 이자가 몰수된다는 내용은 제시되어 있지 않다.

④ 타행 ATM/CD기로 W 통장의 예금을 인출할 경우 월 20회에 한하여 수수료가 면제된다.

46 문제처리능력 자료 이해하기

| 정답 | ①

| 해설 | 보통예금의 경우 매년 6월, 12월 둘째 주 금요일 결산 후 이자액이 익일 지급되며, 저축예금의 경우 매년 3월, 9월의 둘째 주 토요일 결산 후 익일 지급된다.

①의 경우 보통예금상품의 6월 둘째 주 금요일 이전 기준의 예금잔액은 31,000,000원으로 이자율 0.1%가 적용되어 수령할 이자액은 31,000원, 12월 둘째 주 금요일 기준으로 예금잔액은 36,000,000원이므로 이자율 0.1%가 적용되어 수령할 이자액은 36,000원이다. 따라서 총 수령 이자액은 67,000원이다.

| 오답풀이 |

② 저축예금상품의 3월 둘째 주 토요일 이전 기준의 예금잔액은 25,000,000원으로 이자율은 0.12%가 적용되어 수령할 이자액은 30,000원, 9월 둘째 주 토요일 기준의 예금잔액은 58,000,000원으로 이자율 0.18%가 적용되어 수령할 이자액은 104,400원이다. 따라서 총 수령 이자액은 134,400원이다.

③ 저축예금상품의 9월 둘째 주 토요일 기준의 예금잔액은 50,000,000원으로 이자율 0.18%가 적용되어 수령할 이자액은 90,000원이다.

④ 저축예금상품의 3월 둘째 주 토요일 기준의 예금잔액은 12,000,000원으로 이자율 0.12%가 적용되어 수령할 이자액은 14,400원, 9월 둘째 주 토요일 기준의 예금잔액은 14,500,000원으로 이자율 0.12%가 적용되어 수령할 이자액은 17,400원이다. 따라서 총 수령 이자액은 31,800원이다.

47 문제처리능력 소비금액 줄이기

| 정답 | ②

| 해설 | 건강하기 위해 간식을 줄이는 것도 방법이지만 가장 많은 금액을 줄일 수 있는 항목은 22만 원이 소비되는 영화와 공연이다. 따라서 여가비에서 가장 많은 금액을 줄일 수 있다.

48 문제처리능력 대여비 산출하기

| 정답 | ③

| 해설 | 먼저 워크숍은 임원, 전 직원, 남직원, 여직원 워크숍으로 총 4개의 회의실이 필요하다. 임원 워크숍은 4인이므로 음향 및 PPT 장비가 없는 베고니아 회의실, 전 직원 워크숍은 20인을 수용하고 프레젠테이션 장비가 있는 해란초 1 회의실, 남직원 워크숍은 8인을 수용하고 장비가 있는 원추리 회의실, 여직원은 12인을 수용하고 장비가 있는 해란초 2 회의실을 대여해야 한다. 따라서 회의실 대여 금액은 총 850,000원이다.

객실은 남여 각 2명의 임원이 한 방을 사용하므로 더블룸 2개를 대여한다. 다른 직원 16명의 객실은 2, 3, 4인실을 대여할 수 있는데, 가장 가격이 낮은 2인실 8개를 2박 3일 일정으로 대여하는 것이 가장 저렴하다. 따라서 2박 동안의 객실 대여 금액은 총 100,000×10×2=2,000,000(원)이다.

그러므로 최소비용은 850,000+2,000,000=2,850,000(원)이다.

49 문제처리능력 자료 이해하기

| 정답 | ④

| 해설 | 청년우대형 주택청약 종합저축의 가입 연령은 가입 당시 기준으로 만 19세 이상 34세 미만으로, 가입 이후 만 34세를 초과할 경우 청년우대 대상에서 제외된다는 내용은 제시되어 있지 않다.

| 오답풀이 |

① A 씨는 본인 소유의 주택 없이 올해로 4년째 전세방에 거주 중인 무주택 세대주로 ○○은행 청년우대형 주택청약 종합저축상품의 가입자격을 충족한다.

② 전환신규로 가입할 경우 기존 주택청약 종합저축 통장에 납입 인정된 횟수와 납입금액을 모두 인정받게 된다.
③ 청년우대형 주택청약 종합저축의 가입기간이 2년 이상 4년 미만인 경우의 이자율은 연 3.0%이다.

50 문제처리능력 필요 서류 준비하기

| 정답 | ①

| 해설 | 직전연도 기타소득원천징수영수증은 기타소득이 있는 경우에 제출해야 하는 서류이다. 〈정보〉에는 E 씨의 기타소득에 대한 내용은 나타나 있지 않으므로 E 씨가 준비해야 하는 서류로는 보기 어렵다.

| 오답풀이 |

② E 씨는 근로소득자에 해당하므로 종합저축상품에 가입하기 위해서 직전연도 원천징수영수증 혹은 급여명세표를 제출해야 한다. 이때 E 씨는 근로기간이 1년 미만이므로 직장에서는 아직 직전연도 원천징수영수증을 발급받을 수 없으므로 급여명세표를 제출해야 한다.
③ 가입 시 필요서류 항목에서 직전연도 소득확인증명서는 기본적으로 제출할 것을 요구하고 있다.
④ 상품 가입 시 제출 확약 각서를 작성하고 반드시 각서상의 기한 내에 서류를 제출해야 한다고 하였다. E 씨는 현재 무주택인 세대주이므로 이를 증명할 수 있는 주민등록등본을 제출해야 하므로, 이를 정해진 기간 내에 제출하겠다는 확약 각서를 작성할 수 있다.

2회 실전모의고사

▸문제 276쪽

01	①	02	②	03	④	04	④	05	③
06	①	07	②	08	③	09	①	10	③
11	③	12	③	13	③	14	①	15	③
16	②	17	④	18	②	19	①	20	④
21	①	22	②	23	④	24	④	25	②
26	③	27	③	28	③	29	①	30	④
31	①	32	③	33	④	34	④	35	②
36	①	37	③	38	②	39	④	40	④

01 문서이해능력 자료 이해하기

| 정답 | ①

| 해설 | 2년 이상 보유한 분양권을 양도하는 경우, 기존 조정대상지역의 양도소득세율은 50%, 비조정대상지역의 양도소득세율은 기본세율이 적용되었다. 그러나 20X2년 6월 이후 분양권 양도부터는 인상된 양도소득세율이 적용되는데, 이때 조정대상지역 또는 비조정대상지역 여부에 관계없이 2년 이상 보유할 경우 60%의 세율이 적용된다.

| 오답풀이 |

② '2년 미만 보유 주택에 대한 양도소득세율 인상' 자료를 보면 2년 미만 보유 주택 및 조정대상지역 내 다주택자에 대해 20X2년 6월 1일 이후 양도분부터 세율이 인상될 것임을 알 수 있다.
③ 기존에는 1세대 1주택에 대한 장기보유특별공제율을 적용할 시 보유기간(연 8%)만으로 세금이 공제되었으나, 20X2년 1월 이후 양도분부터는 적용 요건에 거주기간을 추가하여 '보유기간(4%)+거주기간(4%)'으로 세금이 공제될 예정이다. 따라서 실제 거주기간이 짧으면 기존에 비해 양도소득세 부담이 커지는 방식으로 개편된다.
④ '개인 · 법인 주택분 세율 인상' 자료를 보면 1세대 다주택자의 경우, 양도소득세 및 종합부동산세 모두 세율이 1세대 1주택자에 비해 더 높은 세율이 적용되는 방향으로 법이 개정될 것임을 알 수 있다. 이에 따라 1세대 다주택자들로 하여금 적극적 매도를 유도하고 있다.

02 문서작성능력 올바른 맞춤법 사용하기

| 정답 | ②

| 해설 | '-대'는 직접 경험한 사실이 아닌 남이 말한 내용을 간접적으로 전달할 때 쓰이고, '-데'는 직접 경험한 사실을 나중에 보고하듯이 말할 때 쓰이는 말이다. 김 사원이 지난 주에 결혼했다는 소식을 남에게 듣고 오 팀장에게 전달하는 상황이므로 '했대요'라고 쓰는 것이 적절하다. 따라서 수정할 필요가 없다.

| 오답풀이 |

① '돼야'는 '되어야'의 준말이다.

③ '바라요'는 마음속으로 기대하다는 뜻의 '바라다'에 종결어미 '-아요'가 붙은 말이며, '바래요'는 볕이나 습기를 받아 색이 변하다는 뜻의 '바래다'에 종결어미 '-어요'가 붙은 말이다. 문맥상 '바라요'로 수정하는 것이 적절하다.

④ '금세'는 '지금 바로'라는 뜻으로 '금시에'의 준말이다.

03 문서작성능력 대화의 흐름에 맞게 빈칸 채우기

| 정답 | ④

| 해설 | 대화의 흐름에 맞는 내용을 찾으려면 먼저 빈칸의 앞뒤를 집중적으로 살펴야 한다. 지석은 수정의 말에 동의를 표하며 인간 중심적 관점에서 벗어나야한다는 논지를 펼치고 있다. 즉 수정과 비슷한 내용의 말을 했다는 것을 추측할 수 있다. 따라서 지석의 말과 동욱의 말은 반대되는 의견이므로 동욱의 의견에 반대하면서 인간 중심적 관점을 지적하는 내용인 ④가 적절하다.

04 문서이해능력 필자의 의도 이해하기

| 정답 | ④

| 해설 | 제시된 글에서는 식인 풍습의 기원을 설명하며 우리가 그들을 야만인으로 보듯이 그들 또한 우리의 형벌 문화를 야만적으로 인식할 수 있다고 주장하고 있다. 따라서 ④가 필자의 의도로 적절하다.

| 오답풀이 |

①, ② 제시된 글을 통해 알 수 있는 내용이지만 글 전체를 아우르는 주제라고 보기는 어렵다.

③ 문명과 야만을 판단하는 것은 관점의 차이라는 것이 필자의 주장이므로 필자의 의도와 반대되는 내용이다.

05 문서이해능력 세부 내용 이해하기

| 정답 | ③

| 해설 | 첫 번째 문단을 통해 식인 풍습이 영혼과 육체의 연결을 끊기 위해서 진행되었다는 것을 알 수 있다.

| 오답풀이 |

① 첫 번째 문단을 통해서 알 수 있다.

② 두 번째 문단을 통해서 알 수 있다.

④ 제시된 글의 전체를 아우르는 내용으로 문명과 야만을 나누는 기준은 관점의 차이라는 필자의 주장을 통해 추론할 수 있다.

06 문서작성능력 알맞은 접속어 찾기

| 정답 | ①

| 해설 | ⓐ ⓐ의 앞 문장은 식인 풍습을 이원론적인 확신만으로 비판하는 것이 정당하지 못하다고 말하고 있으며 ⓐ의 뒤 문장에서는 식인 부족을 향한 비판이 해부학 실험을 하는 현대인들을 비난하는 모습과 비슷하다고 말하고 있다. 이는 앞 문장에 대해 추가적으로 의견을 덧붙이는 것이므로 ⓐ에는 '뿐만 아니라'가 들어가는 것이 적절하다.

ⓑ 첫 번째 문단의 중심 소재인 식인 풍습과 큰 연관이 없어 보이는 형벌에 대한 소재를 제시하므로 앞에서 말한 측면과 다른 측면을 논의할 때 사용하는 접속어인 '한편'이 들어가는 것이 적절하다.

ⓒ ⓒ의 앞뒤 내용을 보면 식인 부족의 형벌과 우리 사회의 형벌을 대조하고 있으므로 '반면'이 들어가는 것이 적절하다.

07 문서이해능력 글의 서술 방식 이해하기

| 정답 | ②

| 해설 | 식인 풍습을 야만적이라고 판단하는 현대 사회의 관점과 반대로 식인 풍습을 가진 부족이 현대 사회의 형벌을 야만적이라고 볼 수 있다는 상반된 견해를 비교하여 문명과 야만의 기준에 대한 논의를 심화하고 확장하고 있다.

08 기초연산능력 거리 · 속력 · 시간 활용하기

| 정답 | ③

| 해설 | (가) 직원과 (나) 직원이 만나게 되는 지점이 A 지역으로부터 $x$km 떨어진 지점이라고 하면, 같은 시간 동안 (가) 직원은 30분 일찍 출발하였으므로 80(km/h)×0.5(h)=40(km)을 뺀 $(x-40)$km를, (나) 직원은 $(150-x)$km를 이동한 것이 된다. (가) 직원은 시속 80km, (나) 직원은 시속 100km의 속도로 이동하므로 다음과 같은 식이 성립한다.

$$\frac{x-40}{80}=\frac{150-x}{100}$$

$$80(150-x)=100(x-40)$$

$$12,000-80x=100x-4,000$$

$$180x=16,000$$

$$x \fallingdotseq 89$$

따라서 (가) 직원과 (나) 직원이 만나게 되는 지점은 A 지역으로부터 약 89km 떨어진 지점이다.

09 기초통계능력 평균을 활용하여 나이 구하기

| 정답 | ①

| 해설 | 신입사원이 입사하기 전 인사팀에 근무하는 직원의 나이 합은 38×7=266이다. 신입사원 2명의 나이 합을 x라 하면 다음과 같은 식이 성립한다.

$$\frac{266+x}{9}=36$$

따라서 $x=58$(세)이다.

10 도표분석능력 자료의 수치 분석하기

| 정답 | ③

| 해설 | 업종별 벤처기업 경영성과에서 평균 영업이익이 가장 낮은 항목은 −208백만 원을 기록한 일반서비스 항목이다.

| 오답풀이 |

① 일반제조 부문 벤처기업의 수는 7,074+7,677=14,751(개)로 가장 많은 기업체수를 가진 부문에 해당한다.

11 도표작성능력 자료를 그래프로 변환하기

| 정답 | ③

| 해설 | 선택지 ③의 그래프는 매출규모 50억 원 이상 벤처기업의 평균 금융비용을 그래프로 나타낸 것이므로 적절하지 않다.

12 도표분석능력 자료의 수치 계산하기

| 정답 | ③

| 해설 | 이자는 대출한 다음 해부터 납부하며, 원금 상환은 거치기간 이후부터 시작한다는 사실을 염두에 두고 계산해야 한다.

- 〈A 기업〉 3년 거치 4년 상환
  - −20X4년(이자) : 10,000×0.02=200(만 원)
  - −20X5년(이자) : 10,000×0.02=200(만 원)
  - −20X6년(이자) : 10,000×0.02=200(만 원)
  - −20X7년(이자+상환) : (10,000×0.02)+(10,000×0.25)=200+2,500=2,700(만 원)
  - −20X8년(이자+상환) : (10,000−2,500)×0.02+(10,000×0.25)=150+2,500=2,650(만 원)

  A 기업이 20X8년까지 지급한 이자를 포함한 상환금은 총 5,950만 원이다.
- 〈B 기업〉 3년 거치 4년 상환
  - −20X3년(이자) : 5,000×0.03=150(만 원)
  - −20X4년(이자) : 5,000×0.03=150(만 원)
  - −20X5년(이자) : 5,000×0.03=150(만 원)
  - −20X6년(이자+상환) : (5,000×0.03)+(5,000×0.1)=150+500=650(만 원)
  - −20X7년(이자+상환) : (5,000−500)×0.03+(5,000×0.2)=135+1,000=1,135(만 원)
  - −20X8년(이자+상환) : (5,000−500−1,000)×0.03+(5,000×0.2)=105+1,000=1,105(만 원)

  B 기업이 20X8년까지 지급한 이자를 포함한 상환금은 총 3,340만 원이다.

따라서 20X8년까지 두 기업이 지급한 이자를 포함한 총합 상환금은 5,950+3,340=9,290(만 원)이다.

13 도표분석능력 자료의 수치 계산하기

| 정답 | ③

| 해설 | • 〈C 기업〉 2년 거치 5년 상환

- 20X6년(이자) : 100,000,000×0.03=3,000,000(원)
- 20X7년(이자) : 100,000,000×0.01=1,000,000(원)
- 20X8년(이자+상환) : (100,000,000×0.03)+(100,000,000×0.2)=3,000,000+20,000,000=23,000,000(원)
- 20X9년(이자+상환) : (100,000,000−20,000,000)×0.05+(100,000,000×0.2)=4,000,000+20,000,000=24,000,000(원)

C 기업이 20X9년까지 지급한 이자를 포함한 상환금은 총 51,000,000원이다.

• 〈D 기업〉 2년 거치 10년 상환

- 20X8년(이자) : 200,000,000×0.03=6,000,000(원)
- 20X9년(이자) : 200,000,000×0.05=10,000,000(원)

D 기업이 20X9년까지 지급한 이자를 포함한 상환금은 총 16,000,000원이다.

따라서 20X9년까지 두 기업이 지급한 이자를 포함한 총합 상환금은 51,000,000+16,000,000=67,000,000(원)이다.

14 도표분석능력 자료의 수치 분석하기

| 정답 | ①

| 해설 | 'GDP 대비 외환보유액 비중=$\frac{\text{외환보유액}}{\text{GDP}}\times100$'이다. 2023년과 2024년의 대략적인 GDP를 구하면 다음과 같다.

• 2023년 : $\frac{3,260}{29}\times100 ≒ 11,241$(억 달러)

• 2024년 : $\frac{3,460}{28}\times100 ≒ 12,357$(억 달러)

따라서 전년에 비해 2024년의 GDP는 증가하였다.

또한 2023년과 비교하여 2024년의 외환보유액은 증가하였는데 GDP 대비 외환보유액 비중은 감소하였으므로 GDP가 크게 증가해야 가능하다는 점을 통해 이를 추론할 수 있다.

| 오답풀이 |

②, ③ 전년 대비 외환보유액 증가량은 순서대로 210억 달러, 150억 달러, 200억 달러, 200억 달러로 증가량이 가장 적은 연도는 2022년, 가장 많은 연도는 2021년이다.

④ 2023년에 증가하였다.

15 사고력 조건 추론하기

| 정답 | ③

| 해설 | 이번 채용에서 적어도 한 명의 여성은 채용할 것이므로 박 씨와 윤 씨 둘 중 한 명은 합격하게 되는데 둘 중 윤 씨가 합격할 경우, 동일 지역 출신은 두 명 이상 채용하지 않는다는 조건에 따라 황 씨는 합격하지 못할 것이다. 따라서 윤 씨가 합격하려면 박 씨가 신원조회에서 부적격 판정을 받아야 한다.

16 사고력 근무 요일 파악하기

| 정답 | ②

| 해설 | D의 말에 따라 토요일은 D가 근무하게 되고, 이에 따라 E는 일요일에 근무를 하게 된다.

월	화	수	목	금	토	일
					D	E

남은 요일은 A가 이틀, B, C, E가 각각 하루씩 근무하는데 A는 이틀 연속으로 근무하고 C는 월요일과 금요일 중 하루만 근무하므로 다음과 같은 12가지의 경우가 가능하다.

월	화	수	목	금
C	A	A	B	E
C	A	A	E	B
C	B	A	A	E
C	E	A	A	B
C	B	E	A	A
C	E	B	A	A
A	A	B	E	C
A	A	E	B	C
B	A	A	E	C
E	A	A	B	C
B	E	A	A	C
E	B	A	A	C

따라서 선택지 중 B가 근무하게 될 가능성이 가장 높은 요일은 화요일이다.

17 사고력 조건을 바탕으로 추론하기

|정답| ④

|해설| A의 좌석은 B의 앞자리이므로 앞좌석 창가에 위치하고 있다.

또한, A와 C, 을이 창가에 앉았고 B는 A의 뒷자리이므로 B까지 창가에 위치하는 것을 알 수 있다.

앞

A		통로		C/을
B				C/을

뒤

갑과 정은 뒷좌석에 앉고 정의 앞좌석에 D가 위치한다는 것을 알 수 있다. 이때 두 번째 조건에 따라 남자 사원과 여자 사원이 짝을 이뤄 앉아야 하므로 D는 A 옆에 앉을 수 없고 을과 함께 앞좌석에 앉아야 한다. 남은 A 옆 자리는 병이 앉게 된다(다른 경우의 수는 자리의 좌우만 바뀌고 짝은 동일하다).

앞

A	병	통로	D	을
B	갑		정	C

뒤

따라서 C 사원과 짝을 이루어 앉는 사원은 정이다.

18 문제처리능력 조건에 맞는 장소 채택하기

|정답| ②

|해설| 각 평가 기준에 따른 점수를 계산하면 다음과 같다.

(단위 : 점)

구분	갑 센터	을 구민회관	병 교통회관	정 지역 상공 회의소	무 빌딩
이동시간	4	3	5	1	2
수용가능인원	2	3	1	5	4
대관료	4	5	2	3	1
교통편	2	4	4	4	5
빔 프로젝터	2	2	2	2	0
합계	14	17	14	15	12

따라서 총점이 가장 높은 을 구민회관 2층이 채택된다.

19 문제처리능력 보고서의 빈칸 채우기

|정답| ①

|해설| A, B, C 제품의 생산량을 순서대로 각각 x, y, z개라 하면 다음과 같은 식이 성립한다.

$2x+3y+2.5z=8,500,000$ ······ ㉠

$2y+z=3,000,000$ ······ ㉡

$4x+5y+3z=14,000,000$ ······ ㉢

㉡을 정리하면,

$z=3,000,000-2y$ ······ ㉣

㉣을 ㉠에 대입하면,

$2x+3y+7,500,000-5y=8,500,000$

$2x-2y=1,000,000$

$x-y=500,000$ ······ ㉤

㉣을 ㉢에 대입하면,

$4x+5y+9,000,000-6y=14,000,000$

$4x-y=5,000,000$ ······ ㉥

㉥-㉤을 하면,

$3x=4,500,000$

$x=1,500,000$

$y=1,000,000$

$z=1,000,000$

따라서 A, B, C 제품의 생산량은 순서대로 각각 1,500,000개, 1,000,000개, 1,000,000개이고 예상 매출은 $(15\times4)+(10\times3)+(10\times2.5)=115$(억 원)이다.

20 문제처리능력 변화 분석하기

|정답| ④

|해설| 20X2년 A 제품의 생산량은 $1,500,000\times1.2=$ 1,800,000(개), B 제품의 생산량은 1,000,000개, C 제품의 생산량은 $1,000,000\times0.7=700,000$(개)이다. 따라서

생산량과 판매가를 곱하여 산출한 공장 전체 예상 매출은 20X1년 115억 원에서 20X2년 (18×4)+(10×3)+(7×2.5)=119.5(억 원)으로 증가한다.

| 오답풀이 |

① 미국산 밀가루 사용량은 20X1년 8,500톤, 20X2년 1,800,000×2+1,000,000×3+700,000×2.5=8,350,000(kg)으로 감소한다.

② 호주산 밀가루 사용량은 20X1년 3,000톤, 20X2년 1,800,000×0+1,000,000×2+700,000×1=2,700,000(kg)으로 감소한다.

③ 공장 전체 생산량은 20X1년 1,500,000+1,000,000+1,000,000=3,500,000(개), 20X2년 1,800,000+1,000,000+700,000=3,500,000(개)로 동일하다.

21 문제처리능력 밀가루의 양 계산하기

| 정답 | ①

| 해설 | B 제품의 생산에 사용될 국산 밀가루의 양은 {(1,000,000×3)+(1,000,000×2)}×0.1×0.8=400,000(kg), 즉 400t이다.

22 시간관리능력 빠른 배달 경로 파악하기

| 정답 | ②

| 해설 | 서울에 사는 고객에게 오전 9시에 사과와 배를 주문받았고 인천에 사는 고객에게 오후 1시에 배를 주문받았다. 사과와 배를 동시에 생산하는 지역은 경북 문경과 대구이며, 총 이동거리를 줄이기 위하여 이 두 지역 중 한 곳에서 사과와 배를 구입해야 한다. 둘 중 서울에서 이동거리가 더 가까운 곳은 문경(편도 3시간)이므로 서울－문경－서울－인천 순으로 이동하는 것이 가장 빠른 경로이다.

23 인적자원관리능력 효율적인 운영 방법 파악하기

| 정답 | ④

| 해설 | 미리 급여를 지급하면 사기를 북돋아 효율적인 배달이 가능할 수는 있지만 배달 건수에 관하여 미리 지급한다면 먼 곳에 배달을 한 배달기사보다 가까운 곳에 배달한 기사가 더 많은 배달을 할 수 있는 경우가 생기므로 배달 건수보다는 운행거리에 맞게 급여를 지불하는 것이 보다 합리적이다.

| 오답풀이 |

①, ②, ③ 모두 총 배달 거리를 줄일 수 있는 경로, 시간상의 효율적 운영 방안에 해당한다.

24 물적자원관리능력 입찰공고문 이해하기

| 정답 | ④

| 해설 | 입찰에 참가하기 위해서는 입찰공고문의 '2. 입찰참가자의 자격'과 '3. 입찰참가 자격 제한'의 조건을 만족해야 한다. '2. 입찰참가자의 자격'의 '가'에서 '입찰공고일 기준 화물자동차 운송사업, 운송주선사업, 운송가맹사업 허가증 중 1개 이상 보유 사업자'로 입찰참가자를 제한하였다. ④에서 화물자동차 운송사업 허가증만을 언급했지만 운송주선사업, 운송가맹사업 허가증도 입찰참가자의 자격에 해당하기 때문에 반드시 화물자동차 운송사업 허가증만이 입찰참가자의 자격이 되는 것은 아니다.

| 오답풀이 |

① '4. 입찰보증금과 그 귀속에 관한 사항'에서 입찰보증금을 입찰예정가격의 100분의 5 이상의 현금 또는 이행보증보험증권 등으로 납부해야 한다고 하였다. 따라서 입찰예정가격이 150억 원이라면 150×0.05=7.5(억 원) 이상을 납부하면 된다.

② '3. 입찰참가 자격 제한'의 '가'에 제시되어 있는 내용이다.

③ '2. 입찰참가자의 자격'의 '나'에 제시되어 있는 내용이다.

25 물적자원관리능력 조건을 바탕으로 업체 선정하기

| 정답 | ②

| 해설 | 입찰공고에서 제시한 모든 조건을 만족하는 업체는 B와 D이다. 입찰에 참여한 4개의 업체는 5년 이내 단일 계약 3억 원 이상과 소지 허가증에 해당하는 조건을 모두 만족한다. 그러나 A 업체는 지방세 체납과 본사 소재지가 원주시라는 점에서 '3. 입찰참가 자격 제한'과 '2. 입찰참자가의 자격, 라'에 어긋난다. C 업체는 입찰가격(168,000만 원)이 입찰예정가격(167,000만 원)을 넘어 '5. 낙찰자 선정 방법, 가'에 어긋난다. 나머지 B와 D 업체는 모두 입찰가격이 입찰예정가격 이하인데, 최저가입찰이므로 입찰가격이 더 낮은 B 업체와 최종적으로 계약을 체결하게 된다.

26 인적자원관리능력 파견지 배정하기

| 정답 | ③

| 해설 | 지원자격 1)의 '근속기간이 3년 이상이거나 직급이 6급 이상'에 해당하는 직원은 A, B, C, E, F, G, H, I이므로, D는 파견대상자에서 제외한다. 또한 지원자격 2)의 '파견적합성 점수가 60점 이상'인 조건에 미달하는 G도 파견대상자에서 제외한다.

이때, 남은 5명의 총 파견 점수를 구하면 다음과 같다.

- A : 80×0.3+70×0.3+60×0.4=69(점) → 4등
- B : 80×0.3+80×0.3+80×0.4=80(점) → 공동 2등
- C : 70×0.3+50×0.3+60×0.4=60(점) → 6등
- E : 100×0.3+100×0.3+90×0.4=96(점) → 1등
- F : 70×0.3+70×0.3+90×0.4=78(점) → 3등
- H : 80×0.3+80×0.3+80×0.4=80(점) → 공동 2등
- I : 70×0.3+60×0.3+70×0.4=67(점) → 5등

파견 점수가 1등인 E에게 파견 희망지에 대한 우선권이 부여되지만, '3월부터 파견 가능'하므로 파견시기가 2월인 상해에 파견될 수 없다. 따라서 E는 2순위 희망 파견지인 북경에 파견된다.

이어 공동 2등인 B와 H의 경우, B가 H보다 근속기간이 길고 직급이 높으므로 B에게 우선권이 부여된다. 따라서 B와 H는 1순위 희망 파견지인 하노이와 마드리드에 각각 배정된다.

다음 순위인 F는 상해, A는 멕시코시티, I는 프놈펜, C는 두바이에 배정될 수 있다.

따라서 F는 멕시코시티가 아닌 상해에 파견된다.

27 인적자원관리능력 파견지 배정하기

| 정답 | ③

| 해설 | H는 상해의 현지어인 중국어를 특기로 하지 않고, 그 외의 특기인 언어가 없다. 따라서 '조건 1'과 '조건 2' 모두에 해당하지 않으므로, '조건 3'에 따라 파견이 보류된다.

| 오답풀이 |

① A는 스페인 유학경험이 있으므로 에스파냐어 특기자이고, 에스파냐어는 멕시코시티(멕시코)와 마드리드(스페인)의 언어이다. '조건 1'에 따라 멕시코시티와 마드리드에 배정될 수 있는데, 그중 '조건 2'에 따라 멕시코가 1순위 파견 희망지이므로 멕시코시티에 배정된다.

② C는 '조건 1'에 따라 아랍어를 사용하는 두바이에 배정된다.

④ I는 '조건 1'에 따라 프놈펜에 배정된다.

28 업무이해능력 청탁금지법 이해하기

| 정답 | ③

| 해설 | 배도라지 농축액에 함유된 배와 도라지를 원상태로 환원한 비율의 합이 총 45%로 원재료의 비중이 50% 미만이나, 선물의 가액이 5만 원 이하이므로 원재료비율에 관계없이 청탁금지법에 위배되지 않는다.

| 오답풀이 |

① 사과즙 선물세트의 가액이 5만 원 초과 10만 원 이하이며 사과농축과즙을 고형분으로 환산한 비율이 45%로 50% 미만이므로 청탁금지법에 위배된다.

② 선물의 가액이 10만 원을 초과하므로 원재료비율에 관계없이 청탁금지법에 위배된다.

④ 가액이 5만 원 초과 10만 원 이하인 홍삼비타민에 함유된 홍삼농축액분말의 홍삼근의 비율이 70%이나, 홍삼농축액분말이 전체의 1.5%에 불과하여 농수산가공품의 선물가능가액의 한도 확대 기준사항이 적용되지 않으므로, 선물이 가능한 기준가액은 그대로 5만 원 미만이 되어 청탁금지법에 위배된다.

29 업무이해능력 청탁금지법 이해하기

| 정답 | ①

| 해설 | 문의에서의 현재 선물세트는 수삼 8kg에서 홍삼농축액 1.6L를 추출하였으므로 농축액의 농축비율은 5 : 1이며, 이러한 농축액 5%가 포함된 농축제품의 원재료비율은 25%가 되어 만일 현재 선물세트의 책정 가격을 7만 5천원으로 할 경우 해당 선물세트는 청탁금지법에 위배된다. 청탁금지법에 위배되지 않도록 하기 위해서는 원재료비율이 50% 이상이 되어야 하므로, 100mL당 농축액의 비율을 10%로 조정하면 농축비율 5 : 1에 따라 농축제품의 원재료비율이 50%가 되어 청탁금지법에 위배되지 않게 된다.

| 오답풀이 |

② 홍삼농축액 추출 시 투입하는 수삼의 양을 9.6kg으로 늘리면 농축비율이 6 : 1이 되어 원재료비율이 30%가 되므로 여전히 청탁금지법에 위배된다.

③ 100mL당 농축액의 비율을 8%로 높이면 농축제품의 원재료비율이 40%가 되므로 여전히 청탁금지법에 위배된다.

30 업무이해능력 결재규정 이해 및 적용하기

| 정답 | ④

| 해설 | K 사원이 퀵서비스 이용에 지출한 비용은 운송비에 해당한다. 또한 총 금액이 10만 원 이하이므로 팀장 전결의 지출품의서와 지출결의서가 필요하다. 따라서 지출결의서 최종결재란에는 '팀장'을 표시하고 팀장의 결재란에는 '전결'이라고 기재한다.

31 업무이해능력 결재규정 이해 및 적용하기

| 정답 | ①

| 해설 | 지방출장은 금액에 상관없이 대표이사의 결재를 받아야 한다. 대표이사의 결재사항은 대표이사와 본부장의 결재가 필요하므로 ①과 같이 작성하는 것이 적절하다.

32 고객서비스능력 상황에 맞게 고객 응대하기

| 정답 | ③

| 해설 | 박 주임 자신이 모든 질문에 제대로 답변을 해줄 수 있는 상황은 아니더라도, 이미 고객이 지점에 방문하였고 박 주임의 창구를 배정받았으므로, 박 주임 자신이 할 수 있는 선에서 최대한 답변을 해드리겠다고 하는 것이 적절하다. 또한 모든 창구가 붐비는 상황임을 감안하여 더 전문적인 상담을 위해 다른 직원에게 상담을 받을 것인지 고객의 의사를 묻는 것은 적절한 대응이다.

| 오답풀이 |

①, ②, ④ 고객은 이미 자신의 시간을 내서 은행에 방문하여 박 주임의 창구에서 상담 받을 차례를 부여받은 상황이다. 따라서 내일 다시 은행에 방문하거나 다른 직원에게 상담 받을 것을 권유하거나, 다른 지점으로 안내하는 것은 적절하지 않다.

33 상황판단평가 적절히 고객 응대하기

| 정답 | ④

| 해설 | 제시된 상황은 한 고객이 H 주임에게 어떠한 문제를 해결해주기를 요청하고 있는 내용이다. 이때, 규정을 어기지 않으면서 고객의 어려움을 해소하기 위해 최선의 방안을 강구하는 것이 적절하다. ④는 규정을 어기지 않는 선에서 인증서 재발급 방법을 안내함과 동시에 고객이 재발급 서비스에 보다 쉽게 접근할 수 있도록 대안을 제시하였으므로 고객을 적절히 응대하였다고 판단할 수 있다.

| 오답풀이 |

① 고객에게 대안을 제시하고는 있지만, 직접 어떠한 조치를 취하는 것이 아니라 고객 개인이나 그 주변인에게 책임을 넘겨 문제해결에 소극적이라는 인식을 줄 수 있다.

② 인증서 재발급을 대신 해줄 수 없는 이유를 잘 설명하고는 있지만, 인증서는 본인 스스로 재발급 받아야 하므로 직원이 대신 해주겠다고 하는 것은 규정에 어긋난다.

③ 이미 고객이 알고 있는 정보를 언급하면서 대신하여 재발급을 해줄 수 없는 이유를 설명하지도, 어떠한 해결책을 제시하지도 않아 적절하지 않다.

34 정보처리능력 순서도 작성하기

| 정답 | ④

| 해설 | 각 선택지에 해당하는 고객을 파악하면 다음과 같다.

① 성별이 여자이고 관심 상품은 대출이며, 투자성향은 안정추구가 아닌 고객 → 없음.

② 마케팅 정보 활용에 동의하고 관심 상품은 펀드이며, 가입 기간은 3년 미만인 고객 → F

③ 20세 이상이고 마케팅 정보 활용에 미동의했으며, 가입기간이 4년 미만인 고객 → E

④ 가입기간이 1년 이상이고 마케팅 정보 활용에 동의했으며, 30세 미만인 고객 → B, F

따라서 B, F 고객 둘만이 같은 분류에 있을 수 있게 (가)~(다)에 들어갈 적절한 질문을 연결한 것은 ④이다.

35 정보처리능력 규칙에 맞게 비밀번호 변환하기

| 정답 | ②

| 해설 | 예시에서 비밀번호 'SUPERB7'을 □ 방식으로 변환한 값 544w1v7b7d3o1g를 문자로 치환하면 '7BREPUS'가 된다. 즉 □ 방식은 입력된 비밀번호를 역순으로 바꾼 다음 변환문자로 변환하는 방식임을 유추할 수 있다. 따라서 비밀번호 'TYFR97!'를 □ 방식으로 변환하면 9z54781v6s2w2k가 된다.

36 정보처리능력 규칙에 맞게 비밀번호 변환하기

| 정답 | ①

| 해설 | 예시에서 비밀번호 'ELECTRO'를 ◇ 방식으로 변환한 값 6s9L6s3r3o1g7d를 문자로 치환하면 'FMFDUSP'가 된다. 즉 ◇ 방식은 입력된 비밀번호의 문자들을 다음 순서의 문자로 바꾼 다음 변환문자로 변환하는 방식임을 유추할 수 있다. 따라서 비밀번호 'OB37HAB'를 ◇ 방식으로 변환하면 7d8h12692k4w8h가 된다.

37 정보처리능력 규칙에 맞게 비밀번호 변환하기

| 정답 | ③

| 해설 | 예시에서 비밀번호 'OCARINA'를 ◎ 방식으로 변환한 값 2k5i1a1v4u8h1a를 문자로 치환하면 'INAROCA'이 된다. 즉 ◎ 방식은 입력된 비밀번호의 네 번째 문자를 기준으로 앞 세 문자와 뒤 세 문자를 바꾼 다음 변환문자로 변환하는 방식임을 유추할 수 있다. 따라서 비밀번호 '49JYSBP'를 ◎ 방식으로 변환하면 1g4w7d2w12783y가 된다.

38 정보처리능력 규칙에 맞게 비밀번호 변환하기

| 정답 | ②

| 해설 | 예시에서 비밀번호 'SECRET1'을 ○ 방식으로 변환한 값 1g7b8h1v7b9n96을 문자로 치환하면 다시 'SECRET1'이 된다. 즉 ○ 방식은 입력된 비밀번호의 문자를 특별한 변경 없이 순서대로 변환문자로 변환하는 방식임을 알 수 있다. 따라서 박 차장이 분실한 비밀번호를 ○ 방식으로 변환한 값이 4u9m41699n6e3x라면 박 차장의 비밀번호는 OQ68TWX가 된다.

39 컴퓨터활용능력 오픈 소스 이해하기

| 정답 | ④

| 해설 | 오픈 데이터(Open Data)는 누구나 사용, 배포 등을 할 수 있는, 무상으로 공개된 데이터를 말한다.

| 오답풀이 |

① 오픈 소스(Open Source)는 소프트웨어의 설계 과정을 알 수 있도록 무상으로 공개된 소스코드를 말한다.

②, ③ 오픈 소스는 일반적으로 누구나 사용, 복제, 배포, 수정할 수 있다.

40 컴퓨터활용능력 클라우드 서비스 이해하기

| 정답 | ④

| 해설 | 클라우드 서비스(Cloud Service)는 인터넷을 통해 제공되는 서버에 정보를 보관하고 있다가 필요할 때 꺼내 쓰는 클라우드(Cloud) 기술을 활용한 서비스를 의미한다.

㉠ 자동차 내비게이션에 클라우드 기술을 적용해서 실시간으로 교통환경을 수집하여 클라우드에 저장하고, 이에 관한 정보를 다시 내비게이션으로 보내 실시간 교통 상황을 확인하고 이에 대응할 수 있도록 한다.

㉡ OTT(Over the Top) 서비스에 클라우드 기술을 적용할 경우 스마트 디바이스를 통해 클라우드에 저장된 멀티미디어 콘텐츠를 받아 볼 수 있어 수많은 멀티미디어 콘텐츠를 저장하지 않고 이용할 수 있다.

㉢ 클라우드 게임(Cloud Game)은 서버에 저장된 게임을 클라우드 서버로 구동하여 입력정보를 클라우드 서버에 보내고 이에 따라 출력된 화면만을 받아 단말기의 성능과 관계없이 게임을 즐길 수 있는 서비스를 의미한다.

| 오답풀이 |

① GPS(Global Positioning System)는 위성항법장치로 세계 어느 곳에서든지 인공위성을 이용하여 자신의 위치를 정확히 확인할 수 있는 시스템이다.

② 블록체인(Blockchain)은 데이터를 소규모로 분할한 블록(Block)의 형태로 연결한 것을 여러 저장 환경에 분산 저장하여 누구라도 임의로 수정할 수 없으나 누구나 열람할 수 있는 형태로 관리하는 기술로, 주로 암호화폐의 발행과 거래에 사용된다.

③ 빅데이터(Big Data) 분석은 대용량의 데이터를 분석하여 데이터에 나타난 패턴과 규칙을 찾아 그 결괏값을 예측하는 기술을 의미한다.

최신 금융권
출제 경향
완벽 반영

유형연습
+
모의고사

2025
고시넷
금융권

은행·금융 공기업 NCS

실제유형 + 실전모의고사